"博学而笃志,切问而近思。"
(《论语》)

博晓古今,可立一家之说;
学贯中西,或成经国之才。

复旦博学·复旦博学·复旦博学·复旦博学·复旦博学·复旦博学

作者简介

张国良，1954年生于上海。先后毕业于复旦大学新闻系、复旦大学历史系，获历史学博士学位（与日本早稻田大学联合培养）。现任上海交通大学特聘教授、学术委员，媒体与传播学院学术委员会主席、博士生导师、全球传播研究院院长。

兼任台湾世新大学上海学院院长，香港《传播与社会》（TSSCI刊物、ICA即"国际传播学会"刊物）编辑委员，Chinese Journal of Communication（SSCI刊物）、Mobile Media & Communication（SSCI刊物）编辑顾问，以及Journal of Communication（SSCI刊物）、Communication Research（SSCI刊物）、《武汉大学学报》、《中国社会科学》等国际、国内权威刊物评审专家。

曾任上海交通大学媒体与设计学院院长，复旦大学新闻学院教授、博士生导师、副院长，复旦大学信息与传播研究中心（教育部文科重点研究基地）首任主任，中国传播学会（CAC）创会会长，日本东京大学客座研究员，香港中文大学客座教授。

主持、完成各类国家级、省部级、社会服务及国际合作课题70多项，出版著作50余部，发表论文100多篇（包括在美、日、韩等国出版6部著作，发表论文10余篇）。

先后获教育部"跨世纪优秀人才"、国务院"有突出贡献专家"称号，以及"中国图书金钥匙奖""中国杰出人文社会科学家""中国改革开放30年十大传媒思想人物""全国优秀博士论文提名导师奖""上海市优秀博士论文导师奖""上海市育才奖""中国新闻奖优秀论文奖""上海市哲社优秀成果奖""上海市优秀教材一等奖""上海市首批高等教育精品教材""范敬宜新闻教育良师奖"等多项奖励和荣誉。

新闻与传播学系列教材／新世纪版

传播学原理

（第三版）

张国良 著

JC

复旦大学出版社

内容提要

如何快速了解一门学科？最佳方式就是学习经典教材：教材提供学科框架，经典提供成熟理论。

对传播学人和学子来说，一个困扰已久的基本问题是：传播学到底是独立学科还是研究领域？深耕传播学教育和研究数十年的知名教授张国良先生，用这部《传播学原理》（第三版）表明了令人信服的结论：传播学正成为一门走向成熟且朝气蓬勃的独立学科。

《传播学原理》初版于1995年，再版于2009年，又过了12年，张国良教授再度修订，几乎重写了所有章节，旨在绘制一幅完整的传播学科知识地图。作为一项开创性的工程，第三版的创作遵循三大原则：清晰严密的逻辑结构、完备翔实的传播理论、简约通俗的行文表述。由此告别传播学教材的四大通病：体系不全、结构松散、理论泛化、表达繁复。

为方便学习和教学，本书配有思维导图（书后拉页）和教学包（含PPT、案例、延伸阅读文献、样卷等）。欢迎您通过以下邮箱索取，并留下宝贵的想法和建议：cbxyl3@163.com。

自 序

传播是人类的基础性行为之一,所谓基础性,指的是它作为精神层面的活动,与衣食住行等物质层面的活动一起,构成了人类生存和发展的基础。由此可知,以人类社会传播活动为研究对象的传播学,具有重要的理论意义和实际价值。

自 20 世纪中叶诞生以来,传播学在世界各国获得蓬勃发展,已经成为多个相关学科如新闻学、广告学、公共关系学等的入门课程、基本素养和通用知识。

进入 21 世纪以来,传播技术的日新月异、突飞猛进,更凸显了传播媒体,尤其是新媒体对经济建设和社会发展的重大影响,最明显的作用就是,有力地促成并大大地加快了世界的信息化、网络化、数字化和全球化进程。

与此同时,传播技术的进步、传播实践的变化,也给传播研究和教育带来了前所未有的冲击,诸如传播体制、传播政策、媒介产业、媒介文化、传者与受众的关系、新兴媒介与传统媒介的关系、已有传播理论和方法的适用性、现存教育体系和模式的局限性,等等,无不面临着改革和反思的紧迫需求。

为此,笔者在传承原有教材(1995 年初版、2009 年第二版)的基础上,秉持博采众长、自成一家、继往开来、革故鼎新的宗旨,力求为广大学子提供一本具有以下特点的第三版教材。

第一,时代性。适应信息化、数字化、全球化的时代潮流,吸收国内外业界、学界的最新实际经验和前沿学术观点,尤其是新传播技术带来的新影响、新变化、新动向。

第二,完整性。克服以往过于偏重大众传播活动的局限性,全面传授各种传播现象(人际交流、群体交往、组织沟通、大众传播等)的理论、知识、技能,让学生更完整、更体系化地掌握传播学的精要。

第三,实用性。结合理论,运用来自社会生活的实际案例加以分析，让学生不仅掌握书本知识，而且培育其准确理解、付诸实践的能力。

第四，生动性。尽量克服枯燥说教的弊端，深入浅出、化繁为简，使学习成为愉快的增益过程。

第五，本土性。既虚心学习国际同行的成熟学说、前沿观点，同时，努力总结本土学人的创新思考、重要贡献。

作为较早面世的本土传播学教材之一，26年来，本书受到众多学子的青睐，长销不衰。对此，作为主编的本人谨表诚挚的谢忱，同时，也为此前未能根据时代的变化和读者的需要而及时加以修订，深致歉意！

为了尽最大的努力回馈全体读者的厚爱，第三版由本人独立完成全书，力求文脉贯通、推陈出新。在此，谨向参与初版、第二版编写的师生，以及在第三版撰写过程中给予本人诸多帮助的同人，尤其是热心支持本书编撰、推广工作的章永宏先生和杨梦瑶女士，致以由衷的谢意和敬意！

受各种因素的限制，本书仍难免有不足之处，诚盼各位读者、方家不吝指正。

张国良

2021年5月

于上海交通大学媒体与传播学院

目 录

第一章 传播概观 ·········· 1
  第一节 传播的含义 ·········· 1
    一、传播的特性与本质 ·········· 1
    二、传播与COMMUNICATION ·········· 5
    三、传播的定义 ·········· 6
    四、"信息"视野中的"传播" ·········· 9
  第二节 传播的类型 ·········· 12
    一、两种分类方法 ·········· 12
    二、自我传播 ·········· 13
    三、人际传播 ·········· 13
    四、组织传播 ·········· 14
    五、大众传播 ·········· 14
    六、各类传播的特点 ·········· 17
  第三节 传播的结构 ·········· 19
    一、结构(过程)研究的意义 ·········· 19
    二、传播的基本模式 ·········· 20
    三、线性模式 ·········· 21
    四、控制论模式 ·········· 24
    五、社会系统模式 ·········· 27
  第四节 传播的功能 ·········· 31
    一、传播的基本功能 ·········· 31
    二、传播的工具性和消遣性 ·········· 32
    三、传播功能的三个层次 ·········· 33
    四、传播的四大功能 ·········· 33
    五、传播功能的相对性和双向性 ·········· 35

六、传播的正功能和负功能 …………………………………… 36

第二章　传播学简况 …………………………………………… 40
　第一节　传播学的学科特性 …………………………………… 40
　　一、传播学的三个特性 ………………………………………… 40
　　二、人文社会科学的三类学科 ………………………………… 42
　　三、新闻学与传播学的三个差异 ……………………………… 44
　第二节　传播学的研究对象 …………………………………… 46
　　一、研究对象与学科边界 ……………………………………… 46
　　二、重新审视传播学的研究对象 ……………………………… 48
　第三节　世界传播学的沿革 …………………………………… 51
　　一、传播研究的流变 …………………………………………… 51
　　二、传播学诞生的条件 ………………………………………… 52
　　三、传播学形成的过程 ………………………………………… 55
　　四、传播学的学术渊源 ………………………………………… 56
　　五、奠基人的生平和贡献 ……………………………………… 57
　　六、传播学的现状和发展趋势 ………………………………… 61
　第四节　中国传播学的历程 …………………………………… 65
　　一、传播学与中国的现代化 …………………………………… 65
　　二、中国传播学成长的四个动因 ……………………………… 66
　　三、中国传播学发展的四个阶段与成就 ……………………… 68
　　四、建设具有本土特色的传播学 ……………………………… 73

第三章　传播技术的演进 ……………………………………… 76
　第一节　传播革命的迭代 ……………………………………… 76
　　一、漫长的亲身传播时代 ……………………………………… 76
　　二、大众传播时代的开幕 ……………………………………… 83
　第二节　信息社会的到来 ……………………………………… 88
　　一、新媒介与信息社会 ………………………………………… 88
　　二、信息社会理论的启迪 ……………………………………… 92
　第三节　媒介理论的兴起 ……………………………………… 98
　　一、麦克卢汉的媒介理论 ……………………………………… 98
　　二、梅罗维茨的"情境"理论 ………………………………… 102

三、威廉斯的"文化"理论 …………………………………… 103
　　四、莱文森的"新新媒介"研究 ……………………………… 105
　　五、其他若干媒介理论 ……………………………………… 107

第四章　传播制度的变迁 …………………………………………… 110
第一节　传播过程中的"把关"现象 ………………………………… 110
　　一、传播制度与"把关"现象 ………………………………… 110
　　二、"把关人"研究述略 ……………………………………… 112
第二节　传播的自由与责任 ………………………………………… 121
　　一、四种传播制度理论 ……………………………………… 122
　　二、其他传播制度理论 ……………………………………… 134
第三节　传播的法制与伦理 ………………………………………… 140
　　一、中外传播法制概要 ……………………………………… 140
　　二、中外传播伦理概要 ……………………………………… 145

第五章　传播内容的建构 …………………………………………… 151
第一节　信息与符号 ………………………………………………… 151
　　一、信息的特点和类型 ……………………………………… 152
　　二、符号的特性和作用 ……………………………………… 157
第二节　语言符号及其传播规律 …………………………………… 163
　　一、语言学的源流 …………………………………………… 163
　　二、哲学视野中的语义研究 ………………………………… 164
　　三、语言学视野中的语义研究 ……………………………… 169
第三节　非语言符号及其传播规律 ………………………………… 171
　　一、非语言传播的功能 ……………………………………… 171
　　二、非语言传播的特点 ……………………………………… 172
　　三、非语言传播的种类 ……………………………………… 173

第六章　传播主体的形貌 …………………………………………… 178
第一节　传者观察 …………………………………………………… 178
　　一、何谓传者 ………………………………………………… 178
　　二、传者的类型 ……………………………………………… 179
　　三、传者的特性 ……………………………………………… 180

　　　　四、传者的权利 …………………………………………… 181
　　　　五、传者的义务 …………………………………………… 184
　　第二节　受者图像 ……………………………………………… 186
　　　　一、何谓受者 ……………………………………………… 186
　　　　二、何谓受众 ……………………………………………… 187
　　　　三、不同学科视野中的受众观 …………………………… 188
　　　　四、受众研究的主要视角 ………………………………… 193
　　　　五、受众研究的经典理论 ………………………………… 203
　　第三节　传受者展望 …………………………………………… 208
　　　　一、传受关系的变化 ……………………………………… 208
　　　　二、交流陷阱的困扰 ……………………………………… 210
　　　　三、媒介素养的培育 ……………………………………… 213

第七章　人际传播的探索与成果 ………………………………… 216
　　第一节　人际传播概述 ………………………………………… 216
　　　　一、人际传播的含义 ……………………………………… 216
　　　　二、人际传播的特点 ……………………………………… 217
　　　　三、网络人际传播的特点 ………………………………… 218
　　第二节　群体传播概述 ………………………………………… 220
　　　　一、人际传播中的群体传播 ……………………………… 220
　　　　二、群体规范与群体传播 ………………………………… 221
　　第三节　人际传播研究的主要成果 …………………………… 222
　　　　一、人际传播学的沿革 …………………………………… 222
　　　　二、人际传播研究的特点和取向 ………………………… 225
　　　　三、自我表达取向的研究 ………………………………… 226
　　　　四、关系处理取向的研究 ………………………………… 230
　　　　五、劝说服从取向的研究 ………………………………… 237
　　第四节　群体传播研究的主要成果 …………………………… 242
　　　　一、功能视角的群体传播研究 …………………………… 243
　　　　二、结构视角的群体传播研究 …………………………… 247

第八章　组织传播的发生和发展 ………………………………… 250
　　第一节　组织传播概述 ………………………………………… 250

一、组织传播的定义 ……………………………………… 250
　　二、组织传播的内涵 ……………………………………… 251
　　三、组织传播研究的特点 ………………………………… 254
第二节　组织传播研究的主要学派 …………………………… 256
　　一、组织传播研究的基础学派 …………………………… 256
　　二、组织传播研究的现代学派 …………………………… 265
第三节　各个层面的组织传播研究 …………………………… 273
　　一、决策行为层面的研究 ………………………………… 273
　　二、冲突管理层面的研究 ………………………………… 277
　　三、媒介技术层面的研究 ………………………………… 280
　　四、对外传播层面的研究 ………………………………… 284

第九章　大众传播的理论和实践 ……………………………… 289
第一节　大众传播概述 ………………………………………… 289
　　一、大众传播的特点 ……………………………………… 289
　　二、大众传播研究的特点 ………………………………… 292
第二节　从迷思到科学：早期研究 …………………………… 293
　　一、概念内涵与发展阶段 ………………………………… 293
　　二、早期的思潮和研究 …………………………………… 295
　　三、有限效果论的研究视角和主要成果 ………………… 299
第三节　从单一到多元：近期研究 …………………………… 311
　　一、多元效果论产生的社会背景 ………………………… 311
　　二、"议程设置功能"理论 ……………………………… 313
　　三、"涵化"理论 ………………………………………… 317
　　四、"知识沟"理论 ……………………………………… 321
　　五、"沉默螺旋"理论 …………………………………… 326
　　六、"第三人效果"理论 ………………………………… 329
　　七、"框架"理论 ………………………………………… 333
　　八、"敌意媒介"理论 …………………………………… 336

主要参考文献 …………………………………………………… 341

后记 ……………………………………………………………… 347

第一章

传播概观

第一节 传播的含义

一、传播的特性与本质

何谓传播学？顾名思义，即研究"传播"的学问。那么，何谓"传播"？

从汉语文献看，中国权威辞书《辞海》（上海辞书出版社）1979年版的词目中，未见"传播"，只有"传布"，但有趣的是，对"传布"的解释就是"传播"。可见，这两个词的意思是被等同的，与它们近似的词还有：传、传达、传送、传输、传递、传导等，彼此各有一些微妙的差异，相比之下，"传播""传布"多了一层扩散的意味。但《辞海》1999年版（其每隔10年修订一次）的词目中，就增补了"传播"，其释义为："1.即传布，如：传播消息。2.在传播学中，指人与人之间借助符号传递信息、情报、意见、感情，以实现信息共享和互换的过程。"《辞海》2009年版的表述与此类似，可见这一释义已趋稳定。

这一变化从一个侧面折射出，近几十年来传播现象日益受到关注以及传播学科得到长足发展的过程。

据中国新闻史学者方汉奇考证，汉语中的"传播"一词至少在1400年前就出现了，可能始见于《北史·突厥传》中的"传播中外，咸使知闻"。① 在现代中国大众的日常生活中,其出现频率也不太低,可算是一个次常用词,如"传播小道新闻""佛教在中国的传播""流行性感冒的传播"等,就是几个耳熟能详的用例。

由此可知,中国社会各界对"传播"一词历来并不陌生,主要用以表达某种事物(多指消息、意识等精神内容)的传布。固然,一般民众不会想到,这种"传播"(精神内容的)行为与劳动、饮食等(物质生产和消费的)行为同等重要,是人类赖以生存、发展的基础性活动之一,但无论如何,每个人每时每刻都在进行着"传播",这看来是一个确定的事实。

那么,它有哪些特性?它的本质又是什么?略加说明如下。

1. 形态多样性

事实上,传播是我们最熟悉的现象之一。例如,师生们在教室里上课,就是传播;集体生活中少不了的开会,也是传播;亲友、同学之间的交谈(包括打电话或手机)当然是传播,凡此种种,通称口语传播,即用口头语言进行的传播。又如,写信、作文、收发电子邮件及手机微信等,凡是用书面语言进行的传播,可称文字传播。再如,绘画、拍照、摄像等,这些用图像语言进行的传播,可称图像传播。不仅如此,我们自身的表情(喜怒哀乐)、动作(坐卧蹲立)、行为(衣食住行),乃至世间万物如产品、建筑、自然景观等,可统称为实物传播。根据使用符号的不同,传播可区分为各种形态或类型:口语传播、文字传播、图像传播、实物传播。

换一个角度看,根据参与人数的不同,传播也可划分出各种形态或类型:一个人的自言自语,属于自我传播;两个人以上的小范围沟通,称为人际传播、群体传播,如果有组织参与其中,则称为组织传播;面向成百上千乃至亿万人群的大规模交流,称为公共传播,如果有大众媒介参与其中,则称为大众传播。

另外,我们还可以根据传播技术(媒介)、内容、功能等的不同,得到更多分类。这就叫做传播的形态多样性。

2. 时空遍布性

传播这一现象具有广泛性、普遍性。事实上,传播是一种无时不有、无处不在的现象。从时间维度看,从古到今,纵贯整个人类历史;从空间维度看,从东到西、从南到北,横跨整个人类社会。这就是传播的

---

① 方汉奇:《中国近代传播思想的衍变》,《新闻与传播研究》1994年第1期,第79页。

另一个特性：时空遍布性。

换言之，什么是传播？答案只需加一个字，即：什么"都"是传播。

3. 实体（行为）伴随性

也许有人会觉得，这种说法是否太绝对了？上课、聊天、写作、绘画等精神活动，固然是传播，难道穿衣、吃饭、住宿、走路等物质行为，也是传播？确实，如上文指出，从符号角度看，人类的"衣食住行"等行为可称"实物传播"。一方面，这些行为的进行和完成，都离不开传播——如我们到餐厅吃饭，总要了解饭菜的品种、价格，然后向服务员点菜，否则就不能完成吃饭行为，不过，彼时我们尚处于"口语传播""文字/图像（菜单可能是图片或影像）传播"的状态；另一方面，更需要强调的是，这些行为本身就是传播，即它们总是携带、发散（也就是传播）着某种信息——仍以吃饭为例，有人狼吞虎咽，有人慢条斯理，有人津津有味，有人茶饭无心……这些莫不是信息的表露（也就是传播的进行）。这可视为传播的又一个特性，即：行为伴随性。

进一步说，楼台亭阁、日月山川等人工制品或自然造化，与"衣食住行"等人类行为一样，也属于"实物传播"，如此，就可称之为实体（包含行为在内）伴随性。它与上述口语、文字、图像传播一道，各施所能，其作用也十分重要而独特，如很多人爱看时装模特儿的表演，就是一例；又如国旗、国徽，非但重要，而且在特定场合是不可替代的。

还需要指出，口语、文字、图像这三类传播，一般来说，都是"有意"而为，实物传播则有"无意"和"有意"的区分。衣食住行的各种状态以及人工物品、自然现象，大多是"无意"传播（传者无意而受者可能有心）；时装模特儿的衣着和国旗、国徽，则是典型的"有意"传播。

在日常生活中，人们往往关注"有意"传播而忽视"无意"传播，难免带来负面影响。例如，有人在恋爱过程中不注意仪表，导致了失败；又如，"桃李不言，下自成蹊""身教重于言教"等古老格言，说的也是同样的意思。了解这一道理，有助于大家建立一种泛传播观，从而更有效地进行传播。

为了更清楚地描述"传播"现象的全貌，我们参考一下美国传播学者小约翰提供的资料，如表1-1所示，共有9种情景，试举例说明如下。[①]

[①] [美]斯蒂文·小约翰：《传播理论》，陈德民、叶晓辉译，中国社会科学出版社1999年版，第10页。

表 1-1　与传播相关的行为(状态)

信息接收者	信息发布者		
	无意 (状态)	有意	
		非语言(图像、实物)传播行为	语言(口语、文字)传播行为
未接收	1A　未被知觉	2A　未被知觉	3A　未被知觉
不经意地接收	1B　偶被知觉	2B　偶被知觉	3B　偶被知觉
接收	1C　确被知觉	2C　确被知觉	3C　确被知觉

1A：甲在乙身旁微笑了一下，乙未注意。

1B：甲的微笑被乙不经意地注意到了，但当时处于漠然的状态，事后乙才加以回味，如"这微笑很好看呢"。

1C：甲的微笑被乙确定地注意到了，随即引起乙的反应，如"这微笑是给我的吗"。

2A：甲向着乙微笑了一下，乙未注意。

2B：甲的微笑被乙不经意地注意到了，但当时处于漠然的状态，事后乙才加以回味，如"他为什么要对我微笑呢"。

2C：甲的微笑被乙确定地注意到了，随即引起乙的反应，如回报以微笑。

3A：甲对乙说"你好"，乙未注意。

3B：甲对乙说"你好"，被乙不经意地注意到了，但当时处于漠然的状态，事后乙才加以回味，如"他是对我说话吗"。

3C：甲对乙说"你好"，被乙确定地注意到了，随即引起乙的反应，如对甲说"你好"。

当然，仅此还不足以全面、深入地理解复杂的传播过程，如信息的发布者和接受者并不局限于人与人之间(而可能是人与产品、生物、景观、机器等之间)，但不管怎样，我们由此可大体把握与传播相关的各种行为和状态，那么，其中究竟哪些是"传播"？而哪些不是"传播"呢？

根据小约翰的整理(参见表 1-2)，学界一致认为，1A(即发布者"无意"而接收者也"无心"的情景)应予排除。接下来，有三种不同观点，最宽泛的是Ⅰ：认可其他 8 种都是"传播"；居中的是Ⅱ：否认所有"未被知觉"的行为(即 1A、2A、3A)，认可其他 6 种；最严格的是Ⅲ：否认所有"未被知觉"和"无意"的行为(即 1A、2A、3A、1B、1C),只认可其他 4 种。

表 1-2 对传播行为(状态)的认定

I			II			III		
1A	2A	3A	1A	2A	3A	1A	2A	3A
1B	2B	3B	1B	2B	3B	1B	2B	3B
1C	2C	3C	1C	2C	3C	1C	2C	3C

相比而言,第二种观点过于偏向接收者而忽略发布者的存在,第三种观点在此基础上更局限于目的性而无视非目的性(传播)的价值,也就是说,第一种观点最有利于体现传播学研究的整体性、全面性。

4. 极端重要性

至此,我们不仅可以进一步理解传播的普遍性,也可以大致理解传播的极端重要性了。这既是传播的特性之一,同时又是传播的本质。即,就其本质而言,传播是人类赖以生存和发展的基础性行为之一。

何以如此呢?就因为如上所述,人类的一切(包括物质的和精神的、基础性的和非基础性的)行为,都须臾离不开传播。由此可知,"传播"之重要性,并不亚于"衣食住行"。为此,"衣食住行"这句中国民众用以概括人类基础性行为的俗语,如果(至少可以在我们的脑海里)改成"衣食住行传",则更符合生活实际,也更具现代意味。

二、传播与 COMMUNICATION

尽管传播现象如此普遍、重要,但是,把"传播"与"学"相连结,对于改革开放前的中国大众而言,实为闻所未闻。因此,当海外学者于 20 世纪 70 年代末把"传播学"引入中国时,曾被误听为"船舶学"(有意思的是,作为重要交通工具的船舶,对于传播空间的扩展,确实有很大的推动作用)。换言之,这门学科是道道地地的西方"舶来品"。所谓"传播",原译自英语。

在英语里,与"传播"对应的,是一个(对欧美民众而言)可能更为常用的词,即:communication。其含义很多,主要有通信、传达、交流、交往、传染、交通等。试比较"传播"与 communication 两词的异同如下

(参见表1-3):

表1-3 "传播"与communication的词义之比较

	传达	传染	交通	交流
传播	○	○	×	×
communication	○	○	○	○

同:两者均含"传达"(消息、意识等)及"传染"(疾病)之意;

异:后者含"运输"(货物与人)及(双向)"交流"之意,而前者不含。

可见,communication的含义比"传播"更为丰富。那么,这是否意味着翻译不当呢？非也。因为,从传播学意义(而非一般意义)看,它们的差别不大。即,传播学中的communication,从一开始就排除了"传染""交通"的意思。传播学的研究对象,原本只限于"精神内容"的流动,而与"物质内容"的转移无涉。因此,将communication译成"传播",大体还是可行的。尽管有人提出可译为"交流""沟通"等,但也未必是更合适的选择,下文将就此加以比较和分析。

综上所述,作为传播学最基本概念的"传播",亦即communication,其主要含义是:精神内容的传布。

不过,这只是一种初步的归纳,因其过于笼统,还不是严格意义上的定义。究竟什么是"精神内容"？它又是如何"传布"的？还需要进一步展开讨论。

三、传播的定义

对于"传播"(communication)一词的定义,众说纷纭。迄今,国内外学界给"传播"下的各种定义数以百计,但略加分析就可以知道,其中的大多数观点不过是重复他人之见。概括起来,主要有以下几种观点。

1. "共享"说

强调"传播"是传者与受者对信息的分享。持这类主张的学者,往往追溯英语communication的词源,即拉丁语communis(含义为"共有的""共同的""公共的"等),以支持自己的观点。英语中确有很多以"commun"打头的单词,如 commune(公社)、communism(共产主义)等都包含这层意思,communication 也不例外。需要注意的是,它在传播学中专指"心"的共有,而不涉及"物"的共有。

不可否认,在传播实践中,这种"共享"不仅是主观愿望,在很多情况下也是客观结果。即,它既是传播的出发点,又是其归宿。这并不难理解——甲向乙传递某个信息(如微笑或"你好")后,该信息就自然而然地由甲的"独享"变成了甲和乙的"共享"。所谓"心有灵犀一点通",这里的"通"就是指"共享"。进一步说,这正是"心"之交流——不同于"物"之运输的特征。

为此,有人提出,将 communication 译成"传播"是不妥的,因为"传播"的含义中没有"共享"的意思,所以应译成"沟通"或"交流",或根据不同的场合采用不同的译名。这一观点不无道理,但仔细推敲,并不足以推翻、取代"传播"(从结果看,也确实如此)。理由如下:

第一,在汉语里,原本就没有与 communication 完全对应的词语。非但"传播",即便是"交流"和"沟通",也不完全等同于 communication。事实上,大多数外来语的翻译,都难以尽善尽美。试举一例:"大众传播"中的"大众",源自英语里的 mass,兼含"大量""大规模"等意思,如果此时此地译为"大量传播",彼时彼地又译为"大规模传播",岂不是自找麻烦?同样,如果把"传播学"一会称"交流学",一会又称"沟通学",也只能徒增混乱。

第二,既然如此,就只有通过比较选择一个最合适的译名。相比之下,仍以"传播"为佳。因为,无论"交流"还是"沟通",凡是强调"共享"的用语,都有一个缺陷,即:不能适用于一切传播现象。

诚然,传播能实现"共享"的情况很多,但同时存在着不少相反的情况,正如表 1-2 所示,以"共享"(即排除"未被知觉")为标准来理解"传播"是有失偏颇的,为丰富我们的认知,不妨再举一些具体事例如下。

(1)拒斥。甲发出的信息,乙拒绝接受。如敌对双方,对来自对方的宣传充耳不闻。从表面看,乙"接收"了甲的信息,但"拒绝"了甲的信息中包含的意思。所谓"共享"的对象、目标,其实是意思(或意义)。如此,也就构不成"交流"或"沟通"了。

(2)不通。因符号体系不相同、不一致等理由,乙无法"读解"(破译)甲传达的信息,如异民族、异文化之间的初次接触,尤为典型。

(3) 误解。乙未领会甲的真意,如台湾歌星童安格在一首歌曲里唱的歌词:"其实我用不在乎掩藏真心……"表达了一种常见的"单相思"导致传播失真、失效的现象。

(4) 独处。甲和乙、传者和受者是同一个人,自言自语、自问自答(包括出声和不出声的全部心理活动),即处于所谓的"自我传播"状态之中。

显然,在以上情境中,人们都实现不了"共享",也无以达成"交流"和"沟通"。由此可知,"共享"说以及与之类似的"交流"说、"沟通"说,虽然指出了传播的部分规律,但作为定义,是不全面的。

2. "影响"说

强调"传播"是传者意图对受者施加影响、改变对方(认知、态度或行为)的过程。

无疑,在主观上"有意"追求影响和效果的传播活动比比皆是,但不能因此而忽略"无意"的传播,而且"有意"也不等同于影响,如邻居之间的日常寒暄,就未必是为了影响、改变他人。此说的优缺点,与"共享"说相似,即,既正确地指出了现实生活中存在着大量带有功利性、目的性的传播现象,同时又不正确地将其当成了一切传播现象的特征。

3. "仪式"说

强调"传播"是传者与受者之间开展的仪式。典型事例如各种节庆、祭祀活动,往往偏重其仪式性,而非信息性。一方面,此说的优缺点,与"共享"说、"影响"说相似,不能涵盖所有的传播现象;另一方面,此说通常还包含着一种误解,即认为仪式与信息是并列的两种"传播观",而实际上,仪式也应视为信息的一种,两者是种属关系。

4. "符号/信息"说

强调"传播"是符号的流动、信息的交换(如本章开篇提到的《辞海》1999年版就持这一观点)。传者和受者之间,传来送去的到底是什么? 既可以说是"信息",也可以说是"意思",但"意思"即所谓"精神内容",本身是看不见、摸不着的,因而,必须借助"符号"(作为载体)才能显现。

换言之,对信息一词,有两种理解,一种是意义或意思,一种是表达意义或意思的符号,后者也叫讯息,按后一种理解,则"信息"中已包含了"符号"和"意义",故无须赘述。另外,有的学者倾向于在定义中加入"媒介",诚然,"传播"总要通过一定的"媒介",但为了简明起见,也可略去。

叙述至此,结论就呼出欲出了。

所谓"传播",即传受信息的行为(或过程)。

这个定义简单、明了,具有高度概括性和普遍适用性,可视之为对上述各类定义取长补短的结果。

不过,分析至此,尚有一些可进一步探究之处,即,究竟是"谁"传受信息?或者说,"传播"的主体究竟是什么?对此,上述各类定义都有一个或明说或默认的前提——人。如此,就否定了人类社会以外的自然界也存在"传播"。这是否正确呢?回答这一问题的关键在于,我们怎样理解"信息",怎样理解"信息"与"传播"的关系。

四、"信息"视野中的"传播"

1. 信息的定义

首先,有必要讨论一下,究竟什么是信息?

不妨套用上文用以理解传播的那句话,即:什么"都"是信息。如果用信息科学的规范语言来说,所谓信息,即事物(物质和能量)的存在方式(运动状态)以及对这种方式(状态)的直接或间接的表述。这是一个被普遍认同的定义。如时装模特儿身上的漂亮衣服,本身就是信息,即实物信息。如果有人赞叹:"这衣服真漂亮!"则成为口语信息;写下来,是文字信息;拍下来,就是图像信息。

美国传播学者格伯纳提出了一个传播总模式,对此加以说明(参见图1-1)。[①]

这里的实例是"下雨了"(即,M把自己对天气状况的感知传送给M2)。根据需要,可将其换成"(模特儿的衣服)真漂亮"或其他任何事例。也就是说,对"事物的存在方式和运动状态"的感知是传播(即信息传受)的第一个层次,接下来的表述则是第二个层次。

信息还有一个广为人知的定义(实际上是对其本质的表述):与物

[①] [英]丹尼斯·麦奎尔等:《大众传播模式论》(第二版),祝建华译,上海译文出版社2008年版,第24页。

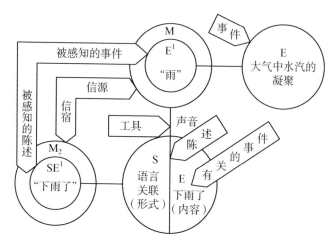

图1-1 格伯纳的传播总模式

质和能量并列、从而构成世界的三大要素之一。它和上述定义可相互对照、补充。信息何以成为世界的构成要素之一？原因就在于，它作为"事物"（即"物质和能量"）的表征，使人类能借此而认识世界。不言而喻，只有在此前提下，人类才能立足世界（生存），并进而改造世界（发展）。

2. 信息与传播的关系

这样，我们仿佛绕了一个360度的圆圈，又回到了传播的本质——人类赖以生存和发展的基础性行为之一。

从逻辑上说，理应如此。信息和传播的关系既然是密不可分的"两位一体"，它们在本质上就必定是相通的。如果说，传受"物质和能量"的行为可概括为"衣食住行"，则传受"信息"的行为就是"传播"。正是从这个意义上说，"传播"和"认知"、"有意传播"与"无意传播"之间，虽有各种差异，但作为信息行为，它们并没有本质的区别。

实际上，将"传播"定义为"信息"传受行为，就已经简约地说明了它们的关系。即："传播"＝"信息"的运动；"信息"＝"传播"的材料。世界上既没有不"传播"的"信息"，也没有无"信息"的"传播"。简言之，一为形式，一为内容，两者密不可分。

如果承认了这一事实，也就得承认：凡有"信息"处，必有"传播"；反之亦然。那么，"信息"是否只见诸人类社会之中？信息科学的回答是十分明确的：否！

如上所述，所谓"信息"，即"事物的存在方式和运动状态及其表述"。就是说,信息是无时不有、无处不在的,它普遍存在于包括人类社会在内的整个自然界之中。通俗地说,鸟语、花香、电闪、雷鸣……无一不是"信息"。只不过,按信息科学的观点,可将其分为"物理信息"(电闪、雷鸣等)、"生物信息"(鸟语、花香等)和"人类信息"。如此,我们就可以导出以下结论。

(1) 与"信息"形影相随的"传播",同样遍布整个自然界。

(2) "传播"同样可分为"物理传播"、"生物传播"和"人类传播"。

(3) 传播学的研究对象不是最为广义的"传播",而只是其中的一部分——"人类传播"。从这个意义上说,所谓传播学,就是人类传播学。

(4) 由此可知,对于"传播"的定义,需要在两个层面上加以完整地理解:广义——系统①(自身及相互之间)传受信息的行为;狭义——人(自身及相互之间)传受信息的行为(即人类传播)。

可以认为,只有从这一理论高度看待传播现象,才达到了比较透彻的科学境界。随之,以往人们将"传播"视野局限于人类社会的狭隘性,也就被突破了。这就是来自信息科学的启示。概而言之,传播学首先应当承认"传播"的广义性,然后,在此前提下,声明自己的研究对象即"人类传播"的狭义性。

不过,更准确地说,传播学的研究对象其实也不是"人类传播"的全部,而只是其中被称为"社会传播"的部分(参见图1-2)。换言之,人类传播≠社会传播。与其说传播学是"人类传播学",不如说它是"社会传播学"。为什么呢?

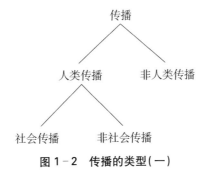

图1-2 传播的类型(一)

---

① 按系统论的观点,世间万事万物皆为系统。

下文将进一步考察"人类传播"的各种类型,这一问题即可迎刃而解。

第二节 传播的类型

一、两种分类方法

分类,即类型的划分,是任何科学研究深入的前提。如上文所述,根据角度或侧重点的不同,传播可分为多种类型。

为了说明传播的形态多样性,此前我们从符号的角度出发,把传播分为口语、文字、图像、实物等类型,它们又可进一步概括为两种,即:语言传播(包括口语、文字)和非语言(包括图像、实物)传播。这种分类有助于考察传播的符号、内容和效果。

为了探索传播的定义,我们又从性质的角度出发,将传播分为人类、非人类、社会、非社会等类型。无疑,传播学的研究对象应是"人类传播",由于人类是一种社会存在,因此,其几乎等同于"社会传播"。但细究起来,两者还是有区别的,在"人类传播"的各种类型中,有一种"自我传播"不能称为"社会传播",而属于"非社会传播"(因其未直接加入社会过程)。

那么,如何进一步划分"人类传播"的类型呢?有两种常见的分类方法。

1. 二分法

分为亲身传播和大众传播。这里的着眼点是传播的技术、手段。亲身传播指的是以人体自身为中介或媒体,尤以语言为主要手段,而以表情和动作等为辅助手段的传播方式。大众传播指的是以机械化、电子化的大众媒介即报刊、广播电视、互联网等为手段的传播方式。

这样的分类,自然是可以成立的。其优点是简明扼要,缺点是过于笼统。

2. 四分法

分为自我传播、人际(群体)传播、组织(团体)传播和大众传播。

这里变换了视角,主要以传播的范围、规模(即参加者的多少、空间的大小)为着眼点。其排列自左至右、由小到大——自我传播<人际传播<组织传播<大众传播。以下,分别简要说明它们的内涵和特点。

二、自我传播

从规模看,这是最小的一种。人们往往意识不到,这也是传播。但实际上,它也是一种"传受信息的行为或过程",与其他传播的不同之处只在于,传者和受者的角色由同一个人扮演。

可以认为,我们每个人都是一架集传送、接受、贮存、加工等机能于一身的、精巧无比的"信息处理器"。不幸的哈姆雷特问自己:"生还是死?"矛盾的贾宝玉问自己:"我究竟爱林妹妹还是爱薛姐姐?"平时,人们常说:"头脑里好像有两个小人在打架……"

这就是所谓 I 和 me、主我和宾我的对话,包括出声和不出声的全部心理活动。这种以思考为核心的内向型自我传播,构成一切外向型(人际、组织、大众)传播的前提和基础。其对于人类生存和成长的极端重要性,是不言而喻的。但如上文所述,由于它是非社会传播,更重要的是,它早已成为心理学的研究对象,因此,至少在形式上被划出了传播学的领域。

传播学的三大分支学科,正是按以上分类确定的,即人际传播学、组织传播学、大众传播学,其中并没有自我传播学。但需要指出的是,这并不意味着两者互不相干。相反,心理学特别是社会心理学,和传播学的关系极为密切,后者从前者那里获取了大量的"养分",才得以成长起来。时至今日,传播学的发展仍离不开对心理学的借鉴和观照。

三、人际传播

顾名思义,人际传播即个人与个人之间的传播活动。它作为人际关系的基础,把整个社会"黏合"成形,使用的材料即信息。

它的规模扩大为至少两人以上,但下限明确,上限模糊。就是说,只要没有明确的群体、正式的组织参与其中,参与者再多也仍然是人际传播。如街上看热闹的人群、体育场里看球的观众,七嘴八舌、议论纷纷,有时人数成百上千甚至上万。

为此,有人主张再增加一类"群体传播"。但从社会学的角度看,这些在偶然性因素作用下聚集到一起的人们,还不算是"群体",而只是"群集"。所谓群体,指的是具有共同价值观念和情感、持续地相互影响并共同活动的个人有机集合体,如:家庭、友人、邻里(称首属群体,或基本群体);社团、学校、单位(称次属群体);民族、阶级、国家(称隶属群体)。可见,群体的伸缩性很大,并不能使上限变得更清楚,而且,与组织(即次属和隶属群体)交叉,因此,这里还是使用人际传播的概念(其中涵盖了不属于组织传播的群体传播)。

　　需要指出,同样是人际传播或群体传播,确实存在着各种形态,如两人间传播、小群体传播、公众传播等等,值得开展细致、深入的研究。

四、组织传播

　　不难理解,我们每一个人都从属于一定的组织(或称团体),大大小小的无数个组织,构成了我们的社会。

　　所谓"组织",通常指正式的组织(非正式的组织如俱乐部等,一般习惯称为群体),即为达成特定目标而建立明确程序、发生协调行动的群体。如:政党、政府、军队(政治组织);工厂、商店、银行(经济组织);学校、医院、剧团(公益组织);学会、工会、妇女会(互利组织)等。由此应能体会,组织实为社会之必需。

　　很多学者都同意这样一种观点:"管理即传播"。也就是说,任何组织的有效管理,在很大程度上取决于信息(传播)系统的状况(灵敏度、信息量、公正性、回馈能力以及对内对外沟通能力等)。

　　为此,管理学自诞生之时起就十分重视对传播环节和因素的研究,而且在管理学与传播学的交叉地带,逐渐形成了组织传播学这样一门学科,与大众传播学、人际传播学一道,构成了传播学。

五、大众传播

1. 大众传播的内涵

　　与以上类型相比,这是规模最大的一种。当然,这也是相对而言。既有覆盖全球的卫星通信网、电视网、互联网,一瞬间将信息传遍全世界,也有偏于一隅、只发行百来册的出版物。正是前一种局面的出现,使加拿大传播学者麦克卢汉关于"地球村"的预言成为现实。也就是说,整个地球变得像一个小村庄了。① 这不仅指世界级、地区级的重大事件(如伊拉克战争、"9·11"事件、北京奥运会、日本核泄漏、本·拉登毙命、"棱镜门"事件等)即刻被几十亿人同时知晓,就是各国的一些凡人小事、珍闻趣事乃至丑闻隐私(如某些名人、明星的"性爱光碟""艳照门"等),也迅速成为"地球大家庭"的共同话题。这种奇异的现象,无疑是由大众传播造成的。

具体而言,所谓大众传播,从受者角度看,包括这样一些大家习以为常的行为:读报刊、书籍,听广播,看电视、电影,通过电脑、手机上网等,这些受者赖以接收传播内容的中介,既是信息的物理载体,又是接受行为的消费对象,通称大众传播媒介、媒体或传媒,同时,这些概念还指传者、传播机构,如报社、杂志社、出版社、广播电台、电视台、电影制片厂、网站、公众号等。

综上,媒介、媒体、传媒这三个汉语词汇(英语皆为 media),其实是同一个概念,其指代的对象包括行为、载体、机构,既有联系又有区别。

2. 大众传播与新闻事业的关系

回顾历史,20 世纪 80 年代以前,人们通常使用的是另一个概念:新闻事业。它和大众传播(事业)是什么关系?有什么异同?我们可通过图 1-3 了解。即,从大众传播和非大众传播、新闻活动和非新闻活动这两个视角出发,得出如下结论:A=新闻事业。

由此,传播学、大众传播学和新闻学这三门学科的关系,以及它们各自的研究对象,也就清楚了。即:传播学 = ABCD,大众传播学 = AB,新闻学 = AC(以 A 为主)。

图 1-3 大众传播与新闻事业的关系

---

① 当然,这并不是说,在大众传播诞生之前,就没有世界性的信息交流,但以往的传播速度极慢、频率极低。如唐三藏取经,整整花费了 18 年(公元 627—645 年)。直到 20 世纪初,信息阻滞仍普遍存在。李普曼在其代表作《舆论学》的"引言"(华夏出版社 1989 年版,第 1 页)中提到:1914 年,某海岛上住着一些英国人、法国人和德国人,只能靠 60 天来一次的邮船获知外界动向。9 月中旬的一天,邮船带给他们一个惊人消息:英法与德国已开战六个星期了!然而,在这段时间里,他们却因毫不知情而一直相安无事。

3. 大众传播的定义

大众传播的定义有一个传统的表述：职业化的传播机构利用机械化、电子化的技术手段向不特定的多数人传送信息的行为或过程。可是，互联网兴起以来，这一定义遭到质疑，因为，即使是非职业化的个人，只要上网，也就拥有了"利用机械化、电子化的技术手段向不特定的多数人传送信息"的可能性，尤其是个人的博客(blog)、微博、微信等形式，越来越类似大众传播了。

有关大众传播的各种特性、功能等，将详述于后，这里不再展开，只简单地提一下它的长短。其主要优点为：快——传播的速度快；广——传播的范围广；多——传播的信息数量多；好——传播的信息质量(清晰度、保真度)好。其主要缺点是：反馈不及时、不直接、不充分。为什么呢？就因为在信息传受过程中，插入了上述定义中指出的"机械化、电子化媒介"，而这同时又成为传播分类的一个视角——技术或手段。

需要指出的是，这同样是就传统的大众媒介而言，新兴的网络媒介已改写了这一"常识"。如果说，快、广、多、好这四大优点对网络也完全适用，那么，反馈不足这一缺点对网络就不存在了，因为网络媒介相对于传统媒介的最大优势就是"互动性"。如此，就可以理解传统媒介何以急剧衰落，不得不转向数字化、交互化，争先恐后地变身为网络化的大众媒介，从技术角度看，也就是加入了网络媒介的行列。

4. 传播规模与手段的关系

与"二分法"相比，"四分法"更为细致。事实上，规模与手段的关系密不可分、互为因果。试想，没有先进的传播媒介，怎么可能实行大规模的大众传播呢？反过来，小范围的人际传播，则通常可以不依赖机械化、电子化的媒介，但如上所述，由于网络媒介的崛起，引发了各种前所未有的"跨界"现象，以往泾渭分明的传播类型——无论是"两分法"的亲身传播、大众传播，还是"四分法"的自我传播、人际传播、组织传播和大众传播——互相之间的界限越来越模糊了。

如果将这两种方法连接起来，则我们的理解可望更加全面、完整(参见图1-4)。

具体而言，有以下三层意思。

(1) 从传播的手段看，不言自明，自我传播、人际传播、组织传播都频繁地使用亲身传播手段(谈话、表情、动作等，包括语言、非语言的各

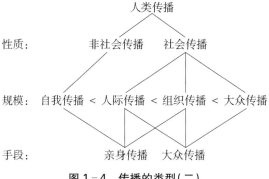

图 1-4 传播的类型(二)

种方式);组织传播还往往部分地使用大众传播手段(如团体刊物、企业报纸、单位有线广播电视等);而最令人瞩目的变化是,过去一般只使用亲身传播手段的人际传播,也越来越多地使用起大众传播技术(网络、手机等)来;当然,最全面依赖大众传播媒介的,仍是大众传播。

(2)从传播的规模和性质看,人际传播、组织传播和大众传播属于"社会传播",而自我传播属于"非社会传播",它们之和即"人类传播"。由此还可引申出以下第三层意思。

(3)从传播学的研究对象看,实为"社会传播",如上文述及,因为"非社会传播"(即自我传播)被心理学当作了研究对象。

如此,人际传播、组织传播和大众传播,就构成了传播学的三大研究领域,并形成了相应的三大分支学科:人际传播学、组织传播学、大众传播学。

六、各类传播的特点

以上,考察了各类传播在手段、规模方面的差异。事实上,在其他一些方面,它们也各有特点。试比较如下(参见表 1-4)。①

1. 周期

传播的节奏、频率如何?人际传播为偶发,最没有规律,随时随地可能发生;组织传播有一定规律,如每隔多少时间得开一次会;大众传

---

① [日]竹内郁郎:《大众传播社会学》,张国良译,复旦大学出版社 1989 年版,第 5 页,有所改动。

表 1-4 各类"社会传播"的特点及其比较

	人际传播	组织传播	大众传播
手段(媒介)	人自身(谈话、表情、动作等)+机械化、电子化媒介(由网络带来的最新动向)	人自身+机械化、电子化媒介	机械化、电子化媒介(报刊、广播、电视、网络等)
规模	少数人(网络正引起变化)	特定、较多数人	不特定、多数人
空间	小(网络正引起变化)	中	大
周期	不规律	较规律	规律(网络正引起变化)
角色	随时交替	有所规定	固定(网络正引起变化)
反馈	灵活	有点困难	十分困难(网络正引起变化)
信息(表达)	不规范	较规范	规范(具有"规范转换器"功能)

播最有规律,凡媒介都必须定期发送信息,并严守规律,如报纸有日刊、周刊、旬刊、月刊,广播电视的节目也有早、中、晚的规定播出时间,门户网站、公众号也是一样。不过,网络的出现,已导致了一些混合体的诞生,如"博客""微博"等,就介乎于人际传播、大众传播之间,成为一种模糊或稀释了两者界限的"人际-大众传播",它们的周期也就介乎规律和不规律之间了。

2. 角色

在传播过程中扮演的是"传者"还是"受者"? 人际传播的传者和受者,可随时交替,如亲友谈心,无拘无束。一般来说,传受的机会是均等的,只是兴趣、能力未必相等。至于组织传播,其传者和受者有所规定,机会往往不均等,如上下级之间的差别很大,特别是实行"一言堂"的集权团体,更加明显。总之,角色被组织的结构所限定。而传统的大众传播,其传者和受者大体固定,机会完全不均等。通常,媒介是专职的传者,大众是固定的受者。但这种局面业已改观,网络媒介为新型的大众传播带来了"传者"与"受者"角色能随时替换的革命性变化。

3. 反馈

信息的流动是单向的还是双向的? 这与角色密切相关。人际传播的反馈很容易,可随时做出灵活反应。最典型的莫过于口角,唇枪舌剑,反馈速度无与伦比。组织传播的反馈比较困难,所谓"上面开大会,下面开小会",就是一种"反馈受阻"状况的生动描写,虽貌似在进行"传播",但彼此都听不见对方在说什么。大众传播的反馈就更加困难了,如电视机前的观众,哪怕对节目有一百个不满意,除非特地用电话或信件告知,否则电视台就无从知晓(收视率固然能反映出受众一定的偏好和取向,但电视台仍不知道具体的问题所在),这正是媒介工作历来的最大难点。幸运的是,网络技术提供了双向瞬时交流的功能,传统的僵硬格局已开始突破。

4. 信息

表达规范不规范?人际传播的信息表达最不规范,只要双方领会就行。一个眼神、一种手势、一句"老地方、老时间",足矣。组织传播的表达则有所规范,因为必须让本团体、本组织成员都能了解。典型如军事行动中的暗号、黑社会组织里的"切口"等。大众传播的表达最为规范,因为面向大众,非如此不可。但媒介作为一种"规范转换器",在一定条件下,将"非规范符号"转化为"规范符号"的案例,是屡见不鲜的。这在略语、流行语的形成和普及过程中最为明显,如"发烧友""空嫂""给力"等。尤其值得注意的是,网络把这种"转换"效应空前地扩张、放大了,如":)"(代表微笑)、"雷人"(意为惊人)、"打酱油"(形容对公共事件的观望状态)、"神马"(意为什么)等,一经网络流传,就迅速地被全社会所接受。

第三节 传播的结构

一、结构(过程)研究的意义

1. 结构与过程的含义

所谓"结构",即构成一个事物整体的各个要素及其相互关系。这一概念来源于哲学领域的"结构主义"和社会学领域的"结构功能主义",从20世纪60年代开始盛行,后来作为一种方法论,渗透到各个学科中。其要点是,主张万事万物均具有一定的结构。举例来说,物质有分子结构、原子结构;人类社会有政治结构、经济结构;个人有饮食结构、知识结构等。作为一种社会现象的传播,自然也有其独特的结构。这一思想,与系统论不谋而合,而后者以"系统"代替"结构"。

与此相联系,还有一种视万事万物为"过程"的观点。所谓"过程",即事物运动的状态和程序,这实际上是一种对"结构"动态的表述。换言之,这两个概念的意思基本相同。探究它们的目的在于,科学地"分解"事物亦即研究对象。

显然,这是开展任何科学研究包括传播学研究的必需,也可以说,这是从宏观上把握传播现象的必经之路。科学研究切忌拘泥于微观,"只见树木,不见森林",为此,要了解传播学,首先必须回答这个问题。

那么,传播的结构或过程的具体"面目"究竟如何?

2. 传播的"三要素"说

实际上,传播的定义已涉及这个问题。传播是传受信息的行为,这就表明传播过程中至少存在着三个环节:传(者),受(者),信息(内容)。这可称为三个基本要素(参见图1-5)。早在2 000多年前,古希腊先哲亚里士多德在其著作《修辞学》中,就提出了类似的见解,他把"讲者、听者、内容"称作演讲的三要素,推而广之,则任何传播都包含这三个要素。当然,我们的认识不能只停留在这一还比较浅显的层次上,需要扩充和展开。为此,可向一些"模式"求助。

图1-5 传播的三要素

二、传播的基本模式

何谓"模式"?有何作用?所谓"模式",可理解为一种再现现实的具有理论性的简化形式。如果说"理论"是对客观事物规律的概括,则"模式"就是一种简洁地表现"理论"的手段或方法。

其主要作用是,为清楚地说明各种理论而提供简明、直观、有效的辅助工具。就传播学而言,也就是简洁地体现和表述各种传播理论,使人们不至于陷入纷繁的细部,而能快捷、清晰地观察到传播现象的本质和深层次部分。

模式的类型包括：文字模式、图像模式、数学模式。其中，图像模式最为常用。

以下，按时间顺序，逐一考察"结构（过程）研究"迄今取得的主要成果。它们可以分为三类基本模式：线性模式、控制论模式和社会系统模式。

三、线性模式

1. 拉斯韦尔的5W模式

美国政治学者、传播学奠基人之一的拉斯韦尔（Lasswell）于1948年在其题为《社会传播的结构与功能》的论文中，提出这一著名模式。① 所谓5W，即：谁（who）→说什么（says what）→通过什么渠道（in what channel）→对谁（to whom）→取得了什么效果（with what effects）。

这是一个文字模式，也可以改为图像模式（见图1-6）。其重大贡献可概括为以下两点：

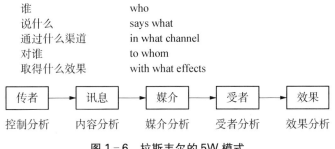

图1-6 拉斯韦尔的5W模式

第一，首次较为详细、科学地分解了传播的结构和过程。5W，即传播结构/过程中的五个要素和环节：传者、讯息、媒介、受者、效果。它们虽是客观存在的、构成传播结构及过程的基本要素和环节，但一直没有被人们充分认识。从这个意义上说，这一模式堪称"开天辟地"。此后，随着对这些要素和环节及其相互关系的认识步步深化，人们心目中原本不甚明了的传播现象，就逐渐变得清晰起来了。

---

① 张国良：《20世纪传播学经典文本》，复旦大学出版社2003年版，第202—203页。

第二,率先明确界定了传播学的研究领域。即,从5W着眼,划分出五个研究领域:控制(传者)分析、内容(讯息)分析、媒介(渠道)分析、受众分析、效果分析。这样,就使后人能分门别类地将研究深入开展下去。

试比较上述"三要素",5W模式有何变化呢?一是将"信息"(即由亚里士多德所说的演讲内容而引申开来的传播内容)表达为"讯息",二是增加了"媒介"和"效果"。

这样的变动看似不大,实际上却是传播学发生史上的重大一步,说明如下:

首先,"信息"与"讯息"被区别开来。通常,信息指看不见、听不到的精神内容,而讯息指表现这种精神内容的符号系统或组合,是看得见、听得到的载体。要表达某一意思,我们尽可使用各种不同的符号。如"亲爱的"和"老公(老婆)",都是对异性伴侣的称谓,这可以是话语,可以是文字,也可以仅仅是充满感情的目光和面容。总之,"信息"与"讯息"、意思与表现意思的符号是不一样的。

其次,提出"媒介"这一概念也至关重要。显然,要传送任何符号,都离不开一定的运载手段或工具,诸如声音(语言)、纸张(文字)、面容(表情)乃至报刊、广播电视、互联网等,它们的总称即"媒介"。

最后,"效果"概念的强调,更凸现了认识的飞跃。作为传播过程运动的结果,"效果"往往既是出发点(动机、目的),又是归宿(意义、价值),因此,凡忽略或无视"效果"的传播活动,都难免失败。

综上所述,5W模式意义十分重大,但需要注意以下四个问题。

(1)单向/双向。作为一个典型的线性模式,它似乎把传播过程看成是一种单向传送信息、呈直线形态的过程。

虽然拉斯韦尔在论文中提到,传播是双向的并存在反馈(即受者对信息做出反应),但这一观点没有反映在5W的架构里,故导致后人误以为他忽略反馈机制以及各个要素、环节之间的相互作用。

(2)孤立/联系。它似乎割裂了传播过程和社会过程的联系。这当然不符合实际,任何传播都不可能脱离社会,在"真空"中孤立进行。事实上,拉斯韦尔在同一论文里用大量篇幅阐述了社会与传播的关系,并提出了"社会传播"这一概念,但问题同样在于,5W模式本身未呈现两者的关系。

(3)静止/变动。作为要素的"讯息"在传播过程中往往发生变化,这里没有表达出来。

(4) 环节/要素。最后,"效果"在传播过程中的重要性毋庸置疑,但不同于其他四个不可或缺的要素,它实际上不一定出现,即传播可能"有效",也可能"无效"。也就是说,它不是"要素",而是一个"环节"。

尽管如此,5W 模式作为确立传播学框架的开山之作,可谓功绩巨大。有了它,后人才有可能把思考向前拓展。

值得一提的是,美国传播学者布雷多克(Braddock)为 5W 模式添加了情境(where)和动机(why)两个环节,被称作"7W 模式"(1958年)。① 他显然看到了要素和环节的差别,而把它们区分开来。但是,这只能使 5W 模式的孤立性有所改善,而单向性未变。换言之,它依然是一个线性模式。

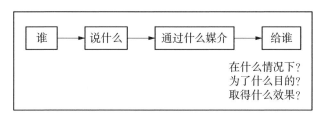

图 1-7　布雷多克的 7W 模式

2. 香农-韦弗的通信模式

这也是一个有名的线性传播模式,又称信息论模式(图 1-8)。② 由美国数学家、信息论创始人香农(又译申农)和韦弗(Shannon & Weaver)于 1949 年提出,只比 5W 模式晚一年。它来自香农在美国贝尔电话实验室工作期间得到的启示,原是一个纯技术性的、应用于自

图 1-8　香农-韦弗的通信模式

---

① [英]丹尼斯·麦奎尔等:《大众传播模式论》(第二版),祝建华译,上海译文出版社 2008 年版,第 14 页。

② 同上书,第 16 页。

然科学领域的通信过程模式。但是,在自然科学日益向人文社会科学渗透的形势下,人们发现它可以被借用来探讨社会的传播过程。

其显著优点是,对传播结构、过程的分析比5W模式更为细致。具体地说,这一模式还给我们以很多启示。

(1) 关于"媒介"。这里的"发射器"、"讯息"和"接收器",相当于"媒介",即"媒介"被一分为三。我们只要想一想电视台、电波、电视机之间的区别,就不得不承认,科学家的思维是十分精密的。

(2) 关于"讯息"。这里的"讯息",对应于5W模式中的"讯息",但有以下变化:

其一,增加了一个要素:"信号"(或"符号")。可是,"讯息"本身不就是"符号"吗?对此应如何理解呢?这反映了传播活动中常见的两次(及多次)"符号转换"的现象。例如,我们发电报,就是先把信息变成文字,然后再变成电码的过程;又如,几种外语之间的转译,也是如此。

其二,"讯息"也好,"信号"也好,都不是一个,而变成了两个:"发出的"和"收到的"。香农和韦弗指出,它们往往不一致,通信也好,传播也好,难点就在于这种不一致性。对不对呢?想一下"见仁见智"这句成语,人际交往中存在着难以计数的误解,就是收发不一致的明证。归根结底,所谓谋求传播的效果,无非是想方设法要消除这种不一致性罢了。

(3) 关于"噪音"。这可以说是传播过程中的"不速之客"。细心的读者一定注意到,这里多了一个"噪音"环节。确实,正如人们在打电话时难免遇到"噪音",其他传播活动也一样,诸如报纸版面上的排印错误、电视节目中的图像失真、人际谈话中的各种干扰(机器轰鸣、人声喧哗)等,无不是影响传播效果的"噪音"。除了这些"外部噪音"之外,还可能有"内部噪音",诸如思想不集中、逆反心理等。这就提示我们,要保证传播的顺利进行,必须注意排除噪音的干扰。

香农-韦弗模式的新颖思路给了我们很多启示,遗憾的是,它也没从根本上克服线性模式的局限性,依然忽视反馈和社会过程对传播过程的制约。

四、控制论模式

为了克服线性模式的局限性,从20世纪50年代起,出现了一批以控制论为指导思想的传播模式。这类模式的出现,标志着"结构(过程)研究"乃至整个传播学又前进了一大步。① 其主要贡献是:明确地变"单向直线性"为"双向循环性",引入"反馈"的机制,从而更客观、更科学地反映了现实的传播过程。所谓"反馈",原本是电子工程学的概念,这里借以指传播过程中的受者对接收到的信息做出的反应。

控制论模式主要有四种,简述如下。

1. 德弗勒的控制论模式

该模式最重要的修正就是加入并突出了"反馈"的机能。美国传播学者德弗勒(Defleur,1970年)指出,传播能否取得理想效果,关键看传者对"反馈"重视的程度如何。唯此,才有可能消除发出讯息与接收讯息之间的不一致性。此外,这里还提示了大众媒介对传播过程的介入,强调了传播的双向性、循环性。不过,把这些特性表现得更明白的,则是奥斯古德-施拉姆(Osgood & Schramm)模式(1954年),参见图1-10。②

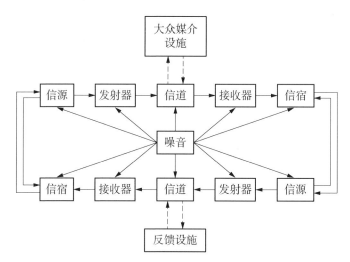

图 1-9 德弗勒的控制论模式

---

① 控制论、系统论、信息论,合称"三论"。作为一种新的科学研究方法论和哲学体系,与唯物辩证法不谋而合。这三种理论差不多同时诞生于20世纪40年代,构成了信息科学的理论基础,并给传播学以重要启示。其中,系统论主张,整个世界由无数个大大小小的系统组成,系统具有整体性、层次性、相互依存性、自我调节性等特点。控制论主张,所谓"自我调节",就是控制,而"控制"必须依靠"反馈"进行。信息论则主张,所谓"反馈",就是信息的流动;所谓"信息",就是不确定性的减少和消除。由此可清晰地看到"三论"之间的密切关系及与传播学的天然联系。

② [英]丹尼斯·麦奎尔等:《大众传播模式论》(第二版),祝建华译,上海译文出版社2008年版,第19页。

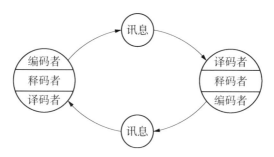

图 1-10 奥斯古德-施拉姆的控制论模式

2. 奥斯古德-施拉姆的控制论模式

这一模式引申出"传播单位"的概念。任何传播活动的参加者,无论个人或团体,都可视作"传播单位",都兼有两重身份——"传者"和"受者"(这里统一称"释码者");拥有四种功能——"传送"(发信)、"接受"(受信)、"编码"("符号化")、"译码"("符号读解")。如此,对传播结构、过程的认识就更加完整、细致了。

这四种功能中,"传送""接受"不必赘言,而"编码""译码"有点费解。例如,有一部曾风行一时的小说《上海人在东京》,叙述主人公只身来到东京,四处寻找工作,由于他不会日语,在国内就事先背熟了一句"有没有工作?"——这就是"符号化"或"编码",可是,一旦他与日本民众交谈,才发觉"传播"困难重重,因为对方回答的意思他都听不懂,即无法进行"符号读解"或"译码"。可见,在传播实践中,四种功能是缺一不可的。

3. 竹内郁郎的"传播单位"模式

日本传播学者竹内郁郎把上述两个模式综合起来,就成了图1-11的"传播单位"模式。

这里的"传播单位",可以是个人,也可以是团体;这里的"媒介",可以是大众媒介,也可以是亲身媒介。如此,不仅"反馈"得到了重视,而且传播结构、过程中的各个要素也更加完整地展开、显现出来了。总的来看,一共有六个要素:发信方、符号化方、受信方、符号读解方、讯息(或信息)、媒介(或渠道)。最后,再加上一个环节——反馈(包括效果)。与传统的线性模式相比,该模式完善得多了。①

---

① [日]竹内郁郎:《大众传播社会学》,张国良译,复旦大学出版社1989年版,第8页,略有改动。

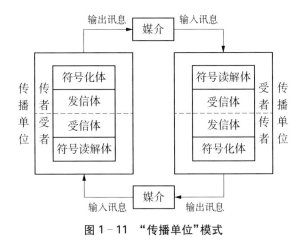

图1-11 "传播单位"模式

4. 丹斯的"螺旋"模式

固然,控制论模式也并非完美无缺,仍有一些不足。

(1) 传受机会。容易使人产生一种错觉,以为各个"传播单位"之间的传、受机会均等,实际上未必如此。

(2) 循环类比。循环性的表述也容易引起误解,正如美国传播学者丹斯(Dance)所说:认为"传播经过一个完全的循环,不折不扣地回到它原来的出发点。这种循环类比显然是错误的……"为了纠正这一缺陷,他提出了一个"螺旋形上升"的模式(参见图1-12)。①

图1-12 丹斯模式

(3) 传播与社会关系。不过,最主要的问题还在于,控制论模式仍未清楚地显示传播结构、过程与社会结构、过程的紧密联系。这一任务,留给了20世纪50年代末兴起的社会系统模式。

五、社会系统模式

如果说从线性模式到控制论模式的发展基本上解决了传播的要素

---

① [英]丹尼斯·麦奎尔等:《大众传播模式论》(第二版),祝建华译,上海译文出版社2008年版,第20页。

(内部结构)问题,那么有待社会系统模式解决的就是传播的条件(外部结构)问题。我们试以美国社会学者赖利夫妇(Riley & Riley)的模式(1959 年)为例,观察其如何处理传播过程与社会过程的关系。简而言之,它视前者为后者的组成部分,并将其置于总社会过程之中(见图1-13)。①

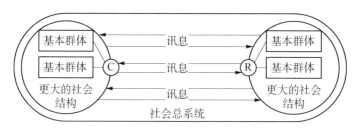

图 1-13 赖利夫妇的社会系统模式

1. 赖利夫妇的社会系统模式

该模式中有三个相互关联的概念。如上文述及,一是"基本群体",也叫"初级群体""首属群体",指家庭、邻里、亲密伙伴等;所谓"更大的社会结构",指关系比较松散的"次属群体",如工作单位、学校、社团等;"社会总系统"则指"隶属群体",如民族、国家乃至世界等。

在传播过程中,个人绝无可能不受上述群体、结构、系统的影响。虽然,这些影响有时是非强制性的,但在大多数情况下,伴有各种形式的奖惩机制。最简单的实例莫过于家庭教育的一般模式:听话的子女总有诸多好处,不然,等待他们的将是责备,甚至棍棒。

另外,还有一个重要的相关概念称"参照群体",即个人未必置身于其中,但以其为参照系而建立或改变自己的信念、态度和行为的群体。它可以是基本群体(如子女以父母为楷模),也可以是其他群体(如有人一心想当科学家,从而处处以科学家为榜样)。在此情境中,个人自然倾向于积极地接受来自"参照群体"的影响。在传播实践中,如果我们无视上述条件或背景,必将困难重重。

正如赖利夫妻所说,这只是一个提示了"框架"的"工作模式",对

---

① 张国良:《传播学原理》(第二版),复旦大学出版社 2009 年版,第 46 页。

"框架"还需进一步展开分析。事实上,后续成果很多,德国传播学者马莱茨克(Maletzke)的大众传播过程模式(1963年),就是其中较有代表性的一例(见图1-14)。①

2. 马莱茨克的大众传播过程模式

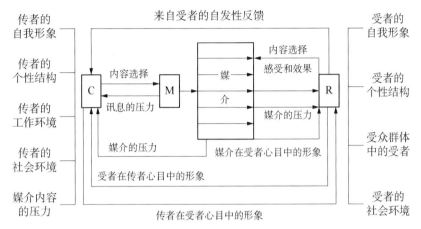

图1-14 马莱茨克的大众传播过程模式

显然,这一模式是对前人成果进行取长补短,并经过自身周密思考、精心设计出来的。其中,传播结构的四个要素并没有(也不应当)变,但各个要素之间的复杂互动关系被勾画出来了。社会与传播之间的关系,或者说,各个环节的互动,原先只是粗略地提到,现在都进一步展开了。这一模式的优点,不仅在于深化了对"社会过程"(在传播中的作用)的认识,还在于深化了对"心理过程"(在传播中的作用)的认识。它是如此详尽,以致被称为研究大众传播过程的一份"清单"。如果对每个要素、环节都详加论述,就足以写成一本厚厚的著作,涉及传播学的大部分课题,事实上,这正是马莱茨克当时进行的工作。这里略作介绍。

首先,从传者一方看,记者也好,编辑也好,总是面对着从大量材料中(根据一定标准)进行"内容选择"的任务,这似乎尽占了主动性,但其实不然,反过来又有"讯息的压力"(即根据内容决定适合的形式:

---

① [英]丹尼斯·麦奎尔等:《大众传播模式论》(第二版),祝建华译,上海译文出版社2008年,第42—48页。

新闻、评论、照片、漫画等)、"媒介的压力"(即必须注意各种媒介如报纸、电视、广播、网络等的特点)。

而在此之前,或者说,在此之外,已有三个层面的制约和影响。

一是个人层面,包括:"自我形象"(如自我定位于忠实的时代记录者,或平凡的雇员,或积极的社会活动家等),"个性结构"(如现实或浪漫、活泼或持重、开放或保守等,不过与人际传播相比,它在大众传播中的作用比较有限)。

二是组织层面,包括:"工作伙伴"(这是记者、编辑与作家、画家等个体职业的不同之处,他们通常置身于一个小群体之中,不能不受其制约),"媒介组织"(包括所有制、规模、宗旨、方针、政策等,对个人具有决定性的影响)。

三是社会层面,包括:"社会环境"(相当于社会总系统,从宏观上制约着个人和组织,如违反法律的言论不得发表,这不但是组织内部的规定,而且是面向全社会的规范),"媒介内容公开性产生的压力"(这也属于社会控制,特指有些内容不适于公开,如发达国家电影、杂志的分级制,就是在社会压力下形成的)。

其次,从受者一方看,与传者对应,也面对大量信息而必须进行"内容选择"(随着可选择性的极度膨胀,这已成为一个迫切需要认真面对的问题),由此显现出受者的主动性,但反过来,受者同样受到"媒介的压力"(如报纸要求有一定的文化水准,电视要求有相应的接收条件等)。

至于"感受和效果"则比较复杂,这其实就是5W模式中的第五个W——效果,也是一个双向、互动的过程。一方面,讯息作用于受者,可能产生各种(传者预期的)效果,另一方面,受者也反作用于讯息,做出自己(未必符合传者本意)的解释,使之产生各种效用,或索性使之归于无效。

与传者一样,受者也拥有复杂的背景。

一是个人层面。包括:"自我形象"(受者通常拒绝那些有悖自己价值观念的信息,如爱国者拒斥敌方的宣传),"个性结构"(如有人积极接触信息或容易轻信,有人则相反)。

二是组织层面。大众传播一般来说是个人行为,但"群体(特别是家庭)中的受者"也是常见的,如儿童和父母一起看电视,与其单独看电视的感受不同,当出现恋爱镜头时,儿童往往格外害羞。

三是社会层面。"社会环境"与传者类似,包括来自各种群体、社区乃至整个社会的制约和影响。

这一模式还展示了其他一些不容忽视的重要环节:"传者"、"媒介"、"受者的彼此印象"(心目中的形象)、"受者的反馈"等。例如,名人的文章、可信度高的媒介,自然容易吸引读者;又如,传者也好,媒介也好,都必须下大力气收集、研究"受者的反馈",不断地修正自己的"受众形象",变"看不懂"为"看得懂",才能在激烈的竞争中立于不败之地。

总之,经过数十年的努力探索,人们对传播现象的认识越来越全面、深刻。将社会系统模式与最初的 5W 模式对比,可以说,无论是科学性、详尽性,还是视野广度、理论深度,都取得了显著进展。

当然,对真理的追求是无止境的,任何模式都不可能达到十全十美。原因在于:第一,人类的认识总是有一个深化的过程;第二,研究人员各有各的研究重点及与之相应的知识结构,致使他们往往强调一些维度而忽略另一些维度;第三,模式本身也存在着容量、表达方式等方面的局限性,因此,我们对各种模式应采取兼容并包、批判吸收的态度,认真地思考、对照、补充、发展。

第四节 传播的功能

一、传播的基本功能

何谓功能?功能即功用和机能,也可大体理解为作用。

传播既然是人类赖以生存、发展的基础性活动之一,自然有其不可替代的独特作用。实际上,上文讨论传播的定义时,已简约地提及它的根本作用,即:传受信息。换言之,这一定义的依据,正在于其功能。试想,人类究竟要依靠"传播"发挥什么作用呢?无非是传送和接受各种信息罢了。

当然,理解仅止于此,就过于简单了。如果说,传受信息是一种基本功能,则还理应有具体功能、派生功能等。例如,一只茶杯,基本功能是供人喝水,但也可以喝汤、喝粥,或观赏,或用于打斗。而喝的动机,可以是解渴,也可以是品味、享受、增加营养,等等。就是说,视角不同,分类有异。于是,一种事物就可能具备多种功能。

对于传播的各种功能,迄今已有很多学者考察过,其中,较具代表性的观点有"二功能说""三功能说""四功能说",分别简述如下。

二、传播的工具性和消遣性

从功能的角度看,传播可分为两种类型:实用性传播与娱乐性传播,或工具性传播与消遣性传播。

强调"工具性"的学者,认为人类的传播只不过是"一种工具",而强调"消遣性"的学者则认为,无论传播的理论或实践,都应把注意力集中于能给人带来快乐的、与"游戏"相当的功能。应该说,这两种观点各有道理,也都不无偏颇。联系我们的生活实际,就不难体察,"工具性"和"消遣性"这两种功能都是客观存在,互相不能替换。

在日常生活中,传播行为时时刻刻伴随着衣食住行、喜怒哀乐等人类各种物质行为和精神状态,形影不离,从中确实可以区分出上述两种不同功能。试举例如下。

(1)工具性传播。如父母催孩子起床,主妇叫家人用餐,邻里的寒暄,恋人的约会,商店里的买卖,马路上的问话,知识的学习,工作的展开,同事之间的交谈,上下级的沟通,团体的会议,国家的交往……当然,还包括大众媒介的各种信息:某日天气有雨,某处有便宜商品出售,某领导人出访,某国政要遇刺……概言之,人们之所以需要这一类传播,无非是为了"应对环境",即顺利地、有效地开展与自身生存和发展直接有关的一切行为。

(2)消遣性传播。如成人给儿童讲故事,妻子与丈夫说闲话,唱歌,跳舞,参与团体的文艺演出或其他各种游戏,参加国家的各种庆祝活动……当然,这里也不能忽略人们与大众媒介的频繁接触:读小说,听音乐,看电视剧,看电影,浏览手机和电脑提供的各种娱乐内容……这一类传播的功能可概括为"调节身心"。它与工具性传播虽然没有直接的关系,但消除了人们的身心疲劳,间接有利于"应对环境"。

三、传播功能的三个层次

由此看来,"二功能说"大体是正确的,其缺点是简单、笼统。

进一步说,我们考察传播的功能,还可以分个人、组织、社会三个层次展开。从上述例证的排列中,已不难领会有各种层次之分。由于传播活动本身是分层次的,因此,其功能也有相应的层次。传播在这些层次上的功能,虽各有特点,但大同小异、相辅相成。

(1) 个人层次。从工具性传播的角度看,主要作用是:了解环境变动,协调亲友之间的关系,学习社会规范和各种必要的知识;从消遣性传播的角度看,则是调节个人身心。

(2) 组织层次。从工具性传播的角度看,主要作用是:为决策提供依据,协调组织成员的思想和行动,培训、提高组织成员的专业技能;从消遣性传播的角度看,则是调节组织成员的情绪。

(3) 社会层次。从工具性传播的角度看,主要作用是:监测环境,协调社会各个部分的关系,传承社会遗产;从消遣性传播的角度看,则是提供娱乐,或者说,调节社会大众的情绪。

四、传播的四大功能

这一见解的形成,先由拉斯韦尔在前述《社会传播的结构与功能》一文中提出三个功能,即:"监测环境"、"协调社会各个部分"和"传承社会遗产",后又由美国传播学者赖特(Wright)加上了一个"提供娱乐"(1959年)的功能,从而完成了"四功能说"。[①]

拉斯韦尔的原意是解释"传播在社会层次上的功能"或"社会(层次)传播的功能"(如上文指出,个人、组织层次的表述略有不同),而赖特称之为"大众传播的四大功能"。由于"社会传播"与"大众传播"这两个概念具有很强的兼容性,可以互换,"四功能说"适用于各种类型的传播活动,但仍需要注意,"层次"和"类型"之间有一些差异。

现实生活中,社会传播的三个层次和三种类型相互交叉、相互重

---

① [美]威尔伯·施拉姆等:《传播学概论》,陈亮等译,新华出版社1984年版,第32页。

合,各个层次都持续不断地开展着各类传播活动。以个人层次为例:与亲友聊天是进行人际传播,开会或看文件是参与组织传播,读报或看电视则是加入了大众传播。

尽管如此,现代社会传播的一个显著特点是:大众传播占据的比重越来越大,各个层次皆然,而尤以社会层次为最——这也是不争的事实。举例来说,政府有任何重大信息,试图告知社会全体成员,怎么做呢?既可以发文件,也可以开会传达,但是,最为快捷的方式,莫过于利用大众传播的渠道。正因如此,自赖特以后,"大众传播的四大功能"之说,就在传播学界流传开来,成为一种定论。

那么,这四种功能究竟有哪些内涵?前人有各种比喻,如"社会雷达""哨兵""论坛""教师"等等。实际上,只要思考一下大众传播的四种内容:新闻、言论、知识、文艺,就可以知道,"功能"与"内容"恰好是相对照、相呼应的。

(1) 监测环境。用"新闻"持续地向整个社会及时报告环境的变动(即"报道")。

(2) 协调社会各个部分。以"言论"聚合社会各种团体和各个成员对环境采取一致的、有效的行动(即"劝服")。

(3) 传承社会遗产。通过"知识"使社会规范和文化遗产代代相传(即"教育")。

(4) 调节身心。借助"文艺"使整个社会获得休息以保持活力(即"娱乐")。

综上所述,传播的基本功能是"传受信息",可分为两个次基本功能——"应对环境"和"调节身心"(次基本功能),然后可划分出四个具体功能——"监测环境""协调关系""传承文化""调节身心"。这些功能的区分,既适用于个人、组织、社会等各个层次,也适用于人际传播、组织传播、大众传播等各种类型。不过,强度各不相同。人际传播最重视"协调"功能,组织传播较为偏向"协调""传承"功能(学校是最典型的例证),大众传播尤偏重"监测""娱乐"功能。

需要强调的是,"万变不离其宗",传播无论细分为多少具体功能(如根据社会领域的不同,还可划分出政治功能、经济功能、文化功能等),它们都源自基本功能,即以基本、次基本功能为核心而紧密地联系在一起(参见表1-5)。

表1-5 传播功能的范畴、层面和类型

层面 \ 范畴			目的	手段	内容
宏观→基本功能			生存和发展	传受信息	信息
中观→次基本功能	实用性 微观→	具体功能	监测环境	传受报道性信息	新闻
			协调关系	传受劝服性信息	言论
			传承文化	传受教育性信息	知识
	消遣性 微观→	具体功能	调节身心	传受娱乐性信息	文艺

五、传播功能的相对性和双向性

传播功能还有两个问题,即双向性和相对性。

1. 相对性问题

传播功能与内容的对应关系不是绝对的,而是相对的。消息可以有劝服功能,言论也可以有新闻功能,知识可以有娱乐功能,文艺也可以有教育功能,等等。功能和内容既有联系,又有区别。通常,某个信息内容在发挥一种主要功能的同时,也可能附带发挥几种次要功能。

这就启示我们:在传播实践中,应全面看待、灵活处理信息内容(也包括形式如体裁、风格等)和功能的关系。例如,虽是实用性传播,可否活泼些?虽是消遣性传播,可否深刻些?实际上,古代先哲如罗马帝国时代的贺拉斯,就明确提出过"寓教于乐"的道理。他说:"庄严的长老奚落毫无教益的著作,傲慢的骑士轻视索然寡味的说教;寓教于乐的诗人才博得人人称可,既予读者以快感,又使他获益良多。这样的作品可以使书商腰囊饱和,使作者名扬海外,留芳后世而不湮没。"[①]这不但对文艺理论,对传播理论也是适用的。

此外,功能如何,往往与受者的身份、需求、处境、心情等大有关系。如普通受众和运动员、教练等,对体育新闻的感觉当然不一样。对不同的受者来说,功能的有无、大小,或主要功能和次要功能的配置等,也许截然不同。这就提醒我们,分析任何传播行为都不能忽略受者这个要素。由此引申出另一个问题,即传播功能的双向性。

---

① 张秉真:《西方文艺理论史》,中国人民大学出版社1994年版,第73页。

2. 双向性问题

由于绝大多数传播是双向、交互的,其作用、功能也就是双向、交互的。可是,在实践中,人们往往忽视这个事实,影响了传播的效果。例如,我们在希望了解他人即"监测"的同时,也有必要使他人了解自己即"被监测"。同样,我们既"劝服""教育""娱乐"他人,也被他人回报。如果不能保持适度的平衡,则生活或事业就难免受挫。以人际交往为例,只了解对方,不"暴露"自己,难免失去信任,相反,只介绍自己,不了解对方,则流于盲目和轻率。大众传播活动也是同样,不想方设法准确地把握受众的心理、需求,媒介就难免陷入"多情却被无情恼"的尴尬处境。

至此,我们对传播和大众传播的各种功能,就有了一个概略的认识。不过,有一个重要问题还值得进一步探讨——以上所说,全是传播的正面、积极的功能,难道传播就没有负面、消极的功能吗?下面,就此略作考察。

六、传播的正功能和负功能

1. 负功能研究

在较早涉及该课题的成果中,美国传播学者拉扎斯菲尔德和默顿(Lazarsfeld & Merton)的观点(1948年)颇有影响。[①] 他们认为,大众传播有以下三种功能,前两种是正功能,后一种是负功能。

(1) 授予地位。无论个人、组织、事件,一旦被媒介传颂,即名扬天下。

(2) 促进社会规范的实行。凡违背社会规范且坚持不改的"越轨"行为,一旦被媒介"曝光",则可望迅速、有效地得到制止。

(3) 麻醉精神。与大众传播媒介的接触,耗费了现代人的大量时间,使他们越来越疏于行动,却沾沾自喜地以为自己在参与社会实践过程。

这一观点视角独特、言之有理,迄今仍不失启迪意义,其缺陷在于不够全面。对照前述"四功能说",第二点"促进社会规范"可归入"协

---

① 参见[美]伊莱休·卡茨等:《媒介研究经典文本解读》,常江译,北京大学出版社2011年版,第25—34页。

调"功能,第一点"赋予知名度"则是一种派生功能——凡被特意纳入大众传播"视野"(无论"报道""劝服""教育""娱乐")的人物和事件,自然格外地引人注目。事实上,不仅大众传播,人际传播、组织传播也有类似功能,只是规模大小不一。换言之,由于大众传播的规模是覆盖整个社会的,故其给予的"地位"即"知名度",也就最有利于在短时间内拥有整个社会的规模。从这一空间意义上说,大众传播的特点是鲜明的。但需要指出,由于网络媒体的崛起,人际传播、组织传播的空间拓展能力大大加强,它们与大众传播之间的界限也日益混沌起来。

不可否认,第三点"麻醉精神"确为"二功能说"和"四功能说"所忽视。但进一步思考,负功能难道仅此一种?非也。事实上,负功能和正功能的关系,是相互依存、相互对应的。"报道"可以反映世界,也可以歪曲事实;"劝服"可以鼓舞人心,也可以扰乱社会;"教育"可以使人聪明,也可以使人愚蠢;"娱乐"可以启迪受者,也可以毒害大众。以"麻醉精神"为例,作者在批判"大众传播可算是最高尚、最有效的一种社会麻醉品"的同时,也承认"大众媒介增进了广大人民对新情况的了解"。可以说,"麻醉精神"的负功能是传播"应对环境"的正功能的异化。人们认识世界的目的,原在于行动,即改造世界,如果只停留在认识层面,就失去了认识(在此亦即传播)的本来意义。

总之,"三功能说"虽提出了负功能的问题,但尚未展开全面、系统的研究。在传播学研究史上,与正功能的研究相比,负功能的研究一直比较薄弱,有待加强。从后面论述效果的篇幅中也可以看出,传播学界对"正效果"的兴趣,远大于对"负效果"的关注。

"效果研究"与"功能研究"之间是何关系呢?所谓"效果",无非是"功能"发挥的结果,故两者应多加对照、联系思考。

还需要指出,关于负功能的问题,在更早的文献中,也不乏真知灼见。如美国专栏作家李普曼(Lippmann)在其名著《舆论学》(1922年)中,就针对大众传播有可能"歪曲环境"的负功能,提出过警世之言。这就是著名的"两个环境"理论。

2. "两个环境"理论

根据李普曼的见解,人类生活在两个环境里:一是现实环境,一是虚拟环境。前者是独立于人的意识、体验之外的客观世界,而后者是被人意识或体验的主观世界。与此相联系,能被人自身直接体验的环境可称"直接环境",而需要通过他人才能间接体验的环境,可称"间接环境"。举例来说,一个北京人虽没到过上海,但通过各种渠道早已对"上海"形成了一定的认识,如外滩、南京路、新天地、老城隍庙、徐家汇、浦东开发、磁悬浮、迪士尼等,所有这些"印象"就构成了一种"虚拟环境""间接环境"。

无疑,这是符合实际的观点,但仅此并无新意。李普曼的创造性在于,强调大众传播的作用。即:现代社会中,"虚拟环境"的比重越来越大,它主要由大众媒介造成。换言之,现代人和现实环境之间,插入了一个由大众媒介构筑的巨大的"虚拟环境"或"媒介环境"。试想,上述北京人头脑中形成"上海"的材料从何而来?不说全部,至少可以说,大部分是由大众媒介提供的。空间再扩大一些,如关于边远地区的云贵新藏、海外的欧美澳非的"印象",大多数人甚至是百分之一百地依赖于大众传播。为此,李普曼深有感慨地写道:"我们的认识是何等的间接"、"我们大家都直接接触消息,而不是接触我们看不到的外界环境"。[①]

这里产生了两个问题:第一,当媒介有意无意地"歪曲环境"时,人们往往无法或难以验证;第二,不仅如此,人们还将视之为"现实环境"而展开现实的行动,结果制造出一幕幕悲剧。远的不说,只要回顾一下二战期间,德意日等法西斯国家的媒介大力宣传侵略战争的"正义性",让多少民众心甘情愿地充当了炮灰,就可以知道,传播的负功能有多么可怕!当然,无论战争、动乱或其他社会事件的发生和发展,都与多种因素有关,传播因素只是其中之一。但无论如何,不能轻视它的负面作用。

凡此种种,都足以说明:传播的正功能和负功能是共生共栖的。尤其在当今这个信息化、媒介化时代,不仅大众传播的规模依然巨大,甚至人际传播、组织传播的空间也越来越大,这就警示我们,在充分发挥各种传播的正功能的同时,必须高度重视克服其负功能。

如何具体操作呢?我们至少可努力做到以下三点。

(1) 受者角度。对受者来说,一是不可轻信各种媒介的信息,要认识到其只是一种"虚拟环境";二是尽可能多地接触各种媒介(人际、组织和大众传播信息来源),在比较、鉴别、思考中,迫近事实的真相。

(2) 传者角度。作为传者,无论是专业化的媒介工作者,还是"自

---

① [美]李普曼:《舆论学》,林珊译,华夏出版社1989年版,第48页。

媒体"人,乃至广大的转发者(信息再传者),都应清醒地意识到,自己担负着引导社会、书写历史、还原真相、杜绝虚假的重大责任,要慎而又慎地防止对环境作"歪曲"的反映。

(3)学人角度。作为传播学者、学子,则应进一步加强对这一课题的科学研究,并以丰硕成果,切实地帮助社会各界及广大民众提高媒介素养,改进传播生态。

第二章

传播学简况

第一节 传播学的学科特性

一、传播学的三个特性

本章简要考察"传播学"。

先看一下,作为一门以人类传播(准确地说,应是社会传播)为研究对象的新兴学科,传播学究竟有哪些特性?

所谓特性或特征,就是一个事物藉以与其他(异类或同类)事物区别开来的属性,从学科(同类)角度看,有哪些属性可以认为是传播学的主要特征呢?

1. 科学性

作为一门社会科学领域的学科,传播学具有与生俱来的科学性,其学科目标和存在价值为:探索人类社会各种传播现象及其规律。也就是说,与人文科学(这里的"科学"概念按广义理解,即泛指关于自然、社会、思维的知识体系)领域的学科不同,其主要兴趣,在于发现、澄明普遍性的规律,而不在于发掘、表现特殊性的个案。通俗地说,自然科学求"真",社会科学求"真+善",人文科学求"善+美"。

曾有一些学者探讨:传播学究竟是社会科学,还是人文科学?其实,这是一个不证自明的历史事实,因为,以社会现象之一的传播现象为研究对象的传播学,从一开始就以传播的一般规律为研究目标,并以实证研究方法为主,从而与语言学、文学等以传播的特殊规律为研究目标并以思辨研究方法为主的人文学科之间,划出了明确的界线(这里的所谓传播的一般规律和特殊规律,将在下文展开论述)。

2. 时代性

无疑,传播学具有显著的时代性。尽管每一个学科都是社会需求的产物,否则就不可能诞生,或因过时而被淘汰,但相比之下,有些学科确实更能直接地回应当下情势的急迫需求,因而才有传统学科/新兴学科、显学/隐学的划分。

综观学科发展史,可以发现,自古以来,人类感到需要并陆续开发了一批专门用以解决人类社会的沟通和整合问题的学科,如语言学、心理学、管理学等,传播学也是其中之一,其特点在于,主要研究与传播的一般规律相关的各种问题,包括结构、过程、环境、制度、渠道、机能、效果等。这些问题当然一直存在,但过去不够突出,而工业社会、信息社会、互联网时代的相继到来,空前凸显了这些问题,于是,人类社会就迫切需要起这样一个学科来,可见它体现了很强的时代性。也就是说,作为一门新兴学科的传播学,其时代性超过了许多传统学科。

3. 交叉性

传播学的交叉性也是十分显著的。如上文所述,传播本身是人类的基础性活动,无论是衣食住行、喜怒哀乐,还是士农工商、政经社文,举凡人类的思维、表达和行为,无不依托于传播(即信息交流)方能实现。为此,传播学的健全发展,离不开其他学科的滋养、支持,反过来,传播学也可以启发、帮助其他学科。

这里有一个常见的误解需要澄清,即交叉性是传播学或与之类似的新兴学科独有的性质吗?有人过于强调传播学是一门交叉学科、边缘学科,甚至认为传播学只是一个领域,而非学科,这显然不符合事实。我们何以不认为心理学、社会学或管理学(它们同样与多个学科交叉)只是领域而不是学科呢?细究起来,又有哪个学科没有交叉性呢?只是强弱不同而已。每个学科都有对应的领域,只要它建立了自身的知识体系、理论学说、研究队伍和教育机构,就构成了一个相对独立的学科。传播学在中国也早已被认同为一个独立学科,因为它已具备了相应的条件。

从这个意义上说,交叉学科其实是不存在的,只存在交叉方向,如"政治经济学"就是经济学的一个分支,"社会心理学"就是心理学的一个分支,"新闻传播学"也就是传播学的一个分支。

总而言之,人类社会的各种现象都是彼此联系的,随之,以这些现象为研究对象的各个学科也都是互相交叉的。只不过,有一个现象值得关注,即相对于"纵向"学科(如政治学、经济学等),作为"横向"学科的传播学(以及语言学、心理学、管理学等)交叉性确实更强。

何谓"横向"学科和"纵向"学科?让我们从人文社会科学的学科结构入手,分析其与人类特性、社会结构的对应情况,从而划分出三种类型的学科来。

二、人文社会科学的三类学科

1. 纵向型学科

这类学科的特点是,与社会结构(主要关涉生产与分配)的各个领域(皆具产品性),如经济(产出物质产品)、政治、法律(产出制度)、教育、文化、艺术(产出精神产品)等对应,形成经济学、政治学、法学、教育学、文学、艺术学等"纵向"学科,它们相对独立,互有联系,纵纵交叉,疏密程度不一,如政治学与经济学、法学之间的联系较为紧密,与文学、艺术学之间的联系则相对疏远。

2. 横向型学科

这类学科的特点是,与人类特性(主要关涉沟通与整合)的各个层面(皆具工具性),如思维(沟通基础)、语言、符号(思维材料)、心理(思维过程)、传播(沟通过程/整合基础)、管理(整合过程)等对应,形成逻辑学(后为哲学吸纳,故也可视为哲学的组成部分)、语言学、符号学、心理学、传播学、管理学等"横向"学科。它们也相对独立,互有联系,横横交叉,疏密程度不一,如传播学与心理学的联系较为紧密,与逻辑学的联系则较为疏远。

同时,它们与各个纵向型学科之间构成一种纵横交叉、等距的关系,如传播学与政治学、经济学、法学或教育学、文学、艺术学等学科之间的距离(即关联程度),显然是一样的,我们不能认为,哪个或哪些领域的传播活动更多或更少,这在逻辑上不能成立(在实践中,哪个或哪些领域更受重视,则是可能的)。

由此可知,横向型学科的交叉性(或称平台性)之所以强于纵向型学科,原因就在于此。以传播学为例,既然各个纵向型学科都普遍存在着大量传播问题,传播学自然就可以而且应该在这些交叉领域里大显身手。

3. 综合型学科

这类学科的数量很少,其特点为,企图包容、关涉所有的社会结构和人类特性,如哲学(偏重形而上层面)、社会学(偏重形而下层面,就时间维度而言,偏重当下)、历史学(侧重形而下层面,就时间维度而言,偏重过去)。

基于研究目标、研究方法的不同,总的来说,哲学、历史学更多一些人文性,故被归为人文科学,而社会学更多一些科学性,故被归为社会科学(参见图2-1、图2-2)。

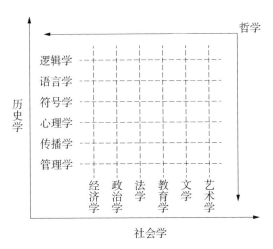

图2-1 人文社会科学的学科分类

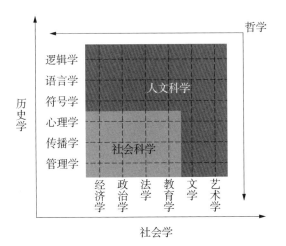

图2-2 人文科学与社会科学的分野

在这一框架中,传播学的三个学科特性(即科学性强、时代性强、交叉性强),就十分清楚了。如上所述,这里显现的特性,都是与同类事物即其他人文社会学科相比的结果,皆表现为强弱的不同,而非有无的差异。

同时,社会科学、人文科学也区分开来,这里有两个坐标:一是纵向(从左侧,自上而下),由逻辑学至管理学,其趋势为:(内化于)个人→(外化于)社会;二是横向(从左侧,自左向右),由经济学至艺术学,其趋势为:(产出)物质→制度→精神。这一发现,与马克思的观点(经济基础→上层建筑→意识形态)大体对应。

具体而言,怎么区分社会科学和人文科学呢?一看纵向坐标(主体),偏重个人还是偏重社会?前者为人文科学,后者为社会科学;二看横向坐标(产品),偏重物质、制度还是偏重精神?前者为社会科学,后者为人文科学。

总的来说,人文科学的追求重在发现、提升人生意义,而社会科学的目标旨在分析、解决社会问题。各有各的意义和价值,不能互相替代,而应互补相助。

三、新闻学与传播学的三个差异

为了更好地认识、理解传播学,这里试比较一下新闻学与传播学的差异。

在上文的学科版图中未标示出新闻学,它处于什么位置呢?从历史看,新闻学原属于文学,因而是纵向型学科,归在人文科学领域,后来受到传播学的影响,有了一些社会科学的取向(参见图2-3)。

新闻学起初非常幼小,得益于媒介的发展和社会的需求,自20世纪初迅速成长起来。巧合的是,其依赖媒介的特性,恰好与传播学分支学科之一的大众传播学高度契合,由此开始了它们相伴而行、难舍难分的历程,这也是为什么各国高校通常将这两个学科放在一个院系的原因所在。即便如此,它们仍是两个各自独立的学科,传播学属于社会科学,而新闻学属于人文科学,两者存在诸多差异,不可不察。

从新闻学的角度看,其主要特点有三个。

(1)人文性强/科学性弱(相比传播学等社会科学的学科)。

(2)实务(技能)性强/理论性弱(相比传播学等社会科学的学科,

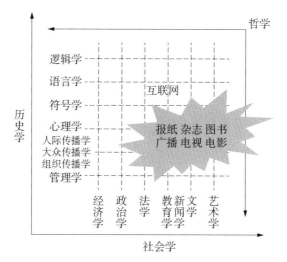

图 2-3 传播学与新闻学的关系

以及文学等人文科学的学科)。

(3) 应用性强/基础性弱(相比传播学等社会科学的学科,以及文学等人文科学的学科)。

这可以说是新闻学不同于传播学的三个主要差异,如此,我们对传播学(相对于新闻学而言)的特点就看得更加清楚了,即科学性强、理论性强、基础性强。由此还可以看到,这两门学科之间具有很强的互补性。

需要指出的是,中国通行的一个学科称谓是"新闻传播学",实际上,这应理解为"新闻学与传播学",类似于"语言文学"(即"语言学与文学")。如上所述,鉴于两者的亲近性,在学科设置或学院规划中,把它们放在一起有其合理性,但必须认识到,它们仍是泾渭分明的不同学科。

当然,人们完全可以运用传播学的理论和方法来研究新闻现象。作为一个交叉方向,可称之为"新闻传播学",但此"学"非"彼"学,准确地说,其内涵实为"新闻传播研究",就如"政治传播学(=政治传播研究)"、"网络传播学(=网络传播研究)"、"健康传播学(=健康传播研究)"那样,构成了传播学研究的分支领域。

由此还可以明了,学科的建构和成立不能随心所欲,必须遵循以下规律。

（1）研究对象适中。首先，研究对象不宜太大。如前述及，以"包打天下"为目标的综合型学科仅有三个：哲学、历史学、社会学，社会学其实力不从心，故又分化出传播学、人口学、宗教学等学科。其次，研究对象也不能太小。过于具体、微观、实务，都很难自立门户，诸如报学、编辑学、广播学、电视学、摄影学、广告学、宣传学、舆论学等，都只能依附于传播学、新闻学等独立学科。

（2）研究方法成熟。正所谓"工欲善其事，必先利其器"，其理至明，不再赘述。

（3）理论体系厚实。文史哲、政经法等传统学科自不待言，这里仅以传播学为例，它发轫于20世纪二三十年代，恰好是社会科学，尤其是行为科学（与人类行为密切相关的心理学、社会学、经济学、政治学、人类学等）走向兴盛的时期，为传播学的诞生提供了充足的养分，从而逐步建构起三大分支学科（人际传播学、大众传播学、组织传播学），产出了诸多理论（总计有五六十个之多），达到了内生化、科学化、体系化的要求，唯其如此，传播学方能在科学殿堂占据一席之地。

第二节　传播学的研究对象

一、研究对象与学科边界

1. 划分学科边界的标尺

如上文多处述及，传播学以人类的社会传播现象（及其规律）为研究对象，这一问题似已解决，其实不然，还有一些要点有待解说。

首先，传播学的研究对象与其他相关学科有何异同？换言之，各个学科之间的边界是否仅仅以研究对象为标尺来加以划分？

如是，则如何解释如下现象：传播活动并未被传播学独占？诸多学科，如心理学、语言学、符号学、管理学、社会学、政治学等，多多少少都以传播活动为研究对象，只不过它们使用的不是传播学的理论，而是各自的理论。也就是说，一项以传播活动为对象的研究，未必是传播学研究，如果使用了心理学理论，理应是心理学研究，如果使用了语言学理论,则理应是语言学研究,概莫能外。

如此看来,作为划分学科边界的标尺,"研究对象"只是必要条件,而"学科理论"才是充分条件。

其原因何在?

(1)与社会特性即"跨界"现象有关。如今,人们普遍认识到,各种社会现象、各个社会领域并非互相隔绝,而是互相交叉的,也正因此,跨学科的学习与合作才越来越受到重视;

(2)与学科演进历史有关。各个学科的出现是有先有后的,因此,先占据某个"地盘"的学科就掌握了"话语权"(即创建了相应的理论学说)。如心理学的诞生早于传播学,它对传播心理(传播活动中的心理现象)就率先开展了深入研究;同样,语言学的问世早于传播学,它对传播语言(传播活动中的语言问题)就更早地进行了系统总结。这一事实,对传播学研究对象的形成和限定产生了很大影响。

在此背景下,各个学科的"地盘"之间不断地呈现出互相交叉、互相渗透、"输出"和"输入"并存的局面。

2. 人文社会科学三类学科的差异

具体地看,人文社会科学的三类学科,又有一些差异。

(1)纵向型学科。其各个学科(如政治学、经济学等)相对较为封闭,平台性较弱,故它们之间的"输出"和"输入"最少(如"政治经济学"、"经济法学"),且不均衡(因其彼此关系疏密不一),同时,从横向型学科、综合型学科"输入"较多(如"政治传播学""艺术哲学")。

(2)横向型学科。其各个学科(如心理学、传播学等)相对较为开放,平台性较强,故它们向纵向型学科"输出"较多,"输入"较少(举例同上),且较为均衡(因其彼此关系疏密相等),而它们彼此之间"输入"也比较多(如"管理心理学""语言传播学"),但不均衡(因其相互关系疏密不一)。

(3)综合型学科。即哲学、历史学、社会学,最为开放,平台性最强,故它们向各个学科"输出"最多,而"输入"最少。

试以社会学为例,以其理论学说为依归的分支学科或研究方向,可谓洋洋大观,如教育社会学、宗教社会学、政治社会学、军事社会学、经济社会学、艺术社会学、人口社会学、家庭社会学、犯罪社会学、新闻社会学等,历史学、哲学亦然。

传播学的状况如何？以其理论学说为依归的分支学科或研究方向，也甚为可观，如教育传播学、宗教传播学、政治传播学、艺术传播学、新闻传播学等，虽少于综合型学科，但多于纵向型学科。

综上可知，各个学科相互交叉的一般结构（即规律）为：研究对象（交叉领域＝必要条件）＋学科理论（学科归属＝充分条件）＝分支学科（或研究方向）。例如，新闻现象＋传播学理论＝新闻传播学；传播现象＋心理学理论＝传播心理学。①

3. 明确学科划分标尺的意义

明了划分学科边界的标尺，对传播学的学科建设和科学研究有何意义呢？

最重要的启示是，各个学科既有不可替代的有用性，也有不可避免的局限性，因此，切忌"画地为牢"，而应当大力倡导跨学科研究的视野和取向。与此同时，又不能"喧宾夺主"，即突出了交叉性却消解了主体性。也就是说，我们之所以要学习、借鉴其他学科的理论和方法，一是为了解决本学科（领域）的实际问题，二是为了创新本学科（领域）的理论学说，相比前者，后者更为重要。

总之，如果一个学科自我封闭，势必走向衰落；但如果一个学科的主要努力都花费于对其他学科理论的"搬运"，而不是致力于本学科理论的创新，则其命运同样堪忧。

二、重新审视传播学的研究对象

1. 反思传播学研究对象的已有表述

在学科边界问题解决之后，我们再来探讨一下：传播学的研究对象究竟是什么？如上文提到，其常见的表述为：人类（或社会）传播活动（或现象）及其规律。这一表述是否全面、准确？

人类传播活动或现象古已有之，与人类的诞生与发展同步。那么，

---

① 按此规律，如果一项研究的归属只划分给一个学科，理应以"学科理论"为标准，但在学科交叉风行的当下，一项研究往往被一个以上的学科"共享"，此时可采取的策略为：凡符合"学科理论"标准（充分条件）者，可称"首属学科"；凡符合"研究对象"标准（必要条件）而不符合"学科理论"标准（充分条件）者，可称"次属学科"。不过，仅有一个例外，即历史学，由于任何社会现象及学科都有其（连接现实的）历史，因此，两者理当并重，如传播史或传播学史，既属于传播学，也属于历史学，可谓主次难分。

在传播学兴起之前,难道就没有开展过对传播现象的研究? 答案当然是:有! 人类对各种传播现象的研究早就开始了,并陆续催生了许多学科,例如:对语言传播、符号传播、文学传播、艺术传播的探索,形成了语言学、符号学、文学、艺术学;对宗教传播、政治传播的思考,构成了宗教学、政治学的重要部分;对新闻传播、广告传播的兴趣,孕育了新闻学、广告学;而对传播之心理因素、社会因素的关注,构成了心理学、社会学的重要部分,等等。

可见,以传播现象为研究对象的学科早已有之,且为数甚多,但它们都不是传播学,其原因何在? 最要紧的是,传播学究竟是研究什么的学科呢?

原因无他,仍如上文述及,一是传播现象的"跨界"特性使然——既然传播无处不在,无时不有,贯穿在各种现象之中,则引起各个学科的注意和兴趣,就可谓是理所当然;二是传播学科的"后发"态势使然——既然先行学科已产出了众多对传播现象的研究成果,就不宜把传播学的研究对象仅仅笼统地表述为传播现象了。

2. 重构传播学研究对象的正确表述

一言以蔽之,对传播学的研究对象之正确表述,应为:人类(或社会)传播活动(或现象)的一般规律。

所谓一般规律,即适用于各种传播现象的规律(最典型者,莫过于解析传播结构与过程的5W公式),而非只适用于某种传播现象(如语言、文学、艺术、新闻等领域)的特殊规律。需要补充的是,传播学的三大分支学科——大众传播学、人际传播学、组织传播学——有一些主要适用于各自范围的规律,可称为"准一般规律",这些规律并非一定不能适用于其他范围或领域,但多少需要加以调整或拓展。值得强调的是,互联网时代的到来,为这三大分支学科的整合和提升,提供了大好的机会和条件。

纵观传播学的形成过程,我们可以发现如下特点。

其一,人类对传播现象的认知,与其他方面的认知类似,也遵循了从特殊到一般、从具体到抽象的路径,因此,以往各个相关学科虽然从各个侧面、维度、层次,或多或少、或深或浅地关注、研究了各种传播现象,但既未能从整体上把握,也未能在更高的抽象水平上加以概括。

其二,以往各个学科对传播现象的研究,集中于5W中的传者、受者(心理学、社会学等,考察他们作为人——个体或群体的特性)、信息(语言学、符号学、文学、艺术学等,考察其形式和内容的特性),而相对忽略了媒介(尽管先有报纸、出版研究,后有电影、广播研究,但基本上局限于具体业务层面)和效果。

何以如此呢?有两个显而易见的原因:一是媒介技术有一个漫长的积累和发展过程,直到近几十年来,才出现爆炸性的增长;二是效果研究受到了需求不足、制度落后、方法缺失等因素的抑制,也就不可能在这些问题解决之前发展起来。

综上,人类以往在传播研究方面的努力,在某种意义上可谓"挤占"了传播学的"地盘",但同时也为传播学的诞生和成长留下了一定的空间,奠定了厚实的基础。如若不然,人类的科学殿堂里也就没有传播学的一席之地了!

3. 重新审视传播学研究对象的意义

我们重新认识传播学的研究对象,对于学科建设、科学研究又有何启迪呢?

首先,可进一步厘清传播学与其他学科的关系。今后对相关学科的学习、借鉴与合作,可望更有自觉性、针对性、建设性。

其次,可进一步明确传播学的学科边界。这将有助于辨认那些原不属于传播学的领域,如传播心理、传播伦理、修辞(传播)技巧、符号(传播)规则等,并不是说这些领域不重要,而是应当认清,它们原属于心理学、伦理学、语言学、符号学等学科,如此也就可以破除一个曾在传播学界流传甚广的"迷思":传播学好比是个"筐",什么都可以往里装。如果立志在上述交叉领域有所开拓,则须认真思考,如何避免只停留在"搬运"或"串门"的状态,而真正实现跨学科创新、突破的目标。

最后,可进一步明确传播学未来发展的方向。即对传播现象一般规律、整体脉络、全局动态、宏观趋势的探索和把握,以及对媒介技术(重点当然不是技术本身,而是技术的社会功能与影响,这又与传播效果高度契合)、传播效果(其不仅与媒介,而且与传者、受者、信息乃至整体环境都密不可分)研究领域的持续深化和拓展,理应成为重中之重。

第三节　世界传播学的沿革

一、传播研究的流变

如上文所述,传播是与人类历史同步的古老现象,但研究这一现象的传播学本身却非常年轻,借用艾宾浩斯叙述心理学的名言,它同样是一门"虽有漫长过去、但仅有短暂历史"的新兴学科。[①] 它究竟诞生于何时呢?在回答这个问题之前,我们先辨析一下,传播研究与传播学的异同。

广义地说,凡是对传播现象的关注和探索,都可称作"传播研究",这种研究早已有之,可以说是源远流长。从这个意义上说,传播研究的历史应该相当于或只稍短于传播的历史。

正因为传播与人类的生存、发展密不可分,始终伴随、贯穿于各项活动中,我们的祖先早就注意到传播的存在和作用,并对此展开了长期的研究。这不仅表现为对语言、文艺、政治、宗教等具体传播现象(即传播特殊规律)的探索,也表现为对从鼓笛、号角、烽火、信鸽到书籍、报刊、广播、电视等传播手段或技术的发明、运用和改进,同时,对人与人之间的传播规范、技巧的思考和总结,也散见于中外大量的民谚俗语和各种经典文献(如孔子的《论语》、亚里士多德的《修辞学》等),其中有许多精彩的见解,如"三人成虎""防民之口甚于防川""坏事流传千年"(A bad thing never dies)、"少说为妙"(Few words are best)等。

但狭义地说,即把"传播研究"理解为"传播学",情况就不同了,作为一门独立学科的传播学,问世迄今不过半个多世纪。对此,也可以这样理解:在广义的传播研究中,包含着两个部分:一是不成熟的部分(≠传播学),一是成熟的部分(=传播学)。

所谓成熟,也就是符合传播学构成一门独立学科的必要条件,主要有:自觉性、一般性、系统性(或整体性)、科学性。从传播学的角度看,以往传播研究的不足表现在以下四个方面。

(1) 缺乏自觉性。不具有自觉、明确的传播研究意识。

[①] [美]E. G. 波林:《实验心理学史》(上册),商务印书馆1982年版,第Ⅱ页。

（2）缺乏一般性。始终局限于具体（如语言传播、政治传播等）领域，未能完成（就传播而言）从"特殊规律"到"一般规律"的飞跃。

（3）缺乏系统性。尽管也有涉及传播一般规律的探索，但总的来说，失之于零散（如民谚中的只言片语）。

（4）缺乏科学性。研究中夹杂着许多不科学的成分（如占卜算命中的"怪力乱神"等）。

不解决这些问题，广义的传播研究就无法上升为狭义的传播学。

造成以上缺陷的主要原因有二：第一，从主观因素看，人类的认识能力低下，因此，难以对传播现象作出全面、科学的观察和分析；第二，从客观因素看，传播对人类的作用虽然极其重要，但并不凸显，因此，未能受到应有的重视。

总之，从古代初始的传播研究到现代成型的传播学，经历了相当于人类历史的漫长发展过程。直到20世纪40年代，作为一门独立学科的传播学才应运而生。因为时至此际，上述状况终于改变，为传播学的诞生提供了必要的条件。

二、传播学诞生的条件

从主观层面看，人类的认识能力空前提高。伴随着封建专制时代的消亡，无论自然科学、社会科学皆面目一新，并日趋"整体化"，人类对物质世界和精神世界的了解越来越正确，各种新理论、新学说大量涌现。在此背景下，对传播现象的全面把握和系统、科学的认识，终于成为可能。

从客观层面看，传播的作用和影响空前凸显。工业化使整个世界连成一片，传播活动日益频繁化和复杂化。特别是传播活动的独立化、职业化（即报刊、广播电视等大众传播媒介的登台）给人类带来了一种全新的、重大的冲击，终于唤起全社会对传播现象的高度重视。

学科背景与媒介背景一旦结合，就顺理成章地诞生了传播学。

传播学的诞生地是美国，那么，美国成为先驱者的理由何在？

近代以来，西方先进而东方落后。西方各国中，又数美国最发达，作为资本主义世界的头号强国，在许多领域都处于领先地位，在传播领域也不例外。

1. 媒介背景

在人类历史的长河中,传播活动与其他活动分离而相对独立化、职业化的过程,很晚才开始。这里略加解释。传播按功能(与内容相关)可分为两类:工具性(或实用性)传播、娱乐性(或消遣性)传播,前者又可细分为:报道性(或新闻性)传播、劝服性(或宣传性)传播和教育性传播。相比之下,除了报道性传播之外,其他几种传播活动的独立化、职业化(即牧师、教师、作家、艺人、画家等)都开始得很早。

但需要指出,所有这些职业,都是单一型而非复合型的传播活动,因此都不是一般意义上的传播机构或媒介。事实上,这种所谓的传播机构或媒介,最初是以报纸(也叫新闻事业)的面目出现的,由此实现了传播活动的独立化、职业化。而且,报纸很快地从单一型传播机构发展成复合型传播媒介,由新闻事业转化为大众传播事业,从而影响了整个世界。

这一变化究竟始于何时?报纸诞生于17世纪初的西欧(德、英、法诸国),直到17世纪末,美国才出现报纸,但作为资本主义世界的"后起之秀",它迅捷地赶超了先行者。伴随着工业化、都市化的巨大成功,到19世纪上半叶,美国率先孕育出世界上最早的大众化报纸,一般认为,这是大众传播时代开幕的标志。进入20世纪后,又创立了最早的广播电台;第二次世界大战后的发展更为迅猛,在雄厚的经济和科技基础上,建成了全世界最发达的大众传播事业。从大部分相关指标(如报纸的发行数、电视机的普及率等)看,美国皆名列前茅。它还拥有美联社、合众社、《纽约时报》、《华盛顿邮报》、三大广播电视网等一批全球闻名的媒介,这对美国政治、经济、社会等各方面都产生了前所未有的巨大影响。于是,对大众传播的利用和研究,就成为美国各界急迫而重大的课题。

从政治角度看,如美国第三届总统杰弗逊所说,政治家甚至"宁要报纸而不要政府"。① 从建国前后起,报纸(后来又加上广播和电视)就被纳入美国的政治机制中,一贯扮演着举足轻重的角色。具体表现为:平时,每个政治家都不能不依赖媒介引导舆论,争取民心,以获得选票或维持已有权力,正因如此,有关议员竞选,尤其是总统大选的报道及

---

① [美]埃德温·埃默里等:《美国新闻史》,苏金琥等译,新华出版社1982年版,第123页。

其研究,构成美国文化的一大特色;战时,则更离不开媒介对群众的发动、对士气的鼓舞——特别是这一时期内第一、第二次世界大战的相继爆发,使这种紧迫性、重要性变得更加突出。事实上,与战争动员相关的课题在早期传播学的经典中占据了显著的位置,如拉斯韦尔等人有关战争宣传的研究、霍夫兰等人有关军队士气的实验等。此外,政治家还发现,无论平时、战时,欲向国内外大众宣扬美国的价值观念、生活方式等,媒介都是十分合适、有用的工具。

从经济角度看,媒介主要有两个方面的作用。第一,以其传播的大量经济信息,特别是广告,构成社会化大生产(制造—流通—信息—消费)过程中一个不可缺少的环节。美国的广告业在世界上首屈一指,其中绝大多数业务是由媒介承担的。从这个意义上说,称媒介为资本主义大厦的支柱之一,恰如其分。第二,为各种企业服务(传播信息)的媒介本身也变成一种企业,为媒介资本家(主要通过广告收入)创造出丰厚的利润。如果说市场经济离不开媒介的协作,反过来,媒介也离不开市场经济的滋养。由此就可理解,为什么传播学在美国不仅被政界看重,也一贯受到商界(包括媒介企业自身)的青睐。有代表性的事例如洛克菲勒财团对"耶鲁劝服研究"的资助、鲁斯(时代出版公司创始人)对"媒介自由现状和前景调查分析"的倡议和支持等。

从社会角度看,媒介给大众带来的利弊都得到了充分显露。"利"表现为:大量实用性信息的快速传播,极大地方便了人们的生活和工作;各种娱乐性信息的提供,充实了人们的余暇。"弊"则表现为:色情、暴力和煽情信息的大肆泛滥(19世纪末达到登峰造极的地步,典型实例为赫斯特与普利策之间的所谓"黄色新闻"之争),污染了人们的心灵;不恰当信息的流传,造成了社会的混乱(典型实例为1938年的"火星人侵略"事件)。这就形成了一种强大的舆论压力,迫使学术界给出正确认识和解决问题的方案。

概言之,美国可以说是世界上最早、最强烈地感受到"传播"莫大威力的国家,因而最先萌生了对其追根究底的愿望。

2. 学科背景

19世纪后半期至20世纪中叶的美国,在多种因素(如相对和平的社会环境、相对自由的学术氛围以及雄厚的物质、技术力量等)的作用下,成为当时世界上最适宜开展科学研究的一方"沃土",各国、各地区的优秀人才纷至沓来。

颇有讽刺意味的是,第二次世界大战期间,正是在法西斯德国暴政的驱赶下,欧洲各国知识界的大批精英被迫流亡美国,为营造这一得天独厚的繁荣局面作出了卓越贡献。他们当中,既有以爱因斯坦为杰出代表的自然科学家,也有弗洛姆、阿德勒等著名的社会科学家,仅就传播学领域而言,早期的四位奠基人中就有两位——卢因(勒温)和拉扎斯菲尔德——来自欧洲,足见其影响之大。

在此背景下,人类几千年智慧的积淀和碰撞,培育出一大批新思想、新学科硕果,其中的许多学科与传播现象有密切联系,如社会学、心理学、新闻学、符号学、语言学、三论(信息论、控制论、系统论)、政治学、管理学等,由此奠定了传播学的学科基础。

如果人类(以美、欧学者为代表)未取得这些成果,即认识能力尚未到达这一高度,那么,彻底、深入地探究传播现象的愿望再美好、再迫切,也难以实现。

三、传播学形成的过程

作为新兴学科之一的传播学,在很多方面不同于传统学科。从学科类型看,它属于横向型的社会科学,但明显受到自然科学的影响;从学科结构(原理、方法)看,它有独树一帜的个性,又有很强的交叉性;从学科历史看,它固然有一个"形成过程",但难以确定一个"诞生日"。

对于传播学的"出生期"(而非"诞生日")有各种观点。诸如:19世纪末(新闻学取向)、20世纪初至20年代(社会学、心理学取向)、20世纪40年代(综合取向)等。较为确切地说,传播学是19世纪世纪末以来逐步形成的,初步成形则是20世纪40年代,这里包含着以下两层意思。

1. 新闻学可视为传播学的背景学科之一

新闻事业的昌盛是引起人类社会对"传播"高度重视的契机。因此,在19世纪末的美国,首先兴起的是以新闻性传播为研究对象的新闻学。故有人认为,这就是传播学的源头,但事实上,新闻只是传播的内容和功能之一,如同教育、劝服、文艺一样。另一个事实是,新闻事业不久发生了重大变化,即转化为大众传播事业。在此背景下,出现了大众传播学,接着,大众传播学又演化成了传播学。这个过程可表示为:新闻学→大众传播学→传播学。

也就是说，新闻学与传播学没有直接的继承关系，前者充其量只是后者的背景学科之一。但饶有趣味的是，人们正是在探索"大众传播"的特殊（确切地说是准一般）规律的过程中，触发了寻求"传播"的一般规律的兴趣，从而将大众传播学提升为传播学的。

传播学的三大分支学科中，最早兴起的是大众传播学（以语言学、心理学为主要来源的人际传播学和以管理学、社会学为主要来源的组织传播学的成形，皆在20世纪60年代末），因此，其问世的时间点就等同于传播学的诞生期，为构筑传播学"大厦"提供了最初的基础。

2. 传播学的理论基础由众多相关学科奠定

对一门学科的建设来说，最重要的工作就是奠定理论基础，其重要性恰如地基之于楼房。这个任务，新闻学未能也不可能完成。一是由于新闻学重术（业务）而轻理（理论），二是由于其研究视野被局限于新闻事业。实际情况是，在众多相关学科的参与下，自19世纪末至20世纪40年代末，经过大约半个世纪的努力，完成了这一任务——为传播学打下一个较为坚实的理论基础。

四、传播学的学术渊源

在众多"兄弟"学科中，与传播学关系比较亲近、构成其学术渊源的学科主要有两方面：一是行为科学（群），包括社会学、心理学（尤其是社会心理学）、政治学、语言学、符号学等；二是信息科学（群），包括信息论、控制论、系统论、数学、统计学等。

早期较有代表性的研究成果有：库利（Cooley）的"镜中我"理论与"初级（首属）群体"概念（社会学）、米德（Mead）的"象征（符号）互动理论"（社会学、社会心理学）、帕克（Park）对报纸内容、读者状况的实证研究（社会学）、李普曼的《舆论学》（政治学）、拉斯韦尔对战争宣传和传播结构的分析（政治学）、卢因（Lewin，又译勒温）的"场论"和"群体动力学"（社会心理学）、盖洛普（Gallup）对舆论调查方法的改进（社会学、统计学）、霍夫兰（Hovland）的"劝服和态度改变"研究（实验心理学、社会心理学）、拉扎斯菲尔德对选举投票行为的调查（社会学）、香农和维纳（Shannon & Wiener）对创建信息理论的贡献（信息科学）。

所有这些成果皆来自相关学科。正是它们构成了传播学理论、模式、方法的起源，为传播学的诞生提供了最低限度的"养分"。它们先

后出现于20世纪20—40年代,传播学初具规模也就在这段时期的末尾。① 以下是这一时期的重要事件:

1943年,施拉姆担任美国衣阿华大学新闻学院院长期间,创办了世界上第一个大众传播学的博士课程;

1945年,联合国教科文组织发布的宪章第1条,在国际范围内首次使用"大众传播"这一词语;

1946年,拉斯韦尔等编著的《宣传·传播·舆论》一书,首次明确地使用"大众传播学"的概念;

1947年,施拉姆在美国伊利诺伊大学创办了世界上第一个以"传播"命名的研究所;

1948年,拉斯韦尔在《社会传播的结构和功能》一文中,首次完整地提出传播的5W模式,确定了传播学的研究范围;

1949年,施拉姆编辑出版的《大众传播学》,首次以学科的眼光整理、总结了此前有关传播(主要是大众传播)研究的主要成果。

至此,作为一门相对独立的新兴学科的传播学,就可以说初步形成了。

综上所说,在传播学形成的过程中,众多学科从各自立场出发,分别作出了彼此不可替代的贡献。借用施拉姆的妙喻,传播研究领域好比是一块未经开垦的"绿洲",吸引了各个学科的学者来辛勤耕耘。

在此过程中,出现了一批优秀人物,尤其是以下五位:拉斯韦尔、卢因、拉扎斯菲尔德、霍夫兰、施拉姆,被公认为传播学(同时也是大众传播学)的奠基人。

五、奠基人的生平和贡献

1. 拉斯韦尔

哈罗德·拉斯韦尔(Harold D. Lasswell,1902—1978),美国政治学者,传播学奠基人之一。芝加哥大学毕业,获政治学博士学位,后在

---

① 有学者(参见 Robert T. Craig, "Communication Theory as a Field," *Communication Theory*, Vol. 9, 1999, p. 130.)曾总结传播学的渊源,称为"七大传统":社会心理学、控制论、修辞学、社会文化理论、符号学、现象学、批判学派,这样的概括不够全面(如未提及社会学、政治学、管理学等),且存在学科层级不一(如修辞学应归于语言学、控制论应归于信息科学)、比较维度不一(如批判学派应与经验学派对应)等问题。

母校和耶鲁大学执教。曾任美国政治学会会长。

由于政治和传播的密切关系,古往今来,从政治学或实际政治的角度研究传播(即所谓"政治传播")的人们,可以说是不计其数。拉斯韦尔也加入了这个行列,主要贡献如下。

一是对政治传播,尤其是战争宣传进行了比较系统的研究,其博士论文《世界大战时期的宣传技巧》详尽地分析了第一次世界大战期间各交战国的宣传策略和效果,引领了当时的宣传研究,产生了很大反响。

二是不仅对政治传播,而且对整个人类传播的一般规律发生了浓厚兴趣,经过深入思考,取得重大成就,为传播学的创建作出了卓越的贡献。主要体现为:

- 提出传播的 5W 模式,不仅首次较为全面、科学地分析了传播的结构和过程,还首次较为完整地划分了传播学的研究领域,为传播学的形成和发展确立了总体框架,开辟了广阔的道路;
- 提出"社会传播"的概念和观点,从宏观上初步探讨了人类传播的社会功能等重要课题;
- 倡导并亲身实践"内容分析方法"(传播学的基本研究方法之一),以其精确、定量的特色为传播学成为一门严格意义上的科学打下基础。

拉斯韦尔一生勤奋,留下约 600 万字的著述。其代表作有:《世界大战时期的宣传技巧》(1927 年)、《宣传、传播和舆论》(1946 年)、《世界历史中的宣传与传播》(1980 年)、《社会传播的结构和功能》(1948 年)等。

2. 卢因

库尔特·卢因(Kurt Levin,1890—1947),又译勒温,原籍德国的美国社会心理学者,传播学奠基人之一。犹太人,出生于波兰,毕业于柏林大学,在该校担任社会心理学教授。1933 年,为逃避纳粹的迫害而移居美国。先在斯坦福大学、康乃尔大学、衣阿华大学任教,后赴麻省理工学院,创立了著名的"群体动力学研究中心"。

他是一位杰出的心理学者,属于"格式塔"(也称完形心理学)学派。该学派强调人的经验、行为的整体性,主张整体先于部分并制约部分(与系统论的思想不谋而合)。从这一基本立场出发,卢因首创了"场论"和"群体动力学",从而名声大噪。其核心观点是,强调群体对个体的影响和作用,将社会因素引入心理学研究。

这样,他的学说就成为"格式塔"学派中一个富有特色的支派,他本人则事实上转入了社会心理学域,被称为"社会心理学之父"。

诞生于20世纪初的社会心理学,与传播学的关系特别密切。社会心理的变动往往与"社会传播"有关。当卢因将目光投向传播现象时,就给了传播学一个极为重要的启示:传播(或媒介)欲对"个体"施加影响,必须考虑到其身后"群体"的强大制约机能。他首次提出了传播过程中的"把关人"概念,有力地促进、拓展了传播学的研究。

难能可贵的是,卢因并不满足于仅仅在书斋里著书立说,而是积极地投身于实践,深入工人、学生、主妇等人群中开展研究,检验和完善理论。在此过程中,培养出了费斯廷格、卡特赖特、怀特等一批横跨传播和社会心理研究领域的出色弟子,这也是其对传播学的重要贡献。

其代表作有:《拓扑心理学原理》(1936年)、《群体生活的渠道》(1947年)、《解决社会冲突》(1948年)等。

3. 拉扎斯菲尔德

保罗·拉扎斯菲尔德(Paul. F. Lazarsfeld,1901—1976),原籍奥地利的美国社会学者,传播学奠基人之一。毕业于维也纳大学,获数学博士学位,后主要兴趣转向心理学和社会学。与卢因一样,为躲避纳粹的迫害而迁居美国,以哥伦比亚大学应用社会学研究所为基地,潜心于传播现象的社会科学研究达30年之久,形成了传播学的"哥伦比亚学派"。

其主要贡献,一是创建"两级传播理论",破除了"魔弹论",使深入探讨传播的效果和机制成为可能;二是倡导"实地调查方法",将其确立为传播学的基本研究方法之一,影响重大而深远,被同行们亲切地称为(传播学研究的)"工具制作者"。

如果说,"两级传播论"与卢因的"群体动力学"给人以殊途同归之感,则"实地调查方法"与拉斯韦尔的"内容分析方法"就可以说有异曲同工之妙。

其代表作有:《人民的选择》(1944年)、《人际影响:个人在大众传播中的作用》(1955年)等。

4. 霍夫兰

卡尔·霍夫兰(Carl Hovland,1912—1961),美国社会心理学者,传播学奠基人之一。毕业于美国西北大学。穷其短暂的一生,霍夫兰研究人的心理对人的行为的影响,成就卓著。第二次世界大战期间,曾担任美国陆军部心理实验室主任,研究宣教电影对提高士气的作用。战后,一直在耶鲁大学主持"劝服传播与态度改变"研究项目,形成了传播学的"耶鲁学派"。

与卢因相同,霍夫兰也是从心理学角度切入传播学领域,而又有其特色,即着眼于微观(而非宏观)层次,对传播的具体技巧(而非过程原理)进行了深入细致的研究。其采用的主要方法是"控制实验方法",正是由于霍夫兰的身体力行,使之成为传播学的又一种基本研究方法。尽管他以这种方法取得的成果,存在着忽略实验室与社会自然情境之间的差异等问题,但终究不失为有效的研究途径之一,并有助于破除"魔弹论"的影响,从而为推动传播学的产生和成长起到了重要而独特的作用。

其代表作有:《大众传播的实验》(1949年)、《传播与劝服》(1953年)等。

5. 施拉姆

威尔伯·施拉姆(Wilbur Schramm,1907—1987),又译为宣伟伯,美国传播学的创始人、集大成者。马里塔学院毕业,后获衣阿华大学文学博士学位。曾从事新闻实践及新闻教育工作,历任美联社记者,衣阿华大学新闻学院教授、院长,伊利诺伊大学传播研究所所长等职。他自20世纪30年代起转入传播研究领域,为传播学的创立而花费了几乎毕生(约半个世纪)的心血。

与上述几位学者明显不同,施拉姆的主要历史功绩,不是从某个相关学科的角度为传播学作出某个方面的贡献,而是"集大成"——将前人的成果集中起来,进行归纳、整理,使之系统化、完善化,最终作为一门独立的学科,崛起于学术的"殿堂"。这绝非一项轻而易举的任务,但由他出色地完成了。换言之,他是第一个抱有创建"传播学"这一独立学科的明确意识并为之奋斗终生的人。显然,没有他的非凡努力,传播学是难以顺利诞生的。

具体地说,施拉姆先后在伊利诺伊大学、斯坦福大学、衣阿华大学和夏威夷东西方中心建立了四个专门的传播研究机构;培养了大批人才,其中有许多人成为传播学界的中坚力量;编辑、出版了约30部著作,约500万字,如《大众传播学》(1949年)、《大众传播的过程和效果》(1960年),作为前人经典性成果的荟萃,至今仍是初学者的必读文献。其他代表作还有:《报刊的四种理论》(1956年)、《大众传播媒介与社会发展》(1964年)、《男人、女人、讯息和媒介——人类传播概论》(1973年)等。

从20世纪70年代末起,施拉姆曾数次访华,给刚刚打开国门的中国带来传播学的新鲜信息,在一定程度上刺激了传播学在中国的兴起,对我们来说,这也是一个不应忘记的功绩。①

六、传播学的现状和发展趋势

在跨学科背景下发生的传播学,一开始是以大众传播现象为主要研究对象的,同时也出现了将其上升到一般传播高度(如拉斯韦尔)以及重视人际传播、组织传播作用(如卢因)的旨趣。

从大处着眼,早期传播学的主要取向有:传播的结构、过程和功能研究(拉斯韦尔、拉扎斯菲尔德、香农、施拉姆等);传播(宣传、劝服)技巧和效果研究(拉斯韦尔、霍夫兰、拉扎斯菲尔德等);传播与群体、社会关系研究(卢因、拉扎斯菲尔德等);科学方法研究(拉斯韦尔、拉扎斯菲尔德、霍夫兰、盖洛普等);综合研究(施拉姆等)。

20世纪50年代以后,传播学继续向前发展,日趋成熟。一方面,上述各个领域进一步得到深化(证实、完善、修正、扬弃);另一方面,出现了研究领域丰富化、研究取向多样化、研究队伍扩大化的显著态势,诸如传播制度、发展传播、媒介技术、受众特性、大众文化、国际与跨文化传播、科学/健康/环境/危机传播等研究,都得到了开拓和发展,无论研究深度、广度,还是整体学科建设的规模、质量,都远远超过了初创阶段。

在此过程中,国际传播学界除了曾于20世纪50年代末遭遇过一场对于学科发展的信心危机(即"有限效果论"背景下对传播学研究价值的怀疑,详见第九章),总的来说,可谓一路高歌猛进、顺风顺水。试列举其重要进展如下。

1. 人际传播学与组织传播学的形成

20世纪60年代以来,在大众传播学的刺激和带动下,源于语言学的人际传播学和源于管理学的组织传播学在美国逐渐成形,其大致脉

---

① 王怡红等:《中国传播学30年》,中国大百科全书出版社2010年版,第32页。

络,由两个最主要的学术团体的成长轨迹可见一斑,一个是全美传播学会(NCA),另一个是国际传播学会(ICA)。

全美传播学会创建于 1914 年,至今已有 96 年历史,最早由一批对演讲感兴趣的大学英语教师聚集而成,后逐渐向广义的传播研究方向发展,随着内涵变化,数易其名:1914 年,全美公共演讲学术教师学会(National Associaton of Academic Teachers of Public Speaking);1923 年,全美演讲教师学会(National Associaton of Teachers of Speech);1946 年,全美言语学会(Speech Associaton of America);1970 年,言语传播学会(Speech Communication Associaton);1997 年,全美传播学会(National Communication Associaton)。

这一团体自 20 世纪 60 年代起,逐步从语言传播研究向全方位的传播研究过渡,其明显标志就是 1970 年在学会名称中加入了"传播"。这意味着,作为学科的人际传播学和组织传播学开始形成(学会在此期间建立了人际与小群体传播分会,并发展成为最大的分会),20 世纪 90 年代以来,更进一步与大众传播学汇流,成为传播学各种学术流派、各种研究取向自由交流的开放性、公共性平台,办有 11 种优秀期刊,拥有一千多名会员,每年一度的大会都吸引数千人参与。

国际传播学会创建于 1950 年,最初隶属于全美言语学会,全名为全美传播学会(The National Society for the Study of Communication,简称 NSSC),主张超越语言传播,试图推动包括大众传播在内的各种传播研究,后于 1967 年从全美言语学会分离出来,1969 年更名为国际传播学会(International Communication Association),经过半个多世纪的努力,成长为与 NCA 并肩的两大学会之一。如果说在研究取向多样化方面两者已然趋同,①则国际化堪称是后者的一大特色,其来自全球 80 多个国家的四千多名会员中,以国际会员居多(前者以国内会员居多)。ICA 办有 6 种优秀期刊,每年一度的大会也吸引数千人参与。

---

① 以 ICA 为例,其分会多达 26 个,包括:大众传播、组织传播、人际传播、青少年与媒介、传播与技术、传播政策与法规、跨文化传播、环境传播、种族与民族传播、女性主义与传播、健康传播、游戏研究、全球传播与社会变迁、教育与发展传播、信息系统、语言与社会互动、政治传播、广告、外国新闻与传播史、中国新闻与传播史、新闻研究、传播伦理、哲学理论与批判、视觉传达研究、科学传播、公共关系。显而易见,三大分支学科的研究内容都被大大细化了。参见 https://www.icahdq.org。

2. 传播学批判学派的出现

与此同时,传播学早已跨越国界,引起各国的普遍兴趣。从世界范围看,传播研究队伍不断壮大,水准日益提高。尤其值得一提的是,20世纪60年代以来,以欧洲学者为主力的"批判学派"异军突起,打破历来由美国学者执牛耳的"传统学派"(也称"经验学派")一统天下的局面,形成了传播学的两大学派。为什么会这样呢?就因为传统学派存在着缺陷。顾名思义,批判学派的主要特征就在于"批判",即注重从宏观层面,以思辨方法来研究传播与社会政治经济结构的关系,对资本主义体制下的政府和媒介持批判态度。在它看来,传统学派的主要问题有:过于偏重微观研究、过于依赖定量方法、多持维护现行体制的立场(故又被称为"行政学派")。

该学派是在法兰克福学派影响下,以欧洲为发源地而逐步发展起来的。1923年,欧洲的一些知识分子在德国法兰克福大学成立了社会科学研究所,基于马克思主义学说对资本主义社会进行批判性的研究,其核心人物包括霍克海默、马尔库塞、阿多诺等,这被认为是法兰克福学派的缘起。

其研究内容广泛涉及各种文化与传播现象,因而,其影响自然而然地向包括传播学在内的人文社会科学领域各个相关学科延伸、扩展,结果之一就是在国际传播学界形成了与经验学派抗衡的批判学派。其内部也形成了若干个流派,各有特点,主要有:传播政治经济学派、文化研究学派、意识形态霸权理论学派等。

总之,批判学派的出现,弥补了经验学派的缺陷,对传播学的健全发展具有积极意义,但它自身也有不足,主要有:过于轻视微观研究、过于忽视定量方法、重"破"(批判)轻"立"(建设)。为此,两者理应相互学习、取长补短。事实上,进入21世纪以来,它们之间日益相互包容,出现了竞争与合作并存的良好势头。

3. 互联网与新媒体传播研究的兴盛及其效应

从20世纪90年代起,由于互联网及其他新传播技术(如通信卫星、光纤、手机、大数据、虚拟现实、人工智能等)的快速发展,人类跨入了全球信息化、网络化时代,新媒体或数字化传播研究及其应用成为社会各界的热门话题,也构成传播学进一步发展的驱动力量。不夸张地说,在此背景下,传播学已成为当代人文社会科学最有人气的"显学"之一,从学界的一株"幼苗"成长为一棵根深叶茂的"大树"。

据华人传播学者祝建华发现,国际社会科学界最权威的期刊论文索引数据库(SSCI)显示,自 1997 年至 2018 年,在所有社会科学的 50 个学科中,传播学的发展速度高居榜首,具体体现为以下三个方面(参见图 2-4、2-5)。

(1) 专业期刊的数量。传播学期刊从 36 本增加到 88 本,总增长率为 144%,不仅高于 50 个学科的平均数(104%),而且高于社会学(55%)、社会心理学(60%)和政治学(132%)等"相邻学科"。

(2) 期刊论文的数量。传播学期刊发表的论文从 972 篇增加到

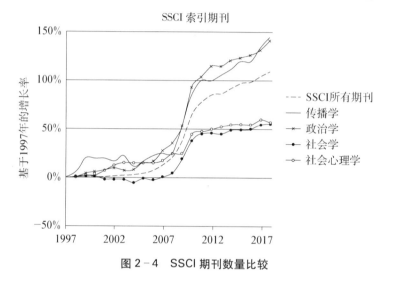

图 2-4　SSCI 期刊数量比较

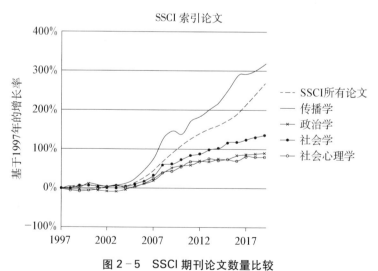

图 2-5　SSCI 期刊论文数量比较

4 003篇,总增长率为324%,更是明显高于50个学科的平均数(274%),以及社会学(138%)、社会心理学(81%)和政治学(92%)等学科。

(3)参与发表期刊论文的国家数量。全球范围内,发表传播学期刊论文的国家数量,从1980年代的每年平均10个国家,到1990年代的每年平均30个国家,2000年代的每年平均50个国家,再到2010年代的每年平均80个国家,进展不可谓不惊人!而近四十年来,国家总数达129个之多。其中,中国2010年代发表论文数占1.6%,超过平均数(1.25%),列世界第12位,为增速最快的国家之一。

正如祝建华所说,我们"已有足够的证据来认定,传播学是整个社会科学中增长最快的学科之一"。[①] 进入21世纪的传播学,依托着浩浩荡荡的信息化、数字化、媒介化潮流,可以说前途无量。

第四节 中国传播学的历程

以上,我们大略观察了传播学在世界范围里蓬勃生长的过程,其中,包括了它在中国的快速发展。传播学于1970年代末引入中国,与改革开放大致同步,为什么会有这样的动向或事件出现?其理由固然可举出很多,最根本的一点就是,它能促进中国的现代化建设。以下,让我们简要回顾一下传播学在中国从无到有、由小到大的四十年发展历程。

一、传播学与中国的现代化

传播在人类生活中的极端重要性已无须赘述,传播学诞生的历史背景证明了近代以来人类社会的发展对传播越来越具有依赖性;特别重要的是,20世纪70年代以来,出现了所谓"信息革命""信息爆炸"的现象,整个世界继农业化时代、工业化时代之后,急速地进入了信息

[①] 祝建华:《从独家垄断到竞争性多头主导的传播学国际化市场结构》,《传播与社会》2019年总第50期,第198—200页。

化时代。按美国未来学者托夫勒的说法,人类社会正迎来汹涌澎湃的"第三次浪潮"。[①] 于是,一条虽自古有之但从未像今天这样鲜明的真理,出现在世人眼前:谁拥有最多最好的信息,谁最善于传播,谁的成功可能性就最大!正所谓"信息即力量"、"传播即力量"。

为此,中国要尽快实现四个现代化,赶超发达国家,在激烈的国际竞争中取胜,就必须大力发展信息产业,充分开发和利用信息资源,最大限度地优化信息环境。而这一切工作,都急需与信息(传播)相关的科学理论给予指导,而传播学恰好就是以信息(传播)现象为研究对象的学科之一。

或许有人会问:现代社会怎么了?为什么不早不晚、偏偏在这时出现"信息化"现象?

针对这一涉及信息革命实质的问题,美国传播学者贝尼格(Beniger)的见解发人深省:"其原因存在于我称之为'控制革命'的状况,即为控制社会而联结社会成员的技术、经济结构的急剧变化中。"[②]他认为,工业革命使整个经济活动成百倍地加速运转(如汽车、火车、飞机代替了人力、畜力),引发了严重的控制危机。为了克服这一危机,必须进行控制革命——积极开发各种作为控制手段的先进的信息处理技术。如此,信息产业便获得了大大扩张的机会。换言之,正是控制革命导致了信息革命。

贝尼格为证明自己的观点,以美、英、澳、科威特、新加坡、印度等24个国家和地区为对象,统计它们的农业、工业、信息业和服务业在各自或长或短的工业化过程中的消长,得出了以下结论:凡发生工业革命的国家和地区,必随之兴起控制革命、信息革命。

由此我们可以更深刻地领悟到,对传播学的学习和研究,直接有利于推动一国的信息事业乃至整个现代化事业的发展。这就是20世纪70年代以来传播学在世界各国快速普及的根本原因所在。

二、中国传播学成长的四个动因

从微观层面看,中国传播学之所以在短短四十年间取得飞跃式进

---

① [美]阿尔文·托夫勒:《第三次浪潮》,黄明坚译,中信出版社2006年版。
② [美]贝尼格:《信息社会的发展与控制革命》,《庆应义塾大学新闻研究所年报》1988年总第31期,第1—33页。

展,还可以列出一些具体理由,包括以下四个方面。①

1. 政治层面/新闻改革

20世纪70年代末,"文革"结束后的中国百废待兴,启动了改革开放的伟大进程,新闻机构也认真反思"文革"期间违背传播规律、沦为错误路线舆论工具的沉痛教训。当时,新闻业界和学界都渴望深入了解传播规律。在此背景下,传播学创始人施拉姆于1982年访华,时任国务院副总理的薄一波予以会见,有力地推动了传播学在中国的落地生根、开花结果。

2. 经济层面/市场机制

20世纪90年代初,中国政府坚定推行市场经济的决心,使一度因政治风波而陷于困境的传播学避免了夭折的命运,对包括媒介机构在内的各行各业的建设(特别是通过媒介经济学、广告学、公共关系学等学科的生长)产生了积极影响,并且在学科建设方面成为一级学科(1997年)。这标志着传播学(完整地说,即新闻传播学)作为独立学科的地位,得到政府的认可。从此,传播学的发展就驶上了快车道。

3. 技术层面/网络崛起

进入20世纪以来,以互联网为代表的新媒体迅猛发展,给传播学带来新的机遇,使之成为备受青睐的"显学"。一时间,网络舆情、网络经济、网络文化、网络公共空间、网络治理等,成为风靡政界、业界、学界的关注热点,尤其是微博、微信等社交媒体的出现,更造成了整个社会的人际交往方式的变革,并波及组织沟通、大众传播的转型。其实际意义和研究价值已大大超出了传播领域。但不可否认,由于互联网的本质是传播渠道和交流工具,传播学也就理所当然地在这一"学术风潮"中心占据了一席之地。

4. 文化层面/创意驱动

近10多年来,伴随着中国成为世界第二大经济体,无论经济层面,还是政治层面,都必然开始呼唤文化层面的支撑。一方面,"制造经济"需要转向"创意经济";另一方面,以"硬实力"为重心需要转向以"软实力"为重心。于是,发展文化产业、复兴传统文化、推动中国文化(包括学术、媒介、影视等)"走出去"的课题被陆续提出,并付诸实施。

---

① 张国良:《中国传播学40年:学科特性与发展历程》,《新闻大学》2018年第5期,第41—42页。

这一战略转向,对传播学来说,也可谓大有用武之地。

需要强调的是,如图2-6所示,推动传播学发展的政治、经济、技术、文化等动因的先后登场,并不意味着先出现的因素消失了,而是以不同形态和内涵继续存在,并与后出现的因素互相影响,产生融合、叠加的现象。例如,技术带来了"网络舆论""公民新闻"等新气象,开创了政治传播的新局面;又如,技术,尤其是社交媒体、大数据、虚拟现实、人工智能等,对经济、文化也产生了巨大的冲击。

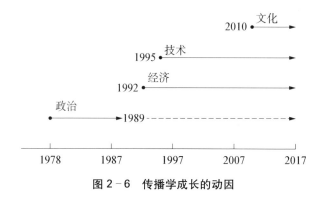

图2-6 传播学成长的动因

与此相关,逾四十年来,就传播学研究而言,最多的课题和成果就集中在这四个领域:媒介经济与管理、文化与传播、互联网与新媒体传播、政治传播(包括舆论、舆情等),尤其是后两个领域,近些年来最为热门。同时,由于整个社会都取得了长足的进步,因而,社会各个领域的研究,如性别传播、健康传播、科学传播、民族传播、宗教传播、教育传播、体育传播、娱乐传播等,也都全面展开了。

三、中国传播学发展的四个阶段与成就

传播学在中国的发展阶段与上述动因的出现密切相关,差不多每过10年,就跃上一个新的台阶。

1. 萌芽时期(1978—1989)

早在20世纪50年代,传播学就传入了中国。1956年,在"双百"方针的激励下,复旦大学新闻系创办的内部刊物《新闻学译丛》(主编为留学美国衣阿华大学归来的郑北渭),首次刊登了介绍"群众思想交

通"(mass communication,现译为"大众传播")的翻译文章。可惜,随之而来的反右斗争中断了这一开拓性的工作,此后经历20多年的"空白"状态,直到70年代末,传播学才"重新"或者说"正式"传入中国。

1978年7月,复旦大学新闻系创办的内部刊物《外国新闻事业资料》(主编仍为郑北渭),再次率先翻译、介绍"公众传播"(即"大众传播")的概要,这本薄薄的小册子的诞生(其后来改名为《世界新闻事业》,不久又更名为《新闻大学》),标志着传播学引入中国历程的正式启动。

次年5月,中国人民大学新闻系的内部刊物《国际新闻界》复刊(该刊创办于1961年,主编为张隆栋,"文革"期间停办),也开始较为系统地介绍传播学(主要是大众传播学)的来龙去脉。

在传播学的起步阶段,这两本刊物南北呼应,产生了较大的影响。

与此同时,最早的一批传播学编著、译著相继出版,如《传播学简介》(中国社会科学院新闻研究所,1983年)、《传播学概论》(施拉姆等,1984年)、《传播学的起源、研究与应用》(赛弗林等,1985年)、《大众传播模式论》(麦奎尔等,1987年)、《传播学原理与应用》(戴元光等,1988年)、《大众传播社会学》(竹内郁郎,1989年)等。

1978年9月,复旦大学新闻系开设了介绍传播学的选修课程(面向高年级本科生),首开传播学教育的先河。

作为外部的推动因素,日本新闻学会会长、东京大学新闻研究所所长内川芳美,及美国传播学创始人施拉姆,于1978年10月、1982年4月先后访问中国新闻学界,带来了世界传播学发展的最新信息。

1982年11月,在中国社会科学研究院新闻研究所的倡议下,举行了第一次全国传播学研讨会,复旦大学新闻系、中国人民大学新闻系、《新闻记者》杂志等十多家机构的三十多位学者、专家参加,归纳出"系统了解、分析研究、批判吸收、自主创造"的结论。

如上所述,传播学在这一阶段得以"破土而出"的最大动力,来自新闻学界和业界共同推进"新闻改革"的强烈意愿。其突出表现之一是,在传播学理论和方法指导下,在全国各地广泛地开展了受众调查,以此作为新闻改革的依据。

其中,最有代表性的是1982年的北京受众调查,该调查由中国社会科学院新闻研究所联合《人民日报》《工人日报》《中国青年报》和北京广播学院共同进行,采用随机抽样方法,对北京337个单位、2 423名居民,就接触报纸、广播、电视的习惯、渠道、兴趣及效果实施了问卷调查,其结果后来辑录成书,题为《北京读者、听众、观众》(1985年),并译成英文,收录于美国《中国社会学与人类学》丛书(1985年)。作为中国第一次大规模以科学方法为指导而进行的受众调查,美国传播学者罗杰斯对其如此评价:"这个调查是目前中国在传播研究领域中最早的科学成果之一。"[1]

始料未及的是,80年代末发生的政治风波,使尚处于"幼苗"状态的传播学被贴上了"资产阶级自由化之根源"的标签,遭到猛烈批判,一时面临将近夭折的厄运。

2. 发育时期(1990—1997)

1992年邓小平南方谈话之后,中国坚定地走社会主义市场经济之路,包括传播学在内的整个人文社会科学再次迎来良好的发展机遇,尽管在市场经济初期存在收入"脑体倒挂"现象,高校一度陷入低谷,但不久就得到改观,同时,整个国民经济的日益向好,带来广告与大众媒介产业的空前繁荣,有力地扩大了社会对新闻学、传播学及广告学的人才培养需求、理论和业务指导需求。

在此背景下,一批中青年教师由新闻学界转入传播学界,为这一幼小的学科"培土浇水"、夯实基础,集中出版了一批传播学教材及译著、专著,如《大众传播媒介与社会发展》(施拉姆,1990年)、《精神交往论》(陈力丹,1993年)、《传播学引论》(李彬,1993年)、《传播学原理》(张国良等,1995年)、《传播学总论》(胡正荣,1997年)、《传播学导论》(邵培仁,1997年)、《华夏传播论》(孙旭培等,1997年)等,提升了传播学的学术地位和社会影响。

这一阶段最具里程碑意义的事件,莫过于1997年新闻学(原为二级学科)与传播学(原为三级学科)一道,升格为一级学科,称为"新闻传播学"(由两个二级学科,即新闻学与传播学组成)。在中国的高等教育体制下,这意味着,其作为独立学科的地位得到了政府的认可。从此,传播学与新闻学获得前所未有的发展空间,跨入了一个大有作为的历史时期。

3. 成长(开花)时期(1998—2010)

上一阶段的最大进展是在市场经济的推动下,为传播学建构了一

---

[1] 王怡红等:《中国传播学30年》,中国大百科全书出版社2010年版,第30—31页。

个学科发展的框架,这一阶段的主要任务就是在此框架内,全面推进教学、科研、社会服务及整个学科建设。在全国同行的努力下,同时,也在新传播技术的驱动下,中国传播学的各个方面焕然一新。

(1) 人才培养。本科生层面,各个高校普遍增设新闻学、传播学(包括互联网或新媒体传播)专业;硕士生层面,传播学也成为最热门的专业之一;博士生层面,升格为一级学科(中国人民大学、复旦大学同时被批准为新闻传播学首批两个博士点)后的 1998 年,复旦大学新闻学院率先招收了第一批(两名)传播学专业博士生,此后,该专业同样受到了广大考博学子的青睐。

(2) 科学研究。在此期间,研究队伍进一步充实,研究水准进一步提高,众多论著问世,其中,影响较大的教材、著作有:《传播学教程》(郭庆光,1999 年)、《理解媒介》(麦克卢汉,2000 年)、《新闻媒介与社会》(张国良等,2001 年)、《网络传播概论》(彭兰,2001 年)、《20 世纪传播学经典文本》(张国良等,2003 年)、《新世纪传播学研究丛书》(张国良等,2005 年)、《传播学史》(罗杰斯,2005 年)、《手机媒体概论》(匡文波,2006 年)等;同时,世界各国传播学名著,如《传播的偏向》(伊尼斯,2003 年)《交流的无奈》(彼得斯,2003 年)、《世界大战中的宣传技巧》(拉斯韦尔,2003 年)等,开始以系列、丛书形式被大量翻译、出版。

(3) 机构建设。世纪之交的 2000 年,为加强中国人文社会科学研究,教育部决定建设一批文科研究重点机构(通称基地),以代表国内同类学科的最高水准。在新闻传播学领域,建立了三个基地,即:复旦大学信息与传播研究中心(传播学基地,首任主任为张国良),中国人民大学新闻与社会发展研究中心(新闻学基地,首任主任为童兵),北京广播学院(后更名为中国传媒大学)广播电视研究中心(广播电视学基地,首任主任为胡正荣)。

(4) 学科建设。在复旦大学信息与传播研究中心的主持下,2001 年创办了"中国传播学论坛",来自中国人民大学、北京广播学院、清华大学、浙江大学、暨南大学、香港中文大学、香港城市大学的二十多位知名学者与会,这是第一个由高校主导的全国性、连续性的学术论坛,成为与上文提到的由中国社会科学院新闻研究所主导的"全国传播学研讨会"并列的两大传播学系列会议。这次会议总结了此前传播学发展的长短得失,提出了"面向世界、服务中国、完善方法、扩大领域、充实队伍、争创一流"的任务和目标,并决定成立全国性的学术组织。

2002年,复旦大学信息与传播研究中心发起成立了"中国传播学会"(全称为"中国新闻教育学会传播学研究分会",英文名称为Communication Association of China,简称CAC),由全国21所高校新闻传播院系组成理事会,张国良被选举为首任会长。这是中国历史上第一个传播学学术团体,同时,举办一年一度的"中国传播学论坛"成为其主要工作之一。

4. 成熟(结果)时期(2011年至今)

这一阶段的最大特征就是走向成熟。

以学科建设的"龙头"——学术研究为例,具体表现为:一是以量的增长为主转向以质的提升为主(规范化);二是以思辨方法为主转向以实证方法为主(科学化);三是以内向发展为主转为以外向开拓为主(国际化)。① 试列举若干相关数据如下。②

• 专业期刊论文的年发表数。从近300篇(1979年)增长为48,000多篇(2017年),增幅逾百倍,这同时意味着,其研究队伍从百来人增加到上万人,已接近饱和状态。

• 专业期刊论文的总被引率。从11%(1979—2007,低于中国文科整体平均水准的20%),先后跃升至31%(2008—2013)、43%(2014—2017)。

• 专业期刊论文的创新性。1979年至2007年的高被引率论文中,具有原创性的仅占四分之一弱(23%),这一数据在2008—2013年提高到约三分之一(33%)。③

• 国家社科项目的立项数。2017年,新闻传播学为161项,在23个学科(总数为4 293项)中,中间靠前,居第11位,超过了政治学、理论经济、外国文学等12个学科。

---

① 其要旨是,按国际前沿水准来对照、要求、提升国内学者的研究能力和成果质量,而非关起门来"自娱自乐",也非向国外学界简单地"照搬照抄"。

② 张国良:《中国传播学40年:学科特性与发展历程》,《新闻大学》2018年第5期,第36页。需要说明的是,这些数据皆未清楚地划分传播学与新闻学,但由于逾四十年来,中国新闻传播学研究的主要理论和方法皆来自传播学,换言之,传统的新闻学研究在很大程度上融入了"新闻传播学"研究,故可视之为相当于传播学研究的大致情况。

③ 参见张国良等:《传播学在中国30年》,《华人传播想像》,香港中文大学亚太研究所2012年;张国良等:《中国传播学研究近况实证分析》,《现代传播》2015年第9期,第27—33页。

- 国际核心期刊(SSCI)论文的发表数。整个1980年代仅有2篇,1990年代也只有11篇(年均约1篇),2000年代增加为30篇(年均3篇),而2010—2017年跃升为457篇(年均约57篇)。①
- 国际学术会议的参与状况。2012年,中国传播学界首次在最具影响力的国际学术平台——国际传播学会(ICA)凤凰城(美国)大会——期间,举办了一个中国新媒体传播专题论坛,也称"第五届全球传播论坛"(中外七十多名学者与会),由上海交通大学全球传播研究院主办;次年,ICA首次登陆中国(上海),举办了国际传播学会(ICA)2013年区域性大会,该大会得到教育部的支持,由上海交通大学发起,北京大学、复旦大学、香港中文大学、台湾世新大学等两岸四地20所高校新闻传播院系合办,来自18个国家和地区115个机构的300多名中外人士与会,宣读了150多篇中英文论文,盛况空前,影响深远。② 此后,中国传播学者积极参与国际学术会议,就成为了常态。
- 国际学术影响力的提升状况。2012年,QS(Quacquarelli Symonds,国际高等教育研究机构,从事世界大学排名的主要机构之一)推出世界各国的学科排名,在其"传播与媒体"(即新闻传播学)领域的当年"世界百强"中,中国有5所院校入围:北京大学、清华大学、复旦大学、南京大学、上海交通大学;至2017年为:北京大学、清华大学(世界百强),复旦大学、浙江大学、上海交通大学(世界二百强)。③ 可见,中国传播学在世界范围内,已有一定的能见度和影响力。

综上,传播学在中国从无到有,由小变大,由弱到强,业已具备了一个成熟学科的基本形貌,其规模、质量和影响已达到了可与许多兄弟学科比肩的水准。

四、建设具有本土特色的传播学

引入传播学不仅有实际意义,而且有理论意义。所谓实际意义,就是指通过对传播学的学习和应用,服务于中国的现代化建设;理论意义

---

① 参见龚晓颖:《中国传播学论文国际发表状况研究》,上海交通大学硕士论文,2018年。
② 详见 http://sjtu.cuepa.cn/show_more.php?bkey&doc_id=899846&tkey。
③ 张国良等:《中国新闻传播学科的国际影响力再考》,《现代传播》2017年第11期,第139页。

则是指在此基础上更进一步,通过对传播学(理论和方法)的创造,更好地为中国的现代化实践服务,同时为世界传播学的学术殿堂"添砖加瓦",贡献中国学者的智慧和力量。

对一个学科的引进,一般要经过三种状态:学习、应用、创造,需要注意的是,其先后次序是相对的,而不是绝对的,我们结合上述传播学发展的四个阶段来考察。

(1)"萌芽时期"、"发育时期"(1978—1997)。以学习为主,但初步应用很早就开始了(如受众调查)。其中,不乏创造性的劳动(如受众调查中的问卷设计,自然不能不从本国的实际出发,但这还不是严格意义上的创造,因其尚未实现理论创新)。

(2)"成长时期"(1998—2010)。转向以应用为主,展开了大量的应用性研究,但仍兼顾着学习和创造。

(3)"成熟时期"(2011年至今)。创造(理论性、创新性研究)越来越多,但还不够(从2008年至2013年,高被引率论文中的原创性研究只占三分之一),仍以应用为主,同时,(对前沿理论和经典学说的)学习也仍在进行中。

那么,究竟何谓"创造"或"创新"?又何谓"本土特色"?

在日常的学习和研究中,我们无不感到,"创新"十分困难,其原因何在?一是后发态势导致,即前人把容易发现的规律都总结了,越到后来自然越难。二是学科特性使然,即作为一门社会科学的学科,传播学的主要旨趣,在于发现普遍性的规律,而不在于表现特殊性的个案。通常,越是人文(更明显的是艺术),越容易创新,因其崇尚独特性;而越是社会科学(更明显的是自然科学),则越难以创新,因其强调普遍性(而且,都不具有创作的技能和路径)。

由此可知,这里不适用"越是本土的,越是世界的"之说法(它对人文科学是适用的),而适用"越是世界的,越是本土的"之认识。举例来说,传播学尽管诞生于美国,但事实上,欧洲、北美等一些国家和地区学者也做出了重要贡献,如加拿大的伊尼斯、麦克卢汉,英国的威廉斯、霍尔,德国的纽曼等,但他们的学说不仅适用于加拿大、英国和德国,也适用于世界各国,具有普遍意义,唯其如此,其"世界性"贡献才得到承认,同时也被打上了"本土性"印记——人们称之为加拿大"多伦多学派"、英国"文化研究学派"、德国"传播效果研究典范"。

概言之,所谓"本土特色",可理解为以下三个层次(难度逐步提高)的要求：

第一,以中国的传播实际为研究对象,这是一个自然而然的过程;

第二,得出的研究成果符合中国实际(部分创新),能有的放矢地、切实地为中国传播事业服务;

第三,得出的研究成果符合世界实际(完全创新),能创造出超越前人的、新颖独到的观点和理论,既为世界传播事业服务,又为世界传播学术增益。

迄今,在前两个层次上,我们已取得了显著成就,在后一个层次上,还有待努力。经过四十多年的奋斗,中国传播学已具备了一个良好的发展基础,尤其重要的是,已拥有了一支潜力可观的研究队伍。只要我们再接再厉,既认真借鉴各国经验,又扎实面向本国实际,从深度和广度两个方面不断地开拓进取,必将大有可为。

第三章

传播技术的演进

第一节　传播革命的迭代

一、漫长的亲身传播时代

1. 第一次传播革命：语言的产生

人类须臾离不开传播，人类传播史与人类史同步。人类社会一经诞生，我们的祖先就在征服自然、谋求生存和发展的斗争中，开始了频繁而不间断的传播活动。

但是，从传播技术的角度看，大众传播的出现是极为晚近的事象，在此之前只有亲身传播的存在。在很长的时间里，人类只有表情、动作、喊叫等非语言符号的传播，与其他动物没有明显的区别。[1]

---

[1] 至今，我们仍可以从一些原始部落的原始语言——"体语"中，多少体会这种情景。如澳大利亚西北部的昆士兰人，这样展开他们的日常交流：甲用手指指头上的汗水，乙张开口，指指喉咙，并做出双手捧水的样子。接着，甲用双手做挂项链的动作，羡慕地一笑，乙做两手交换的动作和袋鼠跳跃的动作。随后，甲做拉弓的动作和袋鼠跳跃的动作，乙爽朗地一笑，并扬起左手。如果"翻译"出来，大意如下：
"今天这鬼天气，太热了！"
"可不是，热得嗓子都要冒烟了。要是有点水喝，那多好啊！"
"哟，你的项链真漂亮，哪来的？"
"用袋鼠跟白人换的。"
"那我明天也去打袋鼠。"

（转下页）

这个时间"很长"的概念,究竟有多长?关于人类的起源,有多种说法,大同小异,可综合如下:宇宙起始于 100 亿年前;地球形成于 45 亿—60 亿年前;地球上最早的生命出现于 15 亿年前;人类诞生于 100 万—400 万年前。

至于人类传播技巧、技能、技术的进化过程,则大致为:原始语言(表情、动作、喊叫等)出现于 10 万年前;洞窟壁画出现于 3 万年前;语言出现于 2 万—2.5 万年前。

暂且不论宇宙、地球的历史,仅仅着眼于人类的演化,我们就可以感受到,文明的步伐是多么缓慢,多么艰难。经历了几百万年,才孕育出"地球上最美丽的花朵"(马克思语),即人类的思维和语言。[①]

值得大书特书的是,人类从此就有了自己独一无二、区别于任何动物的符号体系——语言。其重大意义不仅在于使人类彻底完成了"从猿到人"的转变,而且在于使紧密的合作、复杂的思维成为可能。人类的物质和精神生产能力由此飞跃,大大加快了脱离野蛮、走向文明的进程。[②] 由此可见,传播的变革与人类的进步是相辅相成、互为因果的。

2. 第二次传播革命:文字的发明

但是,语言的一大缺陷是转瞬即逝,只能靠记忆保持。随着社会规模的扩大、生产水准的提高,人类越来越感到有必要克服这种局限性,于是,发明了文字。约 5000 年前,最古老的图形文字诞生于埃及、美索不达米亚。约 3500 年前,中国的殷王朝出现了甲骨文字。从此,大规模的社会控制和管理、文化的有效积累成为可能。继口头语言之后,文字即书面语言在人类文明史和传播史上,又竖起了一座丰碑。

(接上页)"好,祝你走运。"
引自余志和等:《漫话信息技术》,世界知识出版社 1993 年版,第 23—24 页。

[①] 关于语言产生的原因,有许多见解,如"汪汪理论"(指模仿自然的声音)、"感叹理论"(为表现各种情感)、"唱歌理论"(为欢庆喜事)等。马克思主义则认为,语言主要产生于劳动、协作的需要。不管怎样,它们有一个共同点,认为人是通过把某些声音和某些经验、行为相联系而逐步形成语言的。事实上,直到今天,我们的儿童还是这样学习语言的。另外,马克思主义还认为"语言是思想的直接现实",即语言和思维是同轨的。引自《马克思恩格斯全集》第 3 卷,人民出版社 1960 年版,第 525 页。

[②] 一个有趣的问题是,动物能否学习、掌握人类的语言?研究结果表明,最接近人类的猩猩,能以手语方式学习英语单词多达 600 个。遗憾的是,猩猩充其量只能理解由单词组合成的简单概念,如 A lion killed a tiger(一头狮子吃掉一头老虎),而无法习得人类对语言灵活使用、无限变化的能力。如上面那句话,颠倒一下成为 A tiger killed a lion,猩猩就"丈二和尚摸不着头脑"了。引自张春兴:《现代心理学》,上海人民出版社 1994 年版,第 315—316 页。

语言和文字的产生,无论是对人类的生存和发展,还是对人类传播能力的提高,都具有革命性的划时代意义,因此被称为人类历史上最早的两次传播(或信息)革命。

但需要指出的是,这两次革命都局限于符号层面——在已有的非语言符号之外,为人类增加了语言符号。其意义无疑极为重大,但仅此还不足以使亲身传播发展为大众传播,为了进一步提高传播的效率,人类在媒介层面也进行了辛勤的探索。

3. 各种初始媒介的尝试

中国古典小说《东周列国志》里有这样一个故事:周幽王为博得爱妃褒姒一笑,竟然用报警的烽火开玩笑,结果导致了亡国、杀身之祸。可见,人类的祖先早就千方百计地为加强传播的能力而改进传播技术,发明、尝试了各色各样的初始媒介。烽火不过是其中一例,它能在一定程度上克服空间的限制,使信息"不胫而走",及时传递到几百、几千里以外。与此类似的媒介还有鼓、笛、号角、旗语、手语等。

按加拿大传播学者英尼斯(一译伊尼斯)的观点①,它们属于"空间型媒介",即旨在突破空间障碍、达成远距离传播的技术手段。对统治者来说,这类媒介有助于扩张领土,形成中央集权。

与此相对照的则是"时间型媒介",即旨在克服时间障碍、达成跨世代传播的技术手段,如石头、金属、泥土(陶瓷)、竹简、羊皮纸等。中国历代帝王,从秦始皇到清乾隆帝,都热心于周游名山大川,在各地自然景物或建筑上题词刻字,留下永久性的痕迹。为什么呢?就因为对统治者来说,这类媒介有助于树立权威,形成等级制度。

英尼斯所考察的,实际上是媒介的两种功能。他的思想后来被麦克卢汉继承,并发展成媒介研究领域的一个重要理论(详见本章第3节)。

一般来说,空间型媒介的优点就是时间型媒介的缺点,反之亦然。另外,各种具体的媒介,又各有长短。以烽火为例,能较快、较远地传播信息,但只能表达极为有限的意思;手语则相反,意思较为丰富,但传播就不够快、不够远了。

那么,有没有跨越以上两种媒介的第三种类型呢?根据英尼斯的

---

① 参见[加]哈罗德·伊尼斯:《传播的偏向》,何道宽译,中国人民大学出版社2003年版。

尺度,可以补充一种,为"时间-空间型媒介",代表就是中国发明于1900多年前(公元105年)的纸张,它非常轻便,只要依托某种运输工具,就可以走遍天涯海角;同时,只要妥善保存,就可以世代流传。

这就意味着,人类传播的时空障碍是有可能一起消除的,也就预示了从亲身传播到大众传播的发展方向。事实上,正是由于纸张和文字的结合,产出了最早的大众传播媒介的雏形——书籍。在此之前,虽然已经使用了竹、木、绢、帛及羊皮纸等材料,但它们的性能都明显不如纸张,因此,逐一被淘汰、替代了。

这样来说,亲身传播时代即将结束、大众传播时代就要开始了吗?历史给出的答案是否定的。因为,受到社会生产力的限制,古代的手写书籍仍然是一种"慢(速度)、窄(范围)、少(数量)、差(质量)"的传播媒介,以现代大众传播"快、广、多、好"的标准来衡量,相距甚远。要实现真正的大众传播,人类还须跋涉很长的路程。

4. 第三次传播革命:印刷媒介的问世

具体地说,人类历史上的第三次传播革命,是文字、纸张和印刷术的结合,即印刷媒介或称活字媒介的诞生。

这场革命的直接源头不像语言、文字那样模糊,而是确定无疑地来自中国发明的印刷术和造纸术(这两项技术都是经由阿拉伯人于12世纪传入欧洲的)。但是,把比较原始的木版印刷术改造成比较先进的金属活字印刷术的功劳,则归于德国的谷登堡。金匠出身的他于1450年前后发明了世界上第一部手摇式印刷机,奠定了机械化印刷技术的基础,因而流芳百世。

从此,文字信息的快速、大量的复制成为可能。在此之前,欧洲人手抄书籍的效率是,每人每天抄数页,一年只能完成几本书籍,而使用谷登堡的印刷机,每人每小时能印200多页,一年可印制2000多本书籍。正是谷登堡的印刷术,宣告了大众传播时代即将到来。

到19世纪初,德国人凯尼西发明了以蒸汽机为动力的新型滚筒印刷机,使生产能力得到巨大提升——每小时的印数从200多页先后增加到1000多页(单面,1814年)、5000页(双面,1827年)、7000页(四面,1866年)。半个世纪里,增速以百倍计。[①] 如此,作为最早的大众传

---

① [日]竹内郁郎:《大众传播社会学》,张国良译,复旦大学出版社1989年版,第23—24页。

播媒介的报纸(大众化报纸)的诞生才成为可能。

5. 从雏形到成型:大众传播媒介的发展轨迹

广义地说,人类发明了文字之后,就有了专门记载文字的书籍,无论其载体是什么;而狭义地说,以纸张为载体的手抄本和印刷本,特别是后者,才是被现代观念认可的书籍。①

报纸的发生大致经历了如下过程:14—15世纪——手抄新闻流行(发源于意大利威尼斯);16世纪——印刷新闻书兴盛(发源于德国法兰克福);1609年——最早的周刊报纸《观察周刊》发行(德国奥格斯堡);1663年——最早的日刊报纸《莱比锡新闻》发行(德国莱比锡);1665年——最早的单页两面印刷(即区别于书籍形态)的周刊报纸《牛津公报》创办(英国伦敦);1702年——最早的单页两面印刷的日刊报纸《英国每日新闻》创办(英国伦敦)。

报纸的历史虽然比书籍短,也有近400年。杂志紧随其后,走过了300多年历程。一般认为,1665年创刊于巴黎的《学者杂志》是杂志的滥觞,1731年创刊于伦敦的《绅士》则是第一份正式的杂志。

书籍的重点是传授知识,报纸的主业是传布新闻,杂志则介于两者之间。它们之间分工互补,共同组成了大众传播媒介"家族"中的一大分支,即印刷媒介体系。

以今人的眼光看,有点不可思议的是,无论是这三大媒介各自的诞生,还是它们作为整体的出现,都不被认为是大众传播时代的开始。也就是说,在漫长的亲身传播时代的后期,虽然已经有了大众传播媒介(尽管是雏形),却不能称之为大众传播时代。这是为什么呢?

早期的书、报、刊虽然在形态上已成为了大众传播媒介,但在实际功能上还处于名不副实的初始阶段,故称之为雏形。原因之一是技术条件的不成熟、不完备;原因之二是从古代到近代,能接触、利用这些媒介的"大众"迟迟没有出现,当时社会的大多数人都是文盲,因此,印刷媒介即使能大量发行,也没有市场。

这就提示我们,不能单从传播技术方面,还需要从社会结构方面,更全面地考察媒介的变化来自哪些因素。

---

① 按照联合国教科文组织的定义,所谓书籍,除了纸张和印刷的要素之外,还规定篇幅在49页以上,发行不定期。一般认为,现存最早的印刷书籍是公元9世纪中国唐朝印制的《金刚经》(868年)。

6. 社会结构与传播技术的互动

以中国为例。古代中国以造纸术、印刷术、指南针、火药四大发明,为世界文明的进步作出了巨大贡献。如马克思所说:"火药、罗盘针、印刷术——这是预兆资产阶级社会到来的三项伟大发明。火药把骑士阶层炸得粉碎,罗盘针打开了世界市场并建立了殖民地,印刷术则变成了新教的工具,并且,总的来说,变成科学复兴的手段,变成为精神发展创造必要前提的最广泛的杠杆。"①与此类似,培根也说过:"这三大发明改变了整个世界的进程和状态。"②

随之而来的一个问题就是,中国何以不能保持优势,继续行进在世界技术革新的前列,反而在近代以来落伍了?

概而言之,公元11世纪(相当于中国宋朝)以来,在西欧封建社会中孕育出新兴资产阶级的萌芽,作为一种更加先进的生产力和生产关系的代表,他们比其他地区更快地推进了经济和社会的发展。从14世纪起,西欧先后发生了文艺复兴、宗教改革、科学革命这三大运动,为资本主义时代的开幕,奠定了思想上、制度上和物质上的基础。对包括印刷术在内的各种古代发明的充分利用,正是在这样的背景下展开的。换言之,谷登堡的印刷术不过是当时众多技术革新项目之一,它本身是对一种葡萄压榨机改造的结果。

中国当时的情况如何?借用美国历史学者斯塔夫里阿诺斯（Stavrianos）的表述来说:"中国的文明根深蒂固,中国的帝国组织渗透甚广,决不允许这些发明破坏传统的制度与习惯。于是,印刷术用于传播古老观念,而不是新思想;火药加固了皇帝统治……指南针除郑和用于著名的远航外,并不像西方人那样用于世界范围的探险、贸易和帝国的建立。"③

社会对传播的制约和影响,可见一斑。当然,由此也可以清楚地看到传播对社会的反作用。

马克思甚至认为,印刷术(不仅仅是预告大众传播时代,而且)是预告资本主义时代的曙光。也就是说,不单在传播层面,在政治、经济

---

① [德]马克思:《1861—1863年经济学手稿》,《马克思恩格斯全集》第47卷,人民出版社1960年版,第427页。
② [英]培根:《新工具》,商务印书馆1984年版,格言第129条。
③ [美]勒芬·斯塔夫里阿诺斯:《全球通史》,吴象婴等译,上海社会科学出版社1988年,第454页。

层面也具有革命的意义。但这种作用通常不是那么直接、速效,而是间接、缓慢地发生效果的。与技术一样,社会变革也有一个渐进过程。一开始,新技术被用以印刷《圣经》等宗教文件,为巩固封建统治服务;不久,复制的范围就扩大到各种知识和信息,打破了文化垄断,与文艺复兴、宗教改革、科学革命结合起来,加速了中世纪的灭亡。

以轰轰烈烈的宗教改革为例,路德的"九十五条论纲"就是1517年末通过印刷商人在"短短14天内传遍了德意志,四个星期后,几乎整个基督教世界都对它耳熟能详了"。它仅在1518年就重版了18次,每次至少印1000册,这种需求在1523年达到顶峰,该年由路德撰写的各种小册子出版了近400个版本。据统计,在宗教改革第一个十年期间出版的总计600万本小册子中,路德的作品占三分之一,达到200万本。即使在今天看来,这也是一个巨大的数字。当时常见的场景是,由相对不多的识字者向人数更多的文盲、半文盲宣讲小册子的内容,真正做到了家喻户晓。难怪有人发出如下惊呼:"教皇要么必须废除印刷,要么就得另找一个世界统治,不然,在这个世界上,印刷必定会推翻他。"①

对这一时期中社会与传播的互动关系,大体可概括如下。

首先,生产力的发展,特别是18世纪工业革命的兴起,极大地促进了资本主义商品经济全国化乃至全球化的趋势,使人与人、国与国之间的联系变得空前密切。农耕时代那种"鸡犬之声相闻、老死不相往来"的状态,从此一去不返。人们对信息特别是新闻的需求大大扩张了。正因如此,报纸责无旁贷地成为第一种获得蓬勃发展、名副其实的大众传播媒介。

这足以说明,大众传播的"快、广、多、好",不单取决于技术的"可能",还取决于社会的"需要"。传播的物质条件之所以渐臻完备,归根到底也有赖于经济。如交通条件的改善,对传播来说,十分重要;火车、轮船、汽车的相继发明,不仅在时间方面大大加快了信息传送的速度,也在空间方面大大拓宽了其广度。

反过来看,印刷媒介日益频繁的信息活动积极地适应了社会需求,有力地推动了经济发展。

---

① 参见[英]汤姆·斯丹迪奇:《从莎草纸到互联网:社交媒体简史》,林华译,中信出版社2019年版。

其次，工业化带来各个方面的现代化，最重要的是社会体制的变革。以生产力的发展为背景，新兴资产阶级取代了封建统治阶级。从17世纪起，英、法、美等国相继爆发革命。革命的发动和成功，不仅有赖于"武器的批判"，而且，在很大程度上有赖于"批判的武器"，即争取言论自由、传播革命思想的印刷媒介。资本主义政治体制一旦确立后，就建立了相对比较宽松的文化体制，使媒介获得比较自由的活动天地。

最后，工业化带来了城市化。大批农民涌入已有的或开发中的城市，形成一支粗通文墨的无产者大军，构成了大众化报纸的主要读者群。

纵观近代以来的世界历史进程，凡是走工业化道路的各个国家，无一例外地发生了以上变化。这些变化大致完成于18世纪末、19世纪初。因此，大众传播纪元的正式开始，也就在这个时候。

二、大众传播时代的开幕

1. "太阳"升起——大众化报纸登场

1833年的美国，一名年仅23岁的印刷工人戴伊，在纽约创办了《纽约太阳报》，这被认为是人类传播史上第一份大众化报纸，同时也就成为了大众传播时代来临的标志。

从发行量看，《太阳报》第一年就突破了一万份，让当时普遍只有几百份、最多不超过五千份印数的报纸老板目瞪口呆；从内容看，一反以往报纸只注重政经信息的传统，转而以娱乐、实用信息为重点，完全面向劳动大众；从定价看，一举从六便士下降为一便士，因而，也被称为"便士报""廉价报"。

很快，这种价廉物美的大众报纸不仅风靡整个美国，而且在西欧各国迅速普及。用全球眼光看，严格意义上的大众传播可以说是"千呼万唤始出来"，从谷登堡发明新式印刷术的1450年到戴伊创办《太阳报》的1833年，经历了近四百年的演化，终于以大众化报纸的形态首先在欧美发达国家取得了成功。

接着，这股时代潮流便浩浩荡荡地冲击、扩展到世界各国。即使是当时落后的中国，也被卷入其中。1815年，外国传教士创办的《察世俗每月统记传》开了中国近代报刊的先河。从时间看，它甚至比《太阳报》还要早十多年。但是，从内容、影响等方面看，它还远远不是大众化报纸。直到19世纪后期,中国才出现了典型的大众化报纸,如《申报》(1872年)、《新闻报》(1893年)等。

如果仅仅着眼于时间维度,中西差距并不很大,但考虑到国力的贫弱、国民素质的低下以及战乱的频仍,则应当指出,《申报》等媒介在全体大众中的影响还是有限的。放眼整个国家,无论是识字的人,还是有购买报纸能力的人,都只占少数。这种状况直到20世纪80年代以来的改革开放时期,才逐步得到改善。

既然报纸实现了大众化,同是活字媒介的杂志、书籍自然不甘落后,奋起直追,结果,在整个19世纪里,三种媒介都取得巨大成功,获得了大量的读者。这意味着,大众传播成了资本主义经济中利润可观的产业之一。特别重要的是,从19世纪末起,随着欧美资本主义社会进入垄断阶段,大众传播产业也日益集中化、垄断化。

如果从复制技术的角度看,这种发展方式仅仅是量的扩张,而不是质的变化。以传播文字为主、图片(摄影术发明于1840年)为辅的印刷媒介,固然有各种显著的优点,如大量复制、长期保存等,但毕竟还不完美。除了速度尚未达到理想程度外,最大缺陷是,既无声音,也无活动图像(一般称静止的图像为图片)。

直到19世纪末,活字媒介独占天下的格局终于改观,人类传播史上第一次出现了声像媒介,即以声音和图像为传播手段的大众传播媒介。

2. 第四次传播革命:声像媒介的崛起

第四次传播(信息)革命,通常等同于广播和电视的诞生,它们是声音(口头语言)、图像和电波的结合,因此也叫电波媒介。

通常认为,广播电视是这场革命的主要成果或标志,但不是全部。需要补充的是,电信(电报、电话)和电影也是其重要组成部分。但是,电报仍使用文字,与声像无缘;电影是当之无愧的声像媒介,却又不使用电波。

这段历程包括以下重要事件。

1844年,美国的莫尔斯发明的电报(有线)技术公开试验并获得成功。他通过架设在华盛顿与巴尔的摩之间20英里长的电线,用电码发送了《圣经》中的一段文字——"上帝创造了怎样的奇迹!"(What hath God wrought),从而揭开了电信时代的序幕。

1876年,美国的贝尔发明了电话。

1895年,意大利的马可尼发明了无线电。同年,法国的卢米埃兄弟发明了电影摄影机,由此实现图像信息从静止向活动的历史性转变,宣告了电影时代的开幕。

1906年,美国的福雷斯特发明了三极管,使无线电广播成为可能。

1920年,世界上的第一家广播电台,即美国匹兹堡的KDKA电台诞生,开创了声音广播时代。

1925年,英国的贝尔德与英国广播公司(BBC)合作研制电视,获得了成功。

1936年,英国广播公司(BBC)建立了世界上第一家电视台,正式开始播出电视节目。其意义不仅在于开启了电视时代,还在于宣告了大众传播"家族"中的又一个分支——声像媒介体系的完成。

这样,从1833年到1936年,又经过大约一个世纪的奋斗,迥然不同于亲身传播的大众传播体系中的两个分支(印刷媒介、声像媒介)、六大媒介(书籍、报纸、杂志、电影、广播、电视),就全部登台亮相了。

3. 人类传播革命的规律与启示

由以上的简略回顾中,我们可以得到一些什么启发呢?

(1) 传播与社会的关系。如上文一再强调,社会与传播是相互制约、相互影响的。这是一个很大的命题,这里的重点是,考察传播技术与社会变革之间的互动关系。大众传播媒介发生和发展的历史无可辩驳地证明,当人类(通常由一个或一些国家和地区率先开始)高度重视科技、重视生产力的时候,将会"创造怎样的奇迹"!

(2) 传播革命迭代的次序。传播革命先是在相对简单、较为基础的符号领域展开,然后转向更加复杂、需要技术支持的媒介领域,但媒介仍与符号密切相关,即走过了一条从文字(活字)到声音再到声像、从单一符号到复合符号的曲折道路。

(3) 传播革命演进的特点。在漫长的历史进程中,人类从未间断过对传播技术(技巧、技能)的研究和改革,其间不知耗费了多少先辈的智慧和心血,才实现了巨大而多样的变化和发展。

首先是语言,从无到有,经历几百万年;其次是文字,经历几万年;再次是印刷媒介,经历几千年;然后是电波媒介,经历几百年。这当中显现出来的规律是:速度(传送和复制)越来越快;对象(传送和复制)越来越广;数量(信息的制作和流通)越来越多;质量(技术的精巧程度)越来越好。一言以蔽之,大众传播的四个特点即"快、广、多、好"越来越显著、完善。还有一个值得注意的规律性现象,即间隔(技术更新的时间)也越来越短了!

人类社会早期的进化速度缓慢得令人"心灰意冷",此刻我们却面对这样一个奇妙的事实:人类文明的前行步伐不断加快,迅速得令人"头晕目眩"了。

4. 加速:人类文明的希望和困惑

为了强调并深化对这一状况的认识,一些学者对大时间尺度进行了压缩转换,提出各种生动、形象、有趣的比喻性见解。

(1)"最后 7 分钟"(美国传播学者施拉姆)。如果把人类的历史设定为 100 万年,假定这 100 万年等于一天,则 1 小时=41 666.67 年,1 分钟=694.44 年,1 秒钟=11.57 年。这"一天"里,人类文明的进展如下:

- 晚 9 时 33 分——原始语言(10 万年前);
- 晚 11 时——正式语言(4 万年前);
- 晚 11 时 53 分——文字(3 500 年前);
- 午夜前 46 秒——谷登堡印刷术(1450 年);
- 午夜前 5 秒——电视首次公开展出(1926 年);
- 午夜前 3 秒——电子计算机、晶体管、人造卫星问世(1946、1947、1957 年)。

据此,施拉姆宣称:"我们可以说,这一天的前 23 个小时,在人类传播史上几乎全部是空白,一切重大的发展都集中在这一天的最后 7 分钟。"[①]

(2)"最后 5 米"。在荷兰哲学家艾赫尔别格看来,人类的"年龄"大约是 60 万年。我们可以把这个过程设想为 60 公里的马拉松赛跑。

这次赛跑的大部分时间都消耗在黑暗和森林之中。只是在最后跑到 58 公里的地方,我们发现了原始时代的工具及史前的洞窟壁画;59 公里处,出现了越来越多的农业景象;离终点 200 米,穿越罗马的堡垒;离终点 100 米,到处是中世纪的建筑;离终点 50 米,有一个人用充满智慧的眼光注视着赛跑——他就是达·芬奇;只剩下 10 米了,仍然在微弱的油灯下前进;可是,在最后 5 米的冲刺下,发生了惊人的奇迹——

---

① 参见余也鲁:《门内·门外》,海天书楼 1986 年版。

高楼林立,汽车轰鸣,摄影记者和电视记者的聚光灯,使运动员眼花缭乱。①

(3)"第 800 代人"。美国未来学者托夫勒着眼于人类最近经历的 5 万年,即人类直接祖先"智人"生存以来的时期,如果以每个世代 62 年计,迄今约 800 个世代。

如此看来,前面的整整 650 代都是在山洞里度过的;直到第 730 代才开始使用文字;第 794 代掌握了印刷术;第 798 代发明了电动机;如今人类使用的绝大多数物品,都是第 800 代创造的。②

(4)"信息倍增速率:从 1500 年到 5 年"。根据美国传播学者弗莱德里克的推算,如果以公元元年人类掌握的信息为 1,其信息量的第一次倍增花费了 1500 年;第二次倍增花费了 250 年(进入 18 世纪);第三次倍增花费了 150 年(进入 20 世纪);第四次倍增缩短为 50 年(进入 20 世纪 50 年代);第五次、第六次倍增更缩短至 10 和 7 年(进入 20 世纪 60、70 年代);此后,每次倍增就只需要 1.5—5 年了。即便以 5 年为周期来测算,再过 45 年(即 2065 年左右),人类的累积信息量(自公元元年以来)就将增加 100 万倍。③

由此可见,我们确实是幸运的一代。18 世纪著名的美国科学家富兰克林在展望科学的未来时这样写道:"科学的迅速发展使我有时感到遗憾——我出生得太早了。我们无法想象人类驾驭大自然的能力在一百年、一千年后,能达到怎样的高度。"④

事实上,我们不仅充分享受着从第一次到第四次传播革命的全部丰硕成果——包括大众传播在内,而且已经置身于第五次传播(信息)革命的大潮之中了。这就是施拉姆所说的"午夜前 3 秒"发生的历史性重大事件:以计算机为中心的各种"新媒介"(new media)的异军突起。第五次传播革命不仅是"加速"的注脚,也不仅是前四次革命的继承和延续,而是一次崭新意义上的突破和飞跃。

由此,人类来到了一个新阶段、新时期、新文明——"信息社会"的入口。后退自然没有出路,但前进是否一定能走向光明? 人类其实并

---

① 张国良:《现代大众传播学》,四川人民出版社 1998 年版,第 98 页。
② 转引自郭庆光:《传播学教程》(第二版),中国人民大学出版社 2011 年,第 29—30 页。
③ 同上书。
④ 卢泰玄:《信息文化导论》,吉林教育出版社 1990 年,第 7 页。

无十足把握,希望与困惑并存。

第二节 信息社会的到来

一、新媒介与信息社会

1. 新媒介的内涵

信息(化)社会是继农业(化)社会、工业(化)社会之后到来的"第三次浪潮",即人类历史上的第三个发展阶段。如贝尼格所说,工业革命必然引起控制危机,从而导致信息-传播革命的发生。其实质就是,在媒介层面不断地开发出一批又一批的速度更快、范围更广、数量更多、质量更好的传播技术,以适应经济和社会发展的紧迫需求。

这些新技术,即我们如今耳熟能详的所谓"新媒介"(也称"新媒体"),包括:电脑、传真、录像、光纤通信、卫星通信、电子报刊、有线电视、综合数字通信网络、多媒体、虚拟现实、移动电话(手机)、信息高速公路(网络),等等。实际上,它们各有特点,又有一些共同点,包括:首先,它们都是后大众传播时代的产物,即或多或少地不同于传统的六大媒介,因此被称为新(新兴)媒介;其次,它们一般不像传统媒介那样各自独立发挥作用,而是以新技术与旧技术进行各种组合的产物;再次,它们不仅与传统媒介组合,也彼此渗透、兼容、融合,呈现出一体化的趋势;最后,它们的最大特征是,以电子计算机为核心,或者说,电脑(computer)+传播(communication),简称 C+C。

从符号和功能的角度出发,新媒介"家族"可大体分类如下。

(1) 文字体系:复印机、传真机、只读光盘(CD – ROM)、电子邮件、电子报刊、电子书籍等。

(2) 声音体系:移动电话、激光唱盘、电子音响设备等。

(3) 声像体系:摄录像机、电子游戏机、激光视盘、卡拉 OK、有线电视、数字化电视、高清晰度电视等。

(4) 中介(通道)体系:卫星(通信、广播、电视)、光缆等。

(5) 综合体系:综合数字通信网络(ISDN)、多媒体、虚拟现实、信息高速公路等。

所有这些新传播技术,都是近半个世纪以来,像变魔术般地涌现出来的。这再一次证实了前述人类文明加速发展的规律。正如教育学者希里尔所说:"(对今天的孩子来说)世界全部知识的97%都是他出生之后人类所创造的。"社会心理学者本尼斯则说:"无论如何夸张、扩大,也无法如实描述变化的规模和速度……只有夸大其词反倒近于真实。"①

人类在传播技术方面付出巨大的辛勤劳动之后,仿佛进入了一个全面收获的高峰时期。它们一个接一个地快速诞生、快速普及,渗透到我们的学习、工作和日常生活之中。我们这一代人,特别是年轻人,对它们是那样的熟悉,以至于这里不必再给出过多、过细的技术说明。

2. 电脑:信息社会的核心技术

电子计算机在所有这些新媒介中起着核心、主导作用。事实上,新媒介中的大多数已实现了电子化或数字(数码)化,即与计算机结合起来,少数"落伍者"也在朝这一方向努力。

电子计算机又称电脑,可在几乎一切领域代替人脑,进行信息的传送、接受、存储和处理工作。从1946年美国制造出第一台电子计算机至今,已经历了五次更新换代:从电子管计算机、晶体管计算机、集成电路计算机,到超大规模集成电路计算机,及目前正在研制中的智能计算机。其结果是,电脑的传播能力达到了令人叹为观止的高度。

从速度看,目前世界上最快速的超级计算机"summit",每秒可运算20亿亿次;②从容量看,微机的内存普遍达到128G以上,③外存也同样惊人,一个直径4.72英寸的小小光盘,就可以储存5.5亿个信息符号(相当于1 000本200页的书,或《人民日报》大约10年的篇幅)。

3. 第五次传播革命:网络媒介的勃兴

从符号角度看,早期的电脑只能识别、处理单一的文字、数字符号,

---

① 卢泰玄:《信息文化导论》,吉林教育出版社1990年,第4—5页。
② https://www.sohu.com/a/235590914_430753。
③ 电脑信息的计算方法是:8个比特(即0或1)为一个字节;每1024个字节为1K;每1024K为1M;每1024M为1G;1024G为1T。以1G为例,其信息容量大约为:聊天1 000小时,或阅读小说200本,或玩游戏100个小时,或观赏影视作品2部。

现已发展到能全方位地传、收文字、声音、图像符号。这就是所谓的"多媒体"电脑，或称"复合型媒介"。它是集现有各种活字和声像媒介的全部功能于一身的集大成信息装置，一旦拥有了它，受者再也不必分别配备电话、报刊、音响、电视机等各种"单媒体"。

从渠道角度看，电脑也大显神通，这就是"互联网络"或"网络"的横空出世。网络技术的源头可追溯到20世纪40年代末兴起的有线电视。受此启发，出现了各种电脑网络。其中，较有代表性的是，创始于20世纪80年代的"综合数字通信网络"（Integrated Services Digital Network，简称ISDN）。其最大特点就是"综合+数字化"，即将已有的电信、邮政、传真等网络集中起来，以数字方式（取代原有的模拟方式）进行传播，不仅可以处理文字信息，也可以交流声像信息。

20世纪90年代初美国又进一步提出了"信息高速公路"的构想。这立即成为传播技术领域的又一个热门话题，与"多媒体"一起，引发全球社会的极大兴趣。

这一构想与ISDN并没有本质的差异，也是着眼于建设一种综合性、电脑化的信息系统，但立意更高、气势更大、技术更先进、革新更彻底。它的主要特征有如下三方面。

（1）以上述多媒体为终端。这可喻之为"车"。

（2）以光纤为通道。当然，还可以与卫星网络相连结，使高速度和大容量达到极致（从理论上说，一整套大百科全书的信息，光纤只需要一秒钟就可以传输完毕），这可喻之为"路"。

（3）将所有个人和组织连结起来。由此组成一个全国性乃至全球性的巨大的信息交互网络，正如美国微软公司创始人盖茨所说，让每个家庭、每张桌子上都有一台电脑。[①] 这些多媒体电脑的主人及其传受的信息，好比是"司机"和"货物"，人们足不出户就可以上班、开会、购物、订票、租车、看病、交友、聊天、寄信、娱乐、旅行……不用说，还可以自由接触一切大众传播媒介的信息，这是多么诱人的景象！

让人振奋的是，这在一二十年前还被许多人认为是可望不可即的"海市蜃楼"，如今已初步成为现实，换言之，这一信息高速公路已基本成形，这就是美国发端于1968年的"国际互联网络"，简称"英特网"（INTERNET）或"因特网"、"互联网"。

---

① [美]比尔·盖茨：《未来之路》，辜正坤等译，北京大学出版社1996年版，第5页。

这一"超级媒介"甫一问世,立即引起世界各国的热烈反响,纷纷加入,至 2019 年 6 月,全球的互联网用户,即所谓"网民"已超过一半人口,达到 38 亿(占 51%),①其中,中国网民约 6 亿。②

美国发明于 1973 年的移动电话,自 21 世纪以来,急速地实现了小型化、媒介化、智能化,从而成为与网络紧密结合、相互助力的"绝代双骄"。

这可以说是新一代传播技术的"顶级作品",也可以说是标志着人类真正跨入信息社会的一座巨大的"里程碑"。③ 正因如此,第五次传播革命一般以网络媒介为其主要标识。④

4. 网络媒介的划时代意义

纵观人类传播史,"新媒介"可以说是层出不穷,从结绳、烽火、信鸽、石刻、木雕、青铜器、竹简、羊皮纸,到书籍、杂志、报纸,再到电影、广播、电视,一个个"你方唱罢我登场",它们转变为"旧媒介"之后,或被彻底淘汰,或只剩下艺术和文物价值,或融入"新媒介"而再放光彩,可谓命运各异。

相比之下,作为当代"新媒介"代表的互联网络究竟新在哪里? 前景又将如何?

如果说第一次、第二次传播革命(语言+文字+各种初始媒介)与农业社会相辅相成,第三次、第四次传播革命(印刷媒介+声像媒介+各种辅助媒介)与工业社会如影随形,那么第五次传播革命(电脑+网络+手机+各种新媒介)就与信息社会互为因果。

从媒介角度看,网络堪称人类传播技术走向高度成熟的结晶,人类几千年来不懈追求的理想境界,终于在 21 世纪初梦想成真了。这体现为以下六个方面。

---

① https://tech.qq.com/a/20190612/000961.html。
② http://www.199it.com/archives/839540.html。
③ 20 世纪 90 年代,中国也提出了一个"高速信息网络计划"。第一步,2000 年前初步建成骨干网络,主要进行中低速传输。第二步,到 2020 年基本建成覆盖全国的信息高速公路。作为第一步的具体步骤,1993 年起推出了"三金"工程——金桥指"国家公用经济信息通信网络";金卡指电子货币,即金融交易;金关指外贸信息专用网联网建设。三者密切联系,一起为经济建设服务,并带动其他信息网络的建设。参见孔晓宁:《信息高速公路》,人民日报出版社 1995 年版,第 152 页。
④ 有人称之为电子媒介(或电子传播)革命,其缺陷,一是不能与广播、电视相区别,二是未能凸显第五次传播革命的主要特点。

（1）速度（时间）。达到极致，即瞬间性、实时性、同步性的实现，彻底消除了传播的时间障碍。

（2）广度（空间）。同样达到极致，无远弗届，完全排除了传播的空间阻隔。

（3）数量（容量）。海量信息的制作、传输、加工、存储功能，满足了人们无穷无尽的欲望。

（4）质量（品质）。各种信息的清晰度、还原度、保真性达到了毫发毕现、以假乱真的极限。

（5）内容（符号）。此前所有的媒介在符号表现方面都是"单媒介""偏媒介"，即便是电视，虽然兼顾了声音和图像，但其实以图像为主，尤其忽略了文字，因此，必然被"多媒体""全媒体"的网络所超越。

（6）反馈（关系）。这可以说是传统媒介的最大问题，人类为了提高传播效率，不得不建立专门从事传播工作的机构——大众传播媒介，由此带来的一个后果就是传者与受者的疏离以及角色、身份的固化，导致了单向型传受关系的不平等、不均衡，产生了各种弊端。这一长期以来悬而未决的难题，在网络的推动下，终于出现了良好的转机，发生了重大的变革。

当今世界以电脑、网络为中心的传播技术的神速发展，必然迎来社会信息化的大趋势。

二、信息社会理论的启迪

1. 信息社会理论的缘起

美国未来学者托夫勒在20世纪80年代出版过一本畅销全球的著作《第三次浪潮》，提出人类社会经历过三次浪潮：从采集、狩猎社会走向农业社会是第一次浪潮；从农业社会到工业社会的转变为第二次浪潮；从工业社会向信息社会的过渡则是第三次浪潮。

这是从生产力的角度来划分社会发展阶段，把信息（及相关产业）视为一种占据了主导地位的生产力，从而改变或者说重新规定了社会的性质。那么，如何判断这种变化是否发生了？

一个经典的事例是，在1957年苏联发射第一颗人造卫星（这也被认为是信息社会到来的标志之一）的前一年，在最发达的工业国家美国,第一次出现了白领工人数量超过蓝领工人数量的纪录。由于前者以脑力劳动(而非体力劳动)即信息处理工作为主,因而被认为是信息经济开始的象征。

所谓信息经济,是指一个国家的劳动力和国民生产总值的50%以上与信息活动有关。由于发达国家先后达到并超过了这一标准,因而,信息化的呼声日益高涨,与此相关的理论——信息(化)社会理论——也就应运而生了。

这一理论,早在20世纪60年代就初露端倪。1963年,日本文化学者梅棹忠夫发表了一篇题为《信息产业论》的文章,把产业发展与动物进化进行比较,指出两者有惊人的相似之处(表3-1)。①

表3-1 动物进化与产业发展的比较

	初级阶段	中级阶段	高级阶段
动物组织	内胚层器官(肺、消化器) 如阿米巴类	中胚层器官 (骨骼、肌肉、生殖器) 如哺乳类	外胚层器官 (脑、神经、感觉器) 如人类
社会组织	农林渔牧 农业社会	制造、建筑、交通 工业社会	通信、大众传播媒介、教育、文化 信息社会

这一观点在当时的日本引起了很大反响。有人赞扬,认为新颖有趣;也有人批评,认为只是着眼于现象的简单类比,没有多少学术价值,但至少有一个作用,就是唤起了社会的普遍关心,推动了日本的信息(化)社会研究。

实际上,1962年美国社会学者贝尔就已提出了有关划分社会发展阶段的类似看法,但最后一个阶段不叫"信息社会",而叫"后工业社会"。在贝尔看来,信息化只不过是新时代诸多新的变化、特征之一。或许,这可以看作是当时社会信息化征兆还不十分突出的一个例证。② 时至今日,大多数学者已取得共识:信息化即便不是唯一的特

---

① 转引自张国良:《现代大众传播学》,四川人民出版社1998年版,第106页。
② 美国未来学者奈斯比特在其代表作《大趋势》里认为,贝尔之所以将其命名为"后工业社会",其实是无计可施,找不到恰当称呼的表现。参见[美]奈斯比特:《大趋势》,孙道章译,新华出版社1984年版。

征,也是最大的特征。因此,将其作为新时代、新社会、新文明的标识,是恰如其分的。

实践呼唤理论。随着信息化动向的急速展开,相关研究已构成当代传播学的一大领域,吸引了世界各国(除传播学外,还涉及经济学、政治学、教育学、社会学、心理学、未来学等众多学科)的学者参加进来,取得了引人注目的研究成果。

信息社会理论的内容十分庞杂,与其说它是统一的理论体系,不如说是处于讨论、形成过程中的一系列课题和各种观点。这里就其中的一个基本问题——信息社会的成因——略述如下。

2. 信息社会成因的讨论

关于信息社会的成因,大体有两种意见:一种认为是社会需求促使信息播技术不断更新;另一种认为是技术自身进化的结果。

(1) 社会需求主导论。根据侧重点的不同,又可分为两种。第一种是信息提供者主导论,以美国学者为主。该理论认为,工业的高度发达,导致过剩的劳动力转移到相对落后的信息产业,从而促进了信息化。就某些领域如电脑业而言,似不无道理,但有线电视、卫星等技术的发展史,则否定这一观点。

第二种是信息消费者主导论,以日本学者为主。该理论提出,可仿照"恩格尔系数",设定所谓"信息消费系数",即一个家庭也好,一个社会也好,如果与信息有关的支出超过50%,就可以说是实现了信息化——程度越高,则越富裕。他们还以马斯洛的需要层次理论来加以说明,人类的需求是从低到高、从物质向精神不断提升的。正因如此,才有今天的高度信息化。这确实有一定的说服力。当然,也有人质疑,富裕之后是否一定会减少物质欲望呢?事实上,富了还想更富。尽管如此,从总体上看,精神欲望确实越来越受到重视了。

(2) 传播技术主导论。持这种观点的学者承认,社会需求无疑是存在的,也确实是技术发展的动力之一。但纵观技术发展史,也可以看到相反的例证,即先有某种发明,然后才唤起了需求。例如,电线与磁针的意外接触导致了电信的诞生;又如,半导体的发明,当初只被认为可能有助于制作助听器之类的小玩意儿,根本想不到会引发一场电脑革命。这表明,技术革新既有受到社会制约的一面,也有其作为独立变数演化的一面,尤其在开发初期,更为显著。①

应该说,两种理论各有道理,如果综合起来看,就比较全面了。

3. 信息社会与大众传播

在新媒介技术突飞猛进、社会信息化浪潮势不可挡的形势下,大众传播的命运如何?

对于该命题,无论学界、业界,都表现出浓厚的兴趣。自20世纪90年代以来,相关讨论进行得十分频繁、热烈。最初的一个焦点是,在未来社会中,大众传播媒介或媒介从业人员是否会消失?一种是肯定的意见,以朱光烈为代表,他形象地说:一旦"太阳"(指高度信息化的局面)升起,专业的媒介工作者就将化为"泡沫"。这一"泡沫"说引起许多人的共鸣,但也有不少人持不同意见。为此,朱光烈作出回应,强调其本意是,认为"目前"形态的媒介和媒介人将不复存在,现实中的大众传播媒介未来将发生重大变化。②

后来的实践证明,大众传播(及其从业人员)作为一个整体或一种现象,确实不会轻易消失,因为存在着相应的社会需求,但不可否认,其功能日益转移到了新媒介,旧媒介的大批受众被新媒介吸引,转而成为互联网的用户,旧媒介步履维艰。在此背景下,旧媒介如何"突围",如何与新媒介"融合",就成为了一个热门话题。

具体而言,新传播技术对媒介的冲击和影响,主要表现在以下十个方面。

(1) 信源多元化。人们的常识是,在各种社会信息系统中,大众传播媒介的比重最大。近些年来,这一状况已发生了显著的变化,不仅原有的电话、电信、邮政等系统纷纷挖掘自身潜力,推出各种新的信息服务项目(如声讯服务、邮购等),其他各类非大众传播系统的专业信息机构也如雨后春笋般地涌现出来。在此形势下,发达国家企业经营者的主要经济信息来源已转变为专门的信息机构而不再是大众传播媒介,其他各行各业也出现了同样的趋势。

更值得关注的是,互联网的交互性特点,事实上已打造出了一个任何组织、个人都能在网上扮演"信源""传者"角色的全新格局,这就使

---

① 参见[日]有吉广介等:《传播与社会》,日本芦书房1990年版。
② 朱光烈:《一种可能——关于"泡沫"说的回应》,《国际新闻界》1997年第1期,第20—31页。

传统媒介的既有优势大大减损,各种机构媒介和个人媒介则得以大显身手。

（2）技术融合化。这一态势已十分明朗,由于多媒体技术的出现和完善,各种媒介彼此接近,界限变得越来越模糊。一方面,报刊书籍推出了电子版、声像版；另一方面,电视则开发了"文字版"（图文电视）,一旦加入"信息高速公路",对于网络用户来说,就没有什么报社或电视台的区别,都是通过多媒体终端的"窗口"提供各种声像和文字信息的数字化媒介。事实上,众多的电话电信业、电脑业巨头（如美国的微软、谷歌,中国的百度、腾讯等）早已开始向大众传播业渗透,这表明,技术的融合化同时有力地推动了媒介产业和非媒介产业的融合化。

（3）内容个人化。从信息内容的角度看,正如许多学者所指出,媒介面临着空前旺盛的"小众化"乃至"个人化"的需求。这既是强大的社会压力,也是广阔的市场机遇。这样,大众传播媒介就变得越来越"非大众化"了,换言之,传统的"一对多"传播方式,正在向"一对一"方式转换。

美国计算机科学家尼葛洛庞帝认为,未来很可能出现只为一个特定受者服务的"我的日报","未来的界面代理人,可以阅读地球上每一种报纸、每一家通讯社的消息,掌握所有广播电视的内容,然后把资料组合成（符合特定个人需要的）个人化的摘要。这种报纸每天只制作一个独一无二的版本"。他还设想,为此将开发出各种具有"人性化智能代理"功能的电子技术手段。而且,这种"代理"业务或许将成为未来媒介业乃至整个信息业的主要工作之一。[①] 从现状看,根据个人偏好来推送信息的所谓"计算新闻""算法传播",在某种程度上体现了其构想的图景。

（4）传受交互化。与大众传播媒介相比,这是互联网最大的特点和优点。这里,消解了固定的信源、传者和信宿、受者。上述"内容个人化"其实也隐含了这层意思,即受者随时可以反馈——作为"传者"把自己的愿望、意见告知"代理人"。当然,他也随时可以与网上的一切成员交流。如此,传统大众传播媒介"单向型"的局限性以及传统受众的被动性,就可望得到彻底的改观。

---

① ［美］尼葛洛庞帝：《数字化生存》,胡泳等译,海南出版社1996年版,第181页。

(5) 关系平等化。这是"传受交互化"带来的一个必然结果。如果说,市场经济体制下的媒介已经不能不在相当程度上重视受众,则高度信息化条件下的媒介与受者关系,将趋于完全意义上(类似人际传播)的平等关系。

一般来说,在真实、全面的前提下,信息量越大,普及度越高,则社会成员的关系就越平等。因为,信息占有本身是一种至关重要的权力。

(6) 资讯集约化。所谓"资讯",原意与"信息"相同,在中文语境里,可以理解为"可资利用的讯息",即对用户有用的信息。一方面,网络提供了海量的信息,让人们望而生畏,不知所措;另一方面,网络也开发了强大的搜索工具,使人们(只要掌握了相应的技巧,就)可以在信息的"海洋"里从容遨游,应对自如。

(7) 终端移动化。这一优势主要体现为笔记本电脑、平板电脑,尤其是手机的随身携带性能。在传统媒介中,报刊书及收录音机固然可以移动,但真正实现了轻便化、多功能目标的终端,还数智能手机。唯有如此,在全球范围里,"随时、随地、与任何人、用各种符号"进行交流的愿景,才成为可能。

(8) 虚拟现实化。VR(virtual reality)是一种可以创建和体验虚拟世界的计算机仿真技术。这一虚拟现实技术目前仍在完善的过程中,但无论是在工业、商业方面,还是在艺术、娱乐等方面,都已经显示出很大的发展潜力,蕴藏着很高的应用价值。

(9) 效果立体化。"单媒体"往往带来比较单一的传播效果,而"多媒体"就造成了复合、立体、综合的传播效果。尤其是网络的"超文本链接"功能,让用户可以十分便捷地在各种形式的文本信息之间自由切换,进入"一心多用""同步多工"的状态。

(10) 效率最大化。综合以上诸多变化,最后可归结为一条:人类传播(无论社会、组织、个人层面)的效率,由此达到了最大化。试比较网络社会之前与当下的学习、工作、生活状况,就可以知道,新媒介、互联网为我们节约了多少宝贵的时间。

总而言之,进入21世纪的人类,确实站在了新旧时代的交界线上,暮鼓晨钟一起奏响、回荡,提示着我们需要慎而又慎地思考整个社会和各个领域的生存和发展战略。

第三节 媒介理论的兴起

相对而言,信息社会理论的视野比较宏观,主要着眼于社会发展与传播(信息)革命的关系,而媒介理论的思路比较中观、微观,主要着眼于传播媒介的功能、特点及其对社会和个人的影响。如上文所述,在传播学的各个研究领域中,媒介、效果历来是最被忽略的,因而,它们就成了传播学大有用武之地、也是最有特色和成就的两个领域。

以下,我们概略介绍一些主要的媒介理论。

一、麦克卢汉的媒介理论

在所有与媒介相关的理论中,最为重要的学说就是加拿大传播学者麦克卢汉留给我们的遗产。他师从英尼斯,"青出于蓝而胜于蓝"。事实上,正是由于他在英尼斯思想的基础上将这一取向的研究发扬光大,才形成了传播学的"多伦多"学派,同时,开辟了媒介理论的广阔空间。

麦克卢汉(Marshall McLuhan,1911—1980),加拿大传播学者,原为文学批评者,被誉为"20世纪的预言者""加拿大的智慧之星",有人甚至把他和爱因斯坦、弗洛伊德并称为20世纪三大思想家。1960年代,麦克卢汉的理论曾风行欧美各国,引发了学界乃至社会的广泛关注和争议,1980年代后一度沉寂。进入21世纪以来,由于互联网时代的来临,其理论再次受到肯定和重视。他的代表作有:《机器新娘》(1951年)、《谷登堡群英》(1962年)、《理解媒介:人体的延伸》(1964年)等。

麦克卢汉的主要观点如下。[1]

1. 媒介是人体的延伸

这不难理解,书报刊是眼睛(视力)的延伸,广播是耳朵(听力)的延伸,电视是视力、听力的同时延伸。不过,他的独特之处在于,一是持泛媒介观,认为媒介无所不包,汽车、眼镜、帽子、手表等等,总之,什么都是媒介。显然,这一观点与"什么都是传播"是相通的;二是如下文

---

[1] 参见[加]马歇尔·麦克卢汉:《理解媒介》,何道宽译,译林出版社2019年版。

所述,特别强调电视是全身感受器官的延伸。

2. 媒介即讯息

我们已经知道,媒介、讯息都是传播的要素。媒介是讯息的"载体"——承载工具,而讯息是媒介的"乘客"——搭载对象。可是,麦克卢汉却说,媒介就是讯息。乍一听,好像有点哗众取宠,实际上包含着深刻的道理。

以日常生活中的事例来看,有人不学无术,但为了附庸风雅,就在家里摆了很多字画或大部头书籍。此时,讯息(字画、书籍的内容)确实是无关紧要的,而媒介(字画、书籍的形式)本身才是最重要的,并且事实上成了一种讯息。这类事例甚多,不胜枚举。

无独有偶,中国作家、文学研究者钱钟书也有与此类似的思想,他曾就《围城》由小说到电视剧的改编说:"媒介物就是内容……"①

不过,麦克卢汉的重点,并不是日常生活或文学创作现象,而是从历史变迁的角度提出了一种独特的媒介文化理论。他认为,人类有史以来,某种新的传播媒介一旦出现,无论其内容如何,媒介本身就会改变人们的思考方式和行为方式。据此,他把人类文明史划分为以下阶段:口头文化→手写文化→活字文化→电波文化。麦克卢汉进行了以下发挥。

在每一个阶段,技术都深刻地影响了社会。口头时代,人们只能在小范围里面对面地交流,这就决定了当时的部落社会性质。接着,手写、活字文化的出现,扩大了传播的空间,造成了个人主义(因为阅读基本上是个人行为)盛行的近代社会,从而脱离了部落社会。最后,电波,特别是电视文化的诞生,使人们在高级阶段上又回归集体主义,形成了现代的部落社会。

他的"地球村"的概念由此而来,不仅指大众传播的发达,使整个地球连成一片,而且特别强调,借助电视,人们又可以像过去的村落那样,面对面地传播了。从这一角度看,更加典型的其实是当下由双向、交互的多媒体电脑和互联网构成的"信息高速公路"——这是麦克卢汉当时还无法预见的技术,但时代潮流确实沿着他指出的方向行进至今。

麦克卢汉还认为,如果说口语是触觉(指全身感觉)文化,手写、活

---

① 孔庆茂:《钱钟书传》,江苏文艺出版社1992年版,第250页。

字及广播是视觉、听觉(单一感觉)文化,则电视又回归了触觉文化。这初听起来,也有点费解。按一般理解,电视是一种视听觉媒介。但仔细想来,不无道理。众所周知,电视是现实的逼真再现。既然我们在现实中是五官并用,则接触电视的感受也一样,至少是相似的。例如,电视中的美味佳肴常使人垂涎三尺;又如,暴力、战争场面也格外令人惊心动魄。虽然,这些电视信息归根结底也只是"不能充饥的画饼",但其诱惑力之巨大,确实是报刊、广播信息望尘莫及的。

据此,麦克卢汉主张,应举双手欢迎电视时代的到来,因为电视恢复了人类的本性。他这样比较电视和印刷媒介:报刊书籍把活字一行一行地印在纸上,造成人们直线型、平面型的思维方式,妨碍了人们像现实生活中那样立体地认识世界,让人们失去了感官的平衡,而且,无情地剥夺了儿童、文盲接触媒介的权利。正是托电视的福,一举克服了这些缺陷,使人们又恢复了感官的平衡。

无可否认,麦克卢汉的见解发人深省。从小在单一活字环境中长大的"活字一代",与一生下来就大量接触电视的"电视一代"之间,究竟有没有、有哪些不同之处?尤其在很多发展中国家和地区,由于电视的爆发性普及,还带来了一个跨越活字文化阶段的"电视新生代"的问题,其利弊得失又如何?凡此种种,值得认真思考。从一些初步的调查、分析看,"电视一代"的特点是,比较活泼、开朗,反应快,变化快,逻辑性弱,不太愿意开展批评等,但难题在于,这些特点是纯粹来自电视影响,还是综合影响的结果?尚无定论。

可以肯定的是,电视(扩而言之,包括一切图像传播)绝非麦克卢汉认为的那样,只有正功能,没有负功能,反过来说,印刷媒介也非一无是处。对此,人们比较一致的观点如下。

第一,电视(图像)直观、生动、感染力强,但不具有报刊书籍那种深度和抽象力(这或许是导致"电视一代"逻辑性弱的原因之一)。固然,"活字一代"中历来有脱离实际的"书呆子"(类似于麦克卢汉称之为直线型、平面化思考的人),但毕竟很少,而且,其主要原因在于,本人未将书面的知识与鲜活的实践联系起来,即便图像媒介也不能完全消除此类情况。总的来说,文字和印刷媒介对建构人类文明的巨大贡献,是怎样评价也不过分的。

第二,电视一方面将传播权利扩大到(包括儿童和文盲在内的)几乎所有社会成员,但另一方面,从某种意义上又剥夺了儿童应有的不

(被)传播权利。即,大量本来只属于成人世界而不适宜于幼小心灵接触的信息,如恋爱、斗殴、复杂人际关系(更不必说色情、凶残、鬼怪)等内容,通过电视媒介,不分对象地全部开放了!有人称之为"童年的消失",有人则称之为"层次感的失落"。总之,儿童被不适当地置于成人化环境中,其负面影响已不容忽视。

3. 媒介的"热"和"冷"

这是麦克卢汉理论中最有争议的一个观点,他认为,媒介有"热""冷"之分。

所谓"热媒介",指信息量大、清晰度高、受众参与度低的媒介,如报纸、杂志、广播、电影、照片等,"凉媒介"则相反,指信息量小、清晰度低、受众参与度高的媒介,如电视、电话、漫画、谈话等。

这种分类有无道理?试举一例,20世纪60年代美国介入越南战争后,为什么陷入迟迟不能获胜的"泥潭"?按麦克卢汉的说法,因为战争是"热"的,媒介(主要指电视)却是"冷"的,"冷媒介"影响了"热战争",也就是说,美国大众从电视里看到了战争的残酷、悲惨和不合理性,滋长或增强了普遍的反战、厌战情绪。在某种意义上,图像确实比文字、声音更能使人直观地把握真相。所谓"百闻不如一见",正如麦克卢汉所言,以"触觉"达到感官的平衡,相比只依赖"视觉"(如报纸)或"听觉"(如广播)而导致感官的失衡,其传播效果自然是不一样的。

无疑,包括战争在内的任何重大事件的前因后果、来龙去脉都很复杂,不宜夸大媒介的作用。但由此可知,尽管这一见解存在着明显的欠缺(如电影和电视的区分就失之牵强),还是有一定的参考价值。

综上所述,麦克卢汉的最大功绩就在于,把媒介置于一个广阔的历史、文化背景下加以考察,特别是强调指出了长期以来被人们忽视的媒介、技术(而非信息内容)本身对社会的独特影响,从而成为世界进入信息时代的思想先驱之一,大大拓宽了媒介研究的路径,为推动传播学的发展作出了重要的贡献。

同时,我们需要有分析、有批判地对待他的理论,一是注意避免走向"唯技术论"(即过于夸大技术的力量,而无视或轻视其他社会条件的作用)的极端;二是扬弃其一些不合理、不科学的观点(如对文字印刷媒介的过度否定、对媒介"热""冷"的随意区分等)。

二、梅罗维茨的"情境"理论

在继承麦克卢汉的研究取向的学者中,美国传播学者梅罗维茨(Joshua Meyrowitz)是特别出色的一位,他同样重点考察媒介(而非内容)的作用和特点,但更加细致、具体,并参考、借鉴了美国社会学者戈夫曼的戏剧理论,深入探讨了情境、媒介和传者、受者之间的互动关系,提出了富有创新性的"媒介即情境"理论。

梅罗维茨的观点集中体现在出版于1985年的《空间感的失落:电子媒介对社会行为的影响》中,该书面世后,好评如潮,获得1986年全美广播电视机构协会与广播电视教育协会最佳著作奖,并被列入1995年出版的《大众传播理论:基础、争鸣与未来》一书的"大众传播(学)大事年表",足见其影响之大。①

这一理论的要点如下。②

1. 情境作为一种信息系统

戈夫曼的戏剧理论认为,人们在日常生活中的行为与演员在舞台上的表演类似,都是按照社会规范的脚本扮演着属于自己的社会角色。在此过程中有两种行为,一种是在面向"观众"的"前台区域"进行表演的前台行为,另一种是在可以放松地成为"自己"的"后台区域"进行的后台行为。

就分隔这两种行为区域的界尺而言,戈夫曼重视的是自然情境或物质场所,如门、窗、墙壁、过道等,而梅罗维茨提出,地点、场所等有形物件的配置固然重要,但关键在于感觉障碍的设置、信息类型的区分。例如,对一家餐厅来说,厅堂是前台,厨房是后台,但厅堂无人光顾时,也可以成为服务员休息、闲聊的后台,相反,当某位顾客走进厨房时,厨房就临时变成了前台。同样,当两位服务员在厅堂里窃窃私语时,就是在进行后台交流,尽管他们身处前台。可见,作为情境的前台、后台,其实都可视为信息系统。概言之,正是信息的类型(而非物质的场所)最终决定了传播(信息交流)的性质。

---

① 张咏华:《媒介分析:传播技术神话的解读》,复旦大学出版社2002年版,第118页。
② 张国良:《20世纪传播学经典文本》,复旦大学出版社2003年版,第513—532页。

2. 电子媒介造成社会情境的变化

在此基础上,梅罗维兹提出他的核心观点,即电子媒介对于情境的变化产生了重要的影响。因为它可以轻而易举地消除"现场与通过媒介间接互动之间的差异","人们无需亲临现场,就可以耳闻目睹他人的发言与容貌"。电子媒介的广泛使用,造成了一些情境的分离,又造成了一些情境的合并,旧情境与新情境、公共情境与私人情境之间的界限变得模糊不清,开创了许多新的前所未有的社会情境。

例如,某人在公共场所(如公交车、图书馆等)自得其乐地通过耳机收听音乐等节目;某个家庭在一起喝茶或用餐,其成员各自通过手机与他人联络;某个教室中,老师在讲台上滔滔不绝地讲授,学生们则一刻不停地使用电脑、手机处理各种信息(既可能在记录讲课内容,也可能在执行其他与学习无关的事务)。

这样一来,以往的一些传统关系也随之发生了变化,例如,与印刷媒介相比,电子媒介有助于消除男女之间(在政治参与方面)的差异、成人与儿童之间(在接触信息方面)的不平等地位、领导人与平民之间的距离感,等等。

梅罗维兹提出其独到见解时,还是以电视媒介为主要研究对象的,其实,这些观点也适用于以互联网为代表的各种新媒介。其主要不足,与麦克卢汉类似,即过于强调传播技术自身的功能,而相对忽视其他社会因素、条件的作用。

三、威廉斯的"文化"理论

作为传播学批判学派中的一个重要流派——英国"文化研究"学派的先驱人物,威廉斯(Raymond Williams,1921—1987)在欧美学界享有盛名,他对"唯技术论"持批判态度,另辟蹊径,以历史、整体、动态、辨证的视角分析技术与社会的关系,发人深省。其代表作有:《文化与社会》(1958年)、《长期的革命》(1961年)、《传播学》(1962年)、《电视:科技与文化形式》(1974年)等。他的主要观点如下。[1]

1. 文化即生活

文化可理解为整个生活方式,文化研究的任务就是阐明构成整个

---

[1] 张咏华:《媒介分析:传播技术神话的解读》,复旦大学出版社2002年,第85—105页。

生活方式的各个部分之间的关系。他强调,不能只关注政治、经济层面的动向,还应当促进文化、传播层面的变革,这是一场影响更加深远的"长期的革命",其重要性不亚于工业革命和争取民主的斗争。

在他看来,大众传播是当代重要文化现象之一,为此,文化研究理应将大众传播媒介作为一个重点考察对象。在此过程中,至关重要的是,不能仅仅关注媒介产品本身,而必须了解与分析其背后的制度、习俗及社会结构。

2. 成长的受众

与一些"高高在上"的精英学者不同,出身工人家庭的威廉斯对普罗大众寄予厚望,认为不应静态地而应动态地看待受众,受众是持续地成长和变化的。他反对那种对高级文化和低级文化的简单划分,认为大众文化与精英文化一样,有其存在价值。

在比较了专制、家长式、商业和民主等传播体制的优劣之后,他呼吁,建立更加完善的民主体制,以克服商业媒介的各种弊端,培养更加积极、健全的受众(英国之所以一直维持着以英国广播公司即BBC为代表的公营媒介机制,并且,最早发起、卓有成效地开展了培育民众媒介素养的活动,都与此认识不无关联)。[①]

3. 社会意向对媒介技术的影响

这一观点是对麦克卢汉媒介理论乃至经验学派不足之处的直截了当的回应。

威廉斯认为,总的来说,经验学派对社会现实缺少应有的批判,如拉斯韦尔的5W模式,就遗漏了对社会和文化过程至为重要的"意向"。他指出,麦克卢汉的媒介理论同样避而不谈"社会意向",而视技术为社会发展的唯一"原因",这就导致了一种"技术决定论"的偏向。

那么,究竟应当怎样理解技术与社会的互动关系呢?

(1)技术源于需求。任何技术(包括媒介技术)的发明,都源于人类实践(已知或能预见到)的需要,这是基本的意向因素,但不是唯一的意向因素。

(2)需求可能变化。适应特定群体需要而产生的初始意向,之后可能由于其他群体的介入而发生各种变化。技术往往产生原先未预料到的使用情况与结果,即初始意向后来被改变的事例是屡见不鲜的。

---

① 张国良:《20世纪传播学经典文本》,复旦大学出版社2003年,第365—371页。

（3）决定过程复杂。真正的决定是一个涉及整个现实的社会过程,现实中的决定因素——权力或资本的分配、社会与自然的传承、不同群体之规模及其相互关系——设定限制并施加压力,但这些决定因素既不能全盘控制,也不能完全预测整个复杂活动的结局。

他以识字率的增长为例,工业革命初期的英国,统治阶层希望劳工阶层能读而不能写,因为需要他们阅读各种工作指令及《圣经》,书写则不必要,然而,工人一旦有了阅读能力,就不能阻止他们阅读其他文本,也不能阻止他们进一步掌握书写能力了,"意向在控制之中,效果却在控制之外"。

综上,威廉斯有关技术与社会、媒介与文化之互动关系的真知灼见,拓宽了媒介研究的思路,丰富了媒介理论的内涵,与麦克卢汉等人的学说形成互补,迄今仍不失其启迪意义。

四、莱文森的"新新媒介"研究

伴随着互联网时代的来临,麦克卢汉的媒介理论再度受到重视,吸引了许多学者,美国传播学者莱文森(Paul Levinson)也是其中的一位杰出代表。他不仅研究媒介,还是科幻小说作家、教育公司总裁、音乐人,曾任美国科幻小说研究会会长,多次在美国及国际科幻小说界获奖,可谓多才多艺,被称为"数字时代的麦克卢汉"。其主要著作有:《软利器：信息革命的自然历史与未来》(1997年)、《思想无羁》(1998年)、《手机：挡不住的呼唤》(2003年)、《新新媒介》(2009年)等。

莱文森的主要观点如下。①

1. 人性化趋势

纵观人类传播技术发展的历史,总的趋势是越来越人性化。技术总是在模仿乃至复制人体的功能,模仿或复制人的感知模式和认知模式。显然,这是对麦克卢汉的观点"媒介是人体的延伸"的一种引申,也是一种符合实际的总结。

2. 补偿性功能

在传播技术的演化过程中,人类始终在进行着理性选择：任何一

---

① 参见[美]保罗·莱文森：《新新媒介》(第二版),何道宽译,复旦大学出版社2014年版。

种新媒介,都有某种补偿性功能,都是对以往旧媒介的不足进行补救或补偿。换言之,媒介的发展是一个逐步趋于完美的过程,新的媒介往往带来新的问题,于是,就需要开发更新的媒介来予以解决。

3. 媒介的"三分法"

基于这样的认识,莱文森提出媒介的"三分法"。互联网诞生前的媒介为"旧媒介",如书报刊、广播影视,其特点是时间和空间位置的固化、自上而下的控制、专业化的生产。互联网出现后的第一代媒介(20世纪90年代问世)为"新媒介",如电子邮件、电子书店、报刊和广播电视的网络版、留言板、聊天室,其特点是,各种信息一旦上网,人们即可利用、获益,而不受时间、空间的限制。互联网时代的第二代媒介(20世纪末登场)为"新新媒介",如"博客"(blogging)、"维基百科"(wikipedia)、"脸书"(facebook)、"推特"(twitter)、"油管"(youtube),其主要特点有:消费者都是生产者;生产者多半是非专业人员;免费是常态;互相之间既竞争、又合作;服务功能多样化;控制依然存在,但大大弱化。也就是说,其拥有诸多优点,体现了强大的补偿性功能,不仅远胜"旧媒介",也明显超越了"新媒介",因而可被称为"新新媒介"。

4. "软"和"硬"的技术决定论

对于麦克卢汉媒介理论经常受到的"唯技术论"的责难,莱文森给出了如下回应:最好是记住"硬"决定论和"软"决定论的区分。"硬"决定论,相当于"唯"技术论,即认为A(媒介技术)是产生B(社会变革)的一切必要条件;"软"决定论则认为,A(媒介技术)对B(社会变革)来说,是必要条件而非充分条件。

莱文森以升降机和摩天大楼的关系为例,加以说明:如果没有前者,是建不成后者的,但仅有前者也是不够的,还需要有钢梁和其他建筑材料与技术。因此,"当我们说媒介推进社会发展时,我们说的是软决定论"。他以此为麦克卢汉辩护:"麦克卢汉写过这样的一些话:没有无线电广播就没有希特勒,没有电视就没有肯尼迪1960年的当选。他心里想到的,就是这样的关系。"

总之,作为一位密切关注当代媒介变化的敏锐的传播学者,莱文森在传承麦克卢汉思想的基础上有所创新、发展,更为全面、辨证,尽管他的论点未必都在学界达成了共识(如"新新媒介"的概念就有"权宜"之嫌),但总的来说,瑕不掩瑜,富有教益。

五、其他若干媒介理论

除了以上几个影响较大的媒介理论之外,以媒介自身作用为考察对象的研究还有不少,这里再选择若干比较重要的成果概述如下。

1. 戴扬与卡茨的"媒介事件"研究

法国社会学者戴扬(Daniel Dayan)和美国社会学者兼传播学者卡茨(Elihu Katz)于1992年出版的《媒介事件》一书,以文化人类学与传播学结合的视角,将电视现场直播的全国性、全球性重大事件(如各国奥运会、英国查尔斯王子和戴安娜王妃的婚礼、美国总统肯尼迪的葬礼、宇航员登月、埃及总统萨达特访问以色列等)称为"媒介事件",有以下五个特点。①

(1) 策划性。这类媒介事件事先都经过精心策划并广为宣传,虽然"传者"即活动及信息主体通常不是媒介,而是王室、政府等公共机构,但"媒介"无疑是一个必不可少的关键角色,可以说,它们一起"合谋"了媒介事件的产生。

(2) 干扰性。由于这类媒介事件的发生,正常的电视节目被中断,人们的日常生活被干扰,观众被邀请以崇敬之心参加"媒介庆典",观看"节日电视",直到媒介事件结束。

(3) 支配性。不仅如此,这种干扰往往还具有垄断性,即为了突出媒介事件,吸引最多的观众,几乎所有频道的常规节目都被停播而为此"让道"。

(4) 直播性。由于采用直播方式,播出与事件同步,不仅消除了时空的阻隔,给观众以临场感和(现场无法感受到的)全景式体验,而且还提供了一种难以预料的不确定性,让观众更加期待。

(5) 整合性。这类事件强调的是和解而非冲突,以寻求整合功能的最大化。为此,作者将其"脚本"的关键词概括为"3C",即:竞赛(contest)(政治和体育方面的重大竞赛/竞争)、征服(conquest)(英雄人物完成显示超凡魅力的重大使命)、加冕(coronation)(政要/名人经历的过渡仪式)。通过这些媒介事件,可望有效地凝聚民心、形成共

---

① 参见[法]丹尼尔·戴扬、[美]伊莱休·卡茨:《媒介事件》,麻争旗译,北京广播学院出版社2000年版。

识、治疗创伤、促成变革等,从而实现国家认同和社会整合的目标。

这可以看作是对麦克卢汉的"地球村"比喻的论证和阐发,也是对媒介研究的一种另辟蹊径的深化。对"划时代"事件的电视现场直播,在此被作为"世界性"仪式加以分析,确有其启迪意义。不过,这一研究也存在着概念过于狭窄、不能充分解释网络时代的变化等缺陷。后来,戴扬对"3C"脚本进行补充,提出新的"3D"脚本,即:幻灭(disenchantment)、脱轨(derailment)、冲突(disruption),以概括那些突发、负面的媒介事件,但这样一来,原来以"仪式"诠释媒介事件的文化人类学视角又受到了挑战。

2. 波兹曼对"娱乐至死"的忧思

波兹曼(Neil Postman,1931—2003),美国传播学者,长年在纽约大学执教。他撰写的"媒介批判三部曲"分别为:《童年的消逝》(1982年)、《娱乐至死》(1985年)、《技术垄断:文化向技术投降》(1992年),其中,《娱乐至死》一书最负盛名。[1]

波兹曼深受麦克卢汉的影响,重点关注传播技术对文化和社会的作用,但得出的结论却与麦克卢汉相反,他高度肯定印刷技术促进理性思考的正面功能,而集中批判电视媒介带来过度娱乐化的负面功能。正如《娱乐至死》的书名所表明,他认为,电视使美国的文化走向浅薄、无知和堕落,政治、宗教、新闻、体育、教育、商业等,无一不心甘情愿地成为娱乐的附庸,其结果是:我们成为了一个娱乐至死的物种。

他提出"媒介即隐喻""媒介即认识论"等观点,强调大众传播媒介对人们思考方式和行为方式的潜移默化的重大影响,并警告世人,奥威尔在《一九八四》[2]中关于人们因受专制压迫而失去自由的预言或许不会实现,但赫胥黎在《美丽新世界》[3]中关于人们因受工业技术带来的娱乐和文化诱惑而不再思考的预言,却有可能变为现实。

从波兹曼的论著中,不难感受到技术决定论的偏颇,这是其主要不足,同时,由于缺少实证研究结果的支撑,致使其科学性和劝服力不强。总的来说,其警世意义大于学术意义,尽管他的研究对象是处于电视时代的美国,但在整个人类社会媒介化趋势方兴未艾的今日,仍不失其参

---

[1] 参见[美]尼尔·波兹曼:《娱乐至死》,章艳译,中信出版集团2015年版。
[2] 参见[英]乔治·奥威尔:《一九八四》,董乐山译,上海译文出版社2006年版。
[3] 参见[英]阿道司·赫胥黎:《美丽新世界》,李黎、薛人望译,北京燕山出版社2013年。

考价值。

3. 桑斯坦对"信息茧房"的警示

美国哈佛大学教授、法学者桑斯坦(Cass R. Sunstein)在2006年出版的《信息乌托邦》等著作里,就网络与社会的关系发表了诸多观点,其影响超出法学领域,而对包括传播学在内的各个相关学科都富有启发意义。① 其中,"信息茧房"的概念和见解,对于破除人们对信息社会、网络时代盲目乐观的"迷思",尤具警示意味。其中心思想是,对于信息,人们从来都是有选择性的,即只倾向于关心自己原本就感兴趣的内容,也只倾向于和志同道合的个人及群体交流,因此,即使面对海量信息,人们仍有可能"作茧自缚",固执己见,与世隔绝。由此可推想,在各个群体内的交流更加高效的同时,各个群体之间的沟通则不一定比信息匮乏的时代更为顺畅和有效。不仅如此,由于人们总是接触与自己类似、相近的意见,还将形成一种"信息回音室"或"信息回音壁"效应,导致思维日益固化、视野愈加窄化,从而对健康舆论和完善民主的建设造成负面影响。

应该说,无论是关于人们的信息偏好,还是关于这种偏好弊端的认识和讨论,早已有之,中国就有"三人行,必有我师""兼听则明,偏听则暗"等古训代代相传。事实上,由于各种主观、客观原因,以及经济、政治、文化、社会等复杂因素的作用,"信息茧房"或"信息回音室"现象难以根除,但通过各方面努力加以改善则是可能的,对传播学界来说,理应对这一问题在当下的样态和规律展开更为系统、深入的研究,为减少其消极效应而作出贡献。

---

① 参见[美]桑斯坦:《信息乌托邦》,毕竞悦译,法律出版社2008年。

第四章

传播制度的变迁

第一节 传播过程中的"把关"现象

一、传播制度与"把关"现象

1. 何谓传播制度

前面我们考察了"人类传播是如何发展的""传播媒介是怎样演进的",从中我们一再感受到技术与社会相互影响、相互作用的密切关系。这种状况,或者说这一规律,贯穿于整个人类传播的历史。

在此基础上,我们有必要从制度层面来系统了解一下社会与传播的互动关系,即,"传播(媒介)活动是在什么境况中展开的"?对照拉斯韦尔的5W模式,这相当于传播过程的起点,即传者研究、控制分析,并涉及7W模式中的传播"动机"和"情境",其重要性不言而喻。

所谓制度,一般可理解为:以规则或运作模式来规范个体及群体行为的一种社会结构;或者说,在特定社会里,为协调人与人之间的关系而要求大家共同遵守的办事规程和行动准则,包括各种法律、政策、道德、习俗的总和。按此理解,所谓传播制度,即用以规范个体及群体传播行为的社会结构,包括各种相关的法律、政策、道德、习俗等。

如此看来,任何传播——无论大众传播、组织传播、人际传播——都必然在一定制度的规范下展开。需要指出的是,由于大众传播的规模、影响巨大,因此,历来受到制度的约束最多,而人际传播受到的制约相对较少,组织传播则介于两者之间。但新媒体的出现,已在很大程度上改变了这一局面,三者之间的界限日趋模糊,从而给社会带来了新的挑战,也给学界提供了新的课题。

2. 何谓"把关"现象

如果说制度是规范行为的依据、手段,则控制就是对制度的运用和实践,也可以说是一个社会、群体或个体在一定制度框架内,根据内外变化而进行的调整行为,其目标是使自身能更好地生存和发展。

从这个意义上说,传播,尤其是大众传播(包括各种媒介)本身就是一种制度。从外部看,它构成整个社会制度的一个部分——社会需要它发挥各种功能,同时将其置于各种制约(法律、政策、道德、习俗)之中;从内部看,它也形成一种制度——任何传播媒介都必须实施有效的控制,即对各种输入和输出的信息进行正确的选择,才能达成既定目标。

为解释这一现象,传播学奠基人之一的卢因(勒温)于 1947 年提出"把关人"(gate keeper)理论,一译"守门人"理论,产生了广泛的影响。[①]

这一理论认为,在信息流动过程中,根据某些标准对信息进行选择的"把关"现象无所不在,即媒介作为"把关人"发挥着重要的过滤作用。以新闻为例,通讯社决定发布的新闻只占已发生的新闻的一小部分,而读者最后从报纸上读到的新闻又只占通讯社发布的新闻的一小部分,因而让读者(包括听众、观众)知道什么、不知道什么,媒介起到了决定性的作用。即便跨入新媒体时代,广大用户从各种网络媒体中获得的新闻,同样也只是巨量信息经过"把关人"过滤后的一小部分。

显然,"把关"现象并不限于大众传播,而是遍布组织传播、人际传播,乃至每个个体的社会化过程。由于世界是无限的,认识是有限的,因此在认识/传播(信息传受)过程中,"把关"现象是必然发生的。从小父母或老师就规定或建议我们读什么书、看什么电视节目、与什么人交往……长大后,我们有了自主权,则越来越多地由自己"把关":学文科还是学理科?看足球还是看篮球?听贝多芬还是听张学友?等等。

---

① 张国良:《20 世纪传播学经典文本》,复旦大学出版社 2003 年版,第 549—560 页。卢因的灵感来自他对消费者(通常是家庭主妇)如何为家庭选购食品的观察,在此过程中,多种因素(如价格、品质、口味等)发挥了作用。卢因认为:"这种情况不仅存在于食品选择渠道中,而且适用于解释新闻如何通过特定的传播渠道而在群体中传播,货物如何流通,以及组织机构里的个体如何运作。"他得出结论如下:"信息的传播网络中布满了把关人。"

但无论如何,一旦认识/传播范围扩大,我们就不得不依赖大众传播媒介作为信息的代理人即"把关人"了,这不仅是一种消极意义上的无奈,也是一种积极意义上的必需。唯其如此,持续不断地努力提高自己的媒介素养和信息素养,就成为我们的终身学习任务。

综上,对传播过程中的"把关"现象,可从两个方面加以理解。

(1) 传播情境。即任何传播活动都被置于一定的"制度"框架内,因而"把关"行为必不可免,一个社会(组织、个人也一样)总是在限制某些信息的同时,倡行某些信息,由此形成自身的传播取向。

(2) 传播动机。即任何传者总是要为实现自己的"意图"而选择信息(与此相对,任何受者又总是要为满足自己的"需求"而选择信息),由此角度看,"把关"行为也必不可少。正如施拉姆所言:"传播中最引人入胜的一点,就是信息发出者与接收者双方为在彼此头脑中形成相应的象征符号而进行大量的信息择取与剔除。"①

二、"把关人"研究述略

1. 怀特的初始研究

美国传播学者怀特(White)试图用模式说明"把关人"理论如下(参见图 4-1)。② 媒介在这里有点像剧场门口的守门人,它并非一概拒绝进场,而是把一部分信息拦住,给另一部分信息放行。

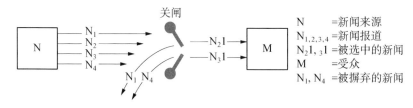

图 4-1 怀特模式

这一模式并非凭空而来,而是一次个案调查的结果。1949 年,怀特就大众传播媒介的"把关"行为开展实证研究,对美国某地方报纸的

---

① 张国良:《20 世纪传播学经典文本》,复旦大学出版社 2003 年版,第 549 页。
② [英]丹尼斯·麦奎尔等:《大众传播模式论》(第二版),祝建华译,上海译文出版社 2008 年版,第 148 页。

某电讯稿编辑,进行了为时一周的调查,在这段时间里,这位编辑接收了来自三家通讯社、长度为11910英寸的电讯稿,他只采用了其中的1297英寸,不到11%。主要原因就是版面容纳不下,这可以视为客观世界无限性和主观认识有限性这一对矛盾在媒介工作中的体现,同时,他本人的喜好以及对读者喜好的判断,则成为取舍这一小部分信息的重要原因。

怀特模式的优点是,形象、简洁,但过于粗略。从实际情况看,第一,"把关人"未必只有一个;第二,"把关"行为未必只是取舍,也可能是修改或加工;第三,"把关"行为不限于媒介,还见诸受者;第四,就大众传播而言,反馈虽然不充分、不及时,但毕竟存在。为此,后人在此基础上,又开展了诸多研究。

2. 麦克内利和巴斯的深入研究

1959年,美国传播学者麦克内利(McNelly)重新设计了一个模式,以克服怀特研究的缺点(参见图4-2)。① 其考察对象是国际新闻,

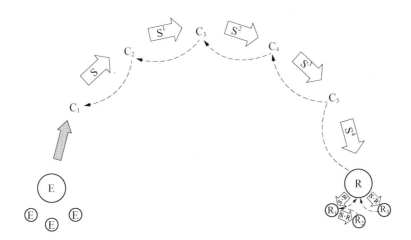

图4-2 麦克内利模式

E=有新闻价值的事件　C_1=驻外通讯社记者　C_2=国外分社编辑　C_3=总社编辑　C_4=全国或国内分社编辑　C_5=报社电讯稿编辑或广电新闻编辑　S、S_1、S_2…=信息在流动过程中被修改的不同版本　R=受者　R_1、R_2…=家人、朋友、同事等　S-R=在人际传播中被修改的信息版本　虚线=反馈

---

① [英]丹尼斯·麦奎尔等:《大众传播模式论》(第二版),祝建华译,上海译文出版社2008年版,第150页。

原则上适用于各种类型的信息，正如这一模式所显示，"把关"行为并不限于编辑阶段，而是从记者的采访阶段就开始了，并延伸至受者及其亲友，且处处可见反馈行为。相比怀特模式，麦克内利模式有了很大改进。

1969年，另一位美国传播学者巴斯（Bass）又提出了一个"双重行动"模式，以补充麦克内利模式（参见图4-3）。① 他认为，对"把关人"的性质应有所区分，从新闻的生产过程看，可分为第一阶段的"新闻采集者"和第二阶段的"新闻加工者"，这两种"把关人"的角色、任务是很不一样的。一般来说，前者的机动性强，给后者限定了选择的范围，即所谓"好媳妇难为无米之炊"，在此前提下，后者则拥有高度裁量权和最终决定权，也就是说，"料理"的完美度最后还取决于"大厨"的手艺如何。

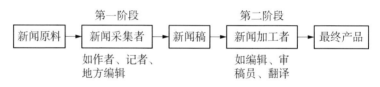

图4-3　巴斯模式

但巴斯模式仍有不足，因其未涉及"把关"标准。"把关"行为之所以必要，不仅归因于信息太多而容量（版面、时间）太少，还归因于传者意图的指向（本人的喜好以及对受者喜好的预期）——这是体现在媒介工作中的另一对矛盾：客观世界的非指向性和主观认识的指向性。换言之，任何媒介都是在一定的编辑方针、报道意图的支配下开展工作的——这也就是所谓"制度"的要义。

那么，众多把关人——记者、编辑、主任、总编辑等——他们在取舍、修改或加工信息的过程中，究竟有没有统一的标准呢？既可以说没有，又可以说有。

先说没有的理由。只要对照一下各个媒介机构日常报道的内容，就可以知道，它们无不力求形成自己的风格。美国传播学界曾以6家报纸为对象进行过一项相关调查（1959年），结果显示，一周内共有

---

① ［英］丹尼斯·麦奎尔等：《大众传播模式论》（第二版），祝建华译，上海译文出版社2008年版，第152页。

764条电讯稿被这些报纸(即至少一家)所采用,但其中只有8条被6报同时刊登,约占1%,这足以表明它们都各具特色。① 同时,这也证实,在传播过程中,"把关人"名副其实,在相当程度上执掌着信息的生杀大权。这不难理解,如果所有媒介内容都一样,"千人一面"、"千媒一腔",那不是浪费版面和节目时间吗?其结果必然是,媒介被受众所抛弃。

可是,我们又不能因此而误以为记者、编辑等"把关人"法力无边,可以随心所欲地选择、加工信息。固然,"把关人"具有主观能动性、创造性,其价值观、认识水平乃至一时的情绪波动,都可能左右他对信息的处理,但与此同时,我们还必须看到其客观被动性、制约性。

说媒介之间"没有"统一的把关标准,是就具体、局部、微观而言;如果换一个视角,就总体、全局、宏观而言,结论就成了"有"。从外部看,法律、政策、道德、习俗等制约无处不在,尽管媒介无不努力地追求着自身特色;从内部看,媒介也有相当统一的业务标准,即新闻价值、宣传价值等。正因如此,各家媒介的内容又总是有一些相同或相近之处。

一般来说,全球性、全国性的重大事件具有最大公约数,被最多的媒介所报道,但无论如何也不可能覆盖全体。如时尚杂志、音乐电台、体育公众号等专业性媒介,一般不关心政经要闻。即便是《人民日报》、《光明日报》、中央电视台、凤凰电视台、"澎湃"、"上观"等综合性媒介,在机构性质、报道重点、服务对象等方面也不完全一致,即便是报道同一个事件,它们也力求体现个性和特色。这正是媒介获得成功的诀窍之一:通过"把关",处理好共性和个性、方向和特色的关系。

3. 盖尔顿和鲁奇的"新闻选择"研究

为解析这一过程,美国传播学者盖尔顿(Galtung)和鲁奇(Ruge)在《涉外新闻的结构:四家挪威报纸中的刚果、古巴和塞浦路斯形象》(1965年)一文中,提出了一个"新闻选择"模式,颇有启迪价值(参见图4-4)。②

在此模式中,一共列举了9条新闻选择因素,也就是"把关"标准。

(1) 时间跨度。它既指时新性,又指事件符合媒介的时间节奏。

---

① 张国良:《传播学原理》(第二版),复旦大学出版社2009年版,第158页。
② [英]丹尼斯·麦奎尔等:《大众传播模式论》,祝建华等译,上海译文出版社1987年版,第153—155页。

图 4-4 盖尔顿和鲁奇模式

如一个发生、完成于几小时内的事件,对日报、广播电视比较适合;一个需要历时几天以上的事件,则适合周刊。这可以解释,快节奏媒介为什么青睐突发性事件。当然,周刊也可以对突发性事件进行解释性报道,而日报、广播电视也可以对非突发性事件展开连续性报道,但两者的长短确有不同。这一规律同样适用于新媒体时代,如博客、微博、电子社区、微信朋友圈、公众号、短视频等,它们在传播内容和形式方面也各有千秋。

（2）强度或限度价值。即重要性,一个事件越重要,其传播价值越大。

（3）明确/不模棱两可。这相当于真实性,也指看上去像"真"的,而不一定是"真"的,即一个事件受到的怀疑越少,则被报道的可能性越大。

（4）文化接近或相关。即接近性和趣味性,一个事件越接近受众的文化和兴趣(包括心理距离和地理距离),就越可能被选中。

（5）一致性。指符合人们既定期望和预想的事件,更可能入选,也可称为预期性。如某些地区的冲突,势在难免,一触即发,自然成为大众关注的热点、媒介报道的重点。

（6）意外性。也叫反常性,这是对上述一致性、预期性的补充。越反常、越出乎人们意料的事件,越有报道价值。

（7）连续性。一个事件一旦被确认为有新闻价值,就会出现不断注意、连续报道的势头。

（8）构成。也称平衡性,即某些事件是因为需要对照、平衡而被选中的。

（9）社会文化价值观念。包括受众和把关人的价值观,都会影响信息的选择。

这些因素的相互关系如何？盖尔顿和鲁奇提出以下三个假设：第一个是附加性假设，即与特定事件有关的因素越多，则成为"新闻"的可能性越大；第二个是补充性假设，即特定事件的一个因素偏低，有可能由于其他因素偏高而得到补偿；第三个是排除性假设，即一个所有因素都偏低的事件，将不能成为"新闻"。

盖尔顿和鲁奇模式的贡献在于，细化、深化了我们对新闻"把关"标准的认识，不仅对大众传播，对组织传播、人际传播也有参考意义。

除了新闻价值之外，媒介的"把关"往往还需要考虑宣传价值（即符合宣传目的、促成预期效果的要素），而传播活动中有待"把关"的信息，除新闻外，还有言论、知识、广告、文艺作品等，丰富多样。由此可知，媒介工作者，尤其是中高层管理者，要成为一个合格、优秀的"把关人"，仅有新闻学、传播学的专业基础是不够的，还应兼备政治学、宣传学、经济学、广告学、教育学、文学、艺术学以及法学、伦理学等方面的基本素养。

4. 埃里克森等的新闻生产模式和瑞安等的音乐生产模式

埃里克森（Ericson）等三位学者于 1987 年提出的"新闻生产过程"模式（参见图 4-5），①涵盖了报纸、电视媒介的工作流程。与前人同类成果相比，该模式更加细致、完整，整个过程和各个"把关"环节在此一目了然，尽管各国、各个媒介的情况可能不完全一致，但总的来说，大同小异。

图 4-6 显示的则是瑞安和彼得森（Ryan & Peterson）于 1982 年概括的"音乐生产过程"模式。② 作为娱乐内容之一的音乐，其流程与新闻生产显然不同，而与其他娱乐信息（如电影、电视剧）生产具有较多相似、相通之处。例如，以"创作"而非"采访"为开端，经过若干代理人之后，最终发布作品的渠道和形式更为多样。

5. 休梅克的综合研究

在总结前人成果的基础上，美国传播学者休梅克（Pamela Shoemaker）试图从五个层面对"把关人"理论进行较为全面、系统的综合研究（1991 年），她的观点受到广泛的认同。这五个"把关"层面从

---

① ［英］丹尼斯·麦奎尔等：《大众传播模式论》，祝建华等译，上海译文出版社 1987 年版，第 159 页。
② 同上书，第 160 页。

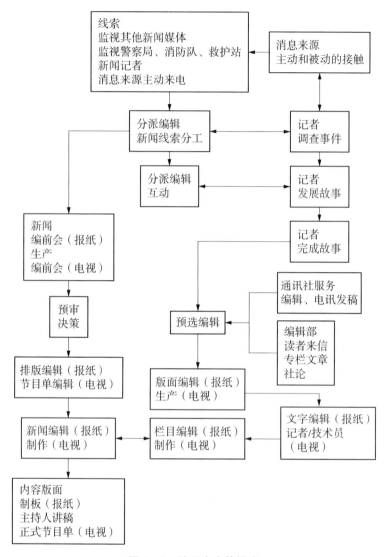

图 4-5 埃里克森等模式

低到高排列。①

（1）个体层面。媒介工作者个体在"把关"过程中如何思考、决策？休梅克引入社会心理学的视角，发现思维模式、价值观、个性特点、

---

① 张国良：《传播学原理》(第二版)，复旦大学出版社2009年，第161—165页。

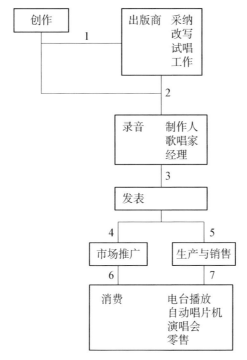

图 4-6 瑞安-彼得森模式

角色认知、工作类型等,对"把关人"个体都有大小不一的影响,其中,相对重要的是有一些预存的认知结构或思维定势,影响着他们的决策,可称为"信息基模",凡是符合"基模"的信息更有可能通过关口。例如,记者或编辑的一个常用策略是,将大量涌入的信息按相似之处归类(如硬新闻、软新闻),这样才能有条不紊地加以处理。

(2) 工作惯例层面。所谓工作惯例,指媒介工作者在日常工作过程中采用的模式化、规则化、重复性的作业方式,如截稿时间、版面要求、画面要求、对某些信源的依赖等。上文所述的盖尔顿和鲁奇的9条"新闻选择"标准,就属于惯例。

工作惯例在"把关"行为中十分重要,它决定了媒介报道的整体风格。其实,"把关人"个体能决定的,只是让哪些信息被采纳到既定的框架里,这一框架代表着组织或社会的立场,而绝不仅仅是个人的意向。正因如此,众多媒介的头条新闻往往是相同或相似的"热点",只是在选择次要新闻或无足轻重的信息之际,"把关人"个体的因素才较为明显。

（3）组织层面。所谓组织，即雇佣"把关人"并制定规则的机构，它对"把关"行为的影响自然很大。虽然，上述工作惯例为很多媒介共有，但组织层面的情况却各不相同。休梅克指出，组织对"把关"行为的影响，来自组织特点（包括组织的性质、文化、政策、规模等）、组织边界角色（在组织与组织之间扮演中介者的"把关人"，只有他能与组织之外的其他组织接触，并决定哪些信息可流进和流出）、组织的社会化、组织的信息预先选择体系等四个方面。

休梅克特别注意到媒介组织中的群体压力及其可能产生的负面作用，如果媒介工作者身处一个具有凝聚力的小组，而小组成员对一致性的追求超过了他们的个人意愿，就有可能导致批判性思考的丧失，并对外部人群采取非理性行动。

（4）社会机构层面。在媒介组织所处的社会体系中，必定有其他组织和社会机构，它们也必定影响"把关"过程，如某些利益集团支持或反对某些媒介内容，政府通过法律、政策对信息流动加以控制等。休梅克指出，消息来源、受众、消费市场、企业、政府、利益集团、公共关系机构、其他媒介等，无不对"把关"产生复杂而多样的影响。

（5）社会体系层面。可以认为，影响一个社会变化的所有重要因素，包括社会结构、文化及意识形态等，都不能不影响媒介的"把关"。既然各个社会的结构、文化和价值观有所不同，则媒介选择新闻和各类信息的"把关"过程，也就反映了各个不同社会的结构、文化和价值观。不言而喻，这一层面对"把关"的影响是全局性的。

英国传播学者麦奎尔（Denis McQuail）曾在其《大众传播理论》（1987）一书中，[1]以一种直观的形式，展示了媒介与各种压力（来自外部和内部各个"把关人"的制约和激励）之间的关系，对照休梅克的五个"把关"层次，可谓异曲同工，较为全面地诠释了传播过程中处处有"压力"、层层在"把关"的图景。

总之，休梅克从微观、中观到宏观，从个体、组织到社会，以其合理、科学的思路，有效地完善了"把关人"理论。当然，这一课题远未终结，而是为后续研究开辟了广阔道路。诸如，各个层面之间的关系究竟如

---

[1] ［英］丹尼斯·麦奎尔等：《大众传播模式论》（第二版），祝建华译，上海译文出版社2008年版，第143页。

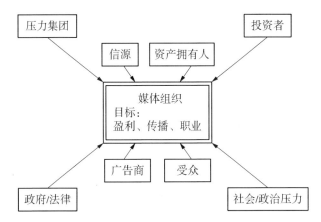

图 4-7　麦奎尔模式

注：左上角的压力集团，指图中标明的政府/法律、社会/政治压力、受众、投资者等因素以外的团体。

何？所谓"组织边界角色"的作用究竟如何？各种"关口"自身和"关口"前后的压力究竟如何？不同媒介的"把关"活动究竟有何差异？它们的工作惯例究竟有何差异？等等，都值得深入考察。

需要指出的是，在"媒介个人化、个人媒介化"大潮汹涌，自媒体人层出不穷的当下，"把关人"研究的意义更加显得重要而迫切。

第二节　传播的自由与责任

正如休梅克所揭示，既然传播本身是社会的一个组成部分，那么社会对它的影响和制约就不仅体现在媒介内部的章程、规约中，更体现在媒介外部的政治、经济、法律、文化等规范中。归根结底，前者是流，后者是源，不从根本上认识媒介置身于其中的社会，就不可能透彻地了解媒介。

换一个角度看，自大众传播诞生以来，媒介对社会的影响越来越大，既有正功能，也有负功能，因此，社会如何通过一定的制度对传播和媒介实施有效的控制，就成为一个至关重要的课题。无论发展中国家还是发达国家，也无论社会主义国家还是资本主义国家，都不能不认真地研究这一课题。

为此，不能不提及 1956 年出版，由西伯特（Fred S. Siebert）、彼得森（Theodore Peterson）、施拉姆等三位美国学者撰写的《传媒的四种理论》一书，它被公认为这一领域的代表性成果之一，开了比较新闻学之先河，填补了传播制度研究的空白，揭示了媒介与社会在制度层面的互动关系及其变迁。①

此书由四篇相对独立而又相互关联的论文组成，作为对有史以来先后出现的传播制度及相关观念的一个总结性的比较研究，试图发现"当今世界不同类型传媒背后的哲学和政治学原理或理论"，并在此基础上，概括出四种媒介（实为传播制度）理论，即集权主义理论、自由主义理论、社会责任理论和苏联共产主义理论。②

一、四种传播制度理论

1. 集权主义理论的兴衰

集权主义，也称威权主义，顾名思义，即主张对传播活动实施严厉控制的理论和实践。其源头可追溯到公元前 4 世纪的古希腊思想家柏拉图。他在《理想国》中提出，凡是反对言论管制的人，都应"放逐到其他城市去"；在《法律》中则要求诗人们把自己的作品交给执政者审阅，以便判断作品是否有益于市民的精神健康。

这其实就是一种"事前审稿制度"，其理论根据是，真理在统治者手中，强权即真理。既然如此，违背者受到惩罚就是天经地义的结果。而实践比理论走得更远，统治者往往不满足于"放逐"，而是采取更严酷的手段。如公元前 2 世纪中国秦始皇的焚书坑儒事件，就是一个典型个案。

以上言行的指向还是宽泛意义上的传播，而对特定的传播如大众传播进行控制的思想和行动出现于 16 世纪，即大众传播媒介的萌芽——近代报纸诞生之际。15 世纪中叶谷登堡印刷术的问世，使出版

---

① 参见[美]弗雷德里克·S.西伯特等：《传媒的四种理论》，戴鑫译，展江校，中国人民大学出版社 2008 年版。此书英文名为 Four Theories of The Press，中译本最早出现于 20 世纪 60 年代初，由中国人民大学新闻系张隆栋翻译，内部印行，供批判用，当时译为《报刊的四种理论》，后由新华出版社于 1980 年正式出版。

② [美]弗雷德里克·S.西伯特等：《传媒的四种理论》，戴鑫译，展江校，中国人民大学出版社 2008 年版，第 2 页。

物的流布范围和影响力迅速扩大,从而引起整个统治阶层的震动和警觉,有代表性的人物、观点和事件如下。①

意大利思想家马基雅维利(1469—1527)主张,作为君王统治术的一个组成部分,应对出版实行统制。为防不测,统治者必须严格控制讨论和大规模的信息传播。

英国国王詹姆斯一世(1603年至1625年在位)宣扬"君权神授",称议论上帝是渎神,议论君主是叛乱。"我不允许议论我的政权,君主制是地上最高的制度,君主是上帝的总督。"

法国国王路易十四(1643年至1715年在位)则称"朕即国家"。

从16世纪初开始,英国作为世界上第一个通过法律管制媒介的国家,相继建立了特许制度(规定从事印刷、出版业需获得当局批准)、经济保证金制度、事先审稿制度、总逮捕状制度(规定任何出版物中如果有诽谤皇帝、皇室和政府官员的内容,都可逮捕当事人)。随后,其他西欧国家也纷纷效仿。

在这种政治气候下,新兴的媒介无异于"戴着镣铐跳舞",新闻自由、出版自由被压缩到最低限度,稍有不慎就可能招来杀身之祸,罚款、坐牢更成了家常便饭。

1569年,意大利记者弗朗科被罗马教廷杀害,罪名是擅自发行手抄报纸——这被认为是世界大众传播史上第一个为争取新闻自由而献身的新闻工作者。1579年,英国人斯塔布斯在一本小册子中,建议当时的伊丽莎白公主不要嫁给法国王子,结果被捕入狱,并被砍去右手——这被认为是大众传播史上第一个因议论君主而受到处罚的案例。仅此两例,已足以表明,中世纪传播制度的极端不合理性和残暴性。

这种状态,不论西方东方,普遍存在。中国新闻史上第一个因办报而遇难的案例,据称是1726年(清雍正四年)何遇恩等人的"捏造小钞"事件。当时,何遇恩、邵南山出版的小报称:"初五日……皇上出宫登龙舟,共数十只,俱作乐,上赐蒲酒。"实际上,这是无中生有,何、邵旋即被斩首。②

从实践看,典型的事例有:法国拿破仑执政期间对报纸的压制;德

---

① 陶涵:《比较新闻学》,文津出版社1994年,第2—5页。
② 甘惜芬:《新闻学大辞典》,河南人民出版社1993年版,第622页。

国希特勒在发动军事侵略的同时对宣传的高度重视,所谓"谎言重复一千遍就会变成真理",已成为遗臭万年的反面教训。

直到19世纪,仍有不少人,包括一些名人为此辩护。如德国思想家黑格尔认为"国家至上",尼采提倡"超人哲学";就连美国开国元勋之一的汉密尔顿也持"人民是愚者,其意见不值得重视,且扰攘多变"的观点,间接地支持独立后的美国继续实行书报检查制度。

20世纪以来的法西斯统制主义,又被称为现代集权主义理论和制度,从根本上说,与古代、近代集权主义一脉相承,并无本质的区别;不同之处在于,集权主义的"现代版"不再满足于通过检查、惩罚等手段消极地控制媒介,而是积极地利用媒介为独裁统治和侵略战争服务。

不过,从世界范围看,随着新兴资产阶级的崛起,以及无产阶级巨大能量的释放,自17世纪中叶起,集权主义思潮就由盛转衰了。取而代之的则是自由主义媒介理论,也称古典自由论。

2. 自由主义理论的源流

从广义上说,与集权主义相对立的自由主义,同样源远流长。如古希腊的德谟克利特就说过:宁愿在民主制度中受穷,也不愿在专制统治下享福。但有关媒介自由的思想,则起始于17世纪至19世纪欧美的一些启蒙思想家和政治家。代表人物有:荷兰的斯宾诺莎,英国的弥尔顿、洛克、密尔,美国的杰弗逊,法国的罗伯斯庇尔等。

(1)斯宾诺莎的"自然权利说"和"社会契约论"。斯宾诺莎(Baruch de Spinoza,1632—1677)从反对传统神学的立场出发,重新解释人的本质,提出"自然权利说"和"社会契约论",即人们经由社会契约而组成社会,必须放弃部分自然权利,但与此同时,个人仍应保留部分自然权利。具体地说,个人只应把判断善恶和实施惩罚的权利交给社会和国家,而自己永久地保留财产权、信仰自由权和思想自由权。他认为,人都有理智,因此,永远是他自己思想的主人。这些卓越的思想构成了自由主义媒介理论的基础。

(2)弥尔顿的"出版自由论"。弥尔顿(John Milton,1608—1674)于1644年因出版纠纷被传唤到英国议会答复质询,其答词后来被印成单行本,这就是闻名遐迩的《论出版自由》,他有力地抨击了出版检查制度,为争取言论自由立下了不朽功绩。①

其中心论点为:言论出版自由是"一切自由中最重要的自由"。具体包含以下几层意思:首先,人是有理性的动物,要相信读者有判断是非的能力。"杀人只是杀死了一个有理性的动物。……而禁止好书出版则是扼杀了理性本身。"其次,有人说坏书应当禁止,但谁来判断哪些是坏书? 历史证明,检查官的水平往往低于作家的水平。再次,即使某些检查官有水平,也可能被偏见和流俗所蒙蔽,这样一来,查禁出版物的结果就很可能是查禁了真理的本身。复次,尽管出版物可以禁止,但检查官无法禁止其中的思想流传。因此,这种行为最终是徒劳的。最后,可得出如下结论:"让她(真理)和虚伪交手吧。谁又见过真理在放胆地交手时吃过败仗呢?"

在弥尔顿看来,人不再是受别人主宰的附属品,而是能分辨真伪、好坏的有理性的动物,真理也不再是统治阶层的专利,寻求真理的权利应成为人类不能让渡的天赋权利。这就是出版自由论的主要观点,在整个自由主义理论体系中占据着核心位置。

在弥尔顿的影响下,英国议会下议院于1693年通过了废除出版物事前审查制度的决议,但遭到上议院拒绝。于是,下议院委托著名哲学家洛克出场,说服上议院接受了这个决议。从此,英国率先进入了言论自由史上的一个新时代。

(3)洛克的"君权民授论"和"宽容异教论"。洛克(John Locke,1632—1704)也为丰富和完善自由主义媒介理论作出重要的贡献。

第一,明确提出君权民授论。1689年,洛克发表《政府论》,从理论上论证了"天赋人权"这一社会政治的基本原则,形成一种"主权在民"的学说。即,权力的中心是人民的意志,政府不过是一种信托,其职责是保证公民的人身自由和财产安全。一旦统治者失职,人民就可撤回对其的信任和委托。这就从根本上为出版自由论奠定了坚实的理论基础。

洛克的思想极大地鼓舞了美国和法国的革命。他的观点,甚至他的一些语句,都被吸收到美国的《独立宣言》和法国的《人权宣言》中。

与此同时,洛克还继承李尔本的思想,提出三权分立论,推动了这

---

① 这本小册子原名《阿莱奥帕契提卡》(Areopaqitica),相传是苏格拉底在雅典演讲、辩论的场所的名称。参见[英]弥尔顿:《论出版自由》,吴之椿译,商务印书馆1958年版。

种政治体制的实现。不过,他说的"三权"指行政、立法、外交,后经过孟德斯鸠的改造,成为通行至今的行政、立法、司法这三种权力相互制衡的概念。这与大众传播似乎没有直接关系,但一方面,势必从总体上影响媒介的性质和运作,另一方面,则如后所述,从中发展出一种关涉媒介的第四权力论。

第二,大力提倡宽容异教论。同在1689年,洛克发表《论宽容异教的通讯》,提出信仰自由、政教分离的主张。其意义不仅在于克服了弥尔顿的局限性——因其并不承认异教徒也有言论、出版自由,更在于后来被引申为对各种不同的政治、经济、文化观点都应当宽容。

如美国第三任总统杰弗逊在1801年就职演说中就指出:"政治上的宽容与宗教上的不宽容一样,都为害甚烈。"[1]第四任总统麦迪逊则进一步向媒介建议,应公平反映各种不同的意见。这对大众传播内容的现代化有十分重要的意义。据认为,1841年由格里利创办的《纽约论坛报》是世界上第一个实行"兼容并包"方针的媒介,它既刊登无产阶级革命家如马克思、恩格斯的文章,也发表保守人士的文章,从而声名大振。此后,这逐渐成为西方大众媒介的一种通念。

(4)密尔的"市场调节论"。继弥尔顿、洛克之后,将自由主义理论进一步深化的杰出代表人物,为英国经济学者、思想家密尔(又译穆勒)(John Stuart Mill,1806—1873),他在1859年出版的名著《论自由》中强调,自由而公开的讨论是接近真理的唯一可靠途径。理由何在?密尔说明如下:第一,压制某种意见,很可能就是压制真理;第二,某种意见也许(通常总是)包含着部分真理;第三,被多数人认可的意见即便是真理,如果不使之经受争议,公众就难以深刻地领会真理;第四,这种真理会变成教条,阻碍新的真理的生长。[2]

尤为可贵的是,密尔充分注意到保障少数人意见的重要性。他说:"假定全体人类……仅仅一人执有相反的意见,这时,人类要使那一人沉默并不比那一人(假如他有权力的话)要使人类沉默较可算正当。……迫使一个意见不能发表的特殊罪恶乃在它是对整个人类的掠夺。……假如那意见是对的,那么他们是被剥夺了以错误换真理的机会;假如那意见是错的,那他们是失掉了一个差不多同样大的利益,那

---

[1] 陶涵:《比较新闻学》,文津出版社1994年版,第8页。
[2] [英]密尔:《论自由》,程崇华译,商务印书馆出版社1959年版,第56页。

就是从真理和错误的冲突中产生出来的对于真理更加清楚的认识和更加生动的印象。"①

可见,密尔不但继承而且发展了前人的思想精华,后人称之为"言论的自由市场论"或"言论市场的自动调节论"。

(5)罗伯斯庇尔等的"舆论监督论"。此外,还有以伏尔泰(François-Marie Arouet,1694—1778,Voltaire 即伏尔泰是其笔名)、卢梭(Jean-Jacques Rousseau,1712—1778)、狄德罗(Denis Diderot,1713—1784)、罗伯斯庇尔(Maximilien François Marie Isidore de Robespierre,1758—1794)等人为代表的法国思想界精英的贡献。

卢梭的"社会契约论"主张,人民应充分了解情况并展开讨论,唯此才能确立社会真正的基础;伏尔泰和狄德罗都无情地批判过集权主义理论;而法国大革命时期雅各宾派政权的首领罗伯斯庇尔则指出,言论、出版自由的实质,一是发表不同意见的自由,二是批评政府官员的自由。② 这一思想,后发展成为舆论监督论。

在此过程中,有两个事件值得一提。一个是英国报人威尔克斯,1762 年在《北不列颠人报》的创刊号中公开宣称:"批评政府是每个报人的神圣天职";另一个是美国律师汉密尔顿,1735 年在为印刷商人曾格(因批评纽约州总督而被以诽谤罪逮捕)的辩护中挺身而出,划清正当批评与诽谤的界限,不仅替曾格打赢了官司,而且,由此确立了"批评政府无罪"的原则。这两个事件,都发生在法国大革命之前,可见,实践走在了理论的前面。

(6)伟大的身体力行者杰斐逊。自由主义理论(制度)取代集权主义的过程绝非一帆风顺,而是充满了激烈的斗争。经过众多先驱人物不屈不挠的努力,媒介在政治上(如认为不得批评政府的传统观念和相关举措)、经济上(如特别课税)、业务上(如禁止采写国会活动)受到的一系列严重限制和束缚,才逐一被打破。

18 世纪初,欧美的专制媒介制度开始走向衰落,国王被迫放弃控制报刊的权力,教会的新闻管制职能被取消,国家垄断逐步被私人经营所代替。到 18 世纪末 19 世纪初,自由主义理论的主要精神终于被写入西方各国的宪法,被公认为神圣不可侵犯的原则。报刊(即传媒)的

---

① [英]密尔:《论自由》,程崇华译,商务印书馆出版社 1959 年版,第 17 页。
② 参见[法]罗伯斯庇尔:《革命法制和审判》,赵涵舆译,商务印书馆 1965 年版。

制度全面从集权主义形态转变为自由主义形态。

特别值得一提的是,美国杰出的政治家、第三届总统杰斐逊(Thomas Jefferson,1743—1826年,总统任期为1801—1809年)为此做出重大贡献。作为上述17世纪欧洲思想家们创立的自由主义理论的忠实信奉者和身体力行者,他认为,把英国的立法主义与法国的更为激进的理性主义这两种自由主义潮流汇合,就可以建立一个既能保障安全又能保障个人机会的政府。他坚信,人们在运用理性时,个别公众有可能发生错误,但如果把大多数人结合为一个整体,则一定能作出正确的判断。他主张,政府的主要任务是建立并维持一种制度,在这种制度下,个人能追求各自的目标,而报刊的任务是参与对个人的教育,同时防止政府背离初衷。在此过程中,为了给人们打开所有通向真理的门户,最好的办法就是实行新闻自由。

难能可贵的是,当时党争激烈,其政敌利用报刊对杰斐逊进行人身攻击,他都容忍了。他说:"我甘愿将自己作为一项伟大的试验,以证明一个廉洁、公正而得到人民了解的政府,面对荒唐报纸的谎言也不会被推翻……报纸任意说谎表明它毫无力量……我只有让别人叫他们尊重事实,以恢复其力量。"[1]正是在杰斐逊的政治理想及其实践的有力推动下,最终确立了自由主义理论(及制度)在美国乃至整个西方社会中的支配地位。

与此相联系,杰斐逊积极倡导媒介监督政府,提出"自由报刊应成为对行政、立法、司法三权起制衡作用的第四种权力",[2]这就是后来发生了广泛影响的"第四权力论"。据此,又引申出"第四部门论"(即认为媒介是政府、议会、法院之外的第四个部门)和"第四阶级论"(英国报人亨特于1860年出版的《第四阶级》一书中认为,新闻工作者是独立于第一阶级"僧侣"、第二阶级"贵族"、第三阶级"资产阶级和平民"之外的第四阶级)。还有一种比喻性说法"无冕之王",则更把媒介置于至高无上的地位,这无疑是夸张得离谱了。但此时的媒介自由度与专制时代相比,确实有了天壤之别。

---

[1] [美]莫特:《美国新闻事业史》,台北世界书局1975年版,第171页。
[2] [美]埃德温·埃默里、迈克尔·埃默里:《美国新闻史》,苏金琥等译,新华出版社1982年版,第123页。

3. 自由主义理论的原则

在具体而多样的大众传播实践过程中,自由主义理论究竟是怎样发挥作用的呢?它依据一些操作性原则运行。

(1) 独立性原则。根据这一理论,大众媒介除提供消息、娱乐外,还应当刊播各种广告,从而保持其在经济上的独立性。唯其如此,媒介才有可能对政府进行监督。

(2) 多样化原则。不可否认,大众媒介发布的无数信息中,必定有虚假或不健康的内容,但政府无权干预。否则,政府以各种借口压迫言论、报道的结果,就不可避免。根据这一原则,必须让公众接触各种各样的信息,因为他们有理性,能分辨什么是真理,什么是谬误,能"自行修正"。为此,政府应放弃对媒介的一切垄断和控制,实行彻底的媒介私人所有制,让媒介在信息市场上公开竞争,而决定胜负的唯一准则是它们满足受众需求的能力如何。

(3) 法制化原则。在社会控制的问题上,主张采用非官方的控制手段。即一方面,通过自由竞争和"自行修正"改善媒介的状况,另一方面,建立一个稳定、完整的法律制度环境,以调节竞争。

综上所述,自由主义理论是资产阶级民主主义的基础。在各种自由中,媒介(包括报刊、广电、新闻、出版等)自由被认为是核心和前提,对其他一切自由起保障作用。正因如此,媒介才能成为一种司法范围以外的监督政府的重要力量,被称为(三权以外的)第四权力。与专制时代的集权主义理论相比,自由主义理论无疑是巨大的历史进步。但同时,资本主义制度的结构,又决定了它不可能将自由原则贯彻到底,有很大局限性,包括:经济的不平等往往造成传播的不平等;所有制的私人性会影响媒介的公共性;自由口号不能消除实际生活中的阶级差异,等等。不仅如此,单就它在资本主义社会中的有效性、适用性而言,随着时间的推移,也出现了很大的问题。

4. 自由主义理论的困境

20 世纪以来,国际形势发生了重大变化。20 世纪上半叶,资本主义从自由阶段进入垄断阶段,各种矛盾空前激化,人类历史上罕见的两次世界大战相继爆发,使世界格局发生了剧变。在这一过程中,自由主义的理论和体制受到很大影响。

首先,炮火纷飞的战争的严酷现实,使各国政府对媒介,包括传统的报刊及新兴的广播,再也不能放任自流。显然,政府必须优先考虑的是如何在战争中获胜,为此,必须对媒介泄漏军事和其他机密的可能性严加管制,这就是一种对古典自由主义理论的违背。

以美国为例,两次大战期间,政府和国会制定了各种战时法规,包括对媒介自由的限制。如1917年通过的《反间谍法》《对敌贸易法》,1918年的《煽动罪法》,1941年的《第一战争权利法》等。美国联邦最高法院即以这些法规为依据,对违法的新闻工作者开展审判。不仅如此,政府还设立了专门机构,如一战期间的公共信息委员会,二战期间的新闻检查办公室等,对媒介内容实施监督和审查,并以官方的名义统一发布有关战争的消息。所有这些措施,都有悖于古典自由主义理论。

其次,电波媒介——广播和电视——的出现,也动摇了古典自由主义理论。由于广播电视利用的频率、频道和电讯资源十分有限,且互相干扰,如不加有效管制,就无法正常工作。面对这一严峻现实,电台、公众和收音机制造商都一致要求,对电波的频率实行统一控制。如美国早在1927年就正式通过了《无线电法》,据此成立了由总统任命成员的联邦无线电委员会,以统一管理全国的广播事业。后至1934年,《无线电法》改为《通讯法》,无线电委员会则更名为联邦通讯委员会。其职能包括:分配频率、频道;决定电台设置的场地;规定电台发射设备的类型和发射功率的大小;批准广播电视新技术的实验及其频率和频道;审批和颁发电台经营执照等。审批执照的原则是"符合公众利益、方便和需要"。此外,联邦通讯委员会还有权检查广播电视节目的内容。所有这些都形成了对自由主义理论的悖逆,在一定程度上影响了媒介的自主独立性,媒介对政府的监督作用也有所削弱。无可否认,在变化的形势下,古典的自由主义理论已力不从心了。

再次,进入20世纪后,媒介的巨大化、垄断化现象日益显著。资本主义国家的媒介既是标榜为公众利益服务的公共机构,又是以赢利为目标的私人企业。这两种角色构成了一对尖锐的矛盾,不时发生冲突。随着媒介的迅速发展,这种冲突越来越难以克服。因为媒介的机构越来越庞大,设备越来越昂贵,这就使后人的插足越来越困难,不可避免地导致集中化、垄断化倾向。少数实力雄厚、经营有方的巨头,不断兼并一家又一家的媒介,使媒介的种数日益减少。以美国为例,"一地一报"成为常态;几乎所有的电影产品都出自"派拉蒙""20世纪福克斯""华纳兄弟""米高梅""哥伦比亚""迪士尼"等大电影制片公司;三大电视网加上后来崛起的"全国有线电视网",几乎包下了全国的广播电视节目。显然,这一高度垄断化现象,与自由主义理论是难以相容的。换言之,信息和思想的自由市场已不复存在,垄断化的媒介集团与大众之间形成了难以逾越的"鸿沟"。

这不仅表现为一般人再也不可能创办媒介与之竞争,还表现为媒介的傲慢和媚俗,出现了越来越多的低俗乃至侵犯人权的内容。正是在此背景下,一种作为对古典自由理论的修正的新理论——社会责任理论——就应运而生了。其标志为报刊(新闻)自由委员会的成立。

5. 社会责任理论的问世

1942年,美国时代出版公司的创办人卢斯(又译鲁斯)提出了对"报刊自由的现状和前景"进行一项调查分析的建议。一年后,由芝加哥大学校长哈钦斯出面,组织了一个报刊自由委员会。哈钦斯任主席,哈佛大学法学教授查菲任副主席,其他11名成员都是人文社会科学如法学、经济学、哲学、政治学、人类学、历史学等学科的著名学者。他们在三年多时间里,开展了详细而广泛的调查,最后发表了题为《一个自由而负责的新闻界》的总报告和6个分报告,全面、系统地提出并阐述了社会责任理论。①

首先,委员会认为,20世纪以来出现的众多新思想和新知识,形成了以达尔文、爱因斯坦为标志的新世界观、新"知识气候",构成了对自由主义报刊理论的冲击。正如詹森所说:"很明显,有关报刊(媒介)自由的传统概念的哲学基础,已被近代思想革命突然摧毁。牛顿的静态的永恒世界,已被进化论思想和近代物理的动力概念所破坏。洛克的自然权利学说,已不仅为浪漫派哲学,亦已为现代社会学所推翻。古典的放任主义经济学,已被近代大多数经济学者所抛弃……弥尔顿的'自我修正法则'学说近来也已变得可疑了。"②

正是在这一新"知识气候"下,这些学者经过反复思考,对古典自由主义理论作出了一系列重要的修正。主要有:明确否定了绝对的自由,只承认相对的、有条件的自由,媒介自由当然也不能例外;大众自由与大众媒介自由,是两个既有联系又有区别的概念;大众媒介必须为大众和社会利益服务,对社会负责;政府不再是媒介自由的旁观者,当大众利益和社会利益受到大众媒介损害时,政府应出面管束媒介的行为。

---

①② 详见[美]新闻自由委员会:《一个自由而负责的新闻界》,展江等译,中国人民大学出版社2004年版。

这些修正意见构成了媒介社会责任论的基本框架。媒介不再是无法无天、为所欲为的"无冕之王",而应是一种既监督政府、又受民众和政府约束的力量。

他们认为,以往媒介的不负责表现,归根结底损害了确保信息和思想在社会内部最大限度地自由流通的目标的实现。这不仅影响到整个社会和公众的利益,也影响到以高度发达的商品经济为基础的现代美国社会的生存和发展。为改善这一状况,委员会对大众传播媒介提出如下具体要求。

第一,媒介应提供"真实的、概括的、明智的关于当天事件的论述,并说明事件的意义"。同时,应"事实归事实,言论归言论,把两者区别开来"。这里需要说明,19世纪初,尚处于幼年时期的美国报刊,常被政客们利用,相互攻击,报道经常失实,或夹带记者、编辑们的意见。直到19世纪末,报道与言论才逐步分离,确立了客观报道的准则。对此,社会责任理论提出,报道还应说明事实的前因后果和背景,以帮助读者全面了解事实,并把握事实的真正意义。

第二,媒介应成为"交换评论和批评的论坛"。诚然,每个人都有权表达自己的思想,但事实上,大众媒介却掌握在少数人手里。要解决这个矛盾,大众媒介就必须承担让各种思想充分交流的职责,也就是"发表与自己观点相反的、有意义的思想"的职责。委员会还指出,媒介发表个人的意见,可采用多种形式。既可在言论版上处理,也可在广告版上出现,还可作为来信、来电刊播等。

第三,媒介应准确表现"社会各成员集团的典型形象"。即强调报道的全面和公正,包括尊重民族情绪,妥善对待种族集团和宗教集团的敏感问题等。

为此,不仅要求每一则具体报道的公正,还要求整体报道的公正,这涉及报道的意图、倾向、数量及总体评价等。如报道黑人,不能只报道阴暗面,而应当同时报道光明面。因为这事关人们对社会各个集团的观念形成及相关社会行为。如果媒介不能真实地描绘社会集团的形象,就可能导致人们判断失误,从而引发或加剧社会矛盾,甚至破坏世界和平。

第四,媒介应"提出和澄清社会的目标和价值观"。大众媒介是一种强有力的教育工具,应自觉承担教育大众的责任。

第五,媒介应使人们"充分贴近每天的信息"。现代人的信息需求远大于过去任何时期,报道和言论应尽量满足他们,即保证所有社会成员能分享所有的信息。同时,就破除新闻自由流通的障碍而言,媒介应成为公众的代理人。

总之,要改善传播的状况,关键在于媒介如何正确处理自身利益与社会责任的关系。

与此同时,委员会认为,大众对媒介也有一定的义务。大众应了解媒介的性质、特点和巨大作用,以及它被少数人掌握的事实。这样,就可以针对媒介的缺陷从多方面加以改进。如某些部门和团体可设法为那些对商业性媒介不感兴趣的受众创办媒介;可建立各种有关大众传播的研究、进修、出版中心,以开展广泛的大众传播教育;可组织民间团体和学术活动,对媒介进行批评和鼓励,以促进媒介的自律精神等。委员会认为,政府也不应袖手旁观。一方面,可支持大众的行动;另一方面,也可通过法律手段制止媒介滥用自由的行为,必要时,还可直接介入传播实践,以平衡私营媒介的不足。

综上所述,与古典自由论相比,社会责任论又前进了一步。它是西方自由观发展的必然产物,就社会控制的有效性、适用性而言,无疑达到了更高的阶段。它提倡积极的自由,不排斥政府在必要时对媒介进行干预。它主张在媒介、公众和政府之间找出三方都认可的共同点,以有效调节传播体制内的各种矛盾。由于这一理论立足于现代美国社会,正视现实中的各种矛盾,不仅在理论上,而且在实际的对策上,弥补了自由主义理论的诸多缺陷,因此得到美国社会各界的普遍认同。正如麦奎尔所说,委员会打造了一个"里程碑",它"可能是新闻自由被认可以来,第一次尝试通过政府的干涉来纠正媒介的病态","对后继的理论和责任的履行具有实质的贡献"。[1]

但需要指出的是,社会责任理论只是对自由主义理论的一种修正,而不能从根本上消除西方资产阶级媒介运行中的各种矛盾。它不可能完全克服自由主义理论的缺陷;它的种种设想在实践中往往走样,不能有效地解决实际问题;它一方面反对政府侵犯传播自由,另一方面又提出政府为保障大众的自由可干预媒介。凡此种种,无不反映资本主义制度下的传播结构,充满了复杂而深刻的"二律背反"现象,而这也非

---

[1] [英]丹尼斯·麦奎尔:《麦奎尔大众传播理论》(第四版),崔保国、李琨译,清华大学出版社2006年版,第125—126页。

社会责任理论自身能独立解决的问题。

6. 苏联共产主义理论的出现

1917年,世界上建立了第一个无产阶级专政的社会主义国家——苏联。苏联共产党和政府对资产阶级新闻事业进行了彻底的改造,并建立了一套全新的传播制度。1918年,第五次全俄苏维埃代表大会通过了第一部苏联宪法,其中第14条规定:"为保障劳动者享有真正表达自己意见的自由,俄罗斯社会主义联邦苏维埃共和国消灭出版事业对资本的从属关系,技术与物质手段一律交归工人阶级与农民掌握并保障此等印刷品在全国自由的传播。"

概括起来,以苏联为代表的社会主义国家的传播制度,具有以下几方面的原则和规范:

第一,传播媒介和传播资源是国家的公有财产,不允许私人占有;

第二,传播媒介必须为工人阶级服务,必须接受工人阶级先锋队——共产党——在思想和组织上的领导;

第三,媒介必须按照马克思主义原理、社会主义的意识形态和价值体系来传播信息,宣传、动员、组织和教育群众;

第四,在服务于社会总体目标的同时,媒介应满足广大群众的愿望和需求;

第五,国家有权监督和管理出版物,取缔反社会的传播内容。[①]

总体而言,西伯特等三位学者对四种媒介(传播制度)理论的梳理,大体符合历史脉络和传播实际,尽管不可避免地存在着各种缺陷,诸如重视政治因素而相对忽视经济因素,重视消极(即免于限制的)自由而相对忽视积极(即有所作为的)自由,在冷战背景下,对共产主义的偏见(将其视为集权主义的延伸)、对广大发展中国家特点的忽略等等,但仍不失其重要的参考(包括借鉴、批判)价值。

二、其他传播制度理论

1. 民主参与理论的探究

除了以上四种理论之外,还有两种涉及传播制度的理论值得了解一下,可以说是对上述四种理论的补充。

[①] 郭庆光:《传播学教程》(第二版),中国人民大学出版社2011年版,第145—146页。

先看发达国家的动向,随着大众的日益觉醒,针对社会责任理论的局限性,发达国家出现了一些新的思潮与实践。其中较有代表性的为"民主参与理论",它又包含"获知权""接近权"等具体理论,以及建设、培育更多小规模、公益性而非商业化的"公民媒介""草根媒介"等主张。如果说社会责任理论的立足点仍然是媒介,那么新理论明确以受众为出发点,因此有其显著的进步意义。这里,对"获知权"和"接近权"略加叙述。①

(1) 获知权(right of inform)。中国学界对此有多种译法,如知晓权、知情权、知的权利、知察权等,有两个含义:一是从媒介与权力机构的关系出发,主张媒介有从权力机构获得各种公共信息的权利;二是从大众与权力机构的关系出发,主张大众有从权力机构获知各种公共信息的权利。所谓"接近权",则着

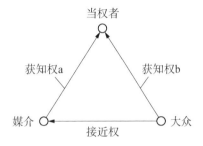

图4-8 获知权与接近权的关系

眼于大众和媒介的关系,主张前者有权"接近"、参与后者的活动。图4-8表明了它们之间的差异。20世纪50年代以前,"获知权"的概念主要在a的意义上理解和使用,50年代以后,特别是70年代以来,重点逐步移到了b的意义上。

其思想萌芽可追溯到古典自由主义理论形成年代的"天赋人权""主权在民"等观念,但那只是宽泛层面上的主张。就传播层面而言,1776年瑞典《新闻法》中提出的"公开原则"(指政府文件应向人民公开),被认为是最早的相关表述。但后来,随着新闻事业的兴起,这一思想未能受到普遍注意和发展。或如上文所说,人们的注意力被局限、集中于a的意义,即新闻媒介与权力的关系。显然,这里暗含着一个"古典自由论"的前提,即媒介是人民的当然代言人。另外,在传统的言论自由思想体系中,更强调的是"告知",而非"获知"。

1945年前后,美国记者库珀首先明确提出这一概念,其背景源于新闻界对二战的反思。人们痛切地认识到,法西斯主义之所以得逞,一个重要原因就是媒介和大众被剥夺了"获知"的权利。此后,"获知权"

---

① 张国良:《传播学原理》(第二版),复旦大学出版社2009年版,第114—118页。

概念就逐渐普及开来,特别在政府、企业或其他团体限制采访自由、掩盖事实真相之际,它被媒介当作对付这种行为的锐利武器,并受到法律界的大力支持。固然,这方面的实践早已有之,但不可否认,进入20世纪50年代以后,在上述理论和有关法律的影响下,社会的"天平"更倒向了媒介一方。以美国为例,70年代初发生的"水门"事件,就属于媒介维护自身"获知权"的著名例证。①

同时,从这一认为不得向媒介隐瞒、封锁消息的 a 观点中,又引申出认为不得向大众隐瞒、封锁消息的 b 观点,即保障大众直接"获知"有关公共信息的权利的思想。显而易见,这可视为对上述18世纪瑞典《新闻法》精神的继承和发展。

1951年,芬兰率先制定《官方文件公布法》。其要点为:公民有权获知一切公开的正式文件;保密性文件不得公开;在获知权得不到满足时,当事人可向法院或其他有关部门要求得到文件。而影响较大、内容较完备者,还数1966年美国制定的《信息自由法》。该法规定,如无特殊原因,政府部门的记录应向任何人公开;如有违反,当事人可向法院起诉。此外,还规定了9类不得公开的保密资料(如情报机构的资料、秘密取得的商业情报、政府尚未作出决策的重大问题研究报告等)。1976年,又进一步制定了《阳光政府法案》(简称《政府公开法》或《阳光法》),要求政府各个部门公开一切属于讨论性质的会议内容(保密范围的除外)。

这成为传播和法制领域里的一个大趋势。在大众的压力下,西方各国先后都承认了这一概念和权利。其间,相关案例频频发生,多以民众一方胜诉而告终。

值得深思的是,这里没有了一向被视为民众当然代言人的大众媒介的位置。为什么?就因为上述媒介垄断化的加剧、监督机能的弱化,导致或加深了人们对媒介的不信任。换言之,b 意义上的"获知权"与新闻或大众传播业虽没有直接关系,但间接意义却是重大的。由于这一权利的行使,人民不仅能更有效地参政、议政,而且能更有效地监督、促进媒介。

---

① 1972年美国举行总统大选之际,为了取得民主党内部竞选策略的情报,以共和党尼克松竞选班子的首席安全问题顾问麦科德为首的5人潜入位于华盛顿水门大厦的民主党全国委员会办公室,安装窃听器并偷拍有关文件,被当场发现。这一事件被《华盛顿邮报》率先披露,最终导致尼克松于两年后的1974年辞职,成为美国历史上首位因丑闻而卸任的总统。

从性质上看,"获知权"是一种民主政治权利,公民能否享有充分的"获知权",也是现代法治社会的标志之一。随着信息时代的来临,"获知权"又被赋予新的内容。公民不仅需要对事关自己利益的信息和决策知情,也需要在知情中获得个人发展的机会,因此,充分享受公共信息,业已成为公民实现自我发展以及社会建构完善民主的前提之一。

(2) 接近权(right of access)。也称"近用权",与上述"获知权"相对,属于一种"告知权"。但它不是一般意义上的言论自由、表达自由,而是特指大众即社会每个成员皆应有接近、利用媒介发表意见的自由。

这一理论的首倡者为美国法学家巴隆(Jerome A. Barron),他于1967年提出:"古典自由论"时代关于"意见的自由市场"的浪漫主义理想已然过时,为确保大众的言论自由,必须由宪法确认大众"接近"媒介的权利。此后,尽管媒介方面持冷淡态度,但这一观点受到大多数人的欢迎。其背景就是媒介的大规模化、垄断化趋势,既然一般个人再也无力创办媒介,所谓"言论自由"岂不成了空话?于是,便合乎逻辑地推出了这一让个人"接近"媒介的权利概念。这从一个侧面反映了当代受众觉悟的提高和力量的增大。在资本主义制度下,大众固然很难真正、完全地掌握媒介,但在他们的努力下,使媒介向人民靠得近一些则是可能的。因此,国际传播学界对这一理论表现出相当浓厚的兴趣。

具体而言,"接近权"有两种主要形式:反论权与意见广告(刊播权)。

所谓"反论权",也称"反驳权"或"公平原则",指大众面对媒介发表的批评自己(或与自己对立)的意见,可要求该媒介免费提供版面、时间进行反驳的权利。1969年的美国"红狮"事件表明,这不再仅仅是理念,而开始成为现实。当时,美国宾夕法尼亚州的"红狮"电台播放了攻击公民库库的内容,后者向电台要求行使"反论权"而被拒绝。官司一直打到联邦最高法院,结果电台败诉了。最高法院的判决书这样写道:"至高无上的,不是广播事业者的权利,而是视听者的权利。……在本事件中起决定作用的,是公众对社会、政治、审美、道德及其他思想和经验的适当接近(参与)的权利。"[1]司法界支持了作为接近权之一的"反论权"。但是,这一权利至今尚未完全确立。一个最大的

---

① [日]竹内郁郎:《大众传播社会学》,张国良译,复旦大学出版社1989年,第117页。

难题是,怎样妥善处理受众的"接受自由"与媒介的"表达自由"之间的矛盾?同一个美国联邦最高法院,在后来的一些案例中又做出了不利于"反论权"的判决,足以说明事情的复杂性。

其他发达国家大同小异,对此既不能不考虑,又颇有顾忌。总体而言,多倾向于承认该权利对广播、电视的适用性,而否认或有条件地承认其对报刊的适用性,如德国《报刊法》规定:"反论权"只限于对事实性内容进行事实性反驳,对意见、判断、议论等的反对意见则不予承认。

所谓"意见广告",与"反论权"先有媒介信息而后有大众意见的情况不同,一开始就由大众通过媒介发布信息。"意见广告"在以下两个方面也不同于"反论权":第一,它作为广告是"付费"而不是"免费"的;第二,它适用于报刊而不适用于广播电视(与前者相比,后者的广告费用更大、感情色彩更浓、频率频道相当有限)。

这一"接近"手段的最大问题是,难免造成金钱支配的局面。因为富人可"购买"大量版面,使穷人难以与之对抗,但多数学者认为,不管是谁,只要有一定资金,就可以在报刊上发表自己的主张,这终究不失为一种"接近"媒介的有力措施。特别是大部分报刊并不限制"意见广告"的内容,即使与编辑方针相左,也照登不误。这不仅有利于保障言论、意见的多样化以及保障大众对多样化信息的"获知权",同时,还有可能成为启示媒介、促其改进原编辑方针的契机。

此外,广播电视方面的"参与节目"也被认为是一种"接近"的有效方式。这不是一般的"听众、观众参加节目",而是如英国广播公司(BBC)的"敞开之门"那样的节目,即在接受一定条件(如不攻击他人、不作政治性或营利性宣传等)之后,就由大众(个人或团体)来负责设计、制作节目了。

实际上,传统的"读者(听众、观众)来信(来电、来访)",也是一种"接近"媒介的方式。其缺陷过去并不明显,但随着时代的推移,越来越显露出来:一是认识上没有提高到"权利"的层次;二是实践中仍然以媒介为立足点,受众只是被动的存在。正因如此,才产生了上述种种变革的需求和行为。①

还必须指出,进入21世纪以来,网络技术使人们期待已久的传受

---

① [日]竹内郁郎:《大众传播社会学》,张国良译,复旦大学出版社1989年,第117页。

互动不再那么困难,并以其开放的结构和海量的存储能力,为各种讯息和意见的进入与碰撞提供了包容的空间。网络相对较低的准入门槛(包括技术、文化和物质等条件的普及),在为大众提供发表多样意见园地的同时,也打破了传统媒介的信息准入特权。可以认为,随着互联网的勃兴,受众的媒介"接近权"得到了前所未有的大幅度提升。这一状况已引起传统媒介的警醒和反思,迫使其进一步提高向大众开放的程度,总的趋势是越来越有利于受众了。

2. 国家发展优先理论的摸索

迄今为止的各种传播制度理论,多偏重考察发达国家的状况。因此,有学者指出,不应忽视发展中国家的实践。如英国传播学者麦奎尔在其《大众传播理论》一书中就认为,根据大多数发展中国家的共同特点,可概括出一种"国家发展优先理论"。[①]

麦奎尔指出,经历了从不发达和殖民主义向独立和更好的物质条件转变的发展中国家,经常缺乏基础结构、资金、传统和专业技术,甚至缺乏支撑媒介机构所需的、可与发达或次发达国家受众相比的受众。许多发展中国家的媒介,常常受经济来源支配,受外国控制,受集权主义统治。因此,其媒介(传播制度)理论往往倾向于强调如下目标:把国家发展任务(经济的、社会的、文化的和政治的)放在首位;追求文化和信息的自主权;与其他发展中国家团结一致。

由于优先考虑这些目标,媒介可得到的有限资源由政府分配,就可能是合理合法的。对媒介责任的强调,高于对媒介权利和自由的强调。

总之,这一理论的核心观点为:把经济的发展、国家的建设放在首位,媒介的一切行为都应当服从这一目标。具体地说,有以下几个方面:

第一,媒介的方针应与国家的方针、政策步调一致;

第二,媒介的内容应优先弘扬本国文化;

第三,应优先考虑与兄弟发展中国家的合作;

第四,媒介应当既是自由的,又是负责的;

第五,媒介与国家利益发生冲突时,国家权力可介入,使用各种相应的控制手段。

---

① [英]丹尼斯·麦奎尔:《大众传播理论》,潘邦顺译,台湾风云论坛出版社1996年版,第197页。

第三节　传播的法制与伦理

至此,我们主要从政治层面考察了传播制度的演变,为了更加全面地把握这一社会现象,还有必要从法律、道德层面来加以了解,因其内容十分庞杂,故只能提纲挈领,以求"初窥门径",从而为今后的"登堂入室"提供一个基础。

一、中外传播法制概要

1. 何谓传播法制

所谓法制,既可理解为"法律制度"(静态),也可理解为"以法律来管制"(动态)。

前者既包括以规范性文件形式出现的成文法,如宪法、法律和各种法规,也包括由国家机构认可的不成文法,如习惯法和判例法等,在各种制度中,法律是一种最具强制力的制度。

后者与"法治"近义,具体内涵为,统治阶级按照民主原则把国家事务制度化、法律化,并严格依法进行管理的一种方式。这一意义上的法制与民主政治联系密切,即民主是法制的前提,法制是民主的体现和保证,只有使民主制度化、法律化,并严格依法办事,确立一种正常的法律秩序的国家,才是真正的法制国家。

由此可知,所谓传播法制,就是与传播行为有关的法律制度(静态),或通过实施有关法律来规范传播行为的过程(动态)。

2. 世界传播法制概观

由于传播活动与各种政治、经济、文化活动不可分离,因此,在整个世界范围内,有关传播的法律制度或法律体系都不是单一的法律文本,而是表现为许多法律规范的集合。在实行成文法的大陆法系国家,主要形式是各种成文的法律文件,在英美法系国家,判例、习惯等则有重要地位。以下,简述四种主要形式的传播法律。[①]

---

① 参见魏永征:《新闻传播法教程》(第二版),中国人民大学出版社2006年版,第7—12页。

（1）宪法。宪法是近代形成的民主制度的标志,也是现代国家的根本法,或称最高法、基本法。

为此,各国都把宪法有关内容作为传播法律最为重要的依据,公民的言论、新闻、出版、表达自由等权利,都由宪法加以规定。有的国家宪法还直接规定禁止事先检查以保障这一权利,如法国《人权宣言》(1789年)、美国《宪法修正案》(1791年)、德国《基本法》(1949年)等。

以美国为例,其《宪法修正案》(1791)第一条规定,"国会不得制定关于下列事项的法律:确立国教或禁止信教自由;剥夺言论自由或出版自由;或剥夺人民和平集会和向政府请愿申冤的权利。"这一法律条文被视为美国传播业界的保护神,为美国媒介的舆论监督提供了有力的法律保障,在相关判例中被多次引用。例如,美国最高法院在1964年《纽约时报》上诉沙利文案中,援引该条文判决前者胜诉,由此确立了一种"宪法性的诽谤法",给媒介批评官员和公众人物以特殊的宪法保护。① 又如,美国最高法院于1997年援引该条文,裁决经国会通过、由克林顿总统签署的《传播净化法》违宪,也是以宪法从根本上规范美国传播活动的著名案例。②

（2）一般法。也称普通法,相对于宪法和专门法而言,构成各国传播法律的重要来源,包括成文的法律性文件和司法判例、被认可的习惯等。

如上文说及,随着当代民主思潮的发展,公民的"获知权"(也称"知情权"、"知晓权"等)被提上了议事日程,被认为是基于宪法规定的"言论自由"基本权利而延伸出来的一项权利,受到普遍认同。为了推动这一权利从理念、理论转变为行动、实践,20世纪60年代以来,瑞士、美国、丹麦、挪威、法国、荷兰、加拿大等几十个国家相继建立了政府

---

① 沙利文是美国阿拉巴马州蒙哥马利市负责警察事务的官员,因《纽约时报》1960年刊登的一则政治广告(主要内容为指责行政部门迫害黑人民权运动)而起诉报社及广告主对他构成了名誉损毁,初审法院和州最高法院都判决该广告构成了诽谤,但《纽约时报》上诉至联邦最高法院后,反败为胜。

② 该法案于1996年通过,主旨为:通过互联网向未成年人传播不道德或有伤风化的文字及图片,处以罚金25万美元及二年以内徒刑。对此,美国公民自由联盟等团体认为其违反了宪法修正案第一条,向费城法院起诉,法院判决美国政府败诉,后者上诉至联邦最高法院,经过一年的辩论和审理,最高法院最终认定该法案违宪,互联网应有言论自由的权利,从而维持原判。

信息公开制度,颁布了相关法律,如上文提到的美国《信息自由法》(1966年)、《阳光政府法案》(1976年)等。改革观念、社会运动与法制之间的密切互动关系,由此可见一斑。

又如,对名誉权、隐私权等人格权,各国大多在民法、刑法中,或同时制定单行的成文诽谤法、隐私权法予以保护。在传播活动中,表达自由权与人格权的冲突,可以说是最突出的一个法律问题。在传播相关法律中,诽谤法的地位仅次于表达自由法。国际法学界认为,诽谤法的使命就在于实现表达自由权与人格权的合理平衡。这一课题的当代趋势有二,一是强调以民法来调整媒介与公民在诽谤和隐私方面的冲突;二是直接援引宪法来制衡民法,如上述沙利文案,对许多国家都产生了影响。

再如,国家安全和利益、社会正常秩序的维护,与表达自由也有一定的冲突,这方面的规范通常在各国的刑法或行政法中予以规定,如媒介活动不得损害国家安全和泄露国家秘密、禁止淫秽不雅信息等,都是传播法律中不可缺少的内容。

(3) 专门法。目前,世界各国制定专门的传播法(或媒介法)的数量尚无准确统计。根据现有资料,各国的专门法大致可分为两类。

一类侧重就传播活动的基本原则,包括公民的基本权利作出规定,如瑞典的《新闻法》(1776年)、法国的《新闻出版自由法》(1881年)、德国各州的《新闻出版法》(第二次世界大战后)、俄罗斯的《大众传播媒介法》(1991年)等。

另一类则偏重规范和管理各类媒介活动,如出版法、报刊法、广播法、电视法等,这类法律性文件的功能,主要是调整国家行政机构与媒介之间的管理与被管理的关系。有些国家不制定出版法,因为对出版物的管理可依据企业法、公司法,但由于广播电视的频道资源有限,一般都有相应法律,实行许可证制度。如美国于1934年制定《通讯法》,依法设立了联邦通讯委员会(FCC),作为美国政府的一个独立机构,直接对国会负责,通过控制广播、电视、电信、卫星、电缆等来协调国内和国际传播活动。尤其值得一提的是,为适应全球化、数字化的时代潮流,美国于1996年又制定了《电信法》以取代《通讯法》,旨在放宽管制、促进竞争,打破电信与广播电视之间的行业壁垒,被视为电信史和大众传播史上具有里程碑意义的事件,产生了世界性的影响。

随着互联网的兴起,世界各国开始着手制定相关的管理规范,世界上第一部与网络媒介相关的法律由德国于1997年推出,名为《信息与通讯服务法》。

（4）国际条约和国际惯例。这也构成传播法律的一个重要来源,如《世界人权宣言》(1948年)、《公民权利和政治权利国际公约》(1966年)等国际及区域人权公约中关于保障公民表达自由等基本人权的规定,为各签约国所遵守,特别是《欧洲人权公约》(1950年)在欧洲若干国家享有成文法的地位。

另外,《伯尔尼保护文学和艺术作品公约》(1886年)、《世界版权公约》(1952年)等文件,在保障传播活动中的著作权人权益、促进信息和文化交流有序化方面发挥着重要作用。

3. 中国传播法制概观

中国是单一的成文法国家,从传播法律的结构看,同样由上述四种形式组成。①

（1）宪法。从广义上说,现行《宪法》的主要内容,如:沿着建设有中国特色的社会主义的道路,集中力量进行社会主义现代化建设的根本任务,坚持共产党的领导、坚持马克思主义、坚持人民民主专政、坚持改革开放基本国策,发展社会主义市场经济、发展社会主义民主和健全社会主义法制的基本原则,公民的基本权利和义务等等,都指导和制约着传播活动。

从狭义上说,现行《宪法》的有些条款,直接规范传播活动,如第二十二条对新闻出版广播电视事业为人民服务、为社会主义服务的方向的规定;第三十五条对公民有言论、出版自由的规定;第四十一条关于对任何国家机关及其工作人员提出批评和建议的权利的规定;第四十七条关于公民进行科学研究、文艺创作和其他文化活动的自由的规定等,都是对传播活动具有根本意义的法律规范。2004年修宪之际,第三十三条增列"国家尊重和保障人权"作为该条第三款,也有深远影响。

（2）一般法。中国各种形式的一般法中,有许多内容与传播活动有关。以现行法律体系中三套最重要的基本法律为例,其一是关于刑事的《刑法》(1979年通过,1997年修订)和《刑事诉讼法》,规定禁止危害国家安全和利益以及淫秽、色情的内容等,约有20多种罪名与传播

---

① [美]杰伊·布莱克等、[中]张咏华:《大众传播通论》,复旦大学出版社2009年版,第397—402页。

活动相关；其二是关于民事的《民事通则》(1986年)和《民事诉讼法》，与传播活动的关系更为密切，因为名誉权、隐私权等大量传播诉讼案件都有民事纠纷的特征；其三是规范行政部门依法行政的《行政许可法》(2003年)、《行政处罚法》(1996年)和《行政诉讼法》(1989年)，它们关系到传播行业的行政管理，以及媒介的行政诉讼行为，也有不可或缺的作用。

此外，与传播活动较为相关——如涉及重要信息发布、维护国家安全、保守国家机密、保护公民和法人的人格权、传播不良内容等的法律以及行政法规，还包括：《统计法》(1983年制定，1996年修订)、《防震减灾法》(1997年)、《证券法》(1998年制定，2004年修订)、《气象法》(1999年)、《保守国家秘密法》(1988年)、《国家安全法》(1993年)、《档案法》(2003年)、《未成年人保护法》(1991年)、《反不正当竞争法》(1993年)、《消费者权益保护法》(1993年)、《预防未成年人犯罪法》(1999年)、《治安管理处罚法》(2005年)、《突发公共卫生事件应急条例》(2003年)、《国家突发公共事件总体应急预案》(2005年)、《关于非公有资本进入文化产业的决定》(2005年)等。

(3) 专门法。目前，中国尚无专门的传播法或媒介法、新闻法，但也并非全然缺位，有两部法律可视为与传播活动相关的专门法，即《著作权法》(1991年制定，2001年修订)和《广告法》(1994年)，它们分别对媒介内容的著作权和广告活动加以规范。

除此之外，还有一批国务院及其各个部门制定的行政法规发挥着专门法的功能，其中，国务院制定、发布的有：《音像制品管理条例》(1994年制定，2001年修订)、《电影管理条例》(1996年制定，2001年修订)、《出版管理条例》(1997年制定，2001年修订)、《印刷业管理条例》(1997年制定，2001年修订)、《广播电视管理条例》(1997年)、《电信条例》(2000年)、《计算机信息系统安全保护条例》(1994年)、《计算机信息网络国际联网管理暂行规定》(1996年制定，2007年修订)、《互联网信息服务管理办法》(2000年)等。

(4) 国际条约和国际惯例。中国于1992年加入上述《世界版权公约》和《伯尔尼保护文学和艺术作品公约》；1997年签署《经济、社会与文化权利公约》，于2001年经全国人大常委会批准，其中关于文化权利的内容与传播活动相关；1998年签署《公民权利与政治权利国际公约》(待全国人大常委会审批)，其中第十九条关于保障表达自由的规定与传播活动直接相关。2001年中国加入世界贸易组织(WTO)之际,有些协议内容涉及传播行业,为此,政府对《著作权法》《出版管理条例》等相关法律、法规进行了重要修改。

二、中外传播伦理概要

1. 何谓传播伦理

所谓伦理,即道德,一般指评价人们善恶、美丑、荣辱、正义与非正义的标准,而传播伦理,也就是对人们的传播行为给予善恶、美丑、荣辱、正义与非正义等评价的标准。

如果说法制是一种刚性的规范,称为"他律",那么伦理就是一种软性的约束,称为"自律",两者相辅相成,缺一不可。事实上,在整个世界范围内,传播伦理或媒介自律已成为传播管理中的一个重要概念和重要实践。其核心内容是,确立传播行业领域的职业道德规范,并以此为准则来实现对媒介从业人员的自我约束,从而达成提高行业声誉和专业水准、推动社会进步的目标。

2. 世界传播伦理概观

伴随着大众传播的诞生,媒介自律制度率先形成于发达国家,而有关媒介自律的思想,大约出现于19世纪上半叶。如上文所述,自由主义制度的确立,导致媒介滥用自由,传播职业道德问题日趋严重,引起社会普遍不满,从而迫使媒介内外有识之士对这一问题进行严肃反思,在此背景下,媒介伦理或自律在发达国家渐次被列为维护言论自由、以防止政府干预的重要途径。[1]

其思想萌芽最早见诸一些有见识的报业主为其报社制定的办报宗旨、方针与守则中。例如,美国报人格里利创办于1841年的《纽约论坛报》,在创刊广告中宣称:"它将努力维护人民的利益和促进他们道德的、社会的和政治的权益。它将摒弃许多著名便士报上的不道德的、下流的警察局新闻、广告和一些其他材料。我们将尽心尽力地把报纸办成赢得善良的、有教养的人们嘉许的、受欢迎的家庭常客。"[2] 又如,英

---

[1] 张国良:《传播学原理》(第二版),复旦大学出版社2009年版,第127—130页。
[2] 张隆栋、傅显明:《外国新闻事业史简编》,中国人民大学出版社1988年版,第69页。

国报人斯莱于1855年创办的《每日电讯与信使报》,其创刊号发表的社论宣称,该报宗旨是办成一张价格低廉而质量优良的日报,保卫国家,提高道德,并促进民主福利。在这些报人的办报宗旨中,已提出了媒介的职业道德问题。①

媒介自律思想的萌生,推动了实践层面的职业道德建设。在世界范围内,瑞典先行一步,于1874年成立了"时事评论家俱乐部",后改名为"报纸发行人协会",由各报社社长、主笔或主编组成,其主要活动就是,建立媒介业务和道德方面的职业标准,定期检查各报的执行情况,避免媒介内部的腐化及来自外界的攻击,以维护媒介行业的尊严,促其恪守责任。②

此后,一些有识之士提出了职业道德规约,将新闻(媒介)自律的原则运用到道德规范建设中。1908年,美国新闻学者沃尔特·威廉斯创办密苏里大学新闻学院并出任首任院长,他于1911年主持制定的《新闻工作者守则》,被认为是世界上第一个传播职业伦理准则的文件,其大意如下:新闻为神圣的专门职业;报刊为公众信托之所寄,报刊从业人员如不能为公众服务,而受私利驱使,就辜负了公众的信赖;正确与公平乃良好的新闻事业之基础;新闻工作者应只写其心目中深信为真实的事情;除非为了社会公益,否则无理由禁载新闻;新闻工作者应避免受自身偏见的左右及受他人偏见的影响;广告、新闻与评论均应为读者的最高利益服务;最成功的新闻事业必然坚持独立,傲慢与权势都不能使之动摇。③

与上述学界的理念呼应,业界也推出类似的规则,如美国报刊编辑协会于1923年发布的《新闻界信条》,其主要内容涵盖7点:责任,新闻自由,独立性,真诚、真实、准确,公正不偏,公平行事,庄重。④

而美国记者公会于1934年通过的《新闻工作者道德律》,是又一

---

① 魏永征等:《西方传媒的法制、管理和自律》,中国人民大学出版社2003年版,第326页。
② 黄瑚:《新闻法规与职业道德教程》,复旦大学出版社2003年版,第242页。
③ 魏永征等:《西方传媒的法制、管理和自律》,中国人民大学出版社2003年版,第327—328页。
④ 同上书。

著名媒介团体制定的、适用于团体内部的职业道德准则。[1] 它要求媒介工作者遵守正确和公正原则,强调正确、无偏见地向公众报道事实是媒介工作者的首要责任,媒介工作者不应为(政治、经济、社会、种族及宗教的)偏见所左右,不能把宣传材料冒充成新闻而刊登,不得因牵涉与自己有特殊关系的个人或团体而扣发应发表的新闻报道。

由此可见,正确/准确、真实/真诚、公正/公平、公益/责任、独立/自由等概念,构成学界和业界的共识。但需要指出的是,早期的传播伦理或媒介自律思想较为简单,还不够系统,而且未被从业人员普遍接受。在古典自由主义理论和制度下形成的放任自流传统根深蒂固,媒介自律的突破性发展尚有待于一个坚实理论,即"社会责任"理论的成型。

第二次世界大战后应运而生的"社会责任"理论,明确提出了建设一个自由而负责的媒介行业。具体而言,该理论强调自由和责任的统一,道德义务和社会责任是自由概念的题中应有之义,在消极自由之外更应提倡积极自由。并且,就媒介、公众和政府的关系而言,提倡政府应积极敦促媒介为大众和社会的利益服务,必要时,政府可出面帮助社会获得这种服务。言论自由不仅是媒介的自由,也涉及保护公众的自由。

所有这些观点都是对传统自由主义理论的扩充和修正,从而为媒介自律观的深化、为自律信念在媒介行业的普遍确立做出了关键性的贡献,推动了媒介职业道德建设和自律组织建立的进程。

二战以后,众多国家建立了媒介职业标准,制定或修订已有的媒介职业道德准则。例如,比利时于1947年在卢森堡召开第25届报业会议,拟出八条报业道德的基本原则,不久又成立了比利时报业道德委员会,于1951年发表题为《新闻记者的权利与义务》的文件,长达200页,详尽程度是其一大特色。又如,加拿大法文报人协会于1964年制定了《报业廉政章程》。这些文本都是世界著名的新闻职业道德规范文件。[2]

1954年,联合国颁行了《国际新闻道德信条》,这是第一份由联合国大会颁发给各会员国新闻工作者协会参照执行的全球性新闻(媒

---

[1] 魏永征等:《西方传媒的法制、管理和自律》,中国人民大学出版社2003年版,第327—328页。

[2] 黄瑚:《新闻法规与职业道德教程》,复旦大学出版社2003年版,第259页。

介)职业道德公约。该《信条》指出,新闻及出版自由与媒介职业道德密切相关,当报业及其他媒介工作人员,能经常自觉努力保持最高度的责任感,切实履行道德义务,忠于事实,并在报道、说明和解释事实的过程中追求真理时,这一自由将获得更加充分的保障。

目前,在世界大多数国家的各个媒介及相关领域如报刊、广播、电视、公关、广告、摄影等,都制定了适合自身特点的、成熟的职业道德规范。综观各国的媒介职业道德守则,大同小异,主要内容大致如下:新闻必须真实、客观与公正,一旦发现错误,尽快更正;维护国家安全与司法公正;以正当方式从事本职工作,不受贿、不剽窃,保守职业秘密;尊重他人名誉与隐私,不诽谤中伤他人;不伤风败俗,注意保护未成年人。

当然,也有一些规定为某些国家所特有,如:新闻从业人员不得从事商业、广告活动(法国、加拿大等),一般不报道自杀或企图自杀的新闻(瑞典、挪威等),不得破坏种族关系与宗教关系(英国等),不得鼓励骚乱(印度等)。[①]

3. 中国传播伦理概观

中国的传播职业道德建设,最早可溯源至近代一些进步报人提出的新闻伦理思想。1876年,早期改良主义思想家、近代报业先驱王韬,发表题为《论日报渐行于中土》一文,首次较为系统地阐述了媒介从业人员的职业道德问题,认为秉笔之人"必精其选,非绝伦超群者,不得预其列",记事持论"其居心务期诚正",反映"人心之所趋向"。[②]

近代中国的传播伦理思想,主要包括以下几点:从业人员以品性为第一要素;新闻报道务求真实、全面、客观、公正;要反映民情,指陈时事,主持清议,为民请命;报刊要力求通俗易懂,面向人民群众,办报要有读者观念。显然,这些要点既与国际规范高度一致,又切近本国实际。

在职业道德建设方面,一些进步、开明的媒介,率先制定了约束工作人员的内部规则。当媒介从业人员的社团组织出现后,它们也肩负起监督从业人员职业道德状况的职责,成为开展职业道德建设的主要力量。1910年成立的中国第一个全国性媒介从业人员社团——中国报业俱进会,在其章程中宣示,"以结合群力、联络声气、督促报界之进

---

① 黄瑚:《新闻法规与职业道德教程》,复旦大学出版社2003年版,第259页。
② 同上书,第261页。

步为宗旨"。①

1921年,中国共产党诞生之后,深具马克思主义传播伦理思想内涵的中国共产党传播职业道德逐渐形成。在此过程中,1942年以延安《解放日报》为典型的党报整风改革运动、1947年由《晋绥日报》发起的解放区新闻界反"客里空"运动,作为两次具有深远意义的职业道德建设运动,标志着中国共产党传播职业道德走上了成熟的道路。②

中国共产党传播职业道德的基本内容概括如下。

第一,坚持无产阶级党性原则。党报是党的集体的宣传者、鼓动者和组织者;必须开展全党办报活动。从这一原则出发,党的媒介工作者应当具备的基本职业道德要求是:在思想上,以马克思主义为指导思想;在政治上,正确地宣传党的路线、方针与政策;在组织上,坚持民主集中制。

第二,全心全意为人民服务,联系实际、联系群众。这既是中国共产党人的基本政治道德要求,也是媒介工作者的基本职业道德要求。媒介要为读者服务,报道要向社会负责。

第三,坚持正义与真理,维护新闻的真实性。深入实际,调查研究。

1978年,中国共产党十一届三中全会召开后,随着改革开放的践行,媒介职业道德及其建设作为一个拨乱反正的新概念、新问题被提了出来,集中体现为重新确立新闻真实性的原则,以纠正"文革"期间的"假大空""高大全"遗毒。③

1985年前后,由于媒介实行了"事业单位,企业化管理"的方针,出现了各种利益的冲突,特别是社会效益与经济效益的失衡,因此,反经济层面的行业不正之风就成为媒介职业道德建设的新重点。

1991年,中华全国新闻工作者协会(简称中国记协)颁布了《中国新闻工作者职业道德准则》,这是中华人民共和国成立后的第一个全国性媒介(传播)职业道德行为规范文件,具有里程碑意义。它将媒介从业人员的职业道德行为规范概括为以下8条:全心全意为人民服务;以社会效益为最高准则;遵守法律和纪律;维护新闻的真实性;坚持

---

① 黄瑚:《新闻法规与职业道德教程》,复旦大学出版社2003年版,第261页。
② 同上书,第262页。
③ 20世纪50年代末,在"大跃进"错误路线指引下,媒介伦理遭到严重破坏,"亩产万斤"之类的虚假报道泛滥,留下极为惨痛的教训;而"文革"持续时间更长,"事实为政治服务"的极"左"路线大行其道,导致媒介伦理全面崩溃。

客观公正的原则;保持廉洁奉公的作风;提倡团结协作精神;促进国际友好合作。它提出,社会主义新闻工作的根本宗旨是全心全意为人民服务,媒介人员必须服从这一基本原则,正确处理社会效益和经济效益的关系,坚持真实、客观、公正的原则,反对新闻商品化的倾向。

当然,从理想到现实的道路总是不平坦的,1992年,中国由计划经济向市场经济转变,媒介的商品属性凸显,在激发出行业整体和记者个体活力的同时,职业道德水平持续下滑,以"有偿新闻"为主的不正之风愈演愈烈。为此,从1993年起,媒介行业以整体的名义向"有偿新闻"宣战,同年,中共中央宣传部、新闻出版总署联合发出了《关于加强新闻队伍职业道德建设、禁止"有偿新闻"的通知》,进一步加大媒介职业道德建设的力度,在各方努力下,这一工作取得一定成效。

需要指出的是,传播职业道德建设绝非一蹴而就,而是任重道远的世界性难题。进入20世纪以来,包括"有偿新闻"在内的各种违背职业道德的不良风气远未绝迹,尤其随着以互联网为主的新媒体的兴起,众声喧哗,鱼龙混杂,传统的"把关"再也难以为继,在此背景下,弄虚作假、受贿封口、媒介审判、侵犯隐私、格调低下、色情煽情等现象,不仅未见收敛,甚至大有蔓延之势。

这就警示我们,任何时候都不能对这一重要课题掉以轻心,应标本兼治,多管齐下,将道德建设(媒介自律)与法制建设、政府治理、舆论监督、公民教育(媒介素养)等结合起来,方能切实致效,事半功倍。

此外,自1998年起,媒介职业道德建设出现了以树立正面形象、加强正面教育为主的变化。自那时以来,几乎所有媒介机构都将职业道德教育作为岗前培训和在岗培训的重要内容。2003年,中共中央宣传部、国家广电总局、新闻出版总署和全国记协,联合向全国媒介行业发出开展"三项学习教育活动"的通知,将"三个代表"思想的学习、马克思主义新闻观的教育、职业精神和职业道德的培训列为一项经常性的工作。①

综上所述,媒介自律制度的形成,无疑具有重要意义,它是现代传播业作为严格意义上的职业走向成熟的标志。任何真正意义上的职业,必定拥有独特的职业标准、职业道德规范,必定要求从业人员奉行职业道德规范,达到职业标准。唯此,这一行业才有可能实现良性、健康的发展。

---

① 张国良:《传播学原理》(第二版),复旦大学出版社2009年版,第133页。

第五章

传播内容的建构

第一节 信息与符号

由第四章不难看出,除"把关人"理论外,其他内容并不属于传播学,而来自哲学、政治学、法学、伦理学,其原因就在于,先行学科对传播制度、信息结构等方面的关注其实已多有积累。对这些前人的成果当然不能无视,一方面,从研究着眼,我们需要参考和借鉴;另一方面,从教育出发,我们也有必要建构一个相对完整的人类传播活动的框架。故本章的旨趣是,就5W中的信息(或讯息)环节加以考察,主要概述信息科学、符号学、语言学、教育学、哲学等学科的相关知识。

关于信息的研究,不仅构成传播学的五大领域之一,而且作为联结传者和受者的中间环节,其重要意义无须赘言。这一课题可概括为:人类传播活动传送、接受的是什么?或者说,它的"产品"是什么?简言之,就是围绕信息和符号展开研究。如前文所述,信息本身是看不见、摸不着的精神内容(即意义),必须通过符号作为载体才能呈现、表达出来,因此也可以说,它们是一种内核和外壳的关系。

需要说明的是,任何信息(符号)都包含具体内容,如新闻、言论、知识和娱乐等,对这些内容分门别类的深入研究是各个相关学科的任务,而传播学主要关注的是信息与符号的形式问题,包括其特点、结构、类型、功能等。

一、信息的特点和类型

1. 信息的特点

何谓信息？我们在第一章、第三章都曾涉及，包括：其本质是世界构成要素之一；其定义有广义（事物的表征和表达）、狭义（不确定性的消除）之分。

信息和传播的关系极为密切，一是材料和内容，一是运动和形式。当然，它们毕竟不是同一概念，而是各有特点。相对于"传播"来说，"信息"处于本体的位置，前者是为后者服务的。

根据信息科学的研究，信息这一既非物质也非能量的"第三态"，有许多特点。

（1）可识别性。这是人类认知、传播活动得以展开的基本条件。对于信息，我们既可以通过感官（眼耳鼻舌身）直接识别，也可以借助各种手段即媒介间接识别。不同的信息对识别方式和手段自有不同的要求，如文字信息依赖视觉以及纸张或屏幕，声音信息则离不开听觉及播音装置。

（2）可传递性。广义地说，这部分地相当于可识别性，尤其是人类对自然信息的直接认知；狭义地说，则偏重于人工信息的直接或间接的识别和传递，即人类在认知过程中将信息不间断地进行传递的可能性。如果没有这种信息传递、流动的无限可能性，也就不会有人类文明的持续成长。

（3）可扩散性。这是强调在可传递性作用下信息占有空间（即传播范围）可以不断扩张的另一种表达。确实，在某种意义上，信息流很像水流，渗透性极强，能冲破各种束缚，顽强地通过各种渠道扩散，如生生不息的地下报刊、小道消息等。

（4）可分享性。信息传递、扩散的过程就是所有传播参与者分享信息的过程。每一个传者将信息发出后，自己依然享有它，没有丝毫损失。因此，也可称为信息的非损耗性。与物质、能量相比，这无疑是信息的一大特征和优势。

（5）可转换性。然而，非损耗性并不意味着，信息是不变的。恰恰相反，信息在流动过程中总是不停地变动的，既有形式的变化，也有内容的变化。从形式看，就是其"外壳"即各种符号（语言、文字、图像、实物等)的交替使用,如口称"我爱你"和献上一束玫瑰花,符号不同而意思相同,即信息内容不变,其表达形式即符号却可以自由地变化、转换。这实际上是各种物质(包括能量)载体的变换。换言之,与非损耗性相联系,信息还有一种非独立性。即任何信息都必须寄载于符号,而任何符号又都必须寄载于物质及能量。信息是无形(声、味、体)的,而符号是有形(声、味、体)的。这正是唯物主义的基本观点:物质是第一性的,精神是第二性的。

(6) 可加工性。所谓非损耗性,主要指信息内容在正常流通过程中不会无缘无故地消失,能使传受双方共有、分享。可是,在信息内容的生产阶段,传者(生产者)当然要进行各种加工,如取舍、增减、修改、组合等(参见前文"把关人"理论)。与此相对,在消费阶段,受者(消费者)当然也要对信息进行加工(参见前文"讯息不一致性"的见解)。

(7) 可贮存性。对于有价值的信息,人们既可以通过大脑记忆,也可以通过物质手段,如印刷物、磁带、光盘、电脑等保存。由此可见,信息还有一种可压缩性,使人类能方便地将天文数字的巨量信息浓缩至小小的芯片中,从而使信息化、数字化时代的到来成为可能。

(8) 可替代性。由于信息在本质上是事物的反映和抽象,即有关大千世界各种现象的知识和规律的集合体,因而,如果能正确、充分地利用信息,必能提高效率、减少浪费。如此,信息就具有了在一定条件下或一定程度上"替代"物质和能量的作用。正因此,信息化特别是高度信息化,才显示出其巨大魅力。事实上,近年来诸多发达国家和发展中国家由于大力开发信息资源,在国民生产总值不断增长、劳动生产率持续提高的同时,能源消耗反而有所减少。

(9) 不完全性。此特性是一个缺点。即任何信息都不可能完全、彻底地反映客观事物,它们对不确定性的消除都是有限度的。为此,我们对信息的收集和利用也做不到一劳永逸,而只能是一种不断接近但永远达不到"绝对真理"的过程。

(10) 时效性。信息的局限性不仅体现于空间,也体现于时间。一旦超过期限,信息(特别是新闻性信息的期限尤为短暂)的效用就会减小,乃至完全丧失。

2. 信息的类型

信息的类型多种多样。就性质而言,有人类信息、非人类信息之分;从符号角度,可划分为语言信息、非语言信息;从内容和功能角度,则可划分为实用信息、非实用信息等。此外,还有以下一些较为常见的分类视角。

（1）从信源(传者)看,可区分为人工信息和自然信息。凡是人类未参与制作加工的,为自然信息,反之则是人工信息。

（2）从信息的存在方式看,可区分为内储信息和外化信息。未通过物理形式(声音、纸张、电子信号等)表现出来的,称内储信息,包括人脑中进行的自我传播、生物体内的遗传密码等,反之为外化信息。

（3）从生成领域看,可区分为自然信息、社会信息和思维信息。

（4）从应用领域看,可区分为政治信息、军事信息、经济信息、文化信息、科技信息等等。

（5）从认知方式看,可区分为直接信息、间接信息。人们直接从事物(表征)那里感知的为直接信息,而间接从他人(的直接或间接)信息(表述)那里获得的则为间接信息。略有不同的另一种类似界定为:原始信息(指第一次表述)和加工信息(指第二次到第 n 次的表述)。

（6）从认知程度看,可区分为未知信息和多余信息。纯粹意义上能消除不确定性的为未知信息,反之为多余信息。有趣的是,后者并非一定是"多余"的。因为面对绝对全新的信息,谁也无法理解。例如,当我们从头开始学一门外语时,就处于这种状态。由此可知,对未知信息的理解,离不开多余信息的帮助。关键在于,两者的比例如何恰到好处。这里,就涉及信息量的计算这样一个重要问题了。

3. 信息量的测定

关于信息论、信息科学对传播学的启示和意义,[①]前文已多处提及,这里简述其有关信息量的见解。

诞生于 20 世纪 40 年代末(恰好与传播学同时)的狭义信息论之主要任务,是使用概率论和数理统计方法研究通讯领域中信息的度量、传递和变换规律,以期在信息的获取、测量、变换、传递等各个环节取得最佳效果。在此过程中,信息论创始人香农舍弃了一切带有主观成分的因素,如信息的含义(内容)、真实性、价值判断等,从而使信息这一从来被认为纯属主观范畴、只能以定性方法描述的概念显示出客观性,

---

[①] 信息论可分为两个层次:一是狭义信息论,也称一般信息论,主要研究通讯领域的各种信息问题;二是广义信息论,即信息科学,以一切与信息技术有关的领域为研究对象,后者是在前者基础上发展起来的。

并且可采用定量方法加以测定。为此,他引入了精确的数学概念——信息量,并提出信息量的计算公式如图5-1。

$$H = -k \sum_{i=1}^{N} P_i \cdot \log P_i \quad (\text{比特/每个讯息})$$

图5-1 信息量的计算公式模式

H=每个讯息的平均信息量,K=波尔兹曼常数,Pi=先验概率,比特=以2为底的对数时信息的单位

如果用文字表达这一公式,则为:信息量等于可能性选择的概率的对数。通俗地说,当人们在两个可能性(如今天"下雨"或"不下雨")中获得一个正确的答案,就得到了一个单位(比特)的信息。这就是香农称信息为"不确定性的消除"的由来。

这一卓越创见不仅在通讯领域引起革命性的变革,而且很快渗入包括自然科学、哲学和人文社会科学(当然也包括传播学)在内的一切学术、技术分野,影响巨大而深远。进一步说,信息论与控制论、系统论相结合,事实上成为了现代社会一种具有普遍指导意义的科学的方法论和世界观,广泛应用于各个领域、各门学科。就改革开放后的中国而言,信息(及信息量)已成为从国家领导人到群众、从知识界到整个社会使用最频繁的概念之一。人们第一次明确意识到,信息原来是可以计量的,信息必须有足够的新鲜度和流通量,才能适应生活、学习和工作的需求。正是在此背景下,中国媒介行业和其他各行各业持续不断地发生了意义深远的信息化、数字化、网络化的变革。

但我们要避免一种误解,即讯息中的信息量越多越好。事实上,信息量以适度为宜,过犹不及,为此需设置必要的多余(也称冗余)信息。信息论认为,这类似于物理学中的"熵",它是一个用以表述情况不确定性或混乱状态的术语。换言之,所谓"比特",即相当于负"熵"。在日常交流中,一个事物或一种情境,"熵"(不确定性)越少,有关讯息的信息量越小;"熵"(不确定性)越多,则有关讯息的信息量越大。当一则讯息中的信息量不大时,其构成部分中的多余信息的失落,往往能被受者自动加以填补,并且这种填补的选择是唯一的。如书刊中人们熟知的内容发生错漏,读者仍能正确地理解——"花好"之后,当是"月圆";"白日依山尽"之后,应为"黄河入海流"。由此可见,多余信息对

讯息致效,即帮助人们理解未知信息的重要作用。

此外,多余信息还有一大作用,就是抵制噪音的干扰,即通过重复要点,让受者牢记(如父母对将出远门的子女的"千叮咛、万嘱咐",广告对推销产品的连篇累牍的宣传等),但切勿过度,否则适得其反。

值得讨论的是,多余信息究竟在什么程度(数量)上可称必要呢?原则上,只要能达到使受者明确无误地接收、理解未知信息的最低限度即可。在此前提下,信息量越大越好。可是,在具体实践中的应用却不简单。主要原因有:第一,传者(受到认识、能力、环境等条件限制)难以掌握尺度;第二,传播目的、讯息内容不同,导致要求不同,如上述父母的叮嘱、广告的重复,就不同于新闻的报道、电影的播放;第三,因受者而异,尤其是大众传播媒介,面对各有特点的众多受者,操作难度就更大了。

为此,自20世纪20年代以来,有些学者致力于"可读性"或"易读性"的研究,颇有收获。

4. 可读性的研究

对"可读性"的兴趣,最先源于教育学界对教材的研究,后得到包括传播学在内的各个相关学科的注意和加入。[①] 通常认为,第一个测量可读性的公式,由美国教育学者莱夫利和普雷西(Lively & Pressey)于1923年提出。

他们聚焦于人们对词语的熟悉程度,认为讯息中的词语熟悉程度越高,则可读性越强。其具体方法是,根据人们对各个单词的熟悉程度(即使用频度)的不同,分别标明其"常用指数",指数越高,则越常用。例如,"和"(and)的指数为210,"原子"(atom)为4,前者比后者常用得多。也就是说,一则讯息中的常用词越多,其可读性越强。

然而,仅以单词熟悉程度来判定可读性,显然不够全面,并且这一方法虽可比较两则以上的讯息,但难以评估单则讯息的可读性。为此,美国教育学者弗莱什(Flesh)着眼于词句长度,于1943年提出计算可读性的公式。该公式的中心思想为:一则讯息中的短词、短句越多,则

[①] [美]沃纳·赛佛林、小詹姆斯·坦卡德:《传播理论:起源、方法与应用》(第四版),郭镇之等译,华夏出版社2000年版,第130—148页。

可读性越强。[①] 在他的启发下,众多学者展开了后续研究。其中一些对大众传播内容的研究结果显示,媒介在这一方面做得不如人意。如塞布(Seib)发现(1976 年),从句子的平均长度看,《华盛顿邮报》(某星期日头版,下同)为 38 个词,《纽约时报》为 33 个词,《华盛顿星报》为 31 个词。与此对照,三种畅销小说的句子平均长度,都在 12 个词以下。正如塞布所说:"新闻不能以小说的标准来衡量……但是,平均起来一句话若是超出 30 个词,便难以阅读了,特别是房间对面就有电视等着。"

同时,弗莱什等学者还认为,讯息中的人情味如何,也是影响可读性的一个关键因素。什么是人情味呢?一指对话性词句,二指关涉人的词句。这类词句在讯息中的比重越大,则可读性越强。

可读性研究的实际价值是显而易见的,因此受到各国学界和业界的重视和运用,有效地改进了传播内容,尤其是加强了表达技巧。从理论意义看,它与信息量研究各有侧重,形成互补,深化了我们对这一领域的认识。

二、符号的特性和作用

1. 符号的特性

如前文所述,信息和符号的关系密不可分,可理解为内核和外壳。所谓符号化、符号读解或编码、解码之所以必要,就因为信息本身是看不见、摸不着的无形的"意思"或"意义",必须通过(寄载于)有形的符号来表现。它们的关系也可比喻为货物和载体。如果说"传播"是运输,"信息"是货物,那么"符号"就是运输工具。因此,凡研究传播、信息者,都不能不研究符号。

事实上,当今各国传播学界都越来越重视符号研究。作为一门新兴学科的符号学,不仅对传播学有重大影响,而且与哲学、语言学、文学、政治学、心理学、社会学、艺术学等许多学科都有密切的互动关系。

[①] 弗莱什的可读性公式如下:R.E.(可读性分数)= 206.835−.846wl(每一百字的音节数)−101.5sl(每个句子中的平均字数),所得分数在 0~100 之间,得分越高,则可读性越强。详见[美]沃纳·赛佛林、小詹姆斯·坦卡德:《传播理论:起源、方法与应用》(第四版),郭镇之等译,华夏出版社 2000 年版,第 132 页。

以人类符号行为作为研究对象的符号学,诞生于本世纪初。一般认为,它有两个创始人,即瑞士语言学家索绪尔(Fardinand de Saussure,1857—1913)和美国哲学家皮尔士(Charles Sanders Peirce,1839—1914),他们不约而同地创立了这门学科,且各自都有很多弟子,继承、阐发他们的思想。相比而言,索绪尔较为重视符号本身及符号之间的关系,而皮尔士更加重视符号和人、对象之间的关系。

根据符号学的观点,对符号的基本特性可从以下几个方面来认识。

(1)定义。所谓符号,就是"任何可以作为某种事物(意义)标志的替代物",或者说,"任何为传递信息而用以指代某种事物(意义)的中介"。这种替代物或中介,可以是人工的,也可以是自然的;可以是语言的,也可以是非语言的。如上文举例,男女之间表达爱情,既可以说"我爱你",也可以送上一支玫瑰花。

(2)本质。归根结底,符号是人类思维的工具或手段。① 任何离开符号的思维,都是不可想象的。从这个意义上说,人既是"劳动人",又是"符号人"。这也是马克思主义经典作家的思想。正如马克思所说,蜜蜂也能劳动,甚至使建筑师自愧不如,但再蹩脚的建筑师也总是事先在脑海里构筑蓝图之后才动手实施的。这就是思维的过程,也就是运用符号的过程。②

(3)结构。符号有两个要素:一是可以直接感觉到的"能指",也叫"符具";二是可以推知和理解的"所指",也叫"符指"。如玫瑰花是"符具",爱情(意义)是"符指",两者结合就构成了"符号"。

语言学中有一个著名的"指说"理论,与此相通,即英国学者奥格登和瑞恰兹(Ogden & Richards,1923年)以"语义三角图"来论述的思想(参见图5-2)。他们强调,意义不是语言(符号)固有的,而是人赋予的,只有人把符号与特定的指说对象(实物或概念)联系起

图5-2 语义三角图

---

① 与传播、信息一样,符号(sign)也有人类、非人类之分,这里限定为人类符号。另外,作为信息载体的符号,还有低级、高级之分。低级符号称信号(signal),只表示某种事物存在与否,如乌云密布代表快下雨了、百花盛开显示春天来了,这类信号现象或活动也见诸动物世界;而与思维有必然联系的,仅限于高级符号,也叫象征符号(symbol),或简称为象征。换言之,符号有广义(包括信号与象征)、狭义(仅指象征)之分。

② 参见韩毓海:《卡尔·马克思》,人民出版社2018年版。

来时,符号才有了意义。图中的实线表示关系直接、确定,而虚线表示关系间接、不确定。

如果说,"指说"理论正确地呈现了符号的外部结构——没有"解释者"(即传受双方)的认可,将符号与指说对象联结(如玫瑰花和爱情),符号过程就无法成立,则符号学还将分析的触角延伸至符号的内部结构(参见图5-3),也就是说,符具(玫瑰花)+符指(爱情)=符号(代表爱情的玫瑰花)。

图5-3 符号过程图

(4)情境。不仅如此,图5-3还指出了情境的作用。即在不同情境中,对符号有不同解释,如玫瑰花不一定表示爱情,也可能是间谍活动的暗号。如此,符号过程(包括符号化、符号读解)的必要条件就齐全了,同时,也与社会过程接连起来了。①

(5)类型。符号的分类同样因角度不同而各异,除前述人类、非人类,语言、非语言,以及信号(低级符号)、象征(高级符号)等分类外,还有以下两种比较常见的分类角度。

第一,从符具和符指的关系看,可划分为三类:一是图像性符号,符具与符指之间具有某种共同性、一致性,如绘画、图表等;二是标志性符号,具体、现实,符具与符指通常是前因后果关系,如敲门声表示有人造访,一片树叶落下,意味着秋天快来了;三是象征性符号,关系的随意性最大,语言是其典型,如"树"这一汉字。

第二,从符号的性质看,可划分为两类:一是逻辑性符号,具有确定性,大多为上述象征性、标志性符号。如数字、自然科学符号、语言(1就是1,不是2;"树"也不是"草",不是"水");二是表现性符号,具有不确定性,大多属图像性、模拟性符号,如绘画、音乐、影视、体语等。对于一幅树的图画,是好是差,表现了什么意境,见仁见智,往往难有统一的认知。

(6)特点。总体而言,符号有以下三大特点。一是指代性。即任何符号都只是事物(意义)的替代物,而非事物(意义)本身。如某人叫

---

① 索绪尔有一个独到的见解,认为符号的价值取决于它在符号系统中的位置。例如,有ABC三个电影镜头,分别是一个人的笑脸、一把枪、同一个人的哭丧脸,如果先后排列不同,则意思截然不同。这其实是符号规则的作用,可包含在解释者和情境的分析之中。引自张国良:《现代大众传播学》,四川人民出版社1998年版,第172页。

张三,这"张三"仅仅是指代他的姓名符号,而不是他这个"人"本身。二是随意性。符具与符指、符号与指说对象的关系,如上文所述,取决于解释者和情境,因而是随意的,如张三大可改名为"李四"或"王五"或其他任何符号。三是约定性。这种关系又是约定俗成的,即受到解释者和情境的制约。如张三通常不会随意改名,因为会带来很多麻烦。更重要的是,对整个社会通行的、基本定形的符号(语言和非语言)系统,作为个人的张三,要改变哪怕一点点,如把"椅子"称为"桌子"、把伸大拇指的意思"赞扬"解释为"贬损",也极不容易或极不可能。

这些特点,对我们有何启迪意义呢?首先应注意区分符号世界和客观世界,这类似于虚拟环境和现实环境的差异。其次要注意不过度拘泥于已有的符号规则。唯此,我们的表现力才能越来越丰富。①

同时,注意避免离谱或出格。如某些流行歌曲的词句为创新而写得令人不知所云,又如某些店招、商标、广告等一味追求怪异性、刺激性,可谓误入歧途。

2. 符号的作用

从作用或功能角度看,符号作为寄载、传达意义的中介,与信息一起建构了传播的内容。由是观之,其作用与传播是同构的,基本功能也是传受信息,次基本功能则为监测环境(报道)、协调关系(劝服)、传承文化(教育)、调节身心(娱乐),由此推动实现人类生存和发展的目标(参见第一章第四节)。

可是,在信息交流过程中,人与人之间究竟是怎样互相作用、互相影响的?其中究竟有何规律?很久以来人们并不明了,直至"符号(象征)互动"理论问世,才获得了较为清楚的认识和理解。

这一理论的创始人就是乔治·赫伯特·米德(George Herbert Mead,1863—1931),著名社会心理学者,美国社会学芝加哥学派的主

---

① 试举一例,将各国、各民族流行的对爱侣的昵称并列起来,真是妙趣横生:法国——小卷心菜,阿拉伯——我的黄瓜,美国——甜心,芬兰——温柔的小树叶,波兰——饼干,希腊——黄金虫一般,日本——美丽的山花,奥地利——我的小蜗牛,塞尔维亚——小蟋蟀,立陶宛——啤酒,捷克——我母亲的灵魂。引自张国良:《现代大众传播学》,四川人民出版社1998年版,第173页。

要领军人物之一。①

3. 符号互动理论的创建

有趣的是,米德生前未出版过任何著作,他在芝加哥大学哲学系讲授社会心理学课程长达30年之久,直到辞世后,才由其学生根据课堂笔记及与他的对话,整理、出版了这一理论的奠基性著作《心灵、自我与社会》(1934年),同样有趣的是,该理论的名称也非米德本人提出,而是由他的得意弟子布鲁默构想的。

米德的主要观点可概括如下。②

首先,人与人之间的传播活动,唯有通过符号(作为信息载体、意义中介)交换才能进行,正是在这一互动过程中,人们得以建立关系并建构社会。

其次,在此过程中,作为传播主体的每一个人之"自我"逐步成长(亦即社会化过程)。"自我"由两个部分构成,一个是"主我"(Ⅰ),无序、冲动,具有思想和行为的创新性和驱动力,代表"我想成为一个怎样的人";另一个是"客我"(me),有序、理性,具有规范性、约束力,代表"我是(或应是)一个怎样的人",即周围的人(称"泛化他人"或"概化他人")认为我是一个怎样的人。举例来说,人们经常会问他人,尤其是"重要他人"(父母、教师、好友、恋人等):"我漂亮吗?""我真的很聪明吗?"而对方回复的肯定与否,往往产生很大的作用。

最后,社会经由"客我"进入个体,同时被"主我"建构或重构。一个发达或成熟的"自我",既包容社会,又创造社会。所谓"心灵"(精神、意识),就是每一个人与自己的交流,即"主我"与"客我"之间的对话,或者说,个体要求与社会期待之间的协调。

4. 符号互动理论的发展

作为米德最为出色的学生,布鲁默(Herbert Blumer, 1900—1987)不仅继承了老师的思想,而且有所拓展和深化,其代表作为《符号互动论:观点与方法》(1969年)。他认为,符号互动理论有三个核心假设,

---

① 该学派以世界上第一个社会学系——芝加哥大学社会学系(1892年创办)——为中心而形成,集合了斯莫尔、托马斯、帕克、米德等一批著名学者。他们在实用主义思潮影响下,以当时的新兴城市芝加哥为对象,就人口、种族、犯罪、邻里关系等各种社会问题展开了扎实的经验研究,成就卓著,影响深远。

② 参见[美]乔治·H.米德:《心灵、自我与社会》,赵月瑟译,上海译文出版社2008年版。

或称基本前提。①

第一，人们总是根据其对事物(包括人和事)赋予的意义而采取相应的行动。如张三认定，李四心地善良，试图与其成为朋友，从而对李四做出各种示好的举动。

第二，意义产生于人们的社会互动。换言之，意义并不存在于事物本身，而是在人与人之间通过符号交换而形成的。如李四为人如何，既可能是张三与其直接互动得来的印象，也可能是来自王五间接告知的信息。

第三，在社会互动过程中，人们自身的思维(心灵)能修正其以往对符号的解释。如张三通过与李四更多的直接交流，以及了解到更多的间接信息，表明其心地并不善良，则张三就将修正其对"李四"这一符号原来的解释了。

在传承符号互动理论的众多学者中，值得一提的还有戈夫曼(Erving Goffman，1922—1982)，代表作有《日常生活中的自我呈现》(1959年)等。他深受布鲁默的影响，认为社会秩序和行为意义都不是固有的，而是人们在互动中赋予的。该理论被称为"戏剧论"或"拟剧论"。他把人们的活动比作剧场演出，从戏剧角度研究社会互动，富有创造性、趣味性和启发性。他认为，人们在互动中，不仅自我呈现，还试图操纵呈现的形象，如通过语言、姿态、手势等，使他人形成自己期待的印象，这一过程可称"印象管理"，故其理论也被称为"印象管理理论"。②

综上，源于社会心理学的符号互动理论，在人文社会科学领域产生了广泛的影响。由此可见，与传播学类似，符号学也是一门横向型学科，其研究对象——符号现象或行为——同样是一个交叉性很强的领域，而非符号学独占，因此，哲学、社会学、心理学、语言学等多个学科在此领域交汇。今后，传播学与这些相关学科的相互启迪和影响将有增无减，这也是一种必要的"符号互动"过程，有助于我们产出更加丰硕的成果。

---

① [美]埃姆·格里芬：《初识传播学》，展江译，北京联合出版公司2016年版，第59—62页。

② 参见[美]欧文·戈夫曼：《日常生活中的自我呈现》，冯钢译，北京大学出版社2008年版。

第二节 语言符号及其传播规律

一、语言学的源流

如果说符号学是符号领域中概括层次最高(研究一切形态、类型的符号)的学科,则语言学就是专门研究语言这一人类独有的、也是最为重要的符号体系的学科。因此,语言学不仅在学术殿堂里一向拥有崇高地位,而且早在2 000多年前就诞生了。概而言之,语言学的发展经历了以下四个阶段。[①]

1. 传统语言学

也称传统语文学。源于古代中国、古印度、古希腊和古罗马,最初的动机都是注释经典文献。西方的传统语言学以语法研究为中心;中国的传统语言学也称"小学",则包括文字学、音韵学、训诂学,从汉代起长盛不衰,至清代更是人才辈出,蔚为大观。

2. 历史比较语言学

这是兴起于19世纪的一个语言学流派,强调对语言进行历史的比较研究,阐明语言之间的"亲属"关系。

3. 结构主义语言学

20世纪30年代产生的一个语言学流派,其代表人物即索绪尔。他把语言看作是一个由语言成分之间相互依赖、相互制约的关系组成的结构系统,极大地影响了当时的语言学界。这一流派有三大支流:一是以布卢姆菲尔德(Leonard Bloomfield)为代表的美国学派;二是布拉格学派,以特鲁别茨柯依(Nikolay Trubetzkoy)为代表;三是哥本哈根学派,代表人物是叶姆斯列夫(Louis Hjelmslev)。

4. 转换生成语言学

这是由美国语言学者乔姆斯基(Avram Noam Chomsky)创立于20世纪50年代的一个流派。乔姆斯基主张,语言研究的主要目的是研究人理解和生成句子的内在能力。他认为,结构主义语言学的研究,基本

[①] 毛茂臣:《语义学:跨学科的学问》,学林出版社1988年版,第18—20页。

上停留在外在描述的层次上,因而是不够的。

总的来说,在语言学悠长的演化过程中,人们对语言的认识不断由浅入深、由狭到宽、由低到高,达到了今天较为科学、全面的阶段。考虑到它对语音、语法的研究,与传播学的关系较远,关系较近的则是有关语义的研究,因此有必要介绍一些语义方面的成果。

二、哲学视野中的语义研究

语言有三大要素:语音、语法、语义。所谓语义,即语言的意义,以此为研究对象的学科称语义学。按理,它应当是语言学的分支,但事实上,它的一些重要流派却不归属于语言学,而归属于哲学。其原因在于,古往今来,哲学界一直对包括语义在内的语言问题抱有浓厚的兴趣。同时,语义学也受到心理学、人类学等学科的关注、渗透。

从哲学角度看,至少有三个学派与语义研究密切相关,分别是逻辑实证主义学派、日常语言学派、普通语义学派。其中,对传播学最有参考价值的是普通语义学;日常语言学也有一定的参考价值;相对而言,逻辑实证主义对传播学的借鉴意义不大,故不展开,其主要观点可用一句话来概括,即提倡"经验实证原则"——任何命题是否有意义,要看它是否能被主观感受经验所证实,最符合这一要求的是数学和逻辑的命题。

1. 普通语义学述略

普通语义学也称一般语义学,由原籍波兰的美国哲学者柯日布斯基(又译科齐勃斯基,1879—1950)创立于20世纪30年代。他认为,精神病往往是由于误用语言而造成的,强调科学思维方法与精神健康之间的密切关联。他的代表作就题为《科学与精神健全》(1933年)。

正如后人批评的那样,柯日布斯基有一种过于夸大语言作用的倾向,显然是不可取的。他在上述代表作里说:"本书尝试的这种研究,对安定人类事务,比起手持机关枪的警察队、炸弹、监狱和反省院来,会从根本上作出更大贡献"。[①] 纵观其整个思想体系,确实不乏独创价值和合理成分。特别是他的两个优秀弟子——美国学者温德尔(Wendell Johnson)和加拿大学者早川一荣(日裔,Samuel Ichiye Hayakawa),出色

---

① 毛茂臣:《语义学:跨学科的学问》,学林出版社1988年版,第6页。

地整理、发挥并广泛地传布了他的思想。温德尔和早川一荣的代表作分别为:《困惑中的人:个人调节语义学》(1946年)和《思想与行动中的语言》(1939年)。

普通语义学的主要观点如下。①

(1) 语言的特征及由此带来的缺陷。首先,语言是静态的,实际是动态的。自然界和社会,时时刻刻在变化,语言却相对不变。例如,2020年的中国,不要说与1920年的中国,即便与1976年的中国相比,也发生了沧桑巨变,不可同日而语。然而,我们用以指代她的仍然是同一个词:中国。这往往影响到思维的静止化、凝固化。个人也是一样,如7岁的周树人与37岁的周树人,无疑很不相同,他在这一年(1918年)发表《狂人日记》,开始采用"鲁迅"作笔名,而37岁的鲁迅与55岁的鲁迅(他在1936年逝世)自然也有很大的差异,但这些变化在固定的符号中都无以反映。

为此,普通语义学家认为,可(至少在心目中)标示日期,以注意这种变化,如中国1840、中国1978,周树人1918、鲁迅1936,等等。

其次,语言是有限的,实际是无限的。普通语义学派有一句名言:"地图不等于实地"。一层意思是提示"两个环境"的差异,另一层意思是,任何地图都不可能完整地、没有遗漏地描述实地。语言既帮助我们认识客观世界,又不可避免地限制我们的认识能力。如温德尔所说,英语单词共有50万—60万个(一般人常用5 000—10 000个),算是十分丰富的,可是要表述的事物却多到难以计数。举例来说,如太阳一直在运行、变动,我们主要用"昼""夜"这两个词语加以描绘,即便加上"曙光""黎明""黄昏""傍晚"等,还是远远不能反映整个过程。对个人的评价也是如此,不外乎使用"聪明""谦虚""勇敢"等词汇,总是不能穷尽全部特征。换言之,我们永远无法说出事物的全貌,这就容易造成认识的片面性。

为此,普通语义学家建议:在每一次叙述的结尾,可(至少在心目中)加一个"等等",他们创办的一个刊物,名称就叫《等等》。

在日常生活中,由于受到语言和思维(如前述及,语言是思维的直接现实,两者是同轨的)片面化的影响,还有两种常见的认识误区。

---

① [美]沃纳·赛佛林、小詹姆斯·坦卡德:《传播理论:起源、方法与应用》(第四版),郭镇之等译,华夏出版社2000年版,第88—104页。

一种是估计极端化。如有人失恋以后说:"我再也不相信任何女人(或男人)了!"这就是以偏概全,非此即彼,往往导致精神疾病。其实,世界上并没有统一格式的女人(或男人)。这一缺陷与"刻板成见"也密切有关,如地域偏见、性别歧视等的普遍存在。

需要注意的是,语言本身的结构里就隐含着偏见,如汉语中的"女"字,常与其他字组合为词,其中固然有正面词如"好""婧",但负面词也不少,如"媚"(谄媚)、"奸"(奸人)、"妨"(妨害)、"奴"(奴隶)等,对此应有警觉。

为此,普通语义学家建议,可采用(至少在心目中)给事物标示数字的办法,如女人1、女人2、男人1、男人2、某地或某国人1、某地或某国人2……重要的是,认识到他们都是不同的个体,由此克服片面化、极端化的思维方式。

另一种是不自觉的倾向性。例如,当我们在发表"房间很大""橘子很甜""此人不错""这次会议十分成功"等看法时,听起来是在描述实际,其实总包含着个人感受。

为此,普通语义学家开出如下"处方":在开头或结尾加一句"对我来说"或"在我看来"。

最后,语言是抽象的,实际是具体的。不用说,语言的这一特性使我们获益匪浅,能舍弃细节,进行高度概括。但因此也可能带来抽象失当的问题,即抽象水平太高或太低。为了分析这一现象,早川一荣设计了一个"抽象阶梯"(见图5-4)。

语言层次	
8	交通工具
7	陆上交通工具
6	机动车
5	小汽车
4	本田牌汽车
3	塞弗林的本田雅阁汽车
非语言层次	
2	人们看得见、摸得着的一辆茶色本田雅阁汽车
1	作为物理现象的汽车结构

图5-4 早川一荣的"抽象阶梯"(以某人的汽车为例)

确实,在传播实践中,时常可见这类欠缺。以大众传播为例,有些报道(如涉及暴力和性的信息)太过具体、详细,有些报道(如有关国计民生的决策和文件)则太过抽象、简略。人际传播中,道理也是一样,有人说话或写作啰唆、不得要领,有人则言语或文字艰涩、难以理解,如此,自然都达不到应有效果。如何在语言传播过程中,恰当地把握、处理抽象与具体这对矛盾,需要长期练习,方能逐步具备高超的技巧。

另外,这一抽象度高低的研究,与前述信息量大小、可读性强弱(参见本章第一节)的研究密切相关,可相互联系、对照,进一步拓宽我们的思路。

(2)语言的性质及相应的对策。早川一荣认为,有必要区分语言的性质,有的放矢地制定对策。

他认为,语言有三种性质不同的类型:报告、推论、判断。所谓报告,指可被证实的表述,大体相当于报道、消息;推论指基于已知对未知的表述;判断则指对人和事物的评价。举例来说,"某人在敲桌子"属于报告,"他发脾气了"属于推论,"他是一个脾气很坏的人"就属于判断了。早川的结论是,报告宜大力提倡,推论尤其是"判断"应格外小心、谨慎。"敲桌子"是一个事实,未必是"发脾气",更不能就此认定此人"脾气坏"。

这一观点被认为特别有助于加强大众传播媒介报道的客观性。虽然绝对的客观报道是不可能做到的,但作为一个合格的记者,以报道真相为天职,理应尽可能地贯彻客观报道原则,以避免轻率的推论和判断。

试举一例,有些学者采用早川一荣的观点和方法,就媒介的客观性展开了研究,发现了偏见的存在。一个有代表性的案例是,美国传播学者梅里尔(John Merril)于1965年分析了《时代》周刊对三位美国总统的报道,发现存在6种明显的偏见:①归属偏见,如"被击败的杜鲁门";②形容词偏见,如艾森豪威尔"温文尔雅的说话方式";③副词偏见,如杜鲁门"不客气地说";④意见(相当于早川一荣说的判断)偏见,如"很少有不受欢迎的人解雇一个更受欢迎的人";⑤上下文偏见,指整个句子、段落或报道流露出来的偏见,如"六个法官不得不同意";⑥照片偏见,指给人的整体印象,如"高贵的还是低贱的""生气的还是快乐的""平静的还是神经质的"等。同时,梅里尔以《时代》周刊对三位总统任职期间十大争议问题的报道为研究样本,计算各种偏见出现的次数,结果显示,该刊对杜鲁门强烈否定,对艾森豪威尔强烈肯定,对肯尼迪则较为平和(参见表5-1)。

表5-1 《时代杂志》在10篇争议问题抽样报道中对三位总统的偏见分布

	杜鲁门	艾森豪威尔	肯尼迪
偏见总数	93	82	45
正面偏见	1	81	31
负面偏见	92	1	14

对此,《时代》周刊多少有些难堪,声称将加以改进,朝着公平的方向努力,但费德勒(Fedler)等学者于1979年、1983年进行的后续研究表明,情况并无明显好转,偏见依然存在,而且继续出现在新闻报道之中,"将事实编入半虚构的语言模式,并以此引导读者的思考"。①

需要强调的是,在自媒体、社交媒体日益发达的当下,人人都有了成为"公民记者"的可能,故对于报道客观性的要求,事实上已构成了公民素养、媒介素养(前者包含后者)的一个重要部分。

2. 日常语言学述略

自古以来,人们总是把"言"和"行"绝对分开、对立,并倾向于贬前者而褒后者。所谓"沉默是金""一步行动胜过一打纲领",说的就是这个意思。但渐渐地,有人对此产生了怀疑,两者必定是对立的吗?它们难道没有一点共同之处吗?其结果是,产生了一种新的理论,即"言语行为"理论,由英国日常语言学派的代表人物奥斯丁(John Langshaw Austin, 1911—1960年)首创。

奥斯丁的代表作《论言有所为》(1962年),原为作者于1955年在哈佛大学的演讲,后成书出版。如书名所示,他的中心观点是:言即行。具体地说,人的语言可完成以下三种不同的行为。

(1) 表现行为。传者说出的话,只要有一定的意义和所指(符指),就相当于这种行为,如"猫在地上"。

(2) 非表现行为。传者想通过说话达成某种行为,如小孩不听话,大吵大闹,母亲说:"你再吵,我就告诉你的老师!"小孩顿时安静下来,

---

① [美]沃纳·赛佛林、小詹姆斯·坦卡德:《传播理论:起源、方法与应用》(第四版),郭镇之等译,华夏出版社2000年版,第99—101页。

由此就完成了"警告"行为。此外,还有"命令""催促""安慰""道歉""侮辱"等多种行为,不胜枚举。

奥斯丁最重视这一"非表现行为",他指出,究竟完成什么行为,有时依语境而定。如妻子对丈夫说"猫在地上",可能是"警告"(别让它吃桌子上的鱼),也可能恰好相反,是"催促"(快喂它吃鱼)。

(3)收言后之果行为。指传者的话对受者发生影响,从而取得了某种效果。如"早上好"(可使受者回答"早上好"),"你可以在外面玩半小时"(可使受者飞快地跑出房间),"子弹已经上膛了"(可使对方恐慌)。事实上,上述母亲的"警告",也收到了使小孩安静下来的效果。[①]

综上,奥斯丁在语言的传播过程中考察语义,独具慧眼地看到了语义中含有"行为"成分,扩大了语义研究的领域,给人以颇多启示。既可深化我们对传播效果(层次、作用)的认识,也可让我们进一步体会到,与人际传播相比,大众传播的劣势就在于,缺少面对面情境的配合和观察。

三、语言学视野中的语义研究

在关于语义研究的丰硕成果中,值得一提的还有奥斯古德(前文曾述及此人,即奥斯古德-施拉姆传播模式)的"语义区分"理论。其不同于上述各种定性研究的最大特点是,试图以定量方法对语义进行把握。

奥斯古德(Osgood, Charles Egerton, 1916—1991),是美国著名的心理语言学者,代表作有《心理语言学》(1953年)、《意义的测量》(1957年)等。他创立的语义区分理论,对传播学颇有参考意义。他认为,既然语言与实际之间总是有很大距离,人们就应想方设法地尽量缩小其间的距离。为此,他提出,在认知、评价人和事物时,将相关概念及其反义词(通常有三个维度)排列在一起。例如,好-坏,正面-反面,愉快-不愉快(价值维度);快-慢,主动-被动,兴奋-平静(行动维度);强-弱,重-轻,硬-软(功能维度)等,然后各分成7个级别(即极度-中度-轻度-中性-轻度-中度-极度)加以测量,就可望获得比较接近实际的

[①] 张国良:《现代大众传播学》,四川人民出版社1998年版,第170—180页。

结果。

这一理论及其方法也可以用来评价人,不仅可用于大众传播,也适合于人际传播、组织传播。例如,美国某高中曾运用各种尺度对黑人学生进行评估。结果如图5-5所示,两条曲线的走势相当一致,据此可以认为,调查确实反映了黑人学生的一些特征,但分别放大了各自眼中的缺点(如"有偏见的""迟钝的""愚蠢的")和优点(如"谨慎的""无偏见的"),代表了白人组和黑人组(被调查者)的不同看法,清楚地显现了偏见的存在。这可视为语义区分理论的又一功能,即通过横向比

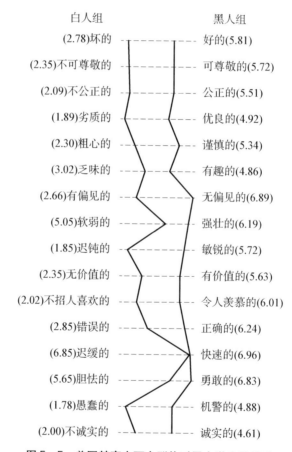

图5-5 美国某高中两个群体对黑人学生的描述

较,透视个人和群体之间的差异。①

这一研究对于克服思想片面性、估计极端化,有十分显著的价值,因而受到传播学界和业界的重视。许多学者和机构把这种理论与方法应用于受众调查和内容分析,取得良好的效果。例如,一个值得称道的成果是,通过反复试验、推敲,研究人员大体确定了对媒介机构综合形象评价的主要指标为:态度是负责任的,还是不负责任的;整体实力是强大的,还是弱小的;报道是真实的、令人满意的,还是不真实的、令人不满意的;信息是新鲜的、有意义的,还是陈旧的、无意义的;内容是有趣的,还是无聊的。

当然,由于时代的变化、技术的发展,导致媒介的类型、形态以及受众、用户的需求越来越多样化,因而在此基础上,还可以对这些指标进一步合理化、科学化。

第三节 非语言符号及其传播规律

一、非语言传播的功能

对人类传播来说,语言符号的重要性是不言而喻的,但这并不意味着其他符号就无足轻重。有些学者认为,在面对面的人际传播中,依靠非语言符号传递的信息大约占六成,②即使在大众传播活动中,自电视、网络先后问世以来,图像符号的数量也呈现出爆炸式的增长,导致整个媒介业出现了图像化、视觉化的趋势。

我们都有体会,在某些场合,非语言符号及其传播(符号与传播是密不可分的两位一体,故为了行文简洁,以下略称为"非语言传播")的作用胜过语言传播,甚至是后者不能替代的。总之,语言和非语言这两大符号与传播体系,密切配合,缺一不可,如同鸟儿的两只翅膀,构成了

---

① [美]沃纳 J·赛弗林、小詹姆斯·W. 坦卡德:《传播学的起源、研究与应用》,陈韵昭译,福建人民出版社1985年版,第83—101页。
② [美]鲁道夫·F. 韦尔德伯尔、凯瑟琳·S. 韦尔德伯尔、迪安娜·D. 塞尔诺:《传播学》,周黎明译,中国人民大学出版社2013年版,第45页。

人类传播的完整结构和过程。

那么,非语言传播究竟有哪些功能呢?①

(1) 补充或强调。它往往与语言传播同时进行,如人们一边说"我错了",一边低下脑袋;一边说"欢迎、欢迎",一边面带微笑;一边骂对方"混蛋",一边挥臂扬拳……

(2) 矛盾或抵触。有时,非语言传播的意思与语言传播不一致,从而透露出传者的真实想法。如有人口头上说"欢迎、欢迎",脸上却毫无笑容,这就表明他并非真正欢迎对方的到来。

(3) 替代或调适。它也常常单独展开,多见诸需要调适的场合。有时,人们可以不使用语言,甚至不适合使用语言。如久别重逢的亲人紧紧握手或拥抱,一时显得任何语言都是多余的;又如参加葬礼,似乎也不便多用语言,而更多的是用表情、握手等方式来表达哀思和安慰。此即所谓"此时无声胜有声"。

二、非语言传播的特点

相比语言传播,非语言传播有一些很不相同的特点。②

1. 不间断性

通常,在传播过程中,人们对语言讯息的发送总是有所选择,但对非语言讯息的表达(即自身的非语言行为被外界如何解释)却难以完全掌控。如某人在会议中,无意识地打了一个呵欠,他人可能认为其睡眠不足,也可能认为其对会议不感兴趣,而本人对这一事实往往不察——非语言传播是在连续不断地展开的。

2. 多渠道性

这同时显示了非语言传播的多渠道性,即,每一个人的全部肢体及任何动作——姿态、眼光、外貌、表情、嗓音、举止等,无一不是发送非语言讯息的渠道。

3. 无目的性

全面、完整的传播观,既认可"有心栽花花不开",也认可"无心插

---

① 张秀蓉:《口语传播概论》,台北正中书局1998年版,第61—62页。
② [美]鲁道夫·F.韦尔德伯尔、凯瑟琳·S.韦尔德伯尔、迪安娜·D.塞尔诺:《传播学》,周黎明译,中国人民大学出版社2013年,第46页。

柳柳成荫",即"传者无意而受者有心",这当然也构成了一种传播现象,多出现于非语言传播的过程之中。如某人有一种微笑的习惯,这种习惯性微笑未必有特定的目的或意图,但人们总会对之给出解释:喜欢还是轻蔑?虚伪还是诚恳?

4. 多意义性

尽管语言传播的意义也有模糊性、暧昧性,但非语言传播的多意义性更甚,原因就在于,其无目的性的特点造成了更强的开放性。如达·芬奇的名画《蒙娜丽莎》中那位女性的神秘笑容,就给世人留下了无限想象的空间。

5. 偏情绪性

总的来说,非语言传播的情绪性表达远多于事实性表达。从以上概括的非语言传播的三种功能(即补充或强调、矛盾或抵触、替代或调适),也不难感受到这一偏情绪性。

三、非语言传播的种类

非语言传播从不同的角度出发,可分为不同的类型。

例如,从传送方式的角度,可将其分为:标记传播(手势、手语、旗语等);行动传播(接吻、挥手、跺脚等);物体传播(衣着、摆设、建筑等)。

又如,从接受方式的角度,则可分为:视觉传播(图像、实物等)、听觉传播(风雨声、机器轰鸣声、音乐等)两大类。尽管完整地说,还应当包括嗅觉、味觉、触觉传播,但相比之下,在人类传播活动中,视觉、听觉传播占据了压倒性的比重。

从综合的角度看,则以美国传播学者伯贡(Burgoon,1995年)的观点较为全面,[1]他将非语言传播分为以下7种:动作、声音、仪表、接触、距离、时间、物品。不过,另有学者将"距离"和"物品"合一,这样就变成6种。[2]

1. 动作

也称举止神态学(这里的"学"应理解为"研究",下同),具体而

---

[1] 张秀蓉:《口语传播概论》,台北正中书局1998年版,第53—54页。
[2] [美]鲁道夫·F.韦尔德伯尔、凯瑟琳·S.韦尔德伯尔、迪安娜·D.塞尔诺:《传播学》,周黎明译,中国人民大学出版社2013年版,第46—56页。

言,主要有以下四个方面。

(1) 手势。包括手、臂、手指的动作。常见的有挥、招、摆、举等,再细一点,则有以大拇指表示赞赏、以小拇指表示轻视、以食指和中指列成V形来表示胜利等。需要注意的是,在特定文化中手势的意义自然达成一致,而不同文化之间却未必一致。如美国人表示OK(同意)的手势,在有些国家(如德国、古巴)却含有色情意味。可见,在跨文化交流中,务必"入乡随俗,入国问禁"。

(2) 目光接触。也称"凝视",即在传播过程中,我们以什么方式和哪种程度注视他人?这虽因人而异,并受环境的影响,但研究发现,一般而言,说者保持目光接触的时间占说话时间的约40%,而听者保持目光接触的时间占说话时间的近70%。通过目光接触,我们不仅能表达各种情绪,如喜悦、愤怒、平静、温柔等,而且能监控沟通过程中的各种动向,如听者对交流内容是否感兴趣、是否交头接耳或进入了瞌睡状态等。

在西方文化情境中,通常认为,直视对方,是真诚、友善的表现,但在一些东方国家,长时间的目光接触却被认为是不礼貌或具有威胁性的行为,拉丁美洲、非洲和加勒比文化的人们则往往将避免目光接触作为一种尊重的标志。

(3) 面部表情。这可以说是人体最主要的媒介,能表达喜怒哀乐等多种情绪。总的来说,各种文化之间的差异不大。其特点是可控性较强,可信性较弱。当然,从这一方面的能力看,个体差异较大,有人不善掩饰,有人城府深沉。研究发现,人的面部有一种稍纵即逝(仅停留1/30秒)的细微短暂表情,不会说谎,如能捕捉,则可获准确的信息。

(4) 姿势。也称身姿,即身体的位置和动作,如"行坐立卧"。这类符号的表现力较为有限,但有趣的是,容易不自觉地暴露本心。如有人面部表情镇定,却"坐立不安",这就不经意地透露了其内心恐慌的信息。

另外,还有一个"朝向"的维度,包括:面对面型(意味着亲密、严肃或敌对状态);背对背型(多为否定、消极的象征,但也有"否定之否定"的情况,如恋人取这种方式坐在草地上);肩并肩型、V型(可解释为相互有交往兴趣,但不强烈)。

2. 声音

又称音性学、类语言学或副语言学,指词语读音以外的声音因素,包括音调、音色、口音、重音、音量、节奏、语速、停顿等,都能传递各种丰富的信息。如音调,指嗓音语调的高低,人们往往在愤怒或恐惧时提高音调,而在试图加强说服力时降低音调;又如语速,人们高兴、害怕、紧张或兴奋时,语速往往较快。

试举一例如下,从中可以看到,仅仅由于重音(用"."表示)不同,同一个句子就能产生各种不同的意思:

他是一个演员。(陈述)

他是一个演员?(询问)

他是一个演员。(强调)

他是一个演员?!(轻蔑/怀疑)

他是一个演员!(羡慕/讥讽)

从不同的文化看,这一领域存在着一些明显的差异,如阿拉伯人说话的音量很大,用以表达真诚和力量,而英国人、日本人和泰国人更习惯于轻声细语。

3. 仪表

可称仪表学、外表学。分两大类:一类可控性弱,如身高、体重;另一类可控性强,如头发、服装、皮肤、化妆(效果)等。为此,人们美化自己,主要花力气于后者。

当然,对前者也不应忽视,尤其是体重及与其相关的体型。一般来说,人们的刻板印象为:运动型体质,即强健、结实的体型,精力充沛、友好、自信;肥胖型体质,即浑圆、沉重的体型,温和、快乐、为人善良;消瘦型体质,即孱弱、乏力的体型,机智、焦虑、谨小慎微。

相对而言,对后者的美化和提升,即所谓"包装"的空间更大、形态更多。可以认为,随着生活水准的提高,人们比以往任何时候都更加重视仪表,在升学、求职、择偶、交友、购物、演说等各种学习、工作和生活场景中,其重要作用也确实在与日俱增。

4. 接触

也称触摸学、触觉学,指人与人之间的身体接触,使用双手、双臂及身体其他部位,实施握、拍、抱、抓、捏、拧、抚摩、接吻等行为,可用来表示最强烈的好感(如拥抱)和反感(如打架)。

研究表明,触摸与文化密切相关。有的文化,如中南美洲、南欧国家,大多鼓励频繁的接触行为,美国处于中等水平,北欧国家多为中等偏下水平,而亚洲国家多为低接触文化。

5. 距离

又称空间关系学,对人们如何使用周围的个人空间、如何控制或占有自然空间以及如何选择装饰空间的人工物品的意义作出解释。

(1) 个人空间。指个人与他人互动时意图保持的距离。这一需求来自我们的生物领地本性,其目的是形成人身安全的保护。从现代社会的交往情况看,人们认为适中的空间大小,既取决于个人偏好,又受制于关系的亲密程度和文化特性。一般来说,个人空间随着关系的亲密程度增高而缩小;从文化特性看,西方的距离大于东方,这与个人主义文化(强调自我和个人成就)和集体主义文化(强调群体利益与和谐)的差异也有一定关系,即相比后者,前者需要更大的个人空间。

就西方国家而言,个人空间或彼此距离的意义,一般划分如下:

亲密距离——亲子、配偶等重要他人(0—18 英寸≈0.46 米以下);

个人距离——彼此熟悉的朋友等(18 英寸—4 英尺≈1.22 米);

社交距离——彼此不熟悉的合作伙伴等(4—12 英尺≈3.66 米);

公众距离——陌生人(12 英尺≈3.66 米以上)。①

(2) 自然空间。指人们对自然环境施加控制的部分,这也是生物领地本性的体现,目的是维护自身对占有自然空间的所有权。如张三同学一早到教室,将书包放在一张空桌子上,然后去了洗手间,等他回来时,发现李四同学挪走了他的书包,占据了该桌子,这就侵犯了张三"标记"的领地,难免引发不快乃至冲突。可见,从人们对自然空间的使用,也可以读出很多意义来。

(3) 人工物品。指人们用以装饰自然空间的物品或财产,如家具、灯具、电器、书画、墙纸、色彩、气味等,无不具有向外界传递贫富、雅俗、繁简、冷暖等各种信息的功能。

6. 时间

可称时间学,对包括守时、等候时间、相处时间等行为透露出来的意义的研究。如某人开会总是迟到,可能意味着他的懒散,也可能显示出他对组织的不满或抗争,或可解读为该组织的纪律松懈,又可理解为这些会议的可有可无、流于形式。

另外,人们对时间的态度有"一次性取向""多次性取向"之分,前

---

① 1 英尺=12 英寸≈0.304 8 米。

者倾向于"一次只做一件事",故尤其重视守时,而后者更加灵活,倾向于让时间的调整服从于人际关系的需要。就文化差异而言,欧美国家多为"一次性取向",拉丁美洲和阿拉伯国家多为"多次性取向"。

非语言传播现象十分丰富,领域非常宽广,可以说是一个研究宝藏。与语言传播相比,我们对非语言传播的研究较为滞后,至今尚有许多规律未及发掘,有待总结。特别是新媒体时代的展开,使非语言符号及其传播的比重空前增大,如何更有成效地发挥非语言传播的独特作用,使之与语言传播取长补短、相得益彰,理应是传播学界和业界共同的重要课题之一。

第六章

传播主体的形貌

第一节 传者观察

一、何谓传者

所谓传播主体,即传播过程中的主体——人,包括每一个个体以及由个体集合而成的群体,分为传者和受者两种身份或角色。所谓传者,即信息的发出者,又称信源;所谓受者,即信息的接收者,又称信宿。

不言而喻,世界上不存在单一的传(只传不受)者和受(只受不传)者,但是,在传统的研究框架里,作为传受统一体的人往往被分离开来,尤其是大众传播媒介的兴盛,确实在很大程度上加剧了传受关系的不平等、不均衡,也加深了这种模糊的认识。

在传播5W模式——谁/传者、说什么/讯息、通过什么渠道/媒介、对谁说/受者、有什么后果/效果——中,传者和受者在形式上也是分开的,尽管拉斯韦尔本人一再强调,不能误以为大众传播的受者就没有反馈行为。在此意义上,所谓"传播者",实应理解为"传播参与者",或称"传受者"。

基于以上理由,我们在此将作为传播主体(兼有传者、受者双重身份)的人合到一起,在本章加以考察。尽管为了叙述需要,仍不得不从传者和受者两个维度展开,但期待读者将每一个人都视为鲜活灵动、既发又收的"传受者"。前文(第四章第一节)对传者维度,特别是"把关人"的角色、地位和功能等已有较多论述,故这里更多地刻画受者的形貌。在此领域,传播学的原创性理论不多,主要借鉴来自社会学、心理学、经济学、政治学的成果。

二、传者的类型

从传者的类型看,有以下一些视角。

1. 空间/手段

可划分为直接传者与间接传者两类。前者指通过人的生理机能(包括口头语言、肢体语言等)开展传播活动的传者,往往与受者进行面对面的传播,传受的身份变换自如。人际、群体、组织传播中的传者多为直接传者,而大众传播的传者多为间接传者。

从历史长河看,在人类早期媒介贫弱的传播活动中,传者多为直接传者,随着媒介的发展,出现了间接传者,即借助印刷物、机械、电子等手段开展传播活动的传者。如第三章所述,这曾经是大众传播(以及部分组织传播)机构的特权,然而,互联网的兴起打破了这一格局,人际传播中的间接传者如今也比比皆是,甚至可以将全球作为传播的对象。尽管如此,不应忽略的是,直接传者依然普遍存在、不可或缺,构成了全部人类传播活动的基础。

2. 角色/职责

可划分为普通传者和专职传者,通俗地说,也就是非媒体人和媒体人。

前者指后者以外的所有人——人总是在用语言、姿态等向周围的人传递、分享各种信息,但在此过程中,有时是自觉的,有时则连自己都未必意识到。

后者指以面向社会大众或特定组织的传播为职业的传者,即供职于大众传播或组织传播机构的人员,包括记者、编辑、节目主持人、新闻发言人等。需要注意的是,其中一般不包括宽泛意义上的"专业传者",即生产专业信息的传者,如诗人、作家、画家、学者等。

值得重视的是,由于新媒体时代的展开,介于两者之间的"准专职传者",或称"半媒体人""自媒体人",正如雨后春笋一般涌现,形成了新气象,带来了新课题。

3. 对象/受者

可划分为面向人际传播、群体传播、组织传播、公众传播和大众传播受者的传者,这些传播活动的性质、特点、路径、目标各有异同,因而需要传者既分门别类,又融会贯通。

三、传者的特性

普通传者与受者(即扮演受者身份之际)并无二致,但专职传者确有一些不同之处。

1. 代理性

又称代表性。职业传者虽然也是普通大众中的一员,一旦从事职业的传播活动,就不仅代表大众的声音,也必定代表所在组织、政党、阶层、阶级的声音。

正因如此,对于作为公众利益代言人的媒体人,如何正确处理、平衡大局和局部、中心和边缘、主流和支流、客观性和倾向性、艺术性和政治性、经济效益与社会效益等诸多复杂的关系,需要高超的思想水平和实践能力。

2. 自主性

传者受制于所处机构、阶层,同时,在具体工作中又具有一定的自主性,也就是把关权。

如新闻采访和报道中,面对同一事件,记者可自主采用其认为适当的切入角度、报道体裁、报道方式来进行信息的采集和传布,可有所侧重地选取素材,也可在新闻中加入自己的观点与态度等。

又如影视产品的创作与传播中,编剧、导演、演员、剪辑、后期等每一环节,都可能体现出传者的个人特色与团队特色,包括叙事策略、创作个性、美学风格等,而这种自主性,也正是区分不同创作者的各自特色所在。

3. 专业性

专业性有三层含义。

第一,职业传者需经过专业教育的训练。如高等院校或传播机构的职业培训等,拥有一定的专业知识和专门技能。目前,仅就记者的采访设备而言,除手机、相机、录音机、摄像机、手提电脑、无人机外,还有移动记者工作包(站),包内配有全球卫星定位系统、无线网络、电子眼镜及头部装置等,这些设备的使用必须进行专门化训练。在网络时代,虽然普通传者也能利用网络技术成为自采自报自编的"业余记者",其

"爆料"式报道的现场感、时效性或许能抢先于职业传者,但其操作的随意性与专业记者的规范性仍难相提并论。

第二,职业传者需具备专业理念和职业道德。媒介伦理或传播道德至关重要,媒体人和媒体机构正是通过遵循体现普遍性的社会公德和体现特殊性的专业标准,对其职业行为进行自我约束和自我管理。

第三,职业传者所在行业需建立职业标准和组织。以新闻行业为例,中国规模最大的记者协会是1957年成立的中华全国新闻工作者协会(简称中国记协),主管16个专业记协,如中国新闻摄影学会、中国新闻漫画研究会、中国报纸副刊研究会、中国产业报协会、中国地市报研究会等。此外,分布在31个省区市和新疆生产建设兵团的地方记协,则是其地方性会员单位。中国记协设置的行业奖项主要有"中国新闻奖"(1991年设立),是经中央政府批准常设的全国优秀新闻作品最高奖,每年评选一次,另有"长江韬奋奖"("范长江新闻奖""韬奋新闻奖"于2005年合并而成),是经中央批准常设的全国优秀新闻工作者最高奖,每两年评选一次。

总之,专业性是职业传者或媒介从业人员区别于其他行业人员的一个重要特点。

4. 机构性

显而易见,个人或"小作坊"方式不可能胜任现代化、高科技化、高竞争化的职业传播活动,它需要大规模的资金投入、众多专职传者的团队合作,因此,专职传者必定供职于某个机构。无论传统媒体还是新兴媒体发布的信息,有时看似出自一人手笔,实际上都是通过有组织的分工和合作产出的。纯粹意义上的个人作品,在职业传播中是不存在的,即使是一则短讯,以报纸为例,也经过了记者、编辑、审稿、印刷、发行等多个环节的流程,才得以与受者见面。

四、传者的权利

传者的权利,可区分为一般性权利、专业性权利。

所谓一般性权利,指普通公民都享有的传播(传受)权,包括言论自由权、出版权、著作权等,通常由国家宪法和民法认定。如中国宪法和民法都明确规定:中华人民共和国公民有言论、出版、著述、集会、通信、游行的自由。

所谓专业性权利,指专职传者——从事专职传播活动人员,尤其是大众传播行业人员——享有的特殊权利。其中,最受关注的是新闻行业人员的权利。简言之,其享有以下五种主要权利。

1. 采访权

所谓采访权,也称知察权或知闻权,指在法律认可的范围内,记者拥有为采集新闻信息而进行调查或访问活动的权利,可视为一种特殊的"获知权"。这意味着,在符合公众利益的前提下,传者有权运用各种采访技术和手段,对其认为重要或感兴趣的人和事进行采访,可以与任何部门、任何人士接触。

对职业传者,尤其是新闻记者来说,采访和搜集信息的权利是社会公认的准则,也是传播行业的基本权利之一。不然,广大公众对社会各界信息的获知权、监督权就无从谈起了。

2. 报道权

所谓报道权,指职业传者,尤其是新闻记者有传送、报道公众关心的信息的权利,可视为一种(回应受者"获知权"的)"告知权"。它是采访新闻和搜集信息活动的继续和延伸,也是有目的性的传播活动的正式实施与展开。

联合国教科文组织1980年发布的《多种声音,一个世界》报告中指出:"在新闻人员的权利当中,最为重要的就是:可以自由地接触官方和非官方消息来源,并有自由地搜集和传播消息、情报的权利。"尊重和维护报道权,意味着传者拥有通过各种符号、形式、媒介、渠道,自由、自主地对外发布符合事实真相的信息的权利。

报道权不仅是传者的权利,更与普通公民的权利息息相关。一个国家的公民,有权获知自己的国家、政府、社会乃至整个世界的动态,以及一切有利于自身正当活动的信息。这一权利的实现,在很大程度上依赖于专职传者及机构的活动。

3. 批评权

所谓批评权,指职业传者,尤其是新闻记者拥有对报道对象的言行进行议论和批评的权利,这也是"告知权"的一种,即表达意见,其重要性不亚于报道事实,并被包含在广义的言论自由权利之中。不同之处在于,由于大众传播媒介的影响巨大,因而与普通个人相比,它在舆论监督方面特别有力。但这一权利如果使用不当,可能造成的负面作用也同样巨大,对此不可不认真对待,谨慎防范。

4. 编辑权

这是报道权的一种延伸,指专职传者有权对信息进行编辑(把关),即根据自己个人或所属群体及社会的需要、意见、主张、立场等,对信息进行取舍、修改和加工(参见第四章第一节)。在享有编辑权的同时,传者也应注意防止因自身的业务水平、取舍标准而出现的断章取义、歪曲事实等现象。

近年来,"标题党"流行,就是一种不良现象,即利用各种新奇、夸张的标题吸引受者,但内容与标题联系不大或完全无关,这种行为对媒介公信力的养成和提升,有害无益。

5. 秘匿权

又称"消息来源保密权"或"取材秘密权",可视为一种"免知权",指记者和媒介有权利、也有义务对新闻及其他信息提供者的情况实行保密,不向任何人提供有关他们姓名、职务、所属机构等基本情况,也不向任何人泄露他们所提供的文件、资料等。其主要目的是保护新闻记者的传播自由,使他们便于接触提供信息的人士。其具体作用则是,切实地保护消息提供者免受打击、迫害或其他报复,以保证传者在信息的采访和收集中拥有充足、丰富、必要的消息来源,从而更有效地履行对社会事件报道、监督的功能。

但行使秘匿权也可能产生弊端。有些缺乏职业道德的传者可能以此为借口,制造煽情、轰动性的假新闻以博取受众注意。2003年美国《纽约时报》的布莱尔事件,就是一个典型例证。该报记者布莱尔在7个月里自称游遍了全美国,写了73篇稿件,其中36篇是杜撰的。一时间,全球哗然,有评论家称此事件为"有史以来商业化传媒雾蒙蒙的大海中最大的冰山浮动"。布莱尔之所以能凭空杜撰,在很大程度上就是利用了对所谓的采访对象的身份保护,他在报道中总是声称"消息来源为未透露姓名的执法人员"云云,其实是以秘匿权为行骗工具,杜撰采访,编造消息。

为此,有的国家制定了专业的法律条文,规定在法庭必要的审讯、取证程序中,传者或媒介不得行使秘匿权,以保证新闻的真实性。也就是说,当报道引起诉讼时,秘匿权应服从于法院在执法时进行充分调查的权利。

另外,在记者写作时,也应适度地交代新闻来源,显示新闻根据,以利于提高新闻报道的可信性和权威性。

6. 安全保护权

在世界范围内,专职传者中的新闻记者被认为是仅次于工兵、警察的高危职业。为此,安全保护权的指向是,保证专职传者在本国或外国都能得到生命安全的保障,保证他们获得开展本职工作的最佳条件。因为,一线记者往往活跃在各种矛盾尖锐交锋的领域,不仅采访报道的环境和条件十分艰苦,而且有生命危险,无论中外,都有不少媒体人,尤其是记者为此献出了宝贵的生命。

日内瓦公约等国际性文件规定:各国应对媒介工作者加以特殊保护,尤其是随军战地记者,应给予特殊身份。① 在非国际性的武装冲突范围内,对所有非战斗人员包括记者都应给予保护,并保证记者具有开展本职工作的最好条件。在此基础上,国际红十字会有权进行干预,媒介工作者组织或团体也有权进行监督。但是,在实践中,职业传者的安全保护权在全球范围内的真正实现,仍需跋涉一段漫长、艰难的道路。

7. 版权(著作权)

所谓版权,也称著作权,指作者或其他著作权人对已创作出来的文学、艺术和科学作品享有的专有权利。著作权是知识产权的重要组成部分,传者的版权(著作权),简单地说,就是传者对自己信息产品的控制权和复制权。

如果说安全保护权是一种对传者人身安全的保护,那么,著作权就是一种对传者社会声望和经济权益的保护。就中国而言,1990 年全国人大常委会通过的《中华人民共和国著作权法》,使中国的著作权法律保护体系基本确立。任何个人或机构,不管出于何种目的,要完整地、大量地复制或发行某信息产品,必须事先征得信息产品制作人的同意,否则就侵犯了他人的版权(著作权)。

五、传者的义务

权利与义务总是相联系的,职业传者在享有上述权利的同时,负有

---

① 日内瓦公约是 1864 年至 1949 年在瑞士日内瓦缔结的关于保护平民和战争受难者的一系列国际公约的总称。其中,日内瓦(四)公约《关于战时保护平民之公约》于 1950 年生效,1977 年又签订了日内瓦(四)公约的两项附加议定书,并于 1978 年生效。该公约被认为是国际主义人道法的重要组成部分,是约束战争和冲突状态下敌对双方行为规则的权威法律文件。中国于 1956 年加入该公约。

以下义务。

1. 不泄露国家机密、法庭秘密，自觉维护国家和人民利益

职业传者，无论是传播组织还是个人，都必须把国家和人民利益放在首要位置。任何传播机构或个人，不得公开发表国家未公开披露的情报、资料等机密。凡未公开发行的内部刊物、文件等，不得向限制范围以外的人传布，不得出于任何原因而从事有损国家、人民重大利益的传播活动。

另外，职业传者虽有义务向广大公众公布事实真相，但有些场合，如某些审理案件尚未厘清之前，不宜公开传布，以免给法庭造成干扰，妨碍公正办案。

2. 坚持社会效益至上原则

职业传者理应秉持强烈的社会责任感，坚持真实、客观、全面、公正的原则，采取实事求是的态度，尊重事实，不得报道虚假或未经证实的消息，更不能为吸引受者而造假。

在追求经济效益的同时，必须正确处理社会效益和经济效益的关系，坚持社会效益至上，引导人民的道德情操、思维方式和审美趣味向更加美好的方向发展。同时，在法律和制度的范围内进行自我约束，不传播不利于社会安定的内容。

3. 尊重采访对象个人隐私

职业传者理应具备足够的法制观念和法制意识，不采取任何不正当手段打探他人隐私，也不通过媒介对他人隐私加以宣扬。如未经当事人同意，不擅自拍摄其非公开活动的照片或录制、公布别人的谈话，不传布别人的私生活，不对任何个人或团体进行诽谤。

在当下新兴媒介崛起的年代，专职传者和管理者、政策制定者将越来越多地遭遇如何在自由报道与避免侵犯他人隐私方面达致平衡的问题。也就是说，传者需要在两个冲突的权利——隐私权和言论自由、信息自由权——之间保持平衡。

隐私权的提出，最初旨在保护个人免受国家干涉，现已转变为保护个人免受他人，尤其是媒介的干涉。然而，一个难题是，隐私权越来越多地与为了更大公共利益的信息和言论自由的权利发生冲突。例如，对一个贪官污吏的隐私进行揭露是否合法呢？一般认为，只有在明显为了公共利益的情况下，才能允许侵犯个人隐私。也就是说，因公共利益需要而对调查对象隐私进行采集和披露，是合理、合法的，无关公共

利益而对他人隐私进行采集和披露,则是非法的。是否合乎"公共利益",成为判断是否侵犯隐私的关键。

4. 不以权谋私、不行贿索贿

目前中国传统媒介实行企业化经营和事业化管理的双轨制,性质一般为国有事业单位,一方面,享受国家财政资助,在行政上采用事业化管理;另一方面,为获得经济效益而进行广告活动等市场化经营活动。在此背景下,一些媒介工作者在经济利益和权力寻租的诱惑下,进行权钱交易,滑入犯罪的泥潭。

由于传播机构是事关国家和人民利益的重点行业之一,因此,对于职务犯罪向媒介领域的蔓延,需要高度重视,有力监管。

第二节 受者图像

一、何谓受者

所谓受者,与传者相对,是作为传播主体的人之另一个身份、角色或维度。

两相对照,在空间方面,受者也有直接、间接之分,在对象方面,也有"人际、组织、大众传播"受者之分。与传者显著不同的是,受者无普通、职业之分,因为日常传播活动中,不存在专门接受各种信息的行业(侦探、间谍等收集特定信息的职业显然也不在此列)。

但与此同时,存在着与少数"职业传者"形成反差的巨量"受众"——受者的复数,通常指大众传播的受者群体,这可以说是受者维度的一大特点。当然,人际传播及大部分组织传播的受者也为数不多,属于一对一、一对多(小规模)的状态,只有小部分组织传播与大众传播(两者时有重合,如中国的政党媒介与大众传播媒介高度合一)的受众,属于一对多(中、大规模)的景况。

人际、组织、大众传播的受者往往是同一个体或同一群体,但即使是同一个体或群体,一旦身处不同情境之中,也必定呈现出一些相异的规律来,因此相比人际、组织传播的受者(他们是身份变换更加灵活的传受者),大众传播的受众(他们是相对被动的受传者)尤其值得重视。

总之,受者不仅是传播结构的要素之一,而且其中的受众作为大众传播媒介发送信息的对象以及大众传播过程的归宿,占据着特别重要的位置。

需要指出的是,纵观传播学发展史,早期学界对受者/受众的重要性认识不足,研究也相应薄弱,而是以传者为中心,以效果为中心,偏重于从传者意图出发了解效果如何,对受者/受众的自身特性少有涉及。这种状况自20世纪50年代以后逐渐改观,时至今日,以受者为中心的观念已占优势。换言之,"受者中心论"已取代了昔日的"传者中心论"。与此相联系,受众研究也从效果研究中凸现出来,成为发展势头尤为强劲的一大领域。

二、何谓受众

何谓受众?从不同角度可给出多种答案。就其表象而言,传播学界有一种通说,将受众描述如下。

(1)大量。即人数众多,这是最基本的一个特点。

(2)分散。这可以说是"大量"的另一个侧面——他们分布于全国、全世界各地。

(3)混杂。他们的年龄、职业、地位、收入、文化水准等也各不相同。

(4)匿名。对媒介来说,在大多数情况下并不了解受众中有哪些人。

(5)流动。对具体媒介来说,有人可能今天是受众一员,明天就不是了。他们在时间和空间上都是流动的。在这个意义上也可以说受众完全是"自由"的。

(6)隔离。一方面,媒介与受众是阻隔的;另一方面,受众之间也互不相识、互不来往,仅有小群体范围内的接触,如家人、朋友、同事一起观看、议论影视作品等。

(7)无共同背景。准确地说,应是在大多数情况下,受众未必有共同的文化背景(传统、习俗、制度、观念等)。

(8)无组织。一般来说,受众都是以个人身份参与大众传播过程的,仅见一些松散的组织,如"读报会""读书俱乐部""某某粉丝团"等。

三、不同学科视野中的受众观

1. 政治学视野中的受众

从现代政治学的角度看,广大受众无疑是各种政治权利、传播权利(两者密不可分)的主体,受众(与公民概念高度重合)在传播活动中主要拥有表达权、获知权、接近权、隐私权等权利。

(1)表达权。这与传者维度的一般性权利相同,即广义上的言论自由权,或者说,全体公民都享有的传播(传受)权。在此强调的是,作为受者,可自由、自主地转换为传者,也就是享有充分的"告知权"。

(2)获知权。原意是公众有通过大众传播媒介了解社会各界信息的权利,后扩大为公众有通过所有公共机构了解一切公共事务信息的权利。这一信息公开的理念和实践,构成了现代公民的一项基本政治权利,也成为了公共权力机构的一项基本责任和义务。

(3)接近权。即媒介接近权,也称媒介近用权,指一般社会成员接近、利用大众传播媒介发表意见的权利,可视为一种特殊的"告知权",与"获知权"一道构成了"民主参与理论"。

(4)隐私权。也称"免知权",指受众享有私人生活安宁与私人信息、秘密依法受到保护,不被他人非法侵扰、知悉、收集、利用和公开的一种人格权;而且,权利主体对他人在何种程度上可以介入自己的私生活,对自己是否向他人公开隐私以及公开的范围和程度等,具有决定权。

需要强调的是,随着社会媒介化趋势的日益加剧,高科技水平装备下的传播工具、媒介手段可谓无处不在、无时不有,现代公民的个人隐私权遭遇前所未有的威胁,相关纠纷、案件层出不穷,如何尽最大努力免除公众的忧虑,成为政府和各界亟待解决的重大课题。

综上,以政治学的眼光看,受众不只是一个抽象的学术词汇,而是代表了现实的公民个人和群体,是享有各种告知权、获知权、免知权的主体。

2. 经济学视野中的受众

(1)"受众即市场"论。在大众传播产业的链条中,受众体现为媒介的市场,也体现为信息的消费者,这样一种受众观,在市场经济和商业环境下可谓理所当然。不言而喻,媒介作为企业,必须把自己的各种信息产品或服务在市场上销售并获得利润,才能生存和发展,而销售的对象就是受众。

20世纪80年代以前,受众市场通常被看作是一个未分化的大众市场,其经营理念是,努力提供能满足普遍需求的信息产品与服务。此后,随着媒介竞争的白热化、多元化,受众出现了小众化、分众化趋势,对受众市场的认识和理解也更加精确化和细致化,由以往笼统的大众导向转向了市场细分导向。

总的来说,"受众即市场"的观念是一种实际反映,也强有力地促进了媒介通过有序竞争为公众和社会提供更好、更多的信息产品与服务之实践,但正如麦奎尔(1983年)所概括,对其缺陷也不应忽视,主要问题如下。[1]

第一,把媒介与受众的关系仅仅视为卖方和买方的关系,显然是一种对两者真实关系的简单化,实际上只反映了媒介资本对受众的关心。

第二,媒介对受众的探究主要着眼于其消费能力及相关的人口统计学属性,不能真实地反映受众的社会关系和意识形态。

第三,媒介主要追求产品的"销售量"——收视率或发行量,并以此作为判断媒介成功与否的标准,而容易忽视从社会效益方面来评估媒介。

第四,总之,这一观念是立足于媒介的立场而非受众的立场来思考、实践的。

(2)"受众即商品"论。这是加拿大传播政治经济学者斯迈兹(又译史麦兹、斯密思等,Dallas Walker Smythe,1907—1992)的理论。[2]

基于马克思主义学说,他别具只眼地提出,在资本主义市场经济的框架中,以广告收入为主要经济来源的媒介,其生产的商品其实不是信息,而是受众这一特殊的商品,媒介生产各种信息的目的在于,吸引受众的时间和注意力,然后将其销售给广告主。

更重要的是,从宏观层面看,正是通过媒介资本的这一机能,让其他产业、商业资本得以实现剩余价值,从而保障了资本主义制度的运转和延续。

---

[1] 张国良:《传播学原理》(第二版),复旦大学出版社2009年版,第206页。
[2] 鲁曙明、洪浚浩:《传播学》,中国人民大学出版社2007年版,第522—524页。

斯迈兹认为,在发达的资本主义社会里,所有的时间都是劳动时间,受众即使在休闲之际,也不仅仅是消磨时光,而是仍在工作,创造价值——这种价值最终通过购买商品时付出的广告附加费来实现。也就是说,受众在休闲时间里也不知不觉地付出了劳动,为媒介创造了价值,却得不到任何补偿。

由上可知,这一理论从传播政治经济学的角度,揭示了媒介、广告主、受众三者关系及其与整个社会关系的实质,具有独到的批判性、深刻性,同时也不乏臆断性、片面性。

其主要不足有:第一,过于强调经济因素而忽略政治、文化、社会等其他因素;第二,过于强调媒介的力量而无视受众的自主性、能动性;第三,过于强调工作与休闲的共同点(为资本创造价值)而抹杀两者之间在性质方面的根本差异(一是生产,一是消费),完全否定了受众消费精神产品的需要和价值。

3. 社会学视野中的受众

来自社会学的观点中,影响较大的是兴盛于20世纪40年代的一种"大众社会"理论。从它的内容看,与其说是一个缜密、完整的理论,不如说是一批学者对近代以来社会转型时期剧烈变动的若干类似或不同论述的松散组合。

(1)理论缘起。有关"大众社会"的思考和议论源于19世纪中后期。当时,工业革命的浪潮席卷西方,不仅给社会生产方式带来巨大变化,而且对政治、意识形态、社会关系等诸多领域产生了深刻的影响。人口从农村向城市集中,以血缘和亲情为基础的传统人际关系难以为继,人与人之间的关系疏离,社会完全依靠外在的权力机构和法律制度来维持。新的工人阶级崛起,资产阶级不仅获取经济利益,而且谋求政治权利,挑战传统的贵族统治。这一系列变化,让敏感的学者意识到,整个社会的基础已今非昔比,过去的"人民"(people)正被现在的"大众"(mass)所代替。

也就是说,在西方语境中,"大众"(mass)一词含有贬义,被认为不同于"公众"(public)。一般认为,"大众"的特点有:人数众多、分布于各个阶层、感情型、从众型、主要使用电视媒介和通俗媒介,而"公众"的特点是:集中于中产阶级、理智型、独立思考型、主要使用印刷媒介和严肃媒介。可见,媒介也是其中的一个要素。

(2)理论内涵。随着时代的演进,这一理论的内涵历经变化,大体有以下几种立场和观点。

一是贵族怀旧取向。早期的一些学者站在贵族、精英的立场,排斥资产阶级的价值观,缅怀闲适的贵族生活方式,将前工业社会理想化。在他们看来,大众社会是与社会秩序混乱、道德沦丧和文明破坏联系在一起的,大众则由一群无理性、无责任感、自私自利的庸人构成。如法国政治学者托克维尔(Tocqueville)就是较早批判大众社会的代表人物,他撰写的《论美国的民主》(上、下卷,1835、1840年),认为工业社会割断了传统的"脐带",人人平等的民主思想成为个人主义、物质主义泛滥和社会动荡的根源。

二是极权批判取向。20世纪初,随着电影、广播等大众媒介的普及并产生日益重要的社会影响,学界开始重视大众社会与极权统治之间的因果关系。如德国社会学者曼海姆(Mannheim)认为,大众社会尽管为无产阶级提供了一定的福利,但导致其丧失了进取的力量,在大众媒介等因素的综合作用下,大众社会由一个一个孤立的"原子式"个体构成,原本密切相处的人们失去了联系,也失去了相互之间的心理扶持,大众因此变得十分脆弱,容易受到外来力量的操纵和改变——20世纪30年代法西斯主义的兴起,正是这种大众社会发展的结果。

三是民主反思取向。二战后,美国的一批社会学者从美国本土状况出发,继续以大众社会的视角,对发达资本主义情境中的媒介与社会展开研究。

例如,里斯曼(Riesman)在其《孤独的人群》(1950年)一书中指出,人们的"社会特性"(即社会群体共有的特性)经历了如下变化:从传统导向型(循规蹈矩,恪守传统,多见于前近代社会)到自我导向型(勇于创新,自我意识强,集中于近代社会),再到他人导向型(不停地观察别人,随大流,丧失了自我,即充斥于现代社会的"大众"),因此,大众很容易盲目追随媒介,如果媒介被专制权力控制,后果就堪忧了。

又如,米尔斯(Mills)在《权力的精英》(1956年)一书中,对美国社会的权力结构进行了剖析,认为随着旧中产阶级(农场主、中小企业家等)衰落,新中产阶级(即白领阶层)出现,后者被排斥在统治势力之外,与蓝领阶层一道构成了美国的"大众",而大众媒介提供了一个虚假的世界,不仅不能帮助人们了解公共事务,反而剥夺了人们理性地交换意见的机会,促进了大众社会的形成,并使社会权力更加趋于集中。

不过,也有一些学者持比较乐观的见解。他们认为,现代社会的人们生活质量大有改善,识字率提高,参与式的民主得到发展,而不是相反。如提出"后工业社会"概念的美国社会学者贝尔(Bell)认为,工业化和科技发展给人们提供了更大的自由发展空间,过去只能由一小部分人享用的文化活动,现在普及到大众中,过去资本是最重要的生产要素,现在科技知识取而代之。随着以白领为代表的新中产阶级崛起,先前的统治阶级已失去其强大的统治能力,而阶级色彩不显的知识分子和专家成为社会管理者。大众媒介并不具有极权的本质,相反,它带来了民主、共享的文化形式。

以上各种观点,都有一定的道理,给后人诸多启发,同时也需要以批判的眼光辨识其中过时、偏颇或不合国情的成分。总的来说,这一理论过于轻视了人民的自主性和成长性,虽然受众与大众的概念并不等同,但这些学者大多认为,大众构成了受众中的主体,因此媒介对受众具有单向、强大的影响力——这正是早期传播学界和业界一度流行"魔弹论"(即信息如子弹而受众如靶子,前者一旦击出,后者应声而倒)的重要背景之一。

4. 美学视野中的受众

为了开阔视野,我们再来了解一下接受美学的观点。

这是一门创立于20世纪60年代、以文艺领域中的接受对象(受众)为研究对象的新兴学科,首倡者是德国美学者姚斯(Hans Robert Jauss),其《提出挑战的文学史》(1969年)一书,被认为是接受美学成为独立学派的宣言。它的主要观点是:以往的文学和美学创作及研究都是以作者、艺术家(即传者)为中心,必须根本性地、颠覆地转向以读者(即受者)为中心,文艺作品的教育和娱乐功能是在读者的接受中实现的,这一过程是作品获得生命力和最后完成的过程。

接受美学主张,推动文艺创作的动力不仅来自作品,也来自读者,并认为受者有合格、理想和不合格、不理想之分。如歌德所说,读者包括无判断欣赏型、无欣赏判断型、边判断边欣赏型。或如欧阳修所说,读者不外乎四种人:知而好(理想型)、好而不知(盲目型)、不好而能知(批评型)、不好而不知(蹩脚型)。[①]

显然,这一接受美学的思路与传播学是相通的,尤其对受众研究很有启迪意义。

---

① 张思齐:《中国接受美学导论》,巴蜀书社1989年版,第89—90页。

四、受众研究的主要视角

20世纪50年代以来,受众研究日趋兴盛,在此过程中,传播学界借鉴各个学科的成果,逐步归纳出一些研究视角,它们不是单一的理论,而是在综合若干理论(主要来自心理学、社会学等)的基础上形成的知识框架。[①]

1. 个人差异论

"大众社会"理论和后面将述及的"魔弹论"认为,大众是一种软弱无力、整齐划一的存在。这一认识,在一定程度上反映了工业化社会和资本主义制度造成人们趋于盲从、个性丧失的恶果,但同时又失之肤浅和片面。事实上,无论是作为媒介的受者,还是作为社会的成员,大众都不可能是"铁板一块"。为此,学界概括出一种"个人差异论",以纠正"魔弹论"的偏颇。

这一视角的中心思想是:每一个人不仅有来自先天和后天的个体特征,包括年龄、性别、兴趣、智力、经历、价值观等,都不可能完全一致,而且由此形成的心理(认知、动机)结构和行动结构也不尽相同。因此,面对同一信息,他们的反应各异。一个常见的事例是,媒介对吸烟害处的宣传可谓铺天盖地,甚至在每包烟上都印上了"吸烟有害健康"的字样,但很多烟民仍照吸不误,为什么呢?原因多种多样——有人认为吸烟有风度;有人认为吸烟可以提神;也有人成了瘾,不吸烟就不舒服;还有人根本就不看这类"劝告"。其学理依据,来自心理学的"选择性接受"理论和"均衡"理论。

2. "选择性接受"理论的观点

这一理论的主要观点为,从心理机制看,人们在信息接受过程中,通常有以下三种选择行为。

(1)选择性注意。即受者对自己现有的认知结构(观点和立场)有一种维护、加强的倾向。他们积极地接触与自己意见相同或相近的信息,而尽量回避相反的信息。如革命者热衷于阅读红色报刊,对反动派的宣传品不屑一顾;吸烟者看见"吸烟有害"的文章就马上翻页,一

---

① 参见[美]梅尔文·德弗勒、桑德拉·鲍尔-洛基奇:《大众传播学诸论》,杜力平译,新华出版社1990年版,第188—222页。

旦发现"吸烟未必有害"的文章则大感兴趣。

由此可知,任何媒介发送的信息不要说与受者的看法相违背,即使不违背,除非其内容与每一个人息息相关(而这是极为罕见的),否则就不可能吸引一切受者。

这样说来,媒介工作者也许会大失所望。其实,情况并不那么悲观,要使信息顺利通过"注意"这第一道"关口"而进入受者的视野之中,还是有很多路径和策略的。一般来说,可以从强化、改善结构性因素和功能性因素——也就是从"符号化"或"编码"环节入手,提高信息的竞争能力。

所谓结构性因素,主要涉及信息的形式,包括信息/符号刺激的强度、对比度、重复率、新鲜度等。如大字号、大音量、鲜艳的色彩、显赫的位置、迅猛的动作、高温等视、听、触觉信息,都体现了强度。通常,强度越大,信息越容易被注意;相反的道理也能成立,即所谓"万绿丛中一点红",这"红"的强度虽然很小,却更引人注意。同理,交响乐中的瞬间停顿,也格外震人心弦,这就是对比度的作用。反差越大,注意程度越高。重复则是一种综合强度和对比度长处的手段,不仅能增加刺激的总强度,而且能克服遗忘的影响。通常,重复次数越多,受到注意的可能性越大,但也有限度,一旦超过"阈域",其作用就会减小乃至消失。新鲜度即变化,可看作是一种时间系列中的对比度,如字体的更换、设计风格的改变、举止异常等,与平时的信息形成对比,越少见,变化越大(刺激强度越大),越能被人们注意。

所谓功能性因素,主要涉及信息的内容,又可分为延缓性因素与即时性因素。延缓性因素指媒介在传布有关受者的信念、理想、价值观、世界观等方面的信息时,不急于求成,而是重在质量。因为,这不大可能迅速致效,故宜采取"润物细无声"的方式。即时性因素指媒介应充分重视受者眼前的心态和需求。如受者中的股民,自然十分留心股市动向,迫切希望媒介能给予指导和解答,这就为传者、媒介提供了众多贴近受者的机会。

(2)选择性理解。这可视为受者方面的"符号读解"或称"译码"行为,携带信息即意义而来的符号,在此被还原成意义。然而,此"意义"非彼"意义",两者的完全一致是罕见的,部分一致是常见的,完全的不一致也不鲜见。尤其是违背受者固有态度的信息,要按照传者的意图过此"关口",极为困难。如坚定的革命者,即使接触了反对派的宣传品,也会视之为反面教材,用批判的眼光加以驳斥。同样,吸烟者也会对"吸烟有害"的文章给出种种有利于自己的解释,诸如"我祖父也吸烟,照样活到 90 岁""不吸烟的人也未必健康长寿"等等。这样,传播效果自然大打折扣,甚至归零。

当然,所谓"顽固的受者"也有被说服的时候。如吸烟者面对公共场所日益增多的禁烟标记,内心或许会掠过一丝不安,但转眼就忘了。这是什么缘故呢?因为还有第三道"关口"在起作用。

(3)选择性记忆。所谓记忆,指人脑对经历过的事件、活动的反映和保持。与选择性注意相似,人们的记忆也倾向于选择正面信息,排斥反面信息。

以上三种选择行为,可比喻为三个防卫圈(参见图 6-1)。选择性注意处于最外层,阻挡住那些不合心意的"入侵者"(信息);实在无法阻挡,就有赖于中间层,即选择性理解来防御;如果还是阻挡不住,则发动最内层的选择性记忆机制,即干脆忘却。

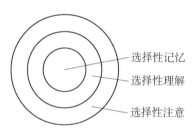

图 6-1 选择性接受的"防卫圈"

虽然不能断定一切人、在一切问题上都是如此,但可以认为,这确实是人们日常信息交流活动中一种相当普遍的现象。

3."均衡"理论的解释

作为受者的心理防御机制,何以如此顽强?20 世纪 40 年代以来,一些社会心理学家从社会认知角度出发深入开展研究,给出了一些有说服力的解释,这就是被称为"均衡"或"一致"理论的一系列学说,其源头可上溯至卢因创立的"群体动力学"。其中,影响较大的是,美国社会心理学者费斯廷格(Leon Festinger)的"认知失调"理论,其代表作即题为《认知失调理论》(1957 年)。

这一理论认为,人的各种认知因素之间,无非是三种关系:第一,协调(如"吸烟有害"和"我不吸烟");第二,不相干(如"吸烟有害"和"我喝酒");第三,不协调(如"吸烟有害"和"我吸烟")。一旦发生不协调关系,人就会感到不适,有压迫感,即陷入了"认知失调"状态。当然,失调感有程度差别,如丢失一元钱和丢失一生积蓄,不可同日而语。程度越严重,则改变不协调状况的欲望也就越迫切、强烈。

如何减轻及消除不协调呢？主要方法有：(1)改变自己原有的态度和行为；(2)回避不协调的信息；(3)曲解和遗忘不协调的信息。由于(1)较难实行，因此人们多以(2)(3)为保持心理均衡的手段。这就是上述"选择性接受"现象之所以普遍发生的根源所在。

另有一位美国社会心理学者纽科姆(Theodore Mead Newcomb)在美国社会心理学者海德(Fritz Heider)的研究基础上发展而成的ABX理论，与认知失调理论可谓异曲同工。他认为，传播效果如何，取决于信息对传受双方认知结构或态度能否保持一致的威胁程度。

举例来说，X代表"科学主义"这一信息，A、B是人际关系中的两个个体，则三者之间的关系有以下8种情况（参见图6-2）。(1)至(4)属于均衡(协调)，(5)至(8)属于不均衡(不协调)。以(5)为例，A信仰科学主义，而B不信仰，但他们是好友。怎么办？要么A或B改变态度，要么两者关系恶化乃至破裂。当然，这里也有限定条件，如AB彼此有强烈的吸引力或X至少对其中一方很重要。与认知失调理论相比，ABX理论的特点是，将均衡原理应用于人际关系，颇有学术意义的实际价值。①

后来，有学者对它加以改造，使之也能说明大众传播过程，即韦斯

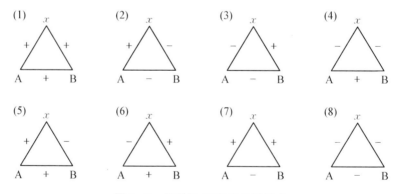

图6-2 纽科姆ABX理论的模式

---

① [英]丹尼斯·麦奎尔、[瑞典]斯文·温德尔：《大众传播模式论》(第二版)，祝建华译，上海译文出版社2008年版，第25—27页。另见时蓉华：《现代社会心理学》，华东师范大学出版社1989年版，第271—272页。

特利-麦克莱恩模式(参见图表6-3)。①

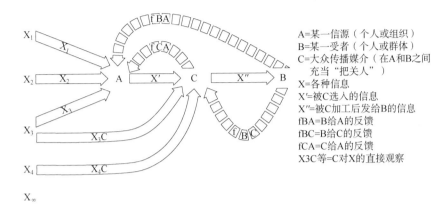

图6-3 韦斯特利-麦克莱恩模式

这一模式清楚地显示了媒介如何在传受双方之间充当"把关人"角色。无疑,这里同样要求传者(包括各种组织、个人和媒介)注意,不能使受者的认知结构严重失调,宜循序渐进、逐步加码。在大众传播过程中,由于媒介无法强制受者接触信息,也难以及时地获得反馈以调整、补充信息,更容易发生选择性现象,因此媒介更应重视调查研究,加强对受众的了解。

4. 社会关系论

与个人差异论强调个体特殊性的视角不同,社会关系论注意到,人际关系,特别是集体、团体的作用,有力地弥补了前者的不足。这一理论的形成,主要得益于拉扎斯菲尔德等人20世纪40年代以来的研究成果(详见第九章相关内容)。

确实,我们每一个人都生活在各种群体、组织之中,如家庭、学校、政党、社区、工作单位等,不能不受其规范的影响和约束。一般来说,个人对所属团体如果持肯定态度,就会处处维护团体利益,面对外部的攻击和不同意见,或反击,或躲避,或曲解,即使持否定态度,由于害怕团体的制裁,往往也不敢公开接受"敌"方的信息。

这就是所谓团体压力或群体压力的作用。

---

① [英]丹尼斯·麦奎尔、[瑞典]斯文·温德尔:《大众传播模式论》(第二版),祝建华译,上海译文出版社2008年版,第35—41页。

5. 群体压力和从众理论

关于群体压力或称团体压力的研究,有许多成果。其中,比较著名的是美国社会心理学者阿希(Solomon Asch)在20世纪50年代开展的有关"从众"现象的一系列实验。

所谓从众,即"随大流",就是个人在团体规范的压力下,为消除自身与群体之间的冲突,增强安全感,而放弃自己的意见,采取与大多数人一致的态度。阿希的研究证实,这是一种普遍的社会现象。

其方法是,每组7人,其中6人为助手,仅有1人为真正的被试(即实验对象),他们一起围桌而坐,对两张卡片上的线段进行比较、指认,回答a、b、c三条线段中的哪一条与标准线段等长(参见图6-4)。在实验过程中,真被试总是被安排在靠后指认,12套卡片共出示12次,前2次大家都作出正确的选择,从第3次开始,假被试们故意频频出错,以此观察真被试的反应如何。结果,在多次相同的实验中,仅有约1/4被试始终保持了独立性,没有发生从众行为,换言之,另有约3/4被试在群体压力下至少有一次错误的选择。

标准线段

比较线段

图6-4 阿希从众实验的卡片

事后了解,被试从众的原因可归纳为三种:第一,认知歪曲。即被试确实以为他人是对的,而自己错了;第二,判断歪曲。即被试虽然意识到自己的观察与众不同,但认为多数人总是对的,因而"人云亦云",这一情况最为普遍;第三,行为歪曲。即被试确认自己是对的,但违心地顺从大家。[①]

阿希及后来的研究人员,进一步探讨了影响从众行为的机制,发现以下一些因素。

第一,团体规模。规模越大,赞成某种意见的人越多,对个人的压力越大,就越容易促成从众行为。

第二,团体凝聚力。凝聚力指人们相互吸引的程度,一个团体的凝聚力越强,则从众倾向越容易发生。

第三,个人地位。团体中的高地位者,通常作为规范体现者,将压

---

① 上海华东师范大学心理学系学生曾重复阿希的实验(1982年),得出类似的结果。参见时蓉华:《现代社会心理学》,华东师范大学出版社1989年版,第286页。

力施加于低地位者,使后者从众。

第四,其他成员影响。如"反从众者"的作用(只要有一个出现,就可缓解压力)、个人和多数人的差距(差距太小不足以形成压力,太大反而使人怀疑,中等差距造成的压力最大)。

总的来说,团体压力及其引起的从众现象,既有整合组织和社会、维持必要规范及弘扬良好道德风尚的积极功能,也有加强专制趋向或助长各种不正之风的消极功能。就大众传播而言,应大力促进前者,抑制后者。同时,媒介应能由此进一步认识到,在改变受者态度方面,与人际、组织传播相比,大众传播往往处于劣势。不过,这也意味着,如果大众传播能与人际、组织传播结合起来,则会威力倍增,劣势就有可能变为优势。

从反面意义上看,这恰好能解释"大众社会"理论的困惑,法西斯主义专制统治下的人民群众,正是在媒介宣传和团体规范的双重作用下,发生"滚雪球"似的从众心理和行为而成为"俘虏"的。[1]

6. 社会类型论

也称"社会范畴论",这是又一种有代表性的受众研究视角。它从另一个侧面修正和扩展了个人差异论。如果说个人差异论和社会关系论较多地揭示了传播的复杂性和艰难性,则社会分类论为传播带来较多的"福音"。

这一理论的积极倡导者为美国社会学者赖利夫妇。他们认为,尽管每一个人有自己的个性和特点,但仔细观察就可发现,他们在很多方面又不乏共性,即相同和相似之处。据此,看似分散的受者,实际上形成了各种"团块",即所谓社会"类型"或"范畴"。属于同一类型的人们,在某些问题上持有大体一致的需求和态度。

那么,受众究竟有哪些方面的特征呢?试整理如下。

7. 受众的特征和类型

(1) 个体(生理、文化)特征。

性别。研究表明,男女之间存在着明显的性差。如男性抽象能力较强,富于攻击性,而女性长于形象思维,更有同情心等。这些差别在

---

[1] 第二次世界大战末期,盟军电台加紧宣传,劝说德国士兵投降或起义,此时,法西斯势力已日落西山,按理应取得显著效果,然而,事与愿违。原因就在于,德国士兵谁也不敢首先背叛团体,只是在他们与部队失散时,才纷纷缴械。这一现象,亦见于日本军队。

信息内容的选择、理解、评价等各个环节都有所体现,如男性多关注时政热点、体育、武打片,女性多偏爱生活实用性信息、时尚、言情剧等。

年龄。各种年龄阶段的受者,传播心理和行为也各不相同。如少儿喜欢幻想,青年追求新奇,中老年趋于深刻、稳健。

经历。即经验和阅历,形成每一个人的经验(知识)范围。一般来说,信息能否顺利被受者理解,取决于其内容与各人经验范围重合的程度如何。重合度太高,即完全为受者熟悉,由于没有新意,效果必定不佳,而重合度太低,虽能引起受者兴趣,但难以获得准确理解,效果也不佳。为此,宜从实际出发,在两者之间保持适当的均衡。另外,经历与职业密切相关,同一职业(如工人、农民、教师等)的成员,自然有大体相似的经历,有较多的共同话语。

智力。包括天赋、教育程度、文化水平的高低,对传播方式和内容有直接而重大的影响。如面向高智力型受者的信息,宜量大、重理性、结论含蓄,面向低智力型受者的信息,则应量小、重情感、结论明确等。

个性。包括性格、气质、能力等。个性不同,导致信息感知的差异。如多血质型受者感知速度快,反应敏锐,知觉范围广,但不细致,而黏液质型受者正好相反。就能力而言,也有各种差别,如画家、音乐家对艺术信息(符号)的读解能力,自然高于一般受众。

兴趣爱好。所谓兴趣是"最好的老师",从传播角度看,也就是"最好的向导"。它的突出功能是:指引受者在信息"大海"中有目标、有效率地"游"向彼岸。从广义上说,兴趣也就是受众的需求。

这里,就"需求"作一点说明,所谓需求,也可以理解为动机、目的。这一概念最为集中地表达了媒介和受众关系的实质,即信息供求关系。有关"需求"的研究,事实上构成了"受众中心论"的突破口和核心课题,即"使用与满足"理论。

预存立场。也叫原有(固有)态度,涵盖了上文多处提及的诸如认知结构、观点、立场、意见、信念、态度、价值观等。

作为社会心理学基本概念之一的态度(也叫定势),意为"个人对事物的内在信念的总评价"及在此基础上"个人对外界刺激(事物)作出反应的准备状态"。[①] 它的核心是价值观,结构包括认知、情绪、意向这三个要素,并相应具有三个功能:一是认知功能,指态度为个人的反

---

① 时蓉华:《现代社会心理学》,华东师范大学出版社1989年版,第244—248页。

应(行为)提供特定信息;二是情绪功能,指态度规定个人的生活和工作目标,凡是与此一致的事物及信息,使其产生满足感,反之则带来不满足感;三是动机功能,指态度驱使个人趋向什么、逃避什么,也就是形成其需求。例如,对一个革命者来说,正是态度决定了他投身于革命,寻找有利于革命的信息,并为此而感到快乐。

由此可见,上述各个因素固然都与需求有关,但态度可以说是其中根本性的、支配性的因素。换言之,在"选择性接受"过程中起决定作用的"把关人",就是"态度"。而所谓传播效果,尤其是劝服性、宣传性传播的效果,其主要指标也就是,能否、在多大程度上改变受者的态度。

"社会类型论"指出,以上所说的个体特征的各个方面、各个因素,既可以造就独特的"这一个",也足以构成各种具有相当规模的"这一群",从而为传者、媒介提供了广阔的活动空间。这正是当下各种对象性、专业性媒介蓬勃生长的基础和前提条件。当然,面对如此丰富多样的特性和类型及由此产生的"需求",综合性媒介同样是大有可为的。

(2) 心理特征。

认知心理。为了更好地生存和发展,每一个人都离不开信息,特别是处于信息化急速展开的今天,这种求知的欲望和心理,尤其显出紧迫感。

好奇心理。在某种意义上,认知心理与好奇心理是相通的,即它们都追求未知、新鲜的信息。不过,前者主要关注内容及其重要性,后者在内容上偏于反常性、新奇性,在形式上亦期待变化。

从众心理。前文对此已有论述,故不再重复。需要补充的是,由于群体规范和压力往往通过某些权威、精英人物集中体现出来,因此,在某些场合,从众心理又表现为崇拜心理。两种心理是密切相关的。

表现心理。与从众心理相反,这是一种在群体面前显示自己优势的欲望。实际上,人们在从众的同时,内心深处都程度不同地潜藏着表现的愿望,即获得群体的赞许和奖励,乃至成为领导人物或英雄。媒介策划的各种参与、竞赛节目之所以大受欢迎,显然与这一心理有关。这种心理有积极的一面,即与上进心相通,也有消极的一面,即有可能发展为支配欲、领导欲。另外,在大多数人犯错误的情况下,它能发挥反从众、反潮流的作用,当然,如果少数人本身不正确,则又当别论了。

移情心理。也叫替代心理。现实生活中,"不如意事常八九",个人欲望往往受到各种制约而无法实现,因而受者普遍期待在媒介信息中通过角色替代,获得"虚拟"的满足。例如,观看风光片,自己好像也到了世界各地,饱览名胜古迹;观看言情片,自己也情不自禁地"进去"充当一个角色,爱得死去活来;阅读武打小说,似乎自己就成了书中惩恶锄奸的英雄,把平时积累的怨气一扫而空。因而,这一心理也称同化心理、宣泄心理。

攻击心理。从积极意义上说,这可理解为竞争心理。媒介中的一种典型现象是,各种警匪片、武打片、战争片和体育节目经久不衰,从消极意义上说,这也可能导致暴力内容泛滥成灾。因此,如何适度把握是一个重要课题。另外,就媒介和受众的关系而言,如果前者使后者站到了自己的对立面(这时表现为反抗心理、逆反心理),则传播效果也就无从谈起了。

(3) 社会特征。

群体影响。这大体相当于前述团体压力、从众现象等。在此起决定作用的因素是利益,包括传者、媒介(信息)和群体的利益是否一致,群体和个体的利益是否一致。个体之所以服从群体,归根结底是为了趋利避害,如果没有足够好处,只要有可能,个体就会离弃群体而去。

文化传统。同是群体影响,在各个国家、地区的表现形式和内容、程度不尽相同。如美国人更崇尚独立性、冒险精神,日本人更注重的是合作性、团队精神。这就是历史文化传统所使然。对媒介来说,如何将西方文化浓烈的竞争色彩与东方文化显著的和谐特征结合起来,创造出更加完美的传播形式和内容,是一个饶有兴味的课题。同时,另一个颇有意义的课题则是,如何加强异文化之间的了解和理解,消除无知、误解和偏见,为世界和平与发展作出贡献。

社会环境。指不同的社会、经济、政治条件。这既表现为各国、各地区在制度、习俗等方面,如市场经济和计划经济、君主制和共和制等的差异,也见诸同一国家、地区内部不同阶层、阶级之间的差异,如白领和蓝领、资产阶级和工人阶级等。

显而易见,与心理特征相比,社会特征与态度的联系更为密切,因而,对传播过程的影响也更为重要、深刻。对此,传者、媒介需要充分重视。

还必须指出的是,个体、心理、社会这三个方面的各种特征,不是互相孤立、对立的,而是彼此交叉、联系的。如某人热爱古典音乐,这种兴趣爱好不仅与年龄、经历、个性等有关,还可以从表现心理、移情心理、文化传统、群体影响等因素中找到其形成原因。

五、受众研究的经典理论

这里的经典理论是指传播学科原创的、单一的、具有代表性的理论,其中最有影响的是"使用与满足"理论。

1. "使用与满足"理论

早期的传播学研究大多立足于传者意图来探索传播效果,重视传者而忽视受者,但"使用与满足"研究却是一个例外。其最大特征就是实现了反转,以受者为立足点。因此,"传播效果"的问题就不再是"传者/媒介能使受者发生什么变化",而是修改为"受者能通过传者/媒介得到什么满足"。

这一研究起始于20世纪40年代,50年代曾一度销声匿迹,至60年代又重整旗鼓,其发展过程大致如下。[①]

(1)早期研究。20世纪40年代的"使用"或称"满足"研究,有两个方向,一是针对内容,一是针对媒介而展开。前者以美国传播学者赫佐格(Herta Herzog)为代表,她的一项对广播智力测验节目爱好者的调查(1940年)结果显示,即便是同一节目,感受也因人而异:一是竞争性取向,有人仅与节目出场者竞争,有人还加上与自己一起听节目的同伴竞争,有人则排除节目出场者,只与同伴竞争;二是教育性取向,有人通过节目获取新的知识;三是自我确认性取向,有人通过节目测试自己的知识水准;四是体育(竞赛)性取向,还有人在复数的节目出场者中,预测谁将获胜。

赫佐格的另一项研究(1944年),旨在了解"肥皂剧"即广播连续剧(因受到生产肥皂的企业赞助而得名)受众的收听动机,以100名爱好者(主妇和中学生居多)为调查对象,归纳出以下三种"满足"类型:一是解放情绪,有人得知剧中人物也有与自己类似的愁苦,从而感到安慰;二是代理参加,有人将自己化作剧中人物,品尝其各种经历;三是生活的教科书,有人从剧中人物的言行中获得启示,用以解决自身的问题。

后者以美国传播学者贝雷尔森(Bernard Berelson)为代表,他以

---

① 张国良:《现代大众传播学》,四川人民出版社1998年版,第236—241页。

"读书能带来什么"为题作过一项调查(1940年),主要结论为:一是对书籍的使用情况因人而异,如年龄、性别、职业等带来的差别;二是人们读书的动机也多种多样,如对威信的需求(因社会以读书为荣)、对实用价值的需求(期待书籍内容的效用)、对精神安定的需求(如通过读医学书以排除对自身健康的担心)等。

1945年6月30日,纽约8家大报的送报员举行了罢工。贝雷尔森借此机会进行了一项"没有报纸会怎样"的研究,通过对60位读者的面访,发现了报纸的一些平时不为人注意的功能(从受者方面看,即需求):一是人们将报纸作为信息来源;二是将其作为日常生活的工具(如获取天气预报、商品广告);三是视读报为一种休息;四是通过向他人披露来自报纸的知识、消息等,提高社会威信或维持社会关系;五是形成为读报而读报的习惯,如有人在罢工期间竟然找出旧报纸来阅读。

概言之,早年的"使用与满足"研究,发现了一个意味深长的重要事实:受者是在多种多样的动机支配下接触大众媒介的。有些动机和需求,大大出乎研究者的意料之外。如,原以为大众重视教育节目,不料大众最喜欢的却是娱乐节目;同时,娱乐节目又有教育的效用。这里的一个决定性原因就是受者的能动性,即受者是为了满足自己的需求而接触媒介的。这就给人们以深刻的启示:传播的效果、影响在很大程度上被受者所左右。任何传者,想通过媒介实现某种意图,如果不能满足受者的需求,就难以成功。

显然,这是对"大众社会"理论和"魔弹论"的有力批判和否定,不仅如此,它为推动传播效果研究乃至整个传播学研究从"传者中心观"向"受者中心观"的转变提供了实践案例和理论依据,具有特殊的重要意义。

其主要不足在于,仅仅指出了受者的动机或需求,尚不够深入,特别是缺少量化分析。以个案、定性调查方法为主的局限性——主观性强、规模小,妨碍了研究的深化,而且使成果的普遍适用性受到怀疑。直到20世纪60年代,借助严格的定量研究方法,这一理论才得以"复活"。

(2)后续研究。20世纪60年代以来,传播学界再次对"使用与满足"研究发生浓厚兴趣,取得了新的成果。其中,英国传播学者麦奎尔等人的工作较有代表性,他们采用实地调查法,将受众通过媒介获得的"满足"类型概括如下:

第一,消闷解愁。如逃避现实的制约,摆脱劳苦或烦恼,松弛神经等。

第二,促进人际关系。如通过移情效应,与媒介人物结成虚拟关系;获得人际交往的实际知识和手段(如谈资)等。

第三,确认自我。如寻找观念、知识的座标,以确认自我的位置;学习具体的实际生活技能;强化预存立场(价值观)等。

第四,监测环境。如获取有关间接环境的信息,以决定如何行动等。

与早期研究的结果对照,可以发现,除了概括性更强,并无太大的差异,但关键在于,这是科学化、计量化方法的产物,较为可靠,因而得到普遍认可。①

有趣的是,这四种"满足"与前文(第一章)所述传播的四种"功能"——娱乐、协调关系、传承文化、监测环境——恰好对应。如此,满足/效用就与内容/功能联结起来了。

使用与满足研究尤其是定量研究,取得了以下成绩:第一,从受者的角度,证实了传播功能的客观实在性,或者说,功能理论的正确性;第二,丰富了功能理论的内容。例如,同是"娱乐",用"满足"眼光看,就发现了各种细微的差别;又如,在"人际关系"功能中,也发掘出未预见到的"虚拟关系"的效用;再如,虽然都称"监测环境",但功能理论着眼于社会、宏观层次,满足理论则偏重于个人、微观层次,即所谓"超市里看形势",与此相联系,前者强调的是"灌输",而后者强调的是"选择"。

20世纪70年代以后,这一理论在研究实践中进一步细致化、科学化。美国传播学者卡茨(Elihu Katz)于1974年发表《个人对大众媒介的使用》一文,对此进行总结,提炼出"使用与满足"研究的基本逻辑:具有社会和心理根源的需求,引起期望,即对大众媒介和其他信源的期望,它导致了媒介披露的不同形式(或从事的其他活动),结果是需求的满足和其他或许大多是无意的结果。②

---

① 卡茨等人研究了各种媒介与各种需求的关联,提出如下见解:"消闷解愁"的最好媒介是电影,"自我确认"是书籍,"监测环境"是报纸;最能满足多种需求的媒介是电视(显然,这一角色当下已让位于网络),其他媒介只能满足比较特定的需求;另外,从功能接近性看,有一个"循环相似链":电视→广播→报纸→书籍→电影→电视(时至今日,网络实现了"一网打尽、一统天下"的格局)。

② 张国良:《传播学原理》,复旦大学出版社2009年版,第210—212页。

日本传播学者竹内郁郎(1977年)基于卡茨的思路,提出了以下模式(参见图6-5),强调了两点:第一,受者的媒介接触行为有可能受其此前形成的媒介印象的影响,而媒介接触的结果又有可能修正其此前的媒介印象;第二,受众需求的满足,不完全是自主的,还受制于其媒介接触的可能性。

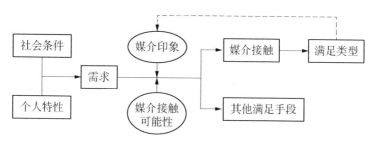

图6-5 竹内郁郎的"使用与满足"模式

值得注意的是,这里引入了一个不同于"满足"的"需求"概念。尽管"满足"概念与目的、动机、需求等密切相关,但含有被动色彩。为了凸显受者的主动性、能动性,有必要以更加明确的"需求"概念来代替之。事实上,在日常传播活动中,总是先有"需求",而后才有"使用"和"满足"。即,受者对接触什么媒介、能得到什么满足,事先总有一定期待,并抱着相应的需求展开接触,然后对满足状况进行评价,如果符合期待,就持续,如果不符合,则加以修正。在此,可见到一种依赖媒介的可能性,即受者一旦得到满足,就有可能产生依赖性,如常见的"粉丝"现象,就是典型例证之一。

综上,"使用与满足"研究在传播学史上产生了重要影响,其意义和价值迄今仍未过时,而可望在信息化、数字化、媒介化大潮汹涌的当下,激发新的灵感,产生新的成果。同时,在此过程中,它有一些常见的缺陷,也需加以改进。

第一,研究假设往往过于强调受者的主动性,强调受众媒介接触行为有明确目的,其实,已有研究发现,受者接触大众媒介常是漫不经心的,其主动性也有限,而且,受者只能在媒介提供的有限范围内选择信息,因此过于强调受众的主动性,有可能是一种误区。

第二,研究方法大多依据研究对象的自我报告来确定受者接触媒介的动机等,致使结论过于简单和天真,而且往往过于强调对个体的研究,而忽视社会结构和社会环境因素的影响。

第三,研究范围往往忽视媒介内容对受者的影响,大众媒介提供的讯息常倾向于强化统治阶级、阶层的价值体系,受者在接触媒介讯息即解读符号的过程中,很难完全摆脱媒介的这种倾向性。

2. "编码/译码"理论

在受者研究领域,这也是一个较有影响的理论,但需要说明,它来自英国20世纪60年代兴起的"文化研究"(cultural studies)。这不是一个学科,而是一个跨学科的研究领域,其特色是结合文学、社会学、传播学、符号学、文化人类学等学科知识来研究当代文化现象,其领军人物有前文提到的威廉斯、霍加特、霍尔等。

"编码/译码"理论是霍尔(Stuart Hall, 1932—2014)最有代表性的学术贡献,由于直接研究对象是电视媒介,与传播学的关联性很强,也由于"文化研究"学派本身就被归为传播学批判学派的分支,因此,该理论的影响虽然广泛分布于语言、文化、艺术等多个领域,仍可视为传播学的成果。

霍尔在《电视话语中的编码和译码》(1973年)一文中提出,电视话语与意义的流通可划分为三个阶段。

(1) 生产阶段。即所谓"编码",就是信息、符号生产者对原材料的加工阶段。如对题材的选择与表现,对镜头的使用与画面的切割等,完成的产品被称为"符码"(code)。在这一阶段,占主导地位的是原材料的加工者、制作者,以及主流意识形态对他们世界观的控制和影响。在此,生产建构了信息,流通由此开始。

(2) 成品阶段。在这一阶段,符码按话语的规则而构成,因此占主导地位的是赋予电视作品意义的话语规则。电视作品一旦完成,意义被注入了电视话语,就意味着电视作品符码变成了一个开放、多义的话语系统。

(3) 消费阶段。即观众在自身知识框架的影响下,对节目进行"译码",产生相同、相似或相异的理解。在这一阶段,占据主导地位的是观众对世界的看法,如个人的世界观和国家的意识形态等。

那么,受者究竟是如何解读电视节目意义的?既来自编码者对日常生活原材料的编码,也来自译码者与社会结构、知识体系及意识形态的关系。霍尔认为,观众对同一个电视节目可能存在三种译码立场,这就是著名的"霍尔模式"。

一是支配/霸权立场。即观众解读的意义、译码的立场,与电视制作者"专业编码"的立场完全一致,也称"优势解读",观众完全按照支配的符码意义进行解读。

二是协商/谈判立场。观众对电视符码既不完全同意,又不完全否定。也就是说,观众与主流意识形态之间处于一种矛盾的商议过程。霍尔以观看电视新闻的工人为例,一方面,工人可能赞同新闻所称增加工资会引起通货膨胀,另一方面,他们也可能坚持自己拥有要求增加工资的罢工权利。

三是对抗/颠覆立场。观众对电视信息有自己的思考和解读,根据自己的生活经验和知识背景,作出与编码者完全相反或相异的解读。

总之,节目的意义不仅是传者"传递"的,同时也是受者"生产"的。意识形态的传送不等于接受。因为传者的解释并不等于受者的解释,观众/受众可以同意、协商乃至反对。

由此可见,这一理论不仅与"使用与满足"理论是相通的,而且独具慧眼,将宏观与微观、社会与个人连接起来,成功地建构了一个富有洞察力、生命力的受众研究框架。①

第三节 传受者展望

至此,我们分别从传者、受者维度,勾勒了作为传播主体的人(个体和群体)之轮廓和形貌。随着互联网时代的到来和展开,由大众传播媒介造成的、持续多年的"传受分离"状态已趋式微,取而代之的是一种"传受一体"格局,也就是说,大众传播与人际传播、组织传播的边界日益模糊,由此带来了诸多新的现象和问题,呼唤着新的观察和思考。②

一、传受关系的变化

1. 个人自媒体的登场

20世纪末至21世纪初,当各种网络媒介在世界范围内如雨后春

---

① 张国良:《传播学概论》,外语教学与研究出版社2013年版,第201—202页。
② 同上书,第208—214页。

笋一般出现之际,传统媒介的"霸权"就接近了尾声,但普通大众面对那些大型网站,仍处于较为被动的地位——网站登什么,网民只能看什么,尽管可以发表一些评论,但作用与影响力不大。然而,一旦网络媒介发展到自媒体阶段(以博客、微博、微信等为代表),情况就全然不同了。

美国新闻学会媒体中心 2003 年发布的《自媒体研究报告》指出,自媒体是普通公众在经由数字技术强化、与全球知识体系相连后,开始理解如何提供与分享他们本身的事实、新闻的途径。[①] 美国《连线》杂志为自媒体下的定义则更简洁:由所有人面向所有人进行的传播。

从形态看,自媒体是论坛、博客、微博、微信、视频网站、即时通信等以新媒体为载体的个人媒体的统称。博客、微博曾是自媒体的典型代表,而微信的出现,又将自媒体的应用推向了新的高峰,受众也进入了真正的、实时的"自传播"时代。

正如美国社会学者卡斯特(Manuel Castells)所言,目前大众传播虽然仍显强势,但"大众自传播"(mass self-communication)已登上历史舞台,并展现出越来越强的生命力。[②] 在此情境中,每一个人都可以既是信息的生产者、传送者,又是信息的分享者与接受者。换言之,传播技术的突破引起了传播主体的巨变——"传者"与"受者"之间的角色壁垒被彻底打破了。

2. 受众话语权的扩张

自媒体的兴起为普通公众提供了便捷、开放、自由、充分的话语表达平台。从此,每一个人都可以在互联网中拥有发声的渠道:自己的报纸(博客、微博、微信),自己的电台或电视台(播客)。这样一来,受众的话语权不仅第一次得到了真正的实现,而且获得了空前的扩张。

一个饶有趣味的事例是,2006 年美国《时代》周刊年度人物的封面是 YOU(指网民)(参见图 6-6),意指互联网时代的每一个普通公民都是网络信息的使用者和创造者。尽管杂志还提名了另外 26 位"年度重要人物",但评选委员们还是认为,全体网民对这个世界的影响,远远超过了任何一个具体人物。《时代》周刊就此声称:社会正从机构向

---

① 邓新民:《自媒体:新媒体发展的最新阶段及其特点》,《探索》2006 年第 2 期。
② 卡斯特等:《中国、传播网络与社会:对话曼威·卡斯特》,《传播与社会学刊》2008 年第 1 期。

图6-6 美国《时代》周刊2006年度人物封面"你"

个人过渡,个人正在成为"新数字时代民主社会"的公民,因而,今年(2006)的年度人物是"互联网信息内容的所有使用者和创造者"。

在自媒体时代,受众不仅可发布有关自己私人生活的内容,还可披露有关公共事件的信息,大大激发了公民对公共事件的参与意识。网络打破了传统媒介对话语权的集中和垄断,一般公民都拥有了对公共事件寻求真相、表达意见的话语权。近年来,越来越多的事件显示,新闻报道出现了这样一个逻辑或链条:网民率先爆料→引发舆论关注→促使传统媒介跟进→推动相关问题解决。

在此背景下,传统媒介也不得不一改以往"高高在上"的态度,转而从广大网民的信息和言论"宝矿"中挖掘新闻线索。

3. 人际关系网的拓展

基于自媒体互动迅捷的特点,受众可以很方便地建构或重构一个人际关系网,满足其多层次的社交需求。以社交网站为代表的自媒体,将现实社会中的"强关系"予以强化、延伸,并能将具有共同行为特征、兴趣爱好的用户连在一起,促成"弱关系"的发现与延伸。

受众还可以在不同的平台、终端之间搭建信息交互的通道,形成一张与互联网重叠、融合的社交网,使自己在开展网络社交时更为便捷。如微信就有添加、搜索、邀请好友等多种功能,大大促进了社交网络中各个领域、节点关系的强化,让受众得以顺利拓展自己的虚拟社交网络。

二、交流陷阱的困扰

如果说上述变化给受者带来了各种效益,则我们还必须看到,传播技术的每一次重大进展在开拓和超越人们对交流边界的想象的同时,也伴生一些负面问题,出现各种陷阱。

1. 媒介使用:"麻醉"与"成瘾"

当前,网络技术的发展、新旧媒介的融合,已使人们的日常生活浸润在媒介之中。1948年,拉扎斯菲尔德和默顿就提出了媒介的"麻醉"功能。他们认为,大众传播将受众淹没在信息和娱乐的滔滔洪水中,人们每天为接触媒介而花费了过量的时间和精力。这一观点当时主要针对报刊和广播,时至今日,由于新媒介的普及而伴生的高效传播与海量信息,使这一"麻醉"作用有增无减,甚至出现了"成瘾"症状。

为了应对这一难题,北京军区总医院于2008年牵头制定并发布了《网络成瘾临床诊断标准》,尽管对此有不同意见,但其原则仍可参考。该标准为:如果个人平均每天出于非工作和学习目的、连续上网超过6小时,且符合以下症状超过3个月,即构成"网络成瘾"。这些症状为:对网络的使用有强烈的渴求或冲动感;减少或停止上网时,出现周身不适、烦躁、易激怒、注意力不集中、睡眠障碍等反应。

同时,该标准还设定,在以下5条中只要符合1条,即可认定为"网络成瘾":一是为达到满足感而不断地增加使用网络的时间和投入程度;二是对使用网络的开始、结束及持续时间难以控制;三是固执地使用网络而不顾其明显的危害性后果,即使知道网络使用的危害仍难以停止;四是因使用网络而减少或放弃了其他兴趣、娱乐或社交活动;五是将使用网络作为一种逃避问题或缓解不良情绪的途径。

社会公众对网络游戏对青少年带来"成瘾"状况的忧虑还未减少,又出现了对新型社交工具"成瘾"的困惑。当下,在广大网民中,刷微博、刷微信已成时尚,即不断刷新微博、微信、抖音、快手等页面的使用习惯。这些社交媒体信息按秒刷新,更新速度极快,一个"刷"字道尽了人们更新与接触这些信息的迫切心情——无论是在课堂上、地铁里、电梯内、餐桌上……

当人们被淹没在庞大、琐碎、混乱的网络信息海洋之中,确实难免患上或轻或重的信息焦虑症,不知不觉地浪费了大量的宝贵时间——无论是对未成年人还是对成年人而言,都务须警惕。

2. 信息内容:娱乐至上与深度缺失

虽然网络新媒体在公共事件讨论、形成公众舆论方面的作用有目共睹,但仍然存在着娱乐至上与深度缺失两大问题。"娱乐至死"的弊端,在互联网时代确实呈现出愈演愈烈之趋势。

与"娱乐化"并存的"碎片化"态势也不遑多让,由于网络中的海量信息,每时每刻都在变动,一个接一个热点接踵而来,以新热点迅速覆盖旧热点,瞬息万变,令人目不暇接。这一短、平、快的表达方式,限制了人们交流的深度,也妨碍了人们就事件展开充分讨论的氛围。

如此,人们的注意力很难对各种事件进行持续、深入的关注与挖掘,信息接触过程中的浮光掠影、浅尝辄止成为常态,长远地看,不能不影响受众的深度阅读和理性思考。

3. 信息质量:真伪难辨与良莠不齐

对网络信息来说,又一个久治不愈的顽症是,信源的参差不一导致真伪难辨。

如 2021 年 3 月 20 日,微博某大 V 爆料,称杨振宁去世,虽然只有一句话——"确认了,杨振宁先生确实已经离世",但转发中有人表示"听朋友说了",还有人称"官方不久就会出讣告"。传闻持续发酵,媒体纷纷向杨振宁方求证,最后从亲友处获悉,此系谣言。结果,该大 V 立即发布"道歉启示",称对谣言的误传深感不安,认真反省及检讨云云。

这种"言之凿凿"的假新闻既不是第一个,更不是最后一个,固然,传统媒介时代也有此类现象,但不可否认,网络时代的虚假信息前所未有地增加了,负面作用也越来越大。其主要原因在于:第一,就网络信息的传者而言,大多不具备新闻写作和信息生产的专业素质;第二,就网络信息的流程而言,缺乏专业人员的审核,即传统的"把关人"机制在网络中的缺失,导致了假新闻的频繁出现。

除了虚假信息之外,低俗信息也大行其道,以无聊故事、煽情内容、故作惊人之举、频发惊人之语者,如芙蓉姐姐、凤姐、犀利哥、小月月等经过网络专业团队炒作的"网络红人",就是其中的典型代表。

4. 传播权利:表面平等与实际失衡

从表象看,数十亿网民共同创造了自媒体时代,似乎每一个人都成为了平等的"媒体",但实际上,并不是每一个人发出的声音都可以得到同样的关注。

在现实世界里各种资本(包括经济、文化、社会)越多的人,在网络中才越容易得到关注和追捧。如台湾电视节目主持人小 S 的第一条微博,只放了一张照片,却引来了 5 000 多条评论、3 000 多次转发。对普通用户来说,这绝无可能。事实上,各个领域知名人士在网络中取得的影响力,只不过是其在现实中的社会影响与社会资本的延伸而已。因此,在热点事件的讨论中,当"意见领袖"一呼百应时,普通用户往往也只能选择其中的不同阵营来表达自己的态度。一般来说,"草根"网民只有通过"新、奇、特"的言行来制造话题,才能突出自己、吸引关注。

可见,网络传播权或话语权的运行逻辑,具有很强的"马太效应",在一定程度上复制、固化着既有的社会失衡,看似平等的信息流动其实也存在着无形的边界与樊篱。

如何解决以上问题呢?非一朝一夕之功,需要长期、耐心的付出,依靠各方协力、综合治理。立足于受者的角度,最为重要的工作就是培育、提升全民的媒介素养。

三、媒介素养的培育

所谓"媒介素养"(media literacy),也称"媒介识读",指人们面对媒介信息的选择能力、理解能力、质疑能力、评估能力、应变能力、创造和制作能力。这是一种针对大众传播现象而提出来的兴利除弊的应对思路和策略。

一般认为,其源于20世纪30年代的英国,在发达国家的普及则是70年代之后,进入21世纪以来,随着互联网时代的展开,世界范围内的大多数国家都将媒介素养列为公民素养的重要组成部分,主要通过中小学校教育使媒介素养成为每一个公民的必备素质。

就中国而言,媒介素养的概念于20世纪90年代传入以来,引起传播学界的浓厚兴趣,开展了诸多相关研究,推动了这一理念的普及。不过,从实践层面看,目前还处于探索阶段,体系化、制度化的全面推广尚有待时日。

那么,作为信息化社会和新媒体时代的传受者个人,理应如何认识和行动呢?

1. 知识层面:自觉修习媒介素养

首先,加强学习、了解媒介,尤其是新媒介的基本知识,包括历史脉络、体系结构、运行机制、功能特点、写作技巧、传播方式等。

其次,加强分析、评估媒介,尤其是新媒介信息的能力。新媒介信息具有超链接、碎片化表达的特点,缺乏相对系统的资讯,也缺乏相关传统媒介在报道中的关联性挖掘。为此,往往需要受者从零散的碎片中寻找关联、归纳要点,并结合传统媒介的深度报道来加以理解和判断。同时,新媒介信息中不乏虚假、低俗、不良乃至糟粕成分,需要练就一双"火眼金睛",加以辨识和批判。

再次,加强创造、表达媒介,尤其是新媒介信息的能力。作为传受者,应积极发声,但要避免只求"新、奇、热"而不求真实、全面、准确、深入,只知其然而不知其所以然的误区,在创造新媒介信息的过程中,努力兼顾艺术性和科学性,尽量发布图文并茂、深入浅出,使人喜闻乐见且具有创新价值和社会意义的内容。

最后,加强管理、使用媒介,尤其是新媒介技术服务个人和社会的能力。新媒介无疑可以在私人生活和公共生活中发挥积极作用,但如果沉迷其中,无节制地在各种信息中流连忘返,则难免导致正面功能和方向的迷失,以及不同程度的信息焦虑症与强迫症。因此,我们必须清楚地认识自身的需求,合理地掌控媒介使用的节奏与时间,并辅以其他的健康休闲方式来放松自己。

如上文所说,"使用与满足"理论反转了传播学研究的立足点,凸显了受者的主动性、能动性。新媒体时代的传受者,理当时常向自己提问:我/我们究竟想/应利用新媒介(社区、论坛、微博、微信、视频等等)做什么?以什么形式和内容?来达成什么任务和目标?

2. 实践层面:正确看待热点事件

不言而喻,媒介素养的健全培育,决非一蹴而就,而需要在日常实践中不断学习和提高,这里,以社会热点事件为例,对如何以媒介素养来观察和应对略加阐述。

首先,社会转型时期的各种冲突,必然在媒介中展现,可谓是一种正常现象,重要的是,网络表达在这些社会冲突中可发挥"安全阀门"功能。具体而言,网络舆论之所以形成多个热点,与当下社会冲突频繁发生密切相关——这是中国处于社会转型期、矛盾凸显期的真实反映,涉及政治、民生的问题,如官员腐败、强制拆迁、环境污染、食品安全等议题,尤其容易成为热点。

网络舆论的高涨体现了受众积极的政治参与意识以及充分利用新媒介行使获知权、参与权、表达权、监督权等各项权利的意识。展现社会冲突、让民意得以充分表达的新媒介信息平台,自然也具有缓解冲突、释放情绪的功能。

其次,在面对新媒介中的各种社会热点事件时,应谨防媒介暴力。社会冲突热点事件的网络舆论聚集,体现了中国社会在公民言论方面的进步,为传统媒介提供了更多信息来源,推动了其改革和发展,但必须看到,网络舆论也存在着情绪化、不负责任等特点,以及网络暴力、网络侵权等问题。

正因如此,当我们运用媒介进行意见表达、舆论监督时,必须注意是否使用了网络暴力或侵犯了别人的名誉权。在网络中,受众对某一事件或人物进行集体声讨甚至谩骂的情况屡见不鲜。如前些年发生在河北省的"我爸是李刚"一案,引起热议,无数网民表达了对肇事者李启铭以及当地可能存在的"官官相护"的愤怒,这原本无可厚非,但有些网民用语过激,对李启铭及其父亲李刚进行了人身攻击,就涉嫌侵犯了其名誉权。

诚然,每一个人都有权在网络中表达自己的意见,但前提是不使用带有侮辱性的言语,或仅凭自己的主观臆测而作出指责。在媒介化深度展开的当下,更多的受者将参与舆论的制造,也就是更频繁地转为传者,如果不注意自觉保护对方的名誉权,则网络产生的舆论压力,有可能给对方造成严重的伤害。

最后,对新媒介信息应始终保持清醒的头脑,独立思考,不盲从、不偏颇,即理性使用网络。尤其是人们身处热点事件中,汹涌而来、扑朔迷离的信息,往往给理性判断带来挑战。因此,对那些哗众取宠、没有事实根据或断章取义的轰动性资讯和言论,必须结合其他权威信息来源,认真加以甄别、筛选。同时,增强参与意识、合作共存的理念和社会责任感,以避免将网络公共空间蜕化为单纯发泄情绪的渠道。

幸运的是,从来没有一个时代能如当下,让受者与传者、个人与媒介结合得如此紧密。作为传受者的新型公众,在传播的过程中,既扮演受者,也扮演传者,即作为"受"和"传"的双重主体,活跃地、能动地参与各种生活和社会行动。展望未来,广大传受者必将越来越得心应手地运作各种媒介,使媒介真正为我所用,让媒介成为推动社会进步的利器。

第七章

人际传播的探索与成果

第一节 人际传播概述

一、人际传播的含义

人际传播是人际关系的基础,也是人类各种传播(包括群体、组织、大众传播)活动的基础。

所谓人际传播(interpersonal communication),也称人际交流、人际沟通、人际交往等,其内涵十分丰富。最广义地说,它涵盖了除大众传播以外的所有传播,与亲身传播近义;最狭义地说,它仅指两人间传播;处于两者之间的一般理解,则与组织、大众传播并列,包括小群体传播、群集传播等,也就是容纳了部分群体——首属群体(家庭、友人、邻里等),即非正式组织的群体传播,而不包括次属群体(社团、学校、单位等)、隶属群体(民族、阶级、国家等),即正式组织的群体传播,后者将于下一章论述。

那么,究竟怎样为人际传播下定义呢?试举几例。[①] 美国传播学者麦克罗斯基(McCroskey)等人在《一对一:人际传播的基础》(1986年)一书中,将人际传播定义为"一个人运用语言或非语言信息在另一

[①] 张国良:《传播学概论》,外语教学与研究出版社2003年版,第154—162页。另参见王怡红:《西方人际传播定义辨析》,《新闻与传播研究》1996年第4期,第72—79页。

个人心中引发意义的过程"。另一位美国传播学者斯图尔特(Stewart)在《桥,不是墙:人际传播论》(1995年)一书中如此表述:"人际传播是两个或更多的人愿意,并能作为人相遇,发挥其独一无二、不可测量的特性,选择、反思和言说的能力,同时,意识到其他在者,并与他人发生共鸣时出现的那种交往样式、交往类型或交往质量。"英国传播学者哈特利(Hartley)则在《人际传播》(1993年)中认为,人际传播的定义由三个标准构成:一个个体向另一个个体,面对面,传播内容和方式反映个体的个性特征、社会角色及其相互关系。

综合起来,可以发现他们都提到了三个核心要素:个人、信息/意义、传播/交流。不足之处在于,或过于狭窄(如限定面对面),或过于繁杂(如加入了能力、质量、个性、关系等)。

在此,我们不妨参照本书对传播的定义,将人际传播定义如下:个人与个人之间的信息传受活动或过程。

二、人际传播的特点

1. 互动性

相比组织传播、大众传播,人际传播无疑是互动性、双向性最强的一种信息交流活动,尤其是面对面的传播,以一来一往的形式进行,传者和受者不断互换角色,各方都可以随时根据对方的反应,了解传播效果,并相应地修改、补充传播内容或改变传播方法,反馈迅速而直接。

2. 灵活性

灵活性强也是人际传播的一大特点,可以随时开始,也可以随时结束;既可以进行直接传播,即面对面,使用各种语言符号和非语言符号来沟通,也可以进行间接传播,即使用各种媒介,如信件、电报、电话、网络等展开的交流。

进入信息社会、网络时代以来,人际传播彻底突破了时空障碍,范围前所未有地得到拓展,借助网络这一中介进行的人际传播,即网络人际传播(computer mediated communication),以其迅捷性、匿名性、超时空性、虚拟性和超链接性,通过电子邮件、网上聊天、论坛、博客、微博、微信等形式,为人们提供了全新的人际传播体验,由此,人际传播跨入了一个几乎没有技术屏障的高效时代,不仅影响了人际传播的固有模式,甚至影响到人类生活的诸多层面。

3. 个体性

多数人际传播是个体对个体即两个人之间的交流,具有显著的私人性、个体性。即使是一对多的人际传播,其私人性也比组织传播和大众传播更强。正是这种个体性、私人性,使其更加富有人情味,因此,人际沟通是最有利于情感交流的活动,最有利于达到以情动人的效果。

4. 自发性

这与个体性相关,既然是私人性的交流,自然具有自由自在的特点,也可称为自主性、非强制性、非制度性。

5. 情境性

人际传播也受到一定的约束,一方面,它总是在特定的时间、空间、物质场所、精神氛围中进行的,传播对象也有各种情况和变化,其复杂多变性超过组织传播、大众传播,因此人际传播的情境性显得更强,需要灵活应对;另一方面,交流双方实际上都是处于一定的社会关系(家人、朋友、同事等)中的个体,并往往以调整关系为目的而展开沟通,在此意义上看,人际传播在具有个体性的同时,也就具有了社会性,而这种社会性并不亚于组织传播和大众传播。

三、网络人际传播的特点

1. 广泛性、随意性、不稳定性

从范围和对象看,网络人际传播具有更为显著的广泛性、随意性和不稳定性。传统人际传播受到各种因素的限制,相对来说,范围较为有限。而无限开放的网络社会,带来了网络交往的广泛性,不同种族、国家、地区、身份与文化背景的人们之间的交流机会大大增加了。可以说,网络人际传播在技术层面完全破除了地域的局限性,不同文化背景的个人通过网络进行人际传播的可能性大大增加。

这种广泛性导致了交流的随意性、偶然性。在一个网络社区里,参与者来自五湖四海,人数众多,数百、数千乃至数十万、数百万,都是随意形成的,因此与某人或某些人交流,就具有了很强的偶然性。即使是刻意地寻找具有某些特征的交流对象,由于对象范围巨大,最终结成的传播关系也带有很强的偶然性。

在网络中,人们可以随时和陌生的对方交流,当然,也可以随时中止交流,这就导致了网络人际传播不如传统人际传播那样稳定,而是相

当的不稳定。

2. 松散性、平等性、自由性

从性质和关系看,网络人际传播具有更加松散、平等和自由的特性。由于网络传播具有匿名的特点,使个体在网络世界中的表现,往往与其在现实世界中的表现不尽相同。因此,个体在自我表达时较少顾忌社会规范的约束,较为自由。现实世界中的人际交流,往往受到一些因素的干扰,如交流者的身份、地位等,而网络匿名带来了人们之间的社会等级差异的消失。

网络人际交流是一种松散的人际关系,交往双方多不存在日常生活中的接触和利害关系,因而也不具有明显的功利意识或实用目的,双方更加自由和放松,更加看重交往的过程而非结果。在此情境下,传播目的多半不在于影响或劝服,而主要在于信息、态度和情感的交流与分享,是一种更为平等、更为纯粹的交流。

3. 创造性、生动性、多样性

从载体和方式看,网络人际传播生成了网络语言这一特殊的符号系统,在某种意义上说,更加多样、生动、新奇。与面对面的人际交流相比,网络原本存在一些劣势,因为面对面之际,所有感官都有可能接受刺激,能实现全身心交流的状态,不仅有情境的暗示,还有身体语言等的配合,而这些优势是各种媒介传播方式不具有的。然而,为了弥补缺陷,更丰富地传情达意,广大网民们发明了诸多独特的网络符号,如":-)"(微笑)、":-0"(吃惊或恍然大悟)、"|-D"(呵呵笑)、":-<"(苦笑)等,还涌现出各色各样、图文与声情并茂的表情包,以及发红包、抢红包等另类交流方式,加强了网络交流的直观性、表现力和凝聚力。

同时,网络交流另有一套语言体系,对现实生活中的一些现象、活动赋予独特的称谓,如"灌水"(向论坛中发布大量无意义的帖子)、"菜鸟"(网络资历浅的新手)、"饭圈"(粉丝群体的圈子)等。这些网络语言形象、生动,充满个性特点,并不断延伸到现实语言中。能否熟练使用这些语言,常常关系到人们能否在网络乃至现实生活中与他人顺利地沟通。随着网络的发展,可以预料,网络语言也将进一步丰富化、多样化。

第二节　群体传播概述

一、人际传播中的群体传播

按照人际传播的中间定义,群体传播被部分地包含在其中,即非组织群体传播可归属于人际传播,而组织群体传播可归属于组织传播。本章的群体传播以首属群体(也称初级群体)、小群体传播为主,人际传播则以两人间传播为主。

1. 何谓群体传播

与两人间传播相比,三人以上的交流就构成了群体,也就是说,"三人成众",从非群体(传播)转化为群体(传播)。

由此看来,所谓群体传播,最简洁的定义就是:一群人之间的信息传受活动或过程。

如果细致一点,可再参考几位美国传播学者的观点。[①] 如布里尔特(Brilhart,1978 年)认为,群体传播就是一群人面对面讨论,以达成共同目标。肖(Shaw,1981 年)认为,这是一群人相互影响的过程。波特和安德森(ShawPotter & Anderson,1976 年)则定义为:一群共同分享群体领导人,有目的、有系统地口头交换意见、事实与观点的过程。

综合起来,可将群体传播的定义进一步完善如下:一群具有共同目标和归属感的人之间的信息传受活动或过程。其中,共同目标确实是群体不同于非群体的一大特性,归属感则是由共同目标派生出来、为达成共同目标而必需的条件。

2. 群体与群集的差异

有一种特殊情况需要排除在群体之外,即那些临时集合起来的人群,一般不称为群体,而称为群集。当然,如果临时集合的人群,按照一定的秩序加以组织,具有了共同的需要和目的,则也可以构成一个临时性的群体。举例来说,被劫持飞机上的乘客,为了一个制服罪犯、求得生存的共同目标,就有可能成为一个结构化的群体,只是它将随着任务

---

① 张秀蓉:《口语传播概论》,台湾正中书局 1998 年版,第 206—210 页。另参见张国良:《传播学概论》,外语教学与研究出版社 2003 年版,第 159—163 页。

的完成而解散,不会一直持续下去。

群体与群集的主要区别有三个方面。

第一,群体成员之间具有一定的共同目标。为此,群体通常需要制订一些规范。长期存在的群体,往往还发展出自己特定的亚文化,拥有自己的价值观、态度倾向与行动方式。

第二,群体是组织化的人群,具有一定的结构。群体内的每一个成员,都在群体中占据一定的位置,扮演一定的角色,拥有一定的权利和义务。

第三,群体成员在心理上具有一种归属感,并存在一定的相互作用与相互影响。

总之,群体不是若干个体的简单组合,而是个人之间相互作用、相互联系、有条件的特殊总和。正所谓"物以类聚,人以群分",群体成员在共同活动的基础上,通过各种不同方式的交往发生各种关系,如亲友关系、生产关系、政治关系等。

3. 群体与组织的差异

对这两者的区别,最明了的表述就是,一为非组织群体,一为组织群体。具体而言,它们的主要不同表现在三个方面。

第一,从形成的途径看,群体往往自然形成,而组织是基于某种社会需要,按照社会契约而人为地加以建立的。

第二,从行为的规范看,群体成员的互动虽然也有一定的行为规范,但不严格,而组织成员的互动必须严格按照规章制度进行。

第三,从内部的结构看,群体较为松散,往往未形成层级,而组织通常建立权威的分层体系,形成系统的阶层或等级制度。

二、群体规范与群体传播

1. 何谓群体规范

所谓群体规范,指群体确定的行为标准。尽管与组织相比,群体的行为规范较为宽松,但群体规范仍然存在,并对群体发挥重要的功能。

(1)维系。没有群体就没有群体规范,反过来说,没有群体规范也就没有群体。

(2)认知。在群体规范的指引下,群体的认识、评价就有了一个统一的标准,以形成共同的观念和意见。

（3）定向。即群体规范为成员划定行动范围，确定日常的行为方式，告知人们应该做什么、不应该做什么、怎样做等。

（4）怠惰。这是一个可能有的消极功能，有时会限制人们的积极性和创造性。

2. 群体规范对群体传播的影响

（1）制约异见。即排除偏离性意见，将群体成员的意见分歧和争论限制在一定范围内，以保证群体决策和群体活动的效率。群体规范的维持，主要通过群体内部的奖惩机制来实现。成员个人对群体有贡献时可得到奖励，包括获得其他成员的赞扬、群体角色地位的上升等，而成员个人有不利于群体或违反群体规范的行为时将受到制裁，包括受到其他成员的冷落而陷于孤立状态等，这也就是第六章提及的群体或称团体压力。

（2）增减效果。对来自群体外部的信息或宣传活动的效果，群体规范同样具有重要影响，主要表现为：一方面，当外来观点与群体规范一致，群体规范可推动成员予以接受，加强和扩大说服效果。另一方面，当外来观点与群体规范不相容，则阻碍成员接受对立观点，使效果衰减，而对于群体归属意识较强的成员，它还有可能唤起一种"自卫"行为，使对立观点出现反效果。

第三节　人际传播研究的主要成果

一、人际传播学的沿革

1. 人际传播学诞生的背景

如前文（第二章）所述，人际传播学主要源于语言学，形成于20世纪60年代。当然，此前已有很多来自各个学科的经典著述，例如，米德的"符号互动"理论（1934年）、科日布斯基和早川等人的普通语义学研究（1933、1939年）、戈夫曼的"戏剧"理论（1959年）、费斯廷格的"认知失调"理论（1957年）、美国人类学者霍尔（Edward Twitchell Hall）的《无声的语言》（1959年）等，可见，与大众传播学一样，人际传播学也具有丰富的学术思想资源和学科交叉背景。①

人际传播学兴起的社会背景,与20世纪60年代美国社会的动荡局面密切相关,包括黑人争取民权运动、反战(越南战争)运动、嬉皮士运动等等,使自我成长与个人觉醒成为当时社会关注的焦点,美国公众的注意力,从充满陷阱的政治家演说与大众传播讯息转移到个人生活品质和人际关系层面。如此,原本只注重传授公众演说、劝服、修辞技巧等课程的高等学府和传播学界,就开始了加强(系统化、学科化)人际传播研究与教育的历程。②

2. 人际传播学发展的历程

1967年,美国传播学者瓦兹罗维克、贝文、杰克逊(Watzlawick, Beavin & Jackson)的《人际传播语用学》出版,对后续研究产生了深刻影响,他们在书中提出了许多改善人际关系的观念和技巧,唤起了学界对人际传播研究的浓厚兴趣。1978年,博克纳(Bochner)和米勒(Miller)的两篇人际传播研究论文同时发表于国际传播学界的顶尖期刊《人类传播研究》,标志着这一学科的崛起,以及逐步走向成熟。

从1970年代开始,新兴的人际传播学界持续地产出一系列原创性成果,展现出强大的学术生产力,例如:"不确定性减少"理论(1975年)、"意义协调管理"理论(1976年)、"建构"理论(1982年)、"预期违反"理论(1983年)、"信息操纵"理论(1992年)、"传播隐私管理"理论(2002年)等等。据巴克斯特(Baxter)等人考察,1990—2005年间19本主要传播学期刊的958篇有关人际传播研究论文中,共涉及了28个理论,其中,仅有7个理论来自其他学科,多达21个为人际传播学的原生性理论,占3/4。③

发轫于美国的人际传播学,经过半个多世纪的发展,取得了可与大众传播学并肩的丰硕成果(相对而言,组织传播学的原创性成果偏少),迅速地向世界各国普及,研究机构不断增多,研究队伍日益壮大,如前文提到的全美传播学会(NCA)于1970年代成立的人际与小群体

---

① 张秀蓉:《口语传播概论》,台湾正中书局1998年版,第133—135页。
② [美]马克·L.耐普、约翰·A.戴利:《人际传播手册》(第四版),胡春阳、黄红宇译,复旦大学出版社2015年版,第4—9页。
③ [美]莱斯莉·A.巴克斯特、唐·O.戴布雷思韦特:《人际传播:多元视角之下》,殷晓蓉、赵高辉、刘蒙之译,上海译文出版社2010年版,第4—9页。

传播分会,由单一走向多元,后来又分化出家庭传播、自我传播、社会互动等领域的分会。

3. 人际传播学在中国的概况

20世纪70年代末,随着传播学在中国的引入和普及,人际传播学的知识也得到了一定的介绍,但总的来说,与大众传播学的蓬勃发展相比,人际传播学与组织传播学的成长极为不足。

曾有一项粗略统计发现,从1981年至2007年间,中国大陆出版的传播学著作达1 500多种,其中,以大众传播为主要内容的著作超过1 000种,占2/3,而以人际传播为主要内容的著作仅有5种,只占1/300,反差巨大。① 另有一项调查(2008年)表明,中国有关人际传播研究的论文总计为995篇,②而截至2007年的中国传播学论文总数已达22多万篇,占比约为1/220,同样悬殊。③ 据此估算,在整个中国传播学界近万人的研究队伍中,以人际传播学为主要研究领域的学者,仅有几十人而已。

何以如此呢? 有两个主要原因:第一,从历史和文化特点看,在"三纲五常""三从四德"等传统观念和制度的约束下,中国社会历来有忽视、甚至贬低人际传播功效的惯习,如"沉默是金""巧言令色鲜矣仁"等古训,被广泛认同。第二,从现实和学科特点看,传播学在中国的引入,主要由新闻学界承担,自然将关注焦点和研究重心置于大众传播现象,而忽略了人际传播、组织传播的领域,尽管一直以来,加强人际传播、组织传播研究与教育的呼声不断,但收效甚微,大众传播一枝独秀的局面持续至今,三个分支学科之间的隔膜依旧。

不过,一个不争的事实是,近十几年来,以互联网为代表的新媒介的崛起,日益模糊了大众传播与人际传播、组织传播的界限,由此带来了一个学科整合的契机。

---

① [美]莱斯莉·A.巴克斯特、唐·O.戴布雷思韦特:《人际传播:多元视角之下》,殷晓蓉、赵高辉、刘蒙之译,上海译文出版社2010年版,第2—3页。
② 王怡红等:《中国传播学30年》,中国大百科全书出版社2010年版,第309页。
③ 张国良等:《传播学在中国30年:以专业期刊论文为研究视角》,《华人传播想像》,香港中文大学出版社2012年版。

二、人际传播研究的特点和取向

1. 人际传播研究的特点

需要强调的是，与大众传播研究相比，人际传播研究有其自身的显著特点，最大的不同之处就在于，前者"传受分离"，以传播过程中的媒介及其结果——效果（可理解为整合效果）为主要研究对象；与此相对，后者"传受一体"，以整个传播过程，尤其是传受双方的关系（可理解为关系效果）为主要对象；组织传播研究则处于两者之间，以整个传播过程，尤其是传方的运行（可理解为运行效果）为主要对象。

也就是说，三者都重视过程，但大众传播研究更关注其中的媒介（机构、技术），它们也都重视效果，但大众传播研究更关注整合效果，人际传播研究更关注关系效果，而组织传播研究更关注运行效果。

辨析三者异同之后，我们就来集中考察一下人际传播研究的主要成果，为简明起见，在此参考两位美国传播学者卡纳里、科迪（Canary & Cody，1994年）的思路，以"动机-目标取向"来归纳庞杂、纷乱的诸多理论和观点。[①]

2. 人际传播研究的取向

卡纳里、科迪认为，绝大多数人际传播活动的取向都是为了达成一定的目标。此言不虚，实际上，这适用于任何传播活动，但区别在于，在研究实践中，大众传播学偏好使用笼统的"效果/效用"概念（因其存在价值为综合保障、全面增强整个社会存续活力），组织传播学偏好使用"运行/管理"概念（因其存在价值为促进、完成组织使命），那么，人际传播学以何种效果为主要目标呢？就是"关系/互动"（因其存在价值为处理、完善人际关系）。

卡纳里、科迪将人际传播行为的目标分为自我表达、关系处理、劝说服从三个取向。

（1）自我表达。这关系到传者的形象塑造或建构，即通过传播，告知对方"我是谁"，反过来看，受者则由此了解对方"你是谁"，告知与认知功能在此统一起来，相当于传播功能中的"监测环境"。

[①] 张秀蓉：《口语传播概论》，台湾正中书局1998年版，第138—140页。

（2）关系处理。这是最为日常的目标，包括建立新的关系、维持或增进已有的关系、疏远或结束旧的关系等，相当于传播功能中的"协调关系"。

（3）劝说服从。也就是试图让对方按照自己的意愿，接受一定的观点，或采取一定的行动，也属于传播功能中的"协调关系"，但着眼于短期目标，与"关系维护"（着眼于长期目标）的侧重点不同。

需要说明的是，这些取向之间并非黑白分明，而是互有交融，并且人的动机、目标不是单一的，而是多重的。如一次"自我表达"行为，完全有可能同时包含"关系处理"或"劝说服从"的动机和目标，但也要看到目标通常有主次、轻重、缓急之分。

按照目标的不同抽象程度，可细分出很多层次来，例如，将"关系处理"作为高层次目标，则"关系建立""关系维持""关系结束"等就是中层次目标，而"找机会与对方认识""约对方聚餐""不再主动联络对方"等就是低层次目标。

为了达成目标，人们就需要制定计划、构想策略，也就是实施一定的传播技巧，并不断收集反馈，加以改进。围绕着所有这些问题，人际传播学界展开了许多相关研究，以下就分别从三个取向来观察一下概貌。

三、自我表达取向的研究

1. "印象管理"研究

这一取向的研究，围绕着日常生活和人际传播活动中常见的"自我披露"或"自我呈现"现象及其概念展开，可追溯到戈夫曼的"戏剧"理论（1959年，参见第五章第一节），他指出，人际互动过程就是"互动双方在舞台上演出由社会给予的角色"，其结果就是，个人通过对"自我"的表达，在他人眼中建构起"自我形象"。当然，一个人往往有多重角色，如"儿子""父亲""上级""下级""邻居""游客"等等。一个人的"自我形象"如何，将直接影响他人的行为以及（由此而来的）个人的利益，因此，"印象（或形象）管理"就成为现代社会每一个人必备的社交（社会交往）技巧。

在现实生活中，各人的"印象管理"能力不同。美国心理学者斯奈德（Synder，1972年）基于"自我监控"的概念，将人们划分为"高自我监控者"和"低自我监控者",前者以外部情境来确定自己的行为方式,后者以内部需要(尤其是既有"自我形象")来调整行为方式。"高自我监控者"认为,"自我"并非单一,而是复杂多样的,其传播行为具有高度弹性,能根据情境来灵活选择适当的"自我形象",故也被称为"语义敏感者",但如果走向极端,为取悦他人而完全牺牲自我(即所谓"见人说人话,见鬼说鬼话"),则称"语义反射者"。与此相对,"低自我监控者"缺乏弹性,认为每一个人只能有一个"真实自我",因此不能根据情境来改变"自我形象",被称为"高贵自我者"。

应该说,大多数人处于两个极端(圆滑、世故与刻板、偏执)之间。在人际传播活动中,如何既能坚持原则,又能适当变通,堪称是一门高超的沟通艺术。

2."自我信息管理"研究

与此相关,另有一个"约哈里窗口"理论(1955年),很有趣,也很有启发。① 它以两位美国心理学者约瑟夫·勒夫特(Joseph Luft)和哈里·英厄姆(Harry Ingham)的名字合成(参见图7-1)。其主要贡献

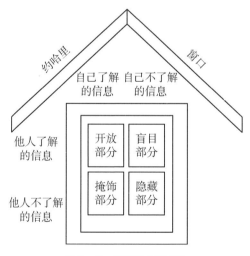

图7-1 "约哈里窗口"

---

① [美]鲁道夫·F. 韦尔德伯尔、凯瑟琳·S. 韦尔德伯尔、迪安娜·D. 塞尔诺:《传播学》,周黎明译,中国人民大学出版社2013年版,第77—79页。

是,指出人际传播中有关"自我信息"(虽与"自我形象"不同,但密切相关)管理的四种情况。

(1)开放部分。这很好理解,如一个人的相貌、身材、年龄、职业等,属于完全可以公开的资料。

(2)掩饰部分。其典型是"隐私",当然,也有不少非"隐私"的内容(如思想观念、兴趣爱好等),可以有选择地对外公开。

(3)盲目部分。这显然就是不能正确认识、评价自己,缺乏自知之明,由此可造成两种相反但都是消极的结果,即自以为是和盲目自卑。

(4)隐藏部分。可理解为一个人的潜质、潜能,如本人和他人都不了解的经商禀赋、绘画天分等。

据此,我们应如何改善自己的人际传播状况呢?一般来说,宜积极扩大开放部分(亦即强化"印象管理"、公共关系意识),适当调整掩饰部分(该扩大者扩大、该缩小者缩小),尽量缩小盲目部分,注意开发未知部分。

3."传播隐私管理"研究

如上文提及,一个人的"自我披露"或"自我信息"中,总是包含着或多或少的隐私,那么,如何才能恰当地处理这一传播难题呢?美国传播学者佩特罗尼奥(也译彼得罗尼奥,Sandra Petronio,2002年)经过多年研究,创建了一个"传播隐私管理"理论来应对之。①

(1)以三个人性假设作为研究的前提。这一理论对人性提出三个假设:人是决策者;人既是规则的制定者,也是规则的遵守者;人的选择和规则既取决于自我,也取决于他人。

佩特罗尼奥认为,人总是以众多标准或规则中较为显著者(如文化、环境、社会性别等)为依据,来决定披露什么或隐瞒什么,这些标准或规则既包括对自我的考量,也包括对他人的考量。总的来说,她认为人类是积极的行动者,他们生活在自我与他人交织的关系之中。

(2)以六个基本原则构成研究框架。

一是公开与私密的冲突。隐私信息的披露,其实质是一个决定

---

① [美]莱斯莉·A.巴克斯特、唐·O.布雷思韦特:《人际传播:多元视角之下》,殷晓蓉、赵高辉、刘蒙之译,上海译文出版社2010年版,第403—418页。另参见[美]理查德·韦斯特、林恩·H.特纳:《传播理论导引:分析与应用》(第二版),刘海龙译,中国人民大学出版社2007年版,第243—245页。

披露还是隐瞒的过程,而人们往往处于一种两难或"悖论"的情境——既想披露又怕披露,如某人离婚之后,既想找人倾诉,又担心授人以笑柄。

二是控制与边界的设置。隐私信息的所有权、控制权完全属于个人,因此,个人就面对一个如何为自己的隐私设置合理"边界"的问题。这一课题涉及许多因素,如年龄的影响很大,一般来说,儿童的隐私边界较窄,青少年增宽,成年人最宽,而老年人(当他们需要别人照顾——洗澡或管理财务时)又再次变窄。

三是隐私的规则与管理。当一个人在为隐私设置边界时,既是自由、自主的,又受到一定的约束。一般来说,有五个考量标准:

- 动机,如有人想通过披露隐私和他人拉近关系,有人则相反;
- 性别,如相比男性,女性对实际年龄的披露更为敏感;
- 情境,包括社会情境、物理情境,如有人受到家庭矛盾的某种刺激,觉得对某些隐私不吐不快,而有人感到在咖啡馆里比在办公室里更适合交流隐私的话题;
- 文化,如有的文化鼓励开诚布公,有的文化则相反;
- 损益,可以认为,每个人对某一信息披露的利弊得失,事先都有一定的考量,当然,结果是否符合实际,则是另一个议题了。

四是隐私边界的共享。在传播实践中,一旦某人披露了隐私,原来为其独享的"个人边界"就扩展为与他人(两人以上)共享的"集体边界"。

五是隐私边界的协调。在此情势下,"集体边界"中的人们就成了隐私信息的共同管理者,如医患之间对患者病情的"共享",这时,双方按照某种具有共识的规则来妥善"协调"(将病情信息限定在什么范围里),就是至关重要的。

六是隐私边界的混乱。仍以医患情境为例,如果协调不当或失效,如医生有意或无意地向第三方披露了患者病情,则隐私边界就发生了混乱,从而引起纠纷,这时,双方就面临一个如何补救的问题。

综上,"传播隐私管理"理论具有显著的学术意义和实际价值,迄今已被广泛运用于婚恋关系、未成年人发展、家庭传播、健康传播等多个研究领域,大有可为。

四、关系处理取向的研究

正如上文所述,"自我表达"取向与"关系处理"取向并非互不相干,它们其实是我中有你、你中有我的,但各自的重点毕竟不同,对后者来说,前者的积极功能在于,可望打造一个良好的"第一印象",这固然重要,但对于建构健全的人际关系而言,还是不够的,为此,该取向陆续推出了一系列富有创造性、启发性的丰硕成果。以下,依据关系处理的三个阶段——建立/加强、保持/维护、疏远/结束分而述之。

1. 建立/加强关系阶段

对此阶段的研究,有如下一些具有代表性和解释力的理论。

(1)"不确定性减少"理论。最初相遇的双方,交流重点无疑是了解对方,也就是减少不确定性,因此,这一理论也称"初次互动"理论,由美国传播学者伯杰、卡拉布兹里(Berger & Calabrese)于 1975 年提出。他们显然受到信息论的启迪,从信息的特性(不确定性的减少)出发创建了这一理论。①

该理论的基本框架由八条原则构成。

第一,不确定性与语言传播呈负相关。双方的语言传播越多,则不确定性越少,反之亦然。

第二,不确定性与非语言传播呈负相关。双方的非语言传播越多,则不确定性越少,反之亦然。

第三,不确定性与信息寻找行为呈正相关。不确定性越多,则信息寻找行为越多;不确定性越少,则信息寻找行为越少。

第四,不确定性与传播内容的亲密程度呈负相关。不确定性越多,则亲密程度越低;不确定性越少,则亲密程度越高。

第五,不确定性与传播的互动频率呈正相关。不确定性越多,则互动(指模仿对方的行为)频率越高;不确定性越少,则互动频率越低。

第六,不确定性与双方的相似程度呈负相关。双方的相似程度越高,则不确定性越少;双方的相似程度越低,则不确定性越多。

---

① [美]莱斯莉·A. 巴克斯特、唐·O. 布雷思韦特:《人际传播:多元视角之下》,殷晓蓉、赵高辉、刘蒙之译,上海译文出版社 2010 年版,第 477—488 页。另参见[美]理查德·韦斯特、林恩·H. 特纳:《传播理论导引:分析与应用》(第二版),刘海龙译,中国人民大学出版社 2007 年,第 171—202 页。

第七，不确定性与喜爱程度呈负相关。不确定性越多，则喜爱程度越低；不确定性越少，则喜爱程度越高。

第八，不确定性与双方之间共享的社会网络呈负相关。双方共享的社会网络越多，则不确定性越少；双方共享的社会网络越少，则不确定性越多。

举例来说，张三与李四在大学超市相遇，他们并不熟悉，于是，聊起一些表层的话题，如食品的价格之类（原则4），相互表达自己对某些饮料的喜好（原则5），并询问各自的专业（原则1），他们聊得越久，不确定性就随之减少，而彼此的好感随之增多（原则7），在此过程中，眼神交流、表情、手势等非语言传播也活跃起来（原则2），当他们发现双方都喜欢同一款游戏如《王者荣耀》（原则6），且拥有一些共同的朋友（原则8）之际，不确定性就进一步减少了。

总的来说，这些原则大体符合实际，它们之间可自由组合，发展出许多推论来，其逻辑是演绎方式的，即 A＝B，B＝C，则 A＝C。如：原则1为语言传播增多可减少不确定性，原则2为减少不确定性可提高亲密程度，则演绎出如下推论：语言传播增多可提高亲密程度。

当然，日常生活是复杂、多样的，因此，也有一些研究发现，有的原则未被证实，或出现矛盾的情况，如对原则3的争议较大，有学者认为，不是"信息缺乏"而是"信息需求"导致了"信息寻找"行为，必须考虑动机因素。为此，伯杰后来（1979年）提出了产生"减少不确定性"动机的三个前提条件：一是对方对自己拥有奖惩能力或潜力，如张三的人缘很好，对李四拓展人际关系可能有帮助；二是对方的行为与自己的期待不相符合，如张三虽然是工科学生，却喜爱文科，这能增加李四对他了解的兴趣；三是个人对未来双方互动的展望，如作为文科学生的李四，感到自己在大数据、人工智能等方面可向张三学习，则互动意愿自会加强。

（2）"社会渗透"理论。与"不确定性减少"理论仅着眼于人际交往的最初阶段不同，"社会渗透"理论着眼于两个陌生人是如何由生到熟、由浅入深的整个过程，其最大特色是强调了"自我披露"在其中的作用。

该理论也是人际传播学的一个原创性成果，由美国传播学者奥尔特曼（也译阿特曼）、泰勒（Altman & Taylor）于1973年提出，影响较大。

奥尔特曼和泰勒认为，人际关系发展可分为四个阶段：寻找方向、试探性的情感交流、情感交流、稳定交流。在此过程中，双方的"自我披露"就像剥洋葱,层层递进,逐步深入,从表层、外围,到中间,再到核心(参见表7-1)。①

表7-1 关系发展阶段、定义及电影《怪物史莱克》的片段

阶段	定义	电影《怪物史莱克》的片断
寻找方向	两个陌生人开始交往,很少涉及个人信息的分享。	史莱克和菲奥娜第一次见面…… 菲奥娜:你是一个怪物。 史莱克:哦,你希望我和王子一样迷人吗? 菲奥娜:唉,好吧,其实弄错了,你不是我认为的那个怪物。
试探性的情感交流	两人在更广的范围里互相披露,大部分话题仍停留在外围层,间或进入中间层。	史莱克和菲奥娜一起吃烤沼泽鼠肉。 史莱克:也许你可以到我的沼泽来看我,我会为你做各种美餐——沼泽蛤蟆汤、鱼眼酒,你想吃什么,我就做什么。 菲奥娜:我会来的。
情感交流	两人之间的外围层被打开,中间层和核心层的信息被不断披露。	菲奥娜变成怪物后。 史莱克:菲奥娜(把她拉过来),我爱你。 菲奥娜:真的吗? 史莱克:千真万确。 菲奥娜:(叹息)我也爱你。
稳定交流	所有层面的传播,即表层、外围层、中间层和核心层都被打开了。	菲奥娜永远地变成怪物,昏倒在地上,史莱克把她拉起来…… 史莱克:菲奥娜,你还好吧? 菲奥娜:哦,还好,但我不明白,我应该很美丽的。 史莱克(微笑):你确实很美丽。

还可以用两个大学室友——如王五和赵六的交往来例证,他们各自想了解对方的愿望就像楔子,而他们的自我信息就像洋葱,当两人入住、相识之际,彼此的"渗透"就开始了(参见图7-2)。

按奥尔特曼和泰勒的观点,最初的交流限于履历、品位、学习等表层信息,以及"偏好"等外围层信息,有广度而无深度,速率较快;如果这一过程顺利,双方通常将由快转慢地展开抱负、目标、宗教信仰等中

---

① [美]莱斯莉·A.巴克斯特、唐·O.布雷思韦特:《人际传播:多元视角之下》,殷晓蓉、赵高辉、刘蒙之译,上海译文出版社2010年版,第167—179页。另参见[美]埃姆·格里芬:《初识传播学》,展江译,北京联合出版公司2016年版,第112—122页;[美]理查德·韦斯特、林恩·H.特纳:《传播理论导引:分析与应用》(第二版),刘海龙译,中国人民大学出版社2007年版,第168—184页。

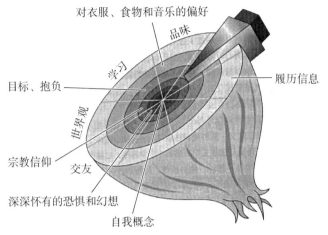

图 7-2 类似洋葱的社会渗透过程

间层信息的交流,深度得以拓展;如果沟通依然顺畅,则将进一步抵达真实自我、恐惧及幻想等核心层信息。事实上,关系在每一阶段都有可能止步——也称"反渗透"(由一方或双方启动),或经历一些反复、曲折,完美达成整个"社会渗透"过程的情况并不多见。

2. 保持/维护关系阶段

那么,一旦关系建立或稳定下来,在保持或维护过程中,有哪些规律可循呢? 对此,也有一些理论进行了有益的探索。

(1)"社会交换"理论。这一理论来源于美国心理学者蒂博(也译希博特)和凯利(Thibaut & Kelley,1959 年),以及社会学者霍曼斯(Homans,1961 年)、布劳(Blau,1964 年),其主要特色是以经济学的原理来解释人际关系。[1]

根据"社会交换"理论的主张,具有理性的人们之间通过计算收支平衡——交往必须付出的成本与可能获得的效益——来评估关系的满意度,以确定是否值得继续交往下去。一个人的满意度主要受到两个因素的影响。

一是"比较水准"。指"某人认为从某一段关系中应得到的回报数

---

[1] 张秀蓉:《口语传播概论》,台湾正中书局 1998 年版,第 156—160 页。另参见[美]莱斯莉·A.巴克斯特、唐·O.布雷思韦特:《人际传播:多元视角之下》,殷晓蓉、赵高辉、刘蒙之译,上海译文出版社 2010 年版,第 492—506 页。

量以及要付出的代价数量",仍以上述两个室友王五与赵六的关系为例,如果王五认为赵六对自己的帮助(各种物质和精神支持的总和)大于或相当于自己对其的帮助,则此段关系就将大概率地延续下去。当然,日常生活中也有反例,这就需要提到另一个因素了。

二是"替代水准"。即"某人在与其他可能性比较之后对某一段关系的评估",如王五对赵六的交往期待是6分,而实际感受也是6分,则他们的关系可望维持,但如果王五后来认识了孙七,得到(或可能得到)的感受为8分,则王五与赵六的关系就不那么稳固了。

如何让一段关系保持平衡状态、让双方都感到满意呢?有两位美国传播学者(卡纳里、斯塔福德,Canary & Stafford,2001年)提出了若干"关系维护"策略。

- 积极,如经常保持笑容,勤于赞美对方,尽量避免指责对方;
- 坦诚,如告知对方自己对双方关系的感受,也诚恳聆听对方的感受;
- 承诺,强调自己对关系的重视,包括对亲密(恋人、婚姻)关系的长久承诺等;
- 分享,指分享亲友网络、社交关系;
- 分担,指公平地分担任务(如家务、公务等);
- 共处,指尽量多花时间与对方相伴;
- 支持,遇到困难之际,相互全力支持;
- 管理,指善于管理冲突,自己犯错要勇于道歉,对方犯错则要多加谅解;
- 回避,即回避某些话题,尊重彼此的隐私和独处的需要。

对"社会交换"理论的主要批评是,将人际关系化为冷冰冰的数字,忽视了人性,或者说人的感性维度,但考虑到其中已包含了精神层面的评估,因而是一个很有价值的理论。

(2)"预期违反"理论。人际交往是一种十分复杂的活动,易出现各种预想不到的情况,美国传播学者伯贡(Burgoon,1978年)等人的"预期违反"(也称"期望破坏")理论,就是围绕这一课题展开研究的结果。[①]

---

① [美]埃姆·格里芬:《初识传播学》,展江译,北京联合出版公司2016年版,第83—95页。另参见[美]莱斯莉·A.巴克斯特、唐·O.布雷思韦特:《人际传播:多元视角之下》,殷晓蓉、赵高辉、刘蒙之译,上海译文出版社2010年,第245—261页。

举例来说,在张玲的印象中,李娟是一个内向、冷漠的同学,但有一天,李娟突然赠送了一个精美礼品给张玲,张玲觉得惊讶,这就是一种"预期违反"现象。这里有三个关键概念。

一是预期。人们对未来将发生的事件的预测而非愿望,来自三个方面:其一,情境或语境,背后是文化范式,如大学校园里,同学之间的关系自由松散,疏密不一;其二,关系,包括相似性、熟悉程度、喜爱程度、相对地位等,如张玲外向、热情,与李娟差异明显,两人彼此不熟悉,更谈不上喜爱,张玲是学生干部,而李娟不是;其三,传者特征,包括年龄、性别、出生地、外表、个性、沟通风格等,如李娟以沉默、不苟言笑为特征。在此背景下,李娟赠送礼物的行为,自然就违反了张玲的预期。

二是违反效价。指人们(受者而非传者)对预期违反行为的认知效果或价值是正面的还是负面的,程度可用数字表示(如+1、-3)。张玲对李娟行为的认知效价显然是正面的。不过,日常生活中存在着不少灰色地带,即难以确切判断违反效价的情况。

三是结果效价。指人们(也是受者而非传者)得到的违反效价之正值或负值,加上其未来必须回报(或回敬)的可能性之总和。这相当于"社会交换"理论提出来的收支或损益计算。如张玲认为,意外地多结交了李娟这样一位朋友,虽然对她送礼的原因还不清楚,但鉴于其学习勤奋、成绩优秀、家境不错,总的来说,结果效价颇高,可以开始一段有所期待的关系。

这一理论引起很多学者的兴趣,开展了很多后续研究,使之更加完善,并被广泛应用于诸如师生互动、医患交往、情侣关系等各种人际传播的情境之中。

它对人们的一个有益启示是,为了突破日常生活的沉闷和平凡,当确定可以给对方带来新奇和兴奋(而不会造成负面效应)时,不妨采取一些出人意料之举,往往可望收获事半功倍的效果。

3. 疏远/结束关系阶段

与任何事物一样,人际交往也是一个有开始和结束的过程,尽管有少数关系一直维持到生命尽头(如爱侣、挚友),但多数关系的持续时间不长。对这一疏远或结束阶段有哪些研究呢?①

(1)关系终结的归因。在人际传播实践中,有些关系是逐渐淡化、

---

① 张秀蓉:《口语传播概论》,台湾正中书局1998年版,第160—163页。

最后归零的,有些关系则是突然终结的,有各种情况。一般认为,如果一方将关系恶化的原因归结为对方的内因,则更倾向于终了,相反,如果归结为外因,则更倾向于挽回。当然,还需要视关系的亲密、牢固程度以及双方的损益、外部的压力等情形而定。

另外,卡纳里等人(1992年)认为,人际关系恶化或淡化的缘由,有稳定性、意图性、控制性等方面的差异,即凡是属于稳定性强(原因持续存在)、意图性强(对方有意而为)、控制性弱(原因难以控制)的问题,如一个人的占有欲、嫉妒心、低劣品格不易改变,则往往导致关系的最终解体。

(2)关系终结的过程。通常,关系终结也有一个过程,美国传播学者杜克(Duck,1982、1984年)提出一个关系终结的"四阶段"说,他认为,修复关系在每一阶段都是可能的,但越往后越艰难。

首先,反省阶段——"我不能再忍受了"!

两人关系中的一方开始对另一方感到不满,此时,通常有以下表现:留意另一方的行为、评估另一方的行为、评估不改变关系的消极后果、评估分手的成本、评估替代性的关系。

在此阶段,重要的是,注意消除认知的偏差,如"一切都是对方的错"。

其次,面对阶段——"我有正当理由离开对方"!

与另一方摊牌,常见的情况为:将心中想法告诉另一方,讨论彼此关系,共同评估终结关系的成本,尝试修复与和解。

在此阶段,重要的是,注意沟通技巧,尤其是亲密关系的双方,应尽量避免纠缠对错、互相指责,而立足当下、面向未来,求大同、存小异。

再次,公开阶段——"这次我是认真的"!

告知相关亲友,一般的程序为:与亲友交流,编织分手的故事和理由,商量分手之后如何相处(尤指恋人、夫妻、亲子等亲密关系),与第三方沟通。

在此阶段,双方的亲友或第三方(律师、法官等)都有可能扮演"亲善大使"的角色,唤醒双方的初心,或提示应尽的义务,施加道德的压力等。

最后,吊唁阶段——"一切都已无法挽回"!

这是一个疗伤止痛的阶段,常见的行为有:回忆或反思旧日时光、在一定的范围里传布分手故事等。

在此阶段,重要的是,彼此如何保持一个健康的"自我"概念,走出关系终结的阴影,达观地开始新的关系乃至新的人生。为此,就需要创造一个自己与外人都能接受的"分手故事"版本,合理化分手的决定,也维护自己的"面子"。

(3) 关系终结的策略。据巴克斯特(1985年)的研究,人际关系中较为常用的"分手"策略有八种。①

第一,逐步退出。逐渐减少交流次数,但不予解释。

第二,伪装降温。佯称需要降低关系亲密程度,但其实是朝着结束关系的方向行进。

第三,提高成本。增加继续交往的成本,使对方知难而退。

第四,感情褪色。双方都意识到感情的消退,交流只限于礼貌性的问候,关系在彼此的默认下结束。

第五,既成事实。由一方直截了当地告知另一方,关系结束。

第六,讨论现状。由一方为另一方分析关系现状,提议分手。

第七,诿过于人。争相指责对方破坏关系,关系在不断的争吵和冲突中结束。

第八,协商解决。双方心平气和地同意分手,彼此不抱任何敌意。

哪些策略有效或无效,当然不能一概而论,但一般来说,二、四、六、八较为有利于减少振荡、平稳过渡,而第八种策略是最为理想的状态。

五、劝说服从取向的研究

说服或劝服取向,虽然可追溯到希腊、罗马及意大利文艺复兴时期的修辞研究,中国也有相当古老的说服传统,如春秋战国时期的纵横捭阖之术,但一般认为,系统、科学的理论研究,开始于20世纪以降的大众传播时代,也就是传播学奠基人拉斯韦尔之宣传研究、霍夫兰之劝服研究、拉扎斯菲尔德之人际影响研究(可参见第九章相关内容)等。

当时的政治学、社会学、心理学对此很感兴趣,以致与此密切相关的"态度改变"研究几乎成了社会心理学的代名词,显著影响了新兴的传播学即大众传播学的走向,即格外重视传播的劝服效果,而且将"一对多"情境中的传播对象之态度改变作为研究重点。

---

① 张秀蓉:《口语传播概论》,台湾正中书局1998年版,第164—165页。

这一情况从 1970 年代起有了重要转折。一方面，大众传播学界反思"传者本位"、以"态度"为重心的缺陷，提出了"受者本位"、以"认知"为重心、关注传播的多元及整体效果等研究思路；另一方面，生机勃勃的人际传播学界也深入讨论这一领域的问题，出现了一些突破性的思考，其中，美国传播学者米勒（Miller）与伯贡（1978 年）的观点尤具代表性。

他们认为，"劝服"研究在三个方面必须改革：其一，过于偏重"一对多"的情境，而忽略"一对一"的情境；其二，需要纠正注重"单向"劝服的偏向，转而考察"双向"互动；其三，与此相关，劝服的目标则应由单一的"议题"取向，转为"多元"（如关系、形象等）取向。

可见，人际传播学与大众传播学之间，有一种相互影响、殊途同归的趋势。以下，我们就两种影响较大的"劝服"理论，述其概略。

1. "社会判断"理论

这是美国心理学者谢里夫（Muzafer Sherif，1961 年）创建的一种理论，用于说明人们怎样处理说服性的信息。① 其主要内容为，一个人面对各种劝服性信息，无非有三种态度——接受、中立、拒绝，并构成三个相应的区域，各自包含若干观点。

例如，某人对飞行安全的疑虑很大，尤其在发生"9·11"事件后更增大了，如何说服他呢？显然，有必要先了解他的态度结构，如图 7-3 所示，相关的 11 个观点，可大体归纳到三个区域中（其中的锚形图案，标示出其最赞成的观点，即恐怖分子不怕死），这样才能有的放矢地进行劝服。

仅此不够，为了有效劝服，还需要对其结构形成的原因有所知晓。这里有一个关键变量——"自我参与度"，也就是某一问题或事件与个人的相关程度。在此，设定某人是一个经常出差、飞行需求很大的角色，因此他与飞行的相关程度即自我参与度很高，从而形成了特有的态度结构。谢里夫指出，自我参与度高的受者通常具有三个特点。

第一，中立区域很小。甚至接近于无。如某人的中立区域，仅有一条讯息（或一个观点），即"不老也不鲁莽的飞行员"（第 5 条），而对此议题不关心者，大多有一个宽泛的中立区域。

---

① ［美］埃姆·格里芬：《初识传播学》，展江译，北京联合出版公司 2016 年版，第 180—188 页。另参见［美］莱斯莉·A. 巴克斯特、唐·O. 布雷思韦特：《人际传播：多元视角之下》，殷晓蓉、赵高辉、刘蒙之译，上海译文出版社 2010 年版，第 264—268 页。

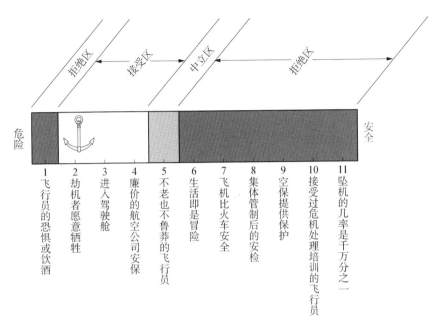

图 7-3 某人对飞行安全的态度结构

第二,拒绝区域很大。如某人无视各种安全方面的讯息,包括否认"坠机几率是千万分之一"(第 11 条)、"飞机比火车安全"(第 7 条)等有确凿数据的事实。

第三,态度趋于极端。由此导致的一个结果就是,凡是对某一问题或事件持极端意见者,无论正负,都属于自我参与度高的情况,换言之,两者如影随形、互为因果。

据此,对劝服者来说,可行的策略为:

第一,避免触及拒绝区域的观点。如"生活即是冒险"(第 6 条)之类,因为不仅无效,而且可能产生逆反效果。

第二,改造位于接受区域、中立区域的观点。如"廉价的航空公司安保"(第 4 条)可改为"航空公司在'9·11'事件后加大了保安的投入";又如,"不老也不鲁莽的飞行员"(第 5 条)可改为"航空公司淘汰了不合格的飞行员"等,这样,对方才有可能在一定程度上接受劝服的意见。当然,不能指望一蹴而就,但可循序渐进、积小成大。

2."详述可能性"理论

与"社会判断"理论一样,该理论先由美国心理学者佩蒂和卡乔波

（Richard Petty & John Cacioppo，1986 年）提出,后来在人际传播学界产生了广泛影响。① 其缘起为,佩蒂在其博士论文中,对青少年驾驶安全问题进行了劝服效果研究,发现劝服对象具有两种认知状态：全神贯注和漫不经心,这一现象在很大程度上影响了劝服的结果。

佩蒂和卡乔波将这两种状态命名为中心路线和边缘路线,区别在于对信息是否"详述"。所谓"信息详述",指一个人在劝服过程中仔细思考与议题相关论据的程度。"中心路线"的特点是,对信息的各种论据,仔细核查,反复琢磨,力求把握信息的真正含义,而"边缘路线"的特点是,提供了一条不认真思考议题特性和目标就迅速拒绝或接受某一信息的心理捷径,即借助一些省时省力的线索而作出决定,例如：

- 互换——"这是你欠我的"；
- 一致——"我们总是那样做的"；
- 趋同——"每一个人都这样做啊"；
- 喜欢——"爱我就支持我吧"；
- 权威——"就因为是我/你这么说的"；
- 稀有——"再不行动它们就要消失了"。

佩蒂和卡乔波认为,虽然人们倾向于认真对待信息,但身处信息爆炸的时代,对每一条自己接受到的信息都深思熟虑,这是一项不可能完成的任务,同时也没必要。因此,人们就采取了"偷懒"的方式来过滤掉哪些相对不重要的事项,只留下相对重要的事项,如果用"社会判断"理论的术语来表达,就是只详述"自我参与度"偏高的信息。

当然,个体之间存在差异,总是有人倾向于仔细审查更多的信息,而有人相反,为此,他们制作了一个量表来区分两者：

- 我真的很享受找出解决问题的新方案的任务；
- 我宁愿生活里充满必须解决的难题；
- 我喜欢一旦掌握就不再需要思考的任务；
- 我不认为思考很有趣。

如果一个人认同前两点,质疑后两点,就是一个乐意思考、核查更多信息论据的勤勉者,反之,则是一个怠惰者。

---

① ［美］埃姆·格里芬：《初识传播学》,展江译,北京联合出版公司 2016 年版,第 189—200 页。

这一理论的模型,如图7-4所示,呈现出两种路线的明显差异,一是对论据的努力推敲,另一是对无关内容的线索的无意识依赖。但需要指出的是,两者并非总是泾渭分明的,事实上,大部分信息更有可能获得处于两端之间的中等程度的注意力。

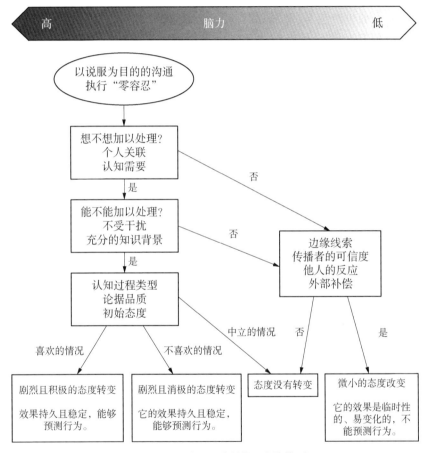

图7-4 "详述可能性"理论的模型

我们试以图7-4为例,比较一下两种路线的程序和结果。在此,劝服传播的目标是:对青少年酒后驾驶执行"零容忍"。

首先,动机发挥了关键作用。是息息相关还是与己无关?决定了受者采取哪条路线!

其次，与动机几乎同样重要的因素，还有能力。"中心路线"要求投入强度大、水准高的脑力劳动，同时还要求排除各种噪音的干扰。

再次，一旦采取中心路线，必然重视信息内容，推敲论据品质，此时，初始态度也强力介入，原先就赞成"零容忍"者，在"强论据"（即审查后获得高度认同，如：相关数据显示，青少年驾车行驶里程数占15%，而"酒驾"致死率占25%）的支持下，将发生积极、强烈、持久的态度变化，即更赞成了；但原先不赞成"零容忍"者很难转向，如果出现"弱论据"（如实施"零容忍"可自动吊销当事人驾照，从而提高政府官员工作效率），在其刺激下，将发生消极、强烈、持久的态度变化，即更不赞成了。另外，在态度中立或论据中立的情况下，则态度一般不会变化。

最后，凡是采取边缘路线者，则大多关注传者的个人特性（可信度、外表、风格等）、他人反应（从众心理与行为）、外部补偿（包括物质的或精神的）。从效果看，或无，或微小且不持久。

第四节　群体传播研究的主要成果

这里的"群体"特指小规模、非组织的群体，相对而言，这一领域的成果较少。不过，因其处于"人际"（两人间）、组织（组织群体）之间，既有自身的特点，又兼有它们的一些特点，故很多成果是三者可以共享的，如"自我信息管理""不确定性减少""社会渗透""社会交换""社会判断""详述可能性"等研究的原理、方法，都可应用于群体传播。

那么，群体传播自身有何特点呢？它一方面与人际传播类似，仍重视"关系"，另一方面又与组织传播类似，还把"运行"放在重要位置，因为，既然群体传播是"一群具有共同目标和归属感的人之间的信息传受活动或过程"，则如何通过交流保障运行、达成目标就成了群体的存在意义和价值。在保障群体运行的各种机能中，又数决策最为重要，因而，群体传播研究的一大任务就是解决决策层面的各种问题。

以下,我们从两个研究视角来了解一下其主要成果。①

一、功能视角的群体传播研究

1. "群体决策功能"理论

总的来说,多数群体传播研究遵循的是一种"输入—过程—输出"模式,即先有各种影响群体的因素(输入),后有群体内部发生的各种事件(过程),最后产生各种结果(输出)。这一注重功能的研究视角,将传播当作群体决策的工具。其中,一个颇有代表性的成果为美国传播学者广川(日裔)和古伦(Randy Hirokawa & Dennis Gouran,1993年)等人的"群体决策功能"理论。

这一理论认为,群体决策的过程大致如图7-5所示,一般先从"问题分析"开始,然后进行"目标设定",接着是"识别可替代项",最后是"评估积极和消极结果",从而获得最佳或满意的解决方案。对有效决策来说,这四个功能(也可视为环节)缺一不可,而最后的"评估"(尤其是对消极结果的评估)功能最为重要。

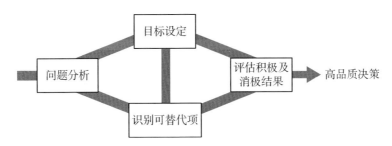

图7-5 "群体决策功能"理论的有效决策路径

广川和古伦坦承,他们深受20世纪初美国实用主义哲学者杜威(John Dewey)的启发,杜威大力倡导人们像医生治疗病人那样,实行反思性思维,共有六个步骤:了解病况;诊断成因;确立康复标准;考虑可能的方案;检测并决定哪种方案有效;实施最优方案。可见,"决策功

---

① [美]斯蒂文·小约翰:《传播理论》,陈德民、叶晓辉译,中国社会科学出版社1999年版,第506—532页。另参见[美]埃姆·格里芬:《初识传播学》,展江译,北京联合出版公司2016年版,第216—230页。

能"理论确实吸纳了杜威的思想,并将之用于群体传播研究,这无疑是一个值得称道的创新之举。

此外,广川和古伦把决策群体中的沟通类型分为三种类型。

(1)促进型。通过唤起对一至四个功能的注意,而使群体沿着目标路径移动的互动。

(2)扰乱型。转移、妨碍或挫败群体达成一至四个功能的互动。

(3)中和型。将群体拉回正轨的互动。

他们发现,群体的多数意见是扰乱而非促进目标进程,不过,在一个积极进取、开放包容的群体中,总有人把群体拉回到正轨上来,这就应了一句俗语——"三个臭皮匠,赛过诸葛亮"。但现实并非总是那么理想,在一个充斥"群体思维"的群体中就不乐观了,而可能出现"三个诸葛亮,不如臭皮匠"或"三个和尚没水喝"的窘况乃至险境。

2. "群体思维"理论

何谓"群体思维"(也称"群体迷思")?这是一个特定的概念,最早由美国心理学者、传播学奠基人之一的卢因于1930年提出,他认为,"群体思维"是群体凝聚力的直接产物,后由美国传播学者詹尼斯(Irving Janis,也译贾尼斯)加以发扬光大,形成一个颇有影响力的理论(1982年)。

根据詹尼斯的定义,所谓"群体思维"就是:在一个凝聚力非常强的群体中,或者说,成员取得一致的努力压制了他们客观评价各种可行方案时的人们的思维模式。

所谓凝聚力,也称向心力,指群体成员之间拥有的共同兴趣的程度。一般来说,凝聚力越强,越有利于减少群体摩擦、增加协作、提高效率,但如果强度过大,则又将走向反面。

詹尼斯发现,"群体思维"具有八种负面症状。

一是过于自信。认为自己坚不可摧,过度乐观。

二是美化自己。群体成员共同努力编造理由,使自己的决策显得绝对正确。

三是强调动机。坚信自己具有良好动机、内在美德,使群体对伦理问题低调处理。

四是盲目排外。认为群体外部的任何反对意见都是邪恶、无能、愚蠢、错误的。

五是压制异议。这是指对内部异议的压制,使成员不敢发表不同观点。

六是导致自责。这是由压制异议引起的现象,即个别成员拥有不同意见,只能沉默、自责。

七是分享幻觉。由此又带来了一种幻觉:群体意见完全一致,从表面看,团结似乎牢不可破(由第五种至第七种的状态,可参见本章第二节的"群体规范"及第九章的"沉默螺旋"理论)。

八是自我封闭。最后,为了不受反对意见或不需要的信息之干扰和冲击,群体将在思想层面出现一种自我封闭状态,即完全抑制、隔绝负面信息。

那么,如何才能防止"群体思维"的产生呢?詹尼斯提出八个建议。

一是鼓励质疑。群体领导应使每一个成员都成为挑剔的评审员,鼓励成员积极发表不同意见。

二是公正部署。在等级层次中,分配任务给各个小组之际,公正派发,不指示自己希望得到什么结果。

三是集思广益。建立由不同成员领导的小组,分头制订相同议题的政策,然后集中审视、比较各自的可行性和有效性。

四是倡导交流。让成员们经常与本小组同事讨论群体的决策,并把意见反馈给领导。

五是制造挑战。邀请外部专家或非群体核心的资深人士参加各种会议,鼓励他们对核心人员的观点提出挑战。

六是反向辩论。在评估政策的会议中,至少应有一名成员为反对意见辩护。

七是研究对手。对任何竞争对手的政策都必须花费足够的时间深入研究,以了解其真实意图以及需要警惕的动向。

八是最终答疑。对最佳方案有初步的统一意见后,仍应召开全体成员会议,给其他意见一次最后的表达机会,在充分考虑了所有可能性的情况下,作出最终的决定。

当然,以上建议并非一定都要实行,因为群体在规模、结构、任务、宗旨等方面各不相同,但有一个原则至关重要,务必贯彻,即全面了解真实情况,听取所有不同意见。

詹尼斯的研究引起了同行的广泛兴趣,他还分析了一些历史事件,用以支持其理论,既有失败案例(如朝鲜战争、珍珠港事件、越南战争升级、猪湾入侵),也有成功案例(如马歇尔计划、古巴导弹危机)。

3. "相互作用"理论

在群体传播研究领域,还有一个值得参考的"相互作用"理论,由美国传播学者贝尔斯(Robert Bales,1979年)等人创建,概要如下。

其主要特色在于细致入微地分析了群体内部的传播状况。如图7-6显示,共有12个范畴的相互作用,可归纳为四类行为,而每一个行为与另一个行为配对,组成六个组合:7-6=信息传播、8-5=问题评价、9-4=对策讨论、10-3=对策决定、11-2=缓解紧张关系(贝尔斯将"戏剧化"定义为缓和关系)、12-1=达成和谐一致。

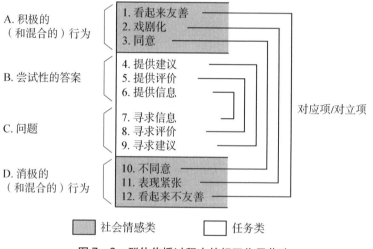

图7-6 群体传播过程中的相互作用范畴

贝尔斯等人又将这六个组合分为两类:一为任务类(负责信息、评价、建议之供需),另一为情感类(处理友善、关系缓和、认同之与否)。在一个群体中,往往由不同的领导来主持这两类工作,前者偏重引导群体把精力集中于完成任务,而后者偏重改善群体成员之间的关系。

不仅如此,贝尔斯等人还颇有创意地建构了一个三维空间图,如图7-7所示,分为"向上/控制—向下/顺从"、"向前/任务—向后/情感"、"积极、正面/友好—消极、负面/不友好"等三个维度。一个群体中的任何一个成员,都可对号入座,从而描绘出一幅群体内部传播网络的生态图景。例如，某一成员属于 UPF 类型，就意味着其偏于向上、向前、正面，可胜任一个民主型、任务型的领导角色。

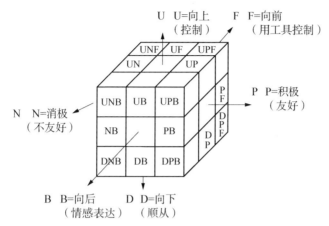

U:	能控制局面，健谈	N:	不友善，持怀疑主义态度
UP:	外向，开朗，积极	NB:	易怒，愤世嫉俗，不愿合作
UPF:	有目的的民主任务领导	B:	情感外露
UF:	过分自信的商人类经理	PB:	充满感情，可爱，使人相处愉快
UNF:	权利主义者，控制欲强，不以为然	DP:	尊重他人，感激的，值得信赖的
UN:	专横跋扈，固执，有权威	DPF:	温柔，愿意承担责任
UNB:	挑衅的，自我中心，好炫耀	DF:	恭顺，顺从工作
UB:	喜欢开玩笑，富于表情，戏剧化	DNF:	自责，工作过分努力
UPB:	风趣，善社交，爱笑，热情	DN:	沮丧，伤心，不满
P:	友善，平等主义者	DNB:	远离他人，放弃，退缩
PF:	善和他人合作	DB:	害怕尝试，怀疑自己能力
F:	善分析，以完成任务为目标，善解决问题	DPB:	喜群处
NF:	墨守成规，追求绝对正确	D:	消极，内向，寡言

图 7-7　群体传播的三维空间图

贝尔斯等人的总体结论是，一个健康群体的各种范畴、类型、维度，理应注意保持适切的组合、动态的平衡，方能实现稳定的发展。

二、结构视角的群体传播研究

1. 吉登斯的"结构"理论

英国社会学者吉登斯（Anthony Giddens，1984年）的结构理论，是就人与社会、行动与结构的关系而提出的一个系统、深刻、辩证的学说。其中心思想是强调人的主观能动性,认为社会结构具有两重性,也就是说,一方面,结构制约、决定了人如何行动,但另一方面,人的行动又反过来影响、塑造了结构。①

例如,某大学生住校,不能忍受集体寝室的凌乱,主动担负起打扫的工作,结果,这一行动就成为了结构,即其他成员平时都指望其清理房间,而作为回报,推举其为室长,此时,该室长又以新的行动——说服大家轮流值日、打扫房间——再次改变了结构。

人类社会生活中的很多场景,当然比上例复杂得多,但原理是相同的,结构与行动确实是互动的,这就启发了包括传播学在内的许多社会科学学科,以更加审慎、科学的眼光,观察和思考人类社会的各种结构与行动。

2. 普尔等人的"群体决策结构"理论

美国传播学者普尔(Scott Poole,1989年)等人将吉登斯的学说应用于群体传播研究,提出了这一理论,也称"适应性结构化"理论。

普尔等人认为,一个群体的决策过程,就是群体成员经过传播对最终决策达成一致意见的过程,个人对意见的表达或选择产生、再产生各种规则,从而使意见的趋同或达成,或受阻。

在此过程中,一般有三个环节或要素:解释(依靠沟通完成),道德(由群体规范建构),权力(体现为人际关系中的地位)。如某大学生在寝室中的行动,也包含这样三个要素:以群体成员能理解的交流(语言和非语言)方式,表达寝室脏乱的危害(解释);以群体能接受的伦理观念说服大家,如分担劳动、公平合理,方能持久(道德);以室长身份,表示既在其位,必谋其政(权力)。

该理论指出,群体如何具体运作,取决于以下三个变量。

(1)任务的客观属性。如需要解决的问题的清晰度、专业性、类型、难度、影响范围和程度、对应方法的有效程度等。

(2)群体对任务的应对特征。如群体对问题的熟悉程度、对新的应对方法的需要程度、决策时间的紧迫程度等。

---

① [美]斯蒂文·小约翰:《传播理论》,陈德民、叶晓辉译,中国社会科学出版社1999年版,第522—528页。另参见[美]埃姆·格里芬:《初识传播学》,展江译,北京联合出版公司2016年版,第234—242页。

（3）群体的一般结构特征。如历史、规模、冲突性、凝聚力、权力的集中程度等。

在以上变量的交互作用和影响下，各个群体的决策过程呈现出丰富、多样的状态，如采取一般路径（如上述广川等人的"群体决策功能"模式）还是特殊路径，决策路径的不同复杂程度，处理问题之际的不同组织和混乱程度，各种活动的不等花费时间，等等。

最为重要的是，普尔等人强调，一个群体中的各成员个体，必须充分认识自己的能量，善于运用各种规则和资源，在行动受到结构制约的同时，也主动地、有意识地以积极的行动影响结构，从而，最终达成个人目标与群体目标"双赢"的效果。

换言之，我们应怎样生活在群体中？发人深省的答案如下：

有些人推动事情发生，

有些人看着事情发生，

有些人听天由命，

有些人糊里糊涂地度过了一生！

第八章

组织传播的发生和发展

第一节 组织传播概述

一、组织传播的定义

1. 何谓组织

何谓组织？组织就是"人们为实现特定目标而建立的共同活动的群体"，其有五个特征，即"特定的组织目标、一定数量的固定成员、制度化的组织结构、普遍化的行动规范以及一个开放的系统"。[①]

可见，组织也是群体，但不同于"非组织群体"，而是"组织群体"，与前者相比，后者的目标更为正式，结构更为紧密，规范更为严格。换言之，两者最大的区别在于，是否拥有明确的目标、规范的管理。

从宽泛意义上看，组织与人类社会同步，早已有之，如部落、国家、政府、军队、教会、学堂等各种政治、军事、宗教和文化组织，但现代意义上的组织，尤其是企业、工厂那样的经济组织的大量出现，则是在19世纪末20世纪初发生了全球性的工业革命之后才可能有的普遍景象。

在此背景下，几乎所有的"社会人"都成了"组织人"，于是，对组织的科学研究得以展开，这一学术与实践潮流，催生了一门新兴的学科即

[①] 参见《中国大百科全书》（光盘1.1版）社会学卷"社会组织"词条，中国大百科全书出版社2000年。

管理学,在其形成过程中,则吸取了来自社会学、心理学等相关学科的思想、理论和方法,随之,包含在其中的组织传播研究也逐渐地成长起来。

2. 何谓组织传播

所谓组织传播,就是以组织为主体而展开的信息传受活动。组织与传播之间究竟有何联系？对组织来说,传播究竟有何意义？

组织之所以存续,一靠目标,二靠管理,也就是说,组织是一种通过协调(即管理)活动来达到个人和集体目标的社会集合体,而所谓协调活动,在很大程度上就相当于传播活动,正是通过有效的协调/传播活动,组织得以建立,组织成员相互之间的关系、他们与其他组织及整个外部环境之间的关系得以处理,组织的各项工作得以开展,组织的各种目标得以达成。

可见,就像人际传播之于个人、群体传播之于群体、大众传播之于社会不可或缺一样,组织传播之于组织,同样也是如影随形、两位一体。

二、组织传播的内涵

1. 组织传播的类型

一种最为方便、实用的分类方法是,根据传播对象是内部还是外部,将组织传播划分为组织内传播、组织外传播,两者对组织的生存和发展来说,都是必不可少的保障。[①]

从传播角度看,组织内部无非是一个传播系统,同时,一个组织与其他组织之间也在随时进行沟通,并与社会进行着更为广泛的信息交换,都可视为传播系统。

如果组织规模小,成员人数少,内部传播行为简单,则往往偏重外部传播,将主要精力用于从环境输入组织需要的信息;相反,如果组织规模大,内部分工复杂,人员和部门众多,则为了协调内部各个部门的功能,必须加强内部传播,同时外部传播也需要更加专业化,不仅从环境输入更多信息,也向环境输出更多信息。

但无论规模大小、形态各异,一切组织都离不开内部传播和外部传播,则是一个不争的事实。

---

① 张国良:《传播学概论》,外语教学与研究出版社2013年版,第165—167页。

2. 组织传播的网络

在任何组织中,信息总是沿着组织的关系网络而流动,形成传播网络,其可分为正式网络和非正式网络,前者是由组织规定、计划的传播渠道,而后者是不由组织规定、计划的传播渠道。

(1) 正式网络。组织中的各种角色关系决定了组织中有下行传播、上行传播和横向传播。

下行传播,即有关组织目标、任务、方针、政策的信息,自上而下地传达、贯彻的过程。它是一种以指示、教育、说服和灌输为主的传播活动,如某学校关于本单位节假日安排的通知、某企业销售部经理向销售部员工布置任务等。

上行传播,即下级部门向上级部门或下属向上司汇报情况,或提出建议、愿望和要求的信息交流活动,如某学校几位员工向校长提出调整本单位班车行驶路线的建议、某企业销售部员工向销售部经理汇报工作等。

横向传播,即组织内同级部门或成员之间相互沟通情况、交流信息的活动,其目的是为了相互之间的协调和配合。这时,传播双方之间不存在上下级关系,平等协商与联络是传播的主要形式,如某学校教师讨论怎样分工完成一项教学或科研任务、某企业销售部员工奉其经理指示到财务部询问公务事项等。

(2) 非正式网络。这一信息流动的发生,并非来自组织的安排,而是组织中人际互动的自然而然的结果,非正式传播网络具有如下特点:

第一,属于人际传播和(非组织的)群体传播;

第二,传者发布消息不一定有明确目的,即带有偶然性、随机性;

第三,传播速度快;

第四,穿透力强;

第五,信息数量多,以口头传播(包括社交媒体)方式为主,信息容易失真。

一般来说,相比组织内传播,组织外传播更多地采用正式网络/渠道。在组织内传播的正式网络/渠道中,既有纵向(包括上行和下行)传播,也有横向传播,而在组织外传播的正式网络/渠道中,更多地采用横向传播。

可以认为,正式网络中的传播,体现组织成员作为"组织人"的特点,非正式网络中的传播,则体现他们作为"社会人"的特点。

固然，组织内传播尽可运用上述三种传播网络，但往往更多地运用非正式的传播网络。由于人际交往、言传身教等方式，可望在组织内部获得良好的传播效果，因此许多组织的创始人、领导人皆乐意借此渠道而体现自身魅力。

其他非正式而有效的渠道还包括：组织成员工作之余的交谈、单位内外的各种私人交往、各种自发组织的兴趣小组、联谊会等。高效的组织内传播取决于组织成员的聆听、阐述、提问和反馈的能力。

与组织内传播相对，由于一个组织与外部组织多是平行关系，因此组织外传播更多地使用横向传播，其传播技巧也正式得多。为此，组织外传播通常需要制定一系列切实可行的公共关系计划，包括向谁宣传、如何宣传、由谁负责宣传、时间安排、公关费用等。

3. 组织传播的媒介

组织内传播的媒介（形式、手段）多样，如书面文本、会议、电话、组织内媒介和计算机通信系统等，而组织外传播大多使用大众媒介和广告等，其主要形式有：公共关系、广告和企业标识系统（CIS）等。

具体而言，组织内传播的媒介包括雇员会议、业务通讯、内部杂志、工作手册、工作备忘录、工资单、闭路电视、通告、电子公告板、幻灯片、影碟和电影等，近年来，微信群、微信公众号等社交媒体一跃成为"新宠"。组织外传播的媒介则包括广告、年度报告、公共服务、媒介宣传、社区项目、游说项目、公关活动项目以及"两微一端"（微博、微信、新闻客户端）等。

4. 组织传播的功能

就组织传播的功能而言，也不外有监测环境、协调关系、传承文化、调节身心四种。对大多数组织来说，前两种功能相对重要。具体概括如下。

（1）搜集资料。组织外传播提供有关外部环境各种变化的信息，组织内传播则反映员工的需要、工作的士气、各个部门之间的关系、管理的效能等，以作为决策的参考。

（2）改变行为。当组织需要推行某项政策，或配合外部环境的变化，需要进行某种改革之际，与员工之间的有效沟通，有助于改变他们原有的态度，采取合作行为。

（3）改善关系。充分的信息和意见沟通，不仅能增进彼此了解，同时，个人也因情绪得以释放或转换而感到心情舒畅，还能减少人与人之间不必要的冲突。①

概言之,对组织来说,传播的最主要作用就是:对有利于实现个人和组织目标的行为实施协调和控制。举例说来,某公司市场部经理,想进一步了解顾客需求,应如何实现这一目标呢?他可以和下属共同拟定一套策略和方案,可以向下属分配各种具体任务,也可以用命令或说服的方式告诉下属这些具体任务的重要性、紧迫性,还可以监视下属的行动,让其持续提供有关任务进展的反馈,甚至可以对部属进行奖惩,以规范其执行任务期间的行为。

这也可以与前述组织传播的定义联系起来理解——组织传播的最大功能,无非就是实现组织的目标。

5. 组织传播的目标

(1) 组织内传播。首要目标是实现组织内成员的融合、价值的趋同。所谓融合、趋同,指组织成员形成一种集体身份的归属感,创造一种共同的价值观,从而认识到如何最有效地协同工作,如企业文化,就是为了达到这种统一的价值观而建构的氛围和环境。组织可通过各种传播活动使成员达到一致,如很多企业在新员工上班前或工作中,举办一些专业培训或团队协作训练项目等。

(2) 组织外传播。首要目标是对环境的适应。即,组织为达成其目标而与外界沟通,有助于一个组织对客户的反应和竞争对手的举动做出快速回应。组织为了达成目标,必须与社会环境协调一致。这种适应又分为协调组织间关系、创立和维护组织形象、为顾客提供服务等。

三、组织传播研究的特点

人际传播、组织传播与大众传播及其研究各有特点,总的来说,组织传播与人际传播的关系更为密切,尤其在群体传播领域,两者相互交织、界限模糊,有许多学者同时属于人际传播学界和组织传播学界。

1. 学科轨迹

与人际传播学源于语言学的缘起不同,组织传播学源于管理学,但与人际传播学相似的轨迹是,作为相对独立的学科,两者都形成于20

---

① 苏东水:《管理心理学》,复旦大学出版社1998年,第449—450页。

世纪60年代后期。事实上,它们被认同为学科的时日是同步的,即全美传播学会(NCA)成立的"人际与小群体传播分会"(参见第二章第三节),以及国际传播学会成立的"组织传播分会",同时开启了人际传播学与组织传播学的学科发展之路。

一般认为,组织传播学的历程可分为三个阶段。[①]

(1)起步阶段。20世纪初至40年代,工业革命带来的经济扩张引发了企业组织制度的巨大变革,个人或家族的小作坊让位于规模化生产、现代化经营的企业,发轫于英国,不久就波及美、法、德等众多欧美国家的新型组织不断涌现,从而催生了最早的科学管理理论等思想,其中就包含了相应的组织传播观念和方法。

(2)形成阶段。20世纪40年代至70年代,从系统、文化、批判视角出发的一批理论陆续问世,显著提升了组织传播研究的水准,而且这一时期正值(起步于大众传播学的)传播学崛起于人文社会科学界,同时,人际(特别是群体)传播学与组织传播学之间也互相影响、互相促进,在此背景下,组织传播学就水到渠成地问世了。

(3)成熟阶段。20世纪80年代以来,组织传播学进一步发展壮大。一个标志性成果是,美国传播学者戈德哈伯(Gerald Goldhaber)出版了第一本以"组织传播"为名的教科书,体现了建构学科体系的尝试,也适应了开设专业课程的需要。时至今日,"组织传播"已与"人际传播"、"大众传播"以及"国际与跨文化传播"一起,成为美国大学中最受传播学子欢迎的课程之一。[②]

据美国传播学者罗杰斯(Rogers)统计,截至20世纪70年代末,组织传播研究的相关文献已达1200多种。据中国传播学者胡河宁检索,截至2010年,在世界范围内出版的组织传播研究著作已有150多种,其中,影响较大的代表作有:米勒(Miller)的《组织传播》(1995年)、普特曼和克朗(Putnam & Krone 的《组织传播》(五卷本)(2006年)等。尽管与大众传播学、人际传播学相比,组织传播学的研究文献尚显单薄,[③]但不管怎样,这一学科毕竟顽强地成长起来,而且,已形成了与大

[①] 参见胡河宁:《组织传播学:结构与关系的象征性互动》,北京大学出版社2010年。
[②] 王怡红等:《中国传播学30年》,中国大百科全书出版社2010年,第334页。
[③] 与美国相比,组织传播学在中国的发展更为滞后,甚至明显不如人际传播学,仅以论文为例,至2008年,中国有关组织传播研究的论文只有52篇(同期有关人际传播研究的论文共有995篇)。参见王怡红等:《中国传播学30年》,中国大百科全书出版社2010年,第338页。

众传播学、人际传播学三足鼎立、缺一不可的局面,长短互补,前景看好。

2. 发展态势

组织传播学的优势在于,具有与整体传播学(包括大众传播学、人际传播学)一致的共性,即科学性、时代性、交叉性很强;与此同时,它也有劣势,需要在发展过程中加以克服。

(1)独立性偏弱。迄今为止,从学科角度看,组织传播学对管理学的依附性还是很强,与公共关系学的界限也纠缠不清,甚至有人认为,组织传播学就应附属于管理学,[①]但这样的主张在逻辑上不能自圆其说,除非更名为传播管理学,那又成了另一种学科,即如同传播心理学、媒介经济学那样的分支学科了(参见第二章有关学科构成的论述)。

(2)原创性偏弱。从研究角度看,组织传播学的原创性明显不如人际传播学和大众传播学,其经典理论主要来自管理学,原生理论、创新观点偏少。今后,组织传播学与管理学之间的关系,理应像大众传播学超越新闻学、人际传播学超越语言学那样,争取达到"青出于蓝而胜于蓝"的境界。

换言之,如何进一步加强学科的独立性、研究的原创性,可以说是组织传播学未来发展的主要任务和努力方向。

第二节 组织传播研究的主要学派

一、组织传播研究的基础学派

米勒在其《组织传播》(第二版)一书中,将20世纪初一批有关组织管理、组织传播的思想先驱称为基本学派或基础学派,因为他们为后

[①] 教军章、刘双:《组织传播:洞悉管理的全新视野》,黑龙江人民出版社2000年版,第22页。

来的组织传播研究奠定了坚实基础。其中,有三个最为重要的学派。①

1. 古典学派

这一学派的理论,被称为古典理论或传统理论,包括三个具有代表性的理论。

(1) 古典管理理论。也称管理过程理论,由法国企业家亨利·法约尔(Henri Fayol,1841—1925年)创立,他享有"现代经营管理理论之父"的美誉。法约尔提出了五个基本管理要素:计划、组织、指挥、协调、控制。虽然没有提到传播,但事实上,传播是隐含、贯穿于其中或者说整个过程的。

为了使管理效能最大化,他提出了一系列管理原则,分布在以下四个方面:组织结构(包括等级链、统一命令、劳动分工等)、组织权力(包括集权、权力与责任、纪律等)、组织报酬(包括适当报酬、公平、任用稳定等)、组织态度(包括个人利益服从整体利益、主观能动性、团队精神等)。

(2) 官僚(科层)组织理论。由德国社会学者马克斯·韦伯(Max Weber,1864—1920)创建。作为学者,他提出了一种理想型的组织,有三点与法约尔相同,即等级(需明确界定)、分工(必不可少)、集权(使决策和权力集中),但另有三点为法约尔所无,即系统(该官僚组织具有相对封闭性,以排除外部干扰)、规则(基于理性而能应对各种情况)、权威(与权力、纪律一道构成官僚组织的基础)。

韦伯对权威的论述,被认为是他最重要的思想之一。他指出,有三种类型的权威:一是传统型,如国王、贵族、长辈等,其权威来自职位本身,而非实际能力或表现;二是魅力型,如宗教领袖、社会精英等,其权威来自人物个性的吸引力及其与追随者的互动能力,因此很不稳定;三是合理-合法型,如现代国家、官僚等,其权威来自规则和理性。

韦伯认为,这三种权威在组织中可能单独或同时存在,但合理-合法型权威在官僚系统中占据了主导地位。

(3) 科学管理理论。这一理论的创始人为"科学管理之父"弗雷德里克·泰勒(Frederick Winslow Taylor,1856—1915年)。其最大贡

---

① [美]凯瑟琳·米勒:《组织传播》(第二版),袁军、石丹、周积华、吴燕春译,华夏出版社2000年版,第4—50页。另参见教军章、刘双:《组织传播:洞悉管理的全新视野》,黑龙江人民出版社2000年版,第27—36页。

献是,着眼于微观层面,将组织管理的依据由经验变为了科学。他在《科学管理的原则》(1911年)一书中,介绍了科学管理的思路,可概括为以下四条原则:

第一,效率至上,即每一项工作都要求以最佳方式完成,使其效率最大化;

第二,人事契合,即为每一个工人选择最适合其专长的工作,由此打造一支"一流工人"队伍;

第三,科学培训,即通过对以往经验的全面总结,将工作流程规范化、标准化,并以此来培训新的员工;

第四,劳资融合,即劳资双方既合理分工(一方管理,一方生产),又密切合作,共同将提高生产效率置于中心位置,以实现双方利益的最大化。

泰勒的科学管理理论和实践产生了巨大的社会影响,引发了一场管理科学化的革命。如一个著名的案例"铁锹实验"显示,经过对各个生产要素的精确计算(如铁锹每次铲物重量为21磅时效率最高),每人每天的平均搬运量从16吨提高到59吨,日工资从1.15美元增加到1.88美元,而每吨搬运费(成本)却从7.5美元减少为3.3美元,可谓皆大欢喜。

综上,古典学派的管理理论,可归纳为五个要点:组织结构科学化、组织管理制度化、管理过程职能化、工作设计程序化、操作方法标准化。尽管其具有简单化、机械化、静态化等缺陷,但瑕不掩瑜,事实上,这一学派的许多主张一直沿用至今。

从传播角度看,古典理论有何特点呢?

一是传播内容。组织传播的主要内容有完成工作任务、维护人际关系、采用新的技术等,古典理论偏重的是任务。正如法约尔所说,个人利益应服从集体利益,这里的人就是所谓的"经济人",一切交流都围绕着组织的任务而展开,既不鼓励人与人之间的互动,也不倡导个人对技术革新的兴趣。

二是传播方向。组织传播的方向有纵向(下行、上行)、横向(平行)之分,而古典理论推崇的是垂直、下行,即组织成员以服从上级计划和指令为主要责任。

三是传播渠道。古典理论最重视的是书面文本,如韦伯把健全的规章制度体系视为理想组织的关键指标,泰勒和法约尔把员工手册和组织秩序化原则视为组织管理的最有效方法。当然,他们并非无视口头传播的存在,但认为只有员工手册等书面文件才是组织高效运作的固定规则和合法渠道。

四是传播形式。既然古典理论以自上而下的书面文本为主要渠道,其传播形式也就必然以规范、正式为基本特征。

2. 人际关系学派

由于古典学派相对忽视组织中的个人需要、工作中的非经济回报,以及必要的人际互动,自20世纪20年代起出现了人际关系学派,不仅弥补了这些欠缺,而且对30年代末至60年代的组织研究产生了重大影响。与古典学派一样,这一学派的许多真知灼见,迄今仍得到普遍运用。

(1) 霍桑实验。这是从1924年到1933年在美国伊利诺伊州西方电子公司霍桑工厂进行的一系列研究的统称,除第一个实验外,其他实验都由哈佛大学梅奥(Mayo)领导的团队完成。他们最初的兴趣在于,验证古典理论的假设,即工作条件的改善将提高工作效率。可是,随着研究的展开,他们意外地发现,结果并非如此,如一项照明实验显示,除了灯光极其黑暗的情况外,实验组(提高或降低照明强度)和控制组(照明强度不变)的生产效率几乎一样,如此,就需要探究物质因素以外的因素了,包括人际关系、群体压力、情感需求、管理风格等。

一个发人深省的事实是:仅仅是对个人的关注,就能导致其行为的改变,这一后来被称为"霍桑效应"的研究成果引发了业界和学界的反思,架起了一座促使古典理论走向人际关系理论的"桥梁"。

(2) 需要层次理论。这是一个广为人知的有关人类行为动机的一般理论,由美国心理学者马斯洛(Maslow, 1943、1954年)创建,他认为,人类行为受到很多需求的驱动,其中,有五种基本需求(参见表8-1),前三种层次较低,后两种层次较高,一般来说,个人先要满足低层次的需求,然后才指向高层次的需求,如生理、安全需求尚未满足之际,通常不会奢求归属感。

表8-1 需要层次理论的五个层次

需要层次	组织中需要得到的满足(例示)
第五层:自我实现	在工作中可尽量发挥创造力
第四层:自尊	内在:得到相应报酬的工作 外在:奖金

续 表

需要层次	组织中需要得到的满足(例示)
第三层：归属	与同事之间的社会关系
第二层：安全	确保生理安全的工作条件
第一层：生理	可用于购买食品、衣物的工资

尽管学界对这一理论不乏各种批评，包括优先次序的不确定性、"自我实现"需要定义的模糊性等，但其重要价值是无庸置疑的，尤其是两个较高层次需求——自尊（包括内在的成就感和自信心、外在的公众认同和关注）、自我实现（回归"真正自我"，内涵因人而异）的揭示，有力地推动了组织管理和传播理论的转变。

（3）激励-保健理论。也称双因素理论，由美国心理学者赫兹伯格（也译赫茨伯格，Herzberg，1959年）提出，颇有创意。他发现，日常工作中有两种因素在起作用，一为激励因素，包括责任、成就、认可、具有挑战性的任务以及升迁、提拔等，当工作具备这些因素时，个人会感到快乐；另一为保健因素，包括物质条件、工资、福利、政策和管理水平等，当工作欠缺这些因素时，个人会感到不满意。

与马斯洛不同的是，赫兹伯格并不认为哪些因素是优先的，他指出，有四种可能的情境（参见表8-2）。情境1自然是最理想的，情境4则是最糟糕的。

表8-2 激励-保健理论的四种情境

	具备保健因素	缺乏保健因素
具备激励因素	情境1：快乐，同时不会不满意（如工作有挑战性、工资高）	情境3：快乐，但不满意（如吃了上顿没下顿的艺术家）
缺乏激励因素	情境2：不会不满意，但不快乐（如工作无趣味、工资高）	情境4：既不快乐，也不满意（如被严重压榨的劳工）

对该理论的批评也为数不少，如作为保健因素的工资就受到质疑，难道增加工资不能使人快乐吗？即工资其实也有一定的激励作用，尽管如此，其对管理者的启迪意义是显著的，他们由此坚定了这样一个信念：工作的多样性、挑战性、责任性对员工的表现和成长十分重要。

（4）X理论与Y理论。这一理论由美国行为科学者麦格雷戈

(Mcgregor，1960年)提出，其主要观点为，古典学派基于"经济人"假设，认为人的本性是厌恶工作的，因而需要管理者对之加以强制、惩罚和监督，此即所谓 X 理论，而人际关系学派基于"社会人"假设，认为在正常情况下，大多数人是愿意工作并承担责任的，他们在满足成就和自我实现方面，具有很强的动力，因而管理者应对之多加激励、信任和引导，此即所谓 Y 理论。

如果说古典理论的隐喻是"机器"，则人际关系理论的隐喻就是"家庭"，后者反对前者把个人看作是组织"机器"里只受经济因素驱动、可随意替换的"齿轮"，而主张应视之为组织"家庭"中有各种期待满足的需要，尤其是"自我实现"才能使其顺利发展的"成员"。

从传播角度看，人际关系理论的特点可从四个方面理解。

一是传播内容。与古典学派以完成工作任务为中心的思路迥然不同，正如该学派名称所显示，人际关系学派强调，组织传播的内容应以维护人际关系为中心（由此达成工作任务的目标），从而还原了人在传播活动中的主体地位。

二是传播方向。组织传播的方向不再偏重纵向、下行，而突出了横向、平行的方向，即组织成员之间的交流至少具有了与自上而下的传播同等重要的地位。

三是传播渠道。与古典理论重视书面文本不同，人际关系理论更加重视的渠道是面对面的口头传播，显然，相比书面文字的拘谨、呆板，口头语言特有的生动性、灵活性、形象性及双向互动性，使之更适合在人际交流中谈天说地、传情达意。

四是传播形式。既然人际关系理论以口头传播渠道为主，其传播形式自然也就以非正式为主，一个明显的表现是，管理者和被管理者之间的严格等级界限被突破了，此时，人与人之间表明职务、身份的正式称呼也就显得不那么重要了。

3. 人力资源学派

古典学派与人际关系学派对理论和实践的贡献，堪称居功至伟，又各有不足，如果说前者的钟摆过于倾向"任务/目标"，则后者的钟摆过于倾向"关系/路径"，为此，又有一批学者出来纠偏，他们被称为人力资源学派。

就人际关系理论的"软肋"而言，一是总的来说，实证研究的支撑较为欠缺，二是某些要素之间未呈现出应有的契合，从而违反了理论假设,如个人工作满意度的增加未必带来生产效率的提高,这就需要进一步探索其中的规律。

（1）管理方格理论。也称领导方格理论,由美国管理学者布莱克、莫顿（Blake & Mouton）于1964年提出,他们的假设是,如果管理者能同时表现出对人和生产的关心,则工作效率将达到最高（参见图8-1）。

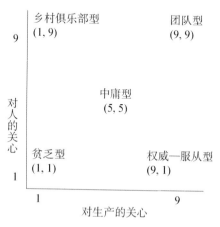

图8-1 管理方格理论的五种类型

他们设计了一个方格模型,根据对人的关心程度和对生产的关心程度之差异,形成了五种管理类型。

一是贫乏型(1,1)。无论是对人还是对生产,都关心甚少,敷衍了事。

二是乡村俱乐部型(1,9)。对人的关心很多,而对生产的关心很少,管理者最看重的是友好的人际关系和舒适的工作环境。

三是权威—服从型(9,1)。遵循古典理论,追求生产效率最大化,对人的需求则漠不关心。

四是团队型(9,9)。对人和生产都高度关心,管理者既致力于生产效率的最大化,又尽量让员工的需求得到最大限度的满足。

五是中庸型(5,5)。这一类型的管理者努力在人和生产这两者之间保持平衡。

不言而喻,团队型的领导者和管理风格是人力资源学派心仪和倡导的类型。

（2）Ⅳ系统理论。美国管理学者利克特（也译李克特,Likert）于

1961年提出其对管理模式的见解,他认为,管理实践中,通常有四种管理系统。

一是专权命令式。体现古典理论中最负面的特点,以威胁和恐吓、自上而下且不准确的传播方式、高层的决策和控制来管理员工。

二是温和命令式。通过经济的刺激、有限的传播、高层的决策和控制、目标的评估来管理员工,与第一种系统相同的是,仍诉诸权威,不同的是,注意善待员工。

三是协商式。与前两种系统明显不同,该系统的决策、控制权虽然仍在高层,但事先征求、考虑员工意见的环节被纳入议程,大量的传播活动在组织的各个层次得以展开。

四是参与式。比第三种系统更进一步,在此系统中,全员参与决策,组织的各个层次都有控制权,传播方式多样,包括上下左右的互动,全体成员的贡献都受到高度重视。

表8-3 Ⅳ系统理论的四种系统

	第一系统 专权命令式组织	第二系统 温和命令式组织	第三系统 协商式组织	第四系统 参与式组织
激励	恐惧和处罚	大多为奖励	奖励和介入	介入和参与
传播	非常少 自上而下	很少 自上而下	有一些 自上而下/自下而上	非常多 全方位
决策	上层	上层	汇总多方信息	全体人员
生产效率	一般	尚可	良好	优秀
缺席率	非常高	比较高	一般	低

可以认为,这一理论反映了从古典理论到人力资源理论的演变,从第一种最落后的系统,到第四种最理想的系统,大体描绘出了人类在这一领域辛勤跋涉、持续成长的足迹。

(3) Z理论。1981年,美国管理学者大内(Ouchi)提出这一理论,试图在麦格雷戈的"X理论与Y理论"的基础上有所超越,获得了成功,该理论引起了广泛的关注和赞许。

其主要贡献是注意到文化差异对组织管理和传播方式的影响。大内发现,日式管理的效率普遍高于美式管理,而美国在日本的企业如果采取美式管理,效率就低。虽然它不是典型的人力资源理论,但由于它指出了日本对人力资源的利用方式与美国的很不相同,由此增进了我们对人力资源学派的全面了解,故有其独特价值。

如表 8-4 所示,日本(J)组织与美国(A)组织在各个方面都显现出差异,究其原因,在很大程度上是两国文化的差异造成的。例如,日本的集体文化产生了强调集体决策和责任的组织,而美国的个人文化导致了组织情境中的个人决策和责任。

表 8-4 J 组织与 A 组织的比较

日本组织	美国组织	日本组织	美国组织
长期聘用	短期聘用	内蕴的控制机制	外显的控制机制
缓慢的评估和提升	快速的评估和提升	集体决策	个人决策
非专业化的职业途径	专业化的职业途径	整体考虑	部分考虑

大内并不认为美国组织应转变为日本组织,而是提出 Z 理论,即有些日本要素能为美国组织参考、采用,如长期聘用(未必是终生聘用)、为员工的培训和发展加大投入(使其成为对组织更加有用的人力资源)、通过集体决策培养员工的认知能力(但最终决策仍由个人承担责任)等,也就是说,可以适当地把两种文化结合起来。

从传播角度看,人力资源理论也呈现出折中而更加全面的特点。

一是传播内容。在兼顾完成工作任务、维护人际关系的同时,强调关注技术创新,即对新的技术、观念、方法的学习与应用、发明和创造。

二是传播方向。鼓励所有纵向(下行、上行)、横向(平行)的信息流动,可谓是一种全方位的传播态势,尤其重视多元团队的合作与交流,以突破组织层级的束缚。

三是传播渠道。同等看待书面和口语的价值,认为应根据实际需要和效果来选择渠道,如有异议的工作应通过交谈、会议等口头媒介交换意见,集思广益,无异议的事务则可通过书面文本传达,提高效率,并存档备查。

四是传播形式。对正式、非正式的传播形式兼容并包,但更偏爱后者,因其无论对满足人性需要还是实现工作目标都格外有效,当然,前者在日常运营中的维持、规范作用也是不可缺少的。

二、组织传播研究的现代学派

基础学派的各种思想、实践、学说精彩纷呈,确实为管理学、组织传播学奠定了扎实的基础。然而,学术和学科的发展从来不会止步不前,20世纪60年代以来(就基础学派而言,除人力资源学派外,其他学派主要出现在60年代之前),又兴起了一些新的学派,带来了新的活力。

这一被统称为现代学派的思潮和理论的集合,有几个不同于基础学派的特点,如思路更为开阔,层次更为宏观,方法更为思辨,而且它们都不对应于某种类型的组织,而是从整体上深化了我们对组织行为、组织传播的认识和理解。

其中,有三个主要学派,概述如下。

1. 系统学派

名闻遐迩的"三论"(信息论、控制论、系统论)对包括传播学在内的整个学界都产生了深远影响,管理学界自然也不例外,这一影响所及就形成了组织管理和组织传播研究的系统学派。限于篇幅,这里仅考察两种较有代表性的理论。

(1)系统信息选择理论。美国管理学者韦克(一译威克,Weick)在其1969年出版的《组织社会心理学》一书中,综合了进化论、信息论和系统论的思想,认为:第一,组织存在于环境之中,环境既是物质的,也是信息的;第二,不确定性是信息环境中的必然现象,因此组织传播的目标就是减少不确定性;第三,组织成员一般采用两种策略来解读环境的意义,一是装配规则,好比"菜单",为组织成员理解环境意义提供一套模板,如某单位主管要求员工年终填写一份业绩考核表,就是为了简化信息环境,这通常见于信息不确定性不高的情况;二是传播循环,如果环境信息的不确定性很高,如某单位多数员工对业绩考核标准的合理性提出质疑,则组织成员就需要在相当范围里交换意见,以达成共识。

韦克指出,这一过程无非就是组织对信息意义的选择过程,选择有时奏效,就被保留,有时不奏效,则被舍弃(参见图8-2)。当然,在管理和传播实践中,情况往往复杂得多,但可以确定的是,如果组织不能有效地消除信息的不确定性,则目标就将难以实现。

图 8-2 系统信息选择模式

（2）组织网络理论。在"三论"启发下，另有一批美国组织传播学者对网络概念（即组织作为网络的机能和效应）尤感兴趣，投入了许多精力，其中，蒙日（又译蒙奇）、埃森伯格（又译艾森伯格）、法拉斯（Monge, Eisenberg, Farace, 1977）等人提出的组织网络理论值得了解和参考。他们的主要观点如下。①

首先，网络的特性。作为网络的组织，可以从三个角度加以观察，一是层次：任何网络，必定包括这样一些层次：个人子系统、两人子系统、群组子系统、组织总系统，以及组织与组织之间的更大系统；二是内容，即在网络中流动的信息、情感、意见、产品和服务等；三是媒介，如文字、口语、电子邮件等。

其次，网络联系的属性。包括：强度，可理解为数量多，或持续时间长，或传受者对联系的重视程度；对称性，指双方地位是否一样，如同事关系是对称的，上下级关系是不对称的；多样性，指特定内容（如日常工作、人际关系、创新思路）在交流中的种类与数量。

最后，网络角色的互动。这既是对成员个人扮演各种角色的分析，同时也是对组织结构呈现何种特点的考察，如图 8-3 所示，组织的各种层次以各种方式连接起来，连接各个成员的线条就是所谓的传播链。

蒙日等人指出，个人在传播网络结构中主要扮演三种角色：与外部人员联系者，称为桥；联系两个群组的成员但不属于任何群组者，称为联络员；而独立出来者，称为自由人。

对组织结构的研究，可关注的方面很多：规模——即人数多少；中心性——组织成员之间相互接近的程度；密集度——也称联系度，越高，显示成员之间的联系越密切，越低，则意味着他们之间的关系越松散；多重性——指网络或网络的一部分承担事务类型（如日常工作、情

---

① ［美］斯蒂文·小约翰：《传播理论》，陈德民、叶晓辉译，中国社会科学出版社 1999 年版，第 540—545 页。

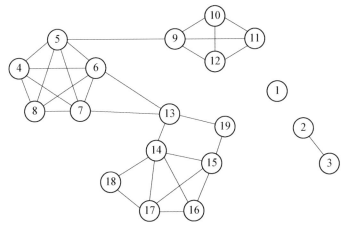

图8-3 传播网络的角色与结构

群组:
群组1=4、5、6、7、8
群组2=9、10、11、12
群组3=14、15、16、17、18

群组连接者:
桥=5、9
联络员=13
其他=19

自由人:
真正的自由人=1
独立的两人子系统=2、3

感交流或关系维持、权力影响等)的多少,如果在一种以上,就具有了多重性。①

总之,系统理论以其整体性、规范性和科学性,为组织传播研究的创新和发展,提供了更多可能的路径。

2. 文化学派

20世纪80年代以来,在美国学者的主导下,一个新兴的文化学派逐渐成型,当然,它也不是无源之水,如人力资源学派中的Z理论就涉及了文化差异问题,再早一点,古典学派中的韦伯有关官僚(科层)制度的论述,也与文化密切相关。

对这一学派的形成尤具重要影响的思想,来自美国人类学者格尔茨(Clifford Geertz),他的名言为:"人类是站在他自己亲手编织的意义

---

① 该理论也被视为一种网络分析方法,有学者曾用此方法研究美国海军某中队,得到许多有趣的发现,如:各个群组的规模多为7—10人;约80%的队员属于"技术讨论"和"社会交往"群组,另有约20%属于"权力求助"(不满倾诉)群组。对比前后相隔一年的两次调查结果可知,随着了解加深、问题增多,群组数量明显增多,同时各个群组中的"桥"和"联络员"也剧增,以"权力求助"群组为例,其"联络员"由3人增至87人,"桥"由3人增至97人。详见[美]斯蒂文·小约翰:《传播理论》,陈德民、叶晓辉译,中国社会科学出版社1999年版,第544—545页。

网络中的动物。"(出自《文化的解释》,1973年),这里的"网络",指的就是"文化"——共享的意义网络,为此,作为组织中的个人,"就不仅仅要在文化网络的结构中审视自己,还应在这一编织(即传播或沟通、交流)过程中审视自己"。①

上述语句,引自美国组织传播学者帕卡诺夫斯基、特鲁西略(Pacanowsky & Trujillo)等人的著作《作为文化表演的组织传播》(1983年),正是他们提出了组织文化理论。

(1) 组织文化理论。帕卡诺夫斯基等人受格尔茨的启迪,从文化角度来研究组织管理和组织传播现象,他们的中心论点概述如下。②

第一,组织成员创造并维持组织现实的共享意义(即组织文化)。换言之,人是文化的主体,其核心则是组织的价值。何谓价值?就是文化中的标准和原则:提倡什么,反对什么,肯定什么,否定什么。帕卡诺夫斯基等人认为,组织中的每一个人都为组织文化的形成作出了贡献,他们的行为创造并最终维持了组织的现实。

第二,符号的使用与解释对于组织文化至关重要。组织文化的实践须臾离不开符号的作用,因为符号是意义的载体,组织成员每天都在创造、使用、解释、交换着大量的符号。这些符号既有语言形式,也有非语言形式,持续地传播着组织的价值。试以一些公司的口号为例,如"智慧无所不在"(摩托罗拉)、"地球上最快乐的地方"(迪士尼乐园)、"刊登一切适合刊登的新闻"(纽约时报),这些符号的传播不仅有赖于媒介,而且有赖于员工的执行,如迪士尼乐园员工若是脸上没有微笑或举止粗鲁,则"地球上最快乐的地方"这一口号就不可能有任何效果。

第三,不同的组织拥有不同的文化。这是一个强调文化具有多样性的主张,一方面,各个组织的文化之间存在差异;另一方面,在同一个组织文化内部,也存在个体之间的差异。可以看到,各种符号及其意义解读之间的交换、矛盾、协调和碰撞,是一个生生不息、永无止境的文化现象和传播过程。

这一理论以格尔茨为楷模,主要采用民族志(即长时间地深入现场、细致观察)的研究方法,取得了不俗的成就。

---

① [美]埃姆·格里芬:《初识传播学》,展江译,北京联合出版公司2016年版,第246—252页。

② [美]理查德·韦斯特、林恩·H. 特纳:《传播理论导引:分析与应用》(第二版),刘海龙译,中国人民大学出版社2007年版,第304—308页。

此外,还有两种属于文化学派的理论,值得关注。①

(2) 文化的规范理论。所谓规范,即主张"企业应当怎样"(应然论),中心思想是,文化由"组织"塑造。规范理论的代表作有二,即《企业文化》和《追求卓越》,它们都出版于 1982 年,立刻引起轰动,风靡一时,使组织文化、企业文化的概念普及开来。

美国管理学者迪尔和肯尼迪(Deal & Kennedy)的《企业文化:企业生活的礼仪与习俗》一书认为,商业的成功可通过发展"强势文化"来达到,如果一个组织具有强势文化的成分,就适合个人工作,能同时提高个人和组织的绩效。他们指出,强势文化有四个关键成分:一是价值观,指成员对组织的信念和看法如创新、稳定等,强势文化的表现是组织的价值观获得广泛认同;二是英雄,指代表价值观的个人,作为组织标准的承担者,通过组织的故事或神话而广为人知,如比尔·盖茨就是微软公司的英雄;三是礼仪和习俗,指用来赞美价值观的手段,由此强化其在员工心目中的重要性,如各种奖励、聚会、庆典等;四是文化网络,即确立、加强组织价值观的传播系统,由正式的渠道(如简报、广播、报刊、电子邮件、微信公众号)和员工之间非正式的互动组成。

与迪尔、肯尼迪一样,另两位美国管理学者彼得斯、沃特曼(Peters & Waterman)也试图寻找优秀公司具有何种文化品质,他们在《追求卓越:美国最成功的公司的秘诀》一书中,总结了对 62 家被员工和专家评为"优秀"的组织研究的结果,发现:这些组织的共性在于,强调人的重要性(如"与顾客保持密切关系""注重人员的生产效率")、弱化官僚结构及其价值观(如"强调自主性和企业家精神""形式简单、人员精干")(参见表 8-5)。

表 8-5 卓越组织的特征

特征	具 体 表 现
1. 偏好行动	反应敏捷,不花多余时间在计划和分析上
2. 与顾客保持密切关系	根据顾客需求作出决定和行动
3. 强调自主性和企业家精神	鼓励员工勇于创新

---

① [美]凯瑟琳·米勒:《组织传播》(第二版),袁军、石丹、周积华、吴燕春译,华夏出版社 2000 年版,第 81—86 页。

续 表

特征	具体表现
4. 注重人员的生产效率	倡导管理者与员工建立互敬、正面的关系
5. 身体力行、价值驱动	管理者和员工分享生产效率和行为的价值观
6. 集中力量	聚焦专长,避免剧烈的多头改变
7. 形式简单、人员精干	避免复杂的结构和分工
8. 兼顾松紧	兼顾目标的统一性和创新必需的多样性

不可否认,以上两部著作的影响是很大的,同时也存在着一些问题,主要是对组织文化的复杂性认识不足,失之简单、静止、片面,尤其是把文化看作是组织拥有的事物,不完全符合实际。为此,又出现了一种文化的描述理论,对之加以补充。

(3) 文化的描述理论。所谓描述,即主张"企业是这样的"(实然论),中心思想是,文化即组织。该理论由拜尔、特赖斯(Beyer & Trice, 1987年)、帕特南(Putnam, 1983年)、路易斯(Louis, 1985年)等许多学者共同建构。他们的主要观点如下。

第一,组织文化是复杂的。其复杂性体现为学界提出的多种"指标",如仪式、庆典、价值观、信念系统、隐喻、故事、传播规则等,有人集中研究单个指标,有人则试图将多个指标整合起来,总之,切勿过度简化了对这一复杂现象的认识和理解。

第二,组织文化是显现的。即组织文化通过成员的符号化互动而创造出来,这既是一个传播的过程,也是一个显现的过程。正如上述帕卡诺夫斯基等人认为的那样:组织中的文化(符号)表现,具有背景式(建立在组织历史和现实的基础上)、插曲式(作为独特的故事)、即兴表演式(不存在现成的剧本)等特点。

第三,组织文化是多元的。组织不可能只有单一的文化,往往同时存在大量的亚文化,它们可能产生于分工、层级或团队等多种文化位置,并相互进行着文化渗透。而且,这些亚文化不仅意味着差异,可能还折射出权力和利益的分歧。这就与批判学派发生了关联。

3. 批判学派

成形于20世纪60年代的批判学派影响广泛,波及包括传播学在内的整个人文社会科学领域,管理学和组织传播学也不例外,且有众多流派和理论,限于篇幅,这里仅选择其中一种与传播较有关联性的"组织沟通批判"理论,略加考察。

批判学派的关注点就是"权力",即各种权力在传播过程中的角色、作用、机制、影响等。

美国传播学者迪茨(Stanley Deetz,1992、1995年)提出的"组织沟通批判"理论,颇有启迪意义,主要内容如下。①

(1) 传播模式的转型:传达-沟通。迪茨认为,要防止组织权力的滥用,必须变革传播模式,具体来说,传统的"信息传达"模式,以单向、线性、反馈缺失的特点,维护了高层专权控制的管理方式,为此,就需要代之以"意义沟通"模式,建构起一种双向、互动、有效对话的机制,才能改变组织垄断一切权力、损害员工乃至社会的局面,②向上下共同决策的管理方式转变。

迪茨把两种传播模式与两种管理方式交叉,形成四种决策模式(参见图8-4)。其中,上面的两个方格代表着利益相关者的声音被组织排除的决策形态,可称"管理控制"模式,包含策略(高层专权+单向传达)、"共识"(高层专权+双向沟通)两种类型,而下面的两个方格意

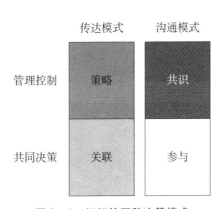

图 8-4 组织的四种决策模式

---

① [美]埃姆·格里芬:《初识传播学》,展江译,北京联合出版公司2016年,第257—271页。
② 例如,在环境污染方面,企业向员工和公众隐瞒使用有害物质的事实,结果造成员工或工厂所在地居民健康受损甚至危及生命的案例,层出不穷,触目惊心。详见[美]埃姆·格里芬:《初识传播学》,展江译,北京联合出版公司2016年版,第257—258页。

味着所有利益相关方得以进行开放式互动和对话的决策过程,可称"共同决策"模式,包含"关联"(上下协商+单向传达)、"参与"(上下协商+双向沟通)两种类型。

从合理性、进步性看,以上四种类型,表现为:策略→共识→关联→参与。这一决策模式,构成了迪茨理论的核心观点。

(2)控制手段的变化:策略-共识。在迪茨看来,不良组织的恶行,来自高层专权的理念和体制,如以下一段简洁话语表达的那样:

因为我是老板,

我说了算,

如果你不喜欢,就辞职,

我说什么就是什么。

不过,在管理实践中,这种以高压(包括隐瞒、欺骗、收买、打击报复、转移视线等)为特色的策略模式越来越行不通,故有些组织转而采用所谓的共识模式,即试图通过加强双向沟通,让员工自愿服从于隐性的控制。

迪茨指出,在这一过程中,绝大多数员工自愿地献出了忠诚,却几乎没有得到什么回报,他们积极地、无意识地实现他人的利益,并错误地认为是在实现自己的利益,结果成为使自己受害的同谋。换言之,沟通的本意在此被扭曲了,职场语言、信息、符号、仪式和故事等,都被管理者巧妙地控制起来,引导员工在无意识状态中认同组织的所作所为,从而与管理者加强控制的意图达成"共识"。

(3)改革前景的展望:关联-参与。迪茨认为,从共识到关联的转变是组织,尤其是企业民主化的重要一步,就是说,专权的管理者终于认识到,只有放下身段,与员工平等相待,变关门决策为人人都有机会发表意见的公开讨论,才能给组织带来发展的活力,激发创新的动力。

但这一"关联"模式的最大问题在于,虽然员工有了获知权、表达权,但并没有投票权,即他们可以就组织或企业的问题、决策,提出各种意见,包括表达不满、陈述期待、提交方案等,可是,所有这些声音往往并没有在最终决策中体现。如此,组织改革的初衷和努力也就付之东流了。

为此,迪茨寄希望于实现从关联向参与的关键一跃。他认为,"真正的民主化参与能塑造更优秀的公民,提供更多的社会选择,同时带来重大的经济利益。"那么,如何作为呢?

首先,在理念上,管理者必须具备长远的眼光、卓越的见识,认可此举的重要意义。

其次,在措施上,一方面,组织需要扩大有权影响决策的人员名单,即各方相关利益者都应列入,包括投资者、员工、消费者、供应商、业主、更大的社群等,既然他们受到决策的影响,则他们参与决策就是合理合法的题中应有之义;另一方面,组织——这里特指企业,可实施全员参股——迪茨称之为股东式民主,让每一位员工对公司事务发表意见,并分担或好或坏的财务结果,如此,企业就能进入最佳的运营状态。

从现状看,实现"参与"式管理或"股东"式民主的企业尚属少数,但有一个迹象是,采用这一模式的企业、组织日渐增多,这也是世界潮流和时代趋势的反映吧。

第三节 各个层面的组织传播研究

在我们把握了组织传播研究的各个主要学派及其理论概要之后,本节就这些理论在几个比较重要的实践层面之应用与延伸,略加观察。

一、决策行为层面的研究

1. 决策过程研究

在组织管理和传播的诸多层面中,决策行为的重要性是显而易见的,管理学界的共识为:决策是组织管理过程的基础和核心活动。

所谓决策,即为了达到特定目标而在两个以上的可行方案中选择一个合理方案的分析与判断行为。换言之,它是达成目标的必经之路,也是决定成败的关键之器。就决策和传播的关系而言,两者显然密不可分,传播行为事实上构成了任何决策行为的基础。为此,管理学界和组织传播学界都十分重视,并投入了很多心力来探索这一层面的各种问题,其中,又以决策的过程、群体、参与研究较为集中。群体决策研究的成果已在上文(参见第七章,此为人际传播学与组织传播学共享理论的典型)介绍,这里仅考察决策过程和决策参与研究的内容。

何谓决策过程研究？简言之，就是对决策从开始到结束的整个经过和程序的总体认识。其大致脉络和主要成果概述如下。[①]

（1）理性决策模式。在早期的古典学派看来，人的行为是理性的，决策也不例外，一个标准的模式是：问题→概念→论证→评估→实施。举例来说，某管理团队要就购买一批新的电脑作出决策，首先，必须了解成员对电脑的需求，即提出问题；其次，建构对应问题的概念，即形成初步的解决方案，如购买何种价格、性能或品牌的电脑；再次，对初步方案进行论证，收集各种赞成和反对的意见；复次，对论证结果加以评估，仔细推敲，严格核算成本和效益，确定是否购买以及购买何种电脑；最后，实施评估阶段的决策。

乍看起来，这似乎是一种再理想不过的决策模式，其实并不尽然，在管理实践中，它往往走样。为此，有人提出了一些替代的思路。其中，影响最大的是两位美国管理学者西蒙和马奇（Simon & March, 1958、1960年）。

（2）有限理性决策模式。西蒙认为，人的理性是有限的，既受到主观认知（如人的言行并非总是完全符合逻辑）的限制，又受到实际条件（如时间和资源）的限制，因此，决策充其量只能是一个力争达到"满意"而非"最优"的过程。

西蒙以一个形象的比喻来说明这一道理：人们在草堆里找针，不是非要找到那根最尖的针不可，而是只要找到一根能缝补衣服的针即可。

在西蒙的"缝衣针"思考的启发下，马奇提出了一个"垃圾箱"模式，他与西蒙一样，认为决策行为不可能完全理性，它往往是一个将问题、办法、参与者、选择等堆砌在一起的过程——好比一个"垃圾箱"，当所有这些因素碰巧"合适"的时候，"决策"就产生了。如某管理者逛街，无意中被一款新的电脑吸引，而其恰好契合本单位员工对电脑换代升级的需求，一个决策就这样形成了，尽管并不那么理性，也不那么逻辑。

在此基础上，西蒙和马奇进一步提出了一个直觉决策模式。他们

[①] 教军章、刘双：《组织传播：洞悉管理的全新视野》，黑龙江人民出版社2000年版，第117—121页。另参见[美]凯瑟琳·米勒：《组织传播》（第二版），袁军、石丹、周积华、吴燕春译，华夏出版社2000年版，第153—157页。

指出,大量的组织决策是管理者的一种非理性、非逻辑性的直觉过程,他们常常在缺乏时间寻找信息和展开辩论的压力下,被迫迅速作出决策,但他们也并非全然没有依据,而是以过去类似背景下的经验为基础和参照的。

从传播角度看,这再次提示我们,人与人之间的信息交流活动,既有理性的一面,也有非理性的一面,复杂多变。

2. 决策参与研究

参与式、民主化管理对组织存续的重要意义和价值日益凸显,对决策行为来说也不例外。①

(1) 决策参与的作用。最早对此进行专门研究的是两位美国管理学者科奇、弗伦奇(Coch & french),他们从1948年起一直致力于寻找影响组织成员接受决策的因素,结果发现,如果吸收成员参与决策,能降低他们对于因决策带来变化的抗拒程度,更主动、自觉地执行决策。自那时以来,许多学者对此课题加以关注,展开了各个角度的研究,概括起来,成员参与对组织决策的作用或影响,主要体现在以下两个方面。

一是满足需求。特别是能比较充分地满足组织成员的高层次需求,使之感到被重视,增强自信心和责任感,意识到自己的价值,并把组织命运和自身发展联系起来,获得较大的精神满足,从而增加对工作的满意度,有利于提高效率。

二是激发智慧。参与决策还能更加充分地发挥员工的聪明才智,提高决策的正确程度,减少决策执行的阻力。由于员工长期在一线工作,因此,尽管他们对工作中问题的认识未必都深刻,但大多直观而准确,在此基础上形成的决策,往往更有针对性、可操作性。同时,由于决策吸纳了员工的意见,落实过程也就更加顺畅。

(2) 决策参与的模式

米勒等人(1986年)总结了决策参与的两种模式。

① 情感模式。这一模式基于人际关系理论,反映了决策参与的"满足需求"作用(参见图8-5)。其要点是,认为决策参与是满足组织

---

① [美]凯瑟琳·米勒:《组织传播》(第二版),袁军、石丹、周积华、吴燕春译,华夏出版社2000年版,第161—165页。另参见教军章、刘双:《组织传播:洞悉管理的全新视野》,黑龙江人民出版社2000年版,第127—131页。

成员的高层次需求的手段,突出了人的精神需求对决策效果的影响,如果用形象的话来说,就是"快乐的人是高效的人"。无疑,这一模式有其合理成分,但需要注意的是,不宜过于夸大情感的作用。

图 8-5　决策参与的情感模式

② 认知模式。与情感模式相对,这一模式则基于人力资源理论,强调了决策参与的"激发智慧"作用(参见图 8-6)。其要点是,认为决策参与有助于信息的上下流动,而上行传播渠道尤具特殊意义,因其让管理者获得更多来自基层和一线的有价值的信息,一旦决策拥有大量的一手材料并可以保证落实,工作效率自然就提高了。这样一来,工作的满意度就成了决策参与的副产品,而组织成员的更大收获是工作的胜任度和充实感,如果用形象的话来说,就是"忙碌的人是快乐的人"。

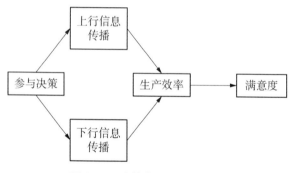

图 8-6　决策参与的认知模式

综上,人们对决策参与的作用和模式之认识,越来越全面、科学,同时也越来越具有人文关怀。从全球范围看,参与式管理的意义被提升到组织民主化的高度,其价值和影响并不限于组织内部,而是扩展到了组织外部。概而言之,在所有利益相关者之间通过良性的互动而实行分享式的决策,已成大势所趋。

二、冲突管理层面的研究

1. 组织冲突的界定

在任何组织中,冲突都是不可避免、必然发生的现象,它既有破坏性,又有建设性。通过传播,组织成员能以积极或消极的方式产生或消解冲突,可见传播之于冲突的重要性——冲突究竟是成为破坏关系、瓦解组织的元凶,还是成为变革和发展的动力,往往取决于传播的运作和效用。①

所谓冲突,可界定为"持有对立目标与价值观的相互依赖的人们之间的互动"(帕特南、普尔,1987年)。显然,这里有三个关键词:对立(不对立就不会有冲突)、相互依赖(即使对立,但如果不接触、不联系,也不会有冲突)、互动(究其实质,冲突是一种特定的传播,没有传播也就没有冲突)。

2. 组织冲突的种类和阶段

组织冲突随处可见,既可发生在个体之间,以及个体与团体(部门)或整个组织之间,也可发生在一个组织内的各个团体(部门)之间,当然,也时常发生于组织与组织之间。

冲突的整个过程一般经历五个阶段。

(1) 潜伏期。冲突条件逐渐具备,即冲突双方在交往中,基于各自利益、目标和价值观的不同,导致分歧出现,为冲突的发生提供了基础条件。

(2) 察觉期。双方意识到在利益、目标和价值观等方面存在不一致,或对立与相互依赖并存,但未认真对待,或不愿公开承认。

(3) 感受期。由于不一致或对立,使双方感受到紧张或焦虑,人们开始正视冲突的存在,并通过各种传播方式和手段与对方交流,试图查找原因、解决问题。

(4) 显现期。冲突全面公开化,人们开始运用各种针对冲突的方法和策略,往往以实际行动破坏对方实现目标的计划,并导致紧张期和

---

① [美]凯瑟琳·米勒:《组织传播》(第二版),袁军、石丹、周积华、吴燕春译,华夏出版社2000年版,第171—184页。另参见教军章、刘双:《组织传播:洞悉管理的全新视野》,黑龙江人民出版社2000年版,第135—149页。

缓和期的交替。

（5）后果期。冲突以某种方式平息，可能是压制，也可能是妥协，可能是有胜有负，也可能是双赢或双输。总之，无论如何，冲突后果都将对双方的关系及其各自的角色、地位等产生大小不一的短期和长期的影响。

3. 冲突管理的模式

如何有效管理，亦即应对、处理组织冲突？许多学者就此展开了研究，其中，美国管理学者托马斯（Thomas）的冲突管理方格模式，是一个较有代表性的成果（参见图8－7）。

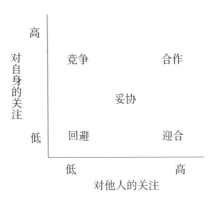

图8－7 冲突管理的方格模式

托马斯参照上述（本章第二节）布莱克、莫顿的管理方格理论，在此引入了人际关系的情境，将之与冲突管理思路交叉，从而得出冲突管理方式的五种类型（参见图8－7），颇有参考意义。

举例来说，作为一家企业员工的王帅，得到老板指示：公司争取到一个新的客户，需要王帅和李超在周末花费一定的时间加班，以起草准备提交的操作方案。如此，王帅就必须在以下选项中作出一个抉择：一是回避，王帅觉得此事难办，就索性不联系李超，显然，这对两人的需求和利益都未顾及，后果一定不佳；二是迎合，王帅估计李超不愿加班，主动提出由自己来完成，这就牺牲了自我；三是竞争，当然，王帅也可以反过来坚持要李超加班，而自己休息；四是妥协，如果两不相让，这不失为一条可行的路径，如两人在周末各花费一半时间来完成任务；五是合作，这是对双方更为有利的"双赢"策略，如两人经过协商，决定利用各自周四和周五晚上的一段时间来达成目标,这样谁都不用周末加班了,可谓皆大欢喜。

由此可见,从回避到合作的多种冲突管理策略中,合作显然是上上之策,而传播在其中起到了不可或缺的重要作用。

当然,该模式并非完美无缺,最大的问题是,把这一过程处理得太简单了,人际关系的视角固然重要,但除此之外,诸如个体特性、组织特性、事件特质、社会环境等变量,都可能有一定的影响。可见,这一课题的研究还有很大的拓展空间。

4. 冲突管理的沟通艺术

那么,在冲突管理中,究竟如何通过传播,实现合作的理想目标呢?

在帕特南、普尔(1987年)看来,最重要、最有效的沟通艺术或技巧就是:协商。其要旨为:强调双方互相交换建议、方案,以此作为基础,在竞争-合作的框架里,最终共同解决问题。

这一协商方式具有几个特点:首先,它是一种正式的谈判或交涉行为。其重要标志是,冲突各方明确地认识并遵守协商的规则,如"相互退让"就是常见的规则之一,即一方作出让步,则另一方也应作出相应的让步;其次,冲突各方总要有个体作为代表出面来展开协商,为此,这些代表的综合素质、沟通能力如何,对协商的结果势必有很大影响;最后,因其符合人性、好处甚多,在当今社会,协商已是团体、组织之间应对冲突之际最为常用的沟通技巧,如企业中的劳资纠纷一般都是通过协商来解决的。

当然,在协商的实践中,又有很多具体的方法和路径,效果不一。概括地说,协商可分为两大类:分配式协商和整合式协商。帕特南、普尔(1987年)指出,它们在目标、问题、沟通过程和结果等方面,都有所不同(参见表8-6)。显而易见的是,整合式协商优于分配式协商,但同样需要注意,实践是丰富、多变的,对理论的运用务必灵活、机动,因地、因时、因人制宜。

表8-6 分配式协商和整合式协商的比较

	分配式协商	整合式协商
目标	个人利益最大化	各方利益最大化
问题	议题集中:分配有限资源	议题多样、立场不一
结果	一方妥协、非输即赢、零和博弈(一方得则另一方失)	各方妥协、双赢或多赢、创造性地解决问题
沟通	打探对方信息、封锁己方信息、欺骗、泄露	信息共享、准确表达己方的需求和目的

三、媒介技术层面的研究

回顾近一百多年来,受惠于技术革新,工作场所中的传播方式发生了巨大的变化!

仅就一份简单文书而言,其生产方式,从手写到打字再到电脑文字处理;其备份制作,由手抄、复写纸到高速复印机;其存储手段,从箱盒、文件柜到软盘、光盘、云端;其远距离输送技术,从邮差、电报、电话到电子邮件、社交媒体;其集体讨论方式,从实体的会议室、电话会议、电视会议到网络会议;其发言手段,也从文字、图表到幻灯机、投影仪;其决策模式,则由单一的会议讨论到数字化的电脑决策辅助系统,等等。

对组织而言,传播或媒介技术是一个不可忽视的重要层面,这里就其使用动机和效果,作一考察。①

1. 媒介使用的动机

在组织的日常活动中,传播技术的更新换代是一个渐进的过程,有的快,有的慢,有的领先,有的落后,但总的来说,新旧交替是大势所趋。那么,究竟是哪些因素使得组织及其成员选择了新的技术而舍弃了旧的技术? 对此,学界提出了以下几种理论和模式。

(1) 媒介丰裕度理论。也称媒介丰富度理论。这一理论的创建人是美国传播学者达夫特、伦格尔(Daft & Lengel,1984、1986 年),他们以此为理论框架来解释组织成员何以选择某些媒介。例如,某经理要完成召开一个会议的任务,其应该选择哪个或哪些媒介来传递会议信息呢? 面对面传播、电话、海报、电子邮件,还是网站公告、社交媒体? 又如,他面对一个要调解两名员工之间冲突的任务,又应该如何选择沟通的媒介呢?

为了解决这一问题,他们认为,必须考虑两个维度的因素。

一是任务的歧义性。指人们对任何任务的理解都有程度不同的歧义,如有关开会的通知,歧义性比较小,人们通常不大可能对一个简单的会议通知产生多种理解,而有关两人争端的调解,歧义性就比较大了,"公说公有理,婆说婆有理"。

---

① [美]凯瑟琳·米勒:《组织传播》(第二版),袁军、石丹、周积华、吴燕春译,华夏出版社 2000 年版,第 247—260 页。

二是媒介的丰裕度。指各种媒介技术或渠道的传播能力,在如下四个方面存在差异:获得及时反馈的能力、使用多种提示信息的能力、使用自然语言的能力、关注个体的能力。所有媒介都可以用这四个标准来衡量、评估。

据此,处于丰裕度最高一端的是面对面的交流,最符合以上四个要求;处于丰裕度最低一端的是非个人化的静态媒介,如海报、公告、电子报表等;而"丰裕度"居于其间的媒介(从高到低)有:社交媒体、电话、电子邮件、信函等。

如何结合这两个维度呢?合乎逻辑的结论是:任务的歧义性越高,则媒介的丰裕度理当越高,反之亦然。也就是说,如果是发布会议通知(任务歧义性低),海报或公告(媒介丰裕度低)就足够了;但如果是调解纠纷(任务歧义性高),就应考虑面对面交流(媒介丰裕度高)了。

(2)媒介双重能力模式。由于后续研究发现,媒介丰裕度理论不能完全解释组织传播实践中的有些问题,故有学者对之加以补充、修正,西特金(Sitkin)等人(1992年)提出了一个媒介双重能力模式。

他们指出,任何媒介事实上都有两种传播能力,一是传递信息(数据、资料等),二是传递意义,包括组织的价值观及各种思想(可参见本章第二节"文化学派"的有关内容)、实际信息之外的信息或象征,即所谓的言外之意、弦外之音等(可参见第五章第二节、第三节的有关内容)——正是这一能力,被媒介丰裕度理论忽略了。

为此,在运用媒介丰裕度理论的时候,就需要兼顾媒介的两种能力。如上文所述,通知开会固然简单,一般来说,使用公告或海报足矣,但如果加入文化考量,如某组织特别重视亲和力,则管理者就有可能亲自到下属的工作场所发布口头通知。

(3)社会信息处理模式。同样,基于对媒介丰裕度理论缺陷的关注,美国组织传播学者福尔克(也译弗尔克,Fulk)等人(1990年)提出了一个社会信息处理模式。

他们认为,媒介丰裕度理论的一大不足是忽视了环境因素。一方面,来自社会的各种信息有可能影响媒介的特征和任务的要求,另一方面,人际互动也有可能影响人们对媒介的态度和行为。举例来说,某公司为了提高日常工作效率,引进了电子邮件的传播方式,根据媒介丰裕度理论的观点,中等的任务歧义性+中等的媒介丰裕度,两者具有很好的匹配度,但某员工听别人说,电子邮件如何如何不好,其中包括有使用电子邮件不愉快经历的某同事,这就影响了其对媒介特性的认识,导致了其对电子邮件采取抗拒的态度。

这一理论主张,媒介使用行为受到四个方面的综合作用(参见图8-8),分别是任务和媒介的客观性质、以往的知识和经验、个体差异、社会信息。

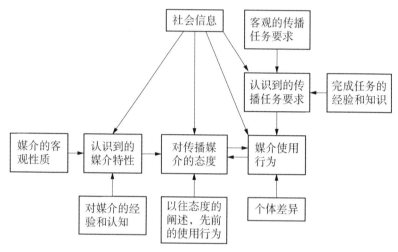

图8-8 媒介使用的社会信息处理模式

如此,就延伸和发展了媒介丰裕度理论,使之成为一种更加完善的组织媒介使用理论。

2. 媒介使用的效果

对媒介的使用,究竟给用户——组织及其成员——带来了怎样的变化? 具体而言,变化主要体现在以下三个方面。[①]

(1) 传播内容。面对面交流是丰裕度最高的媒介,其他媒介都会程度不一地降低丰裕度,即"过滤"掉一些信息。如电子邮件传播的内容中,就欠缺声音和非语言信息。那么,这一状况,对传播效果有何影响呢?

一种合乎逻辑的推测是,电子邮件等传播技术或许会抑制情感性

---

① [美]凯瑟琳·米勒:《组织传播》(第二版),袁军、石丹、周积华、吴燕春译,华夏出版社2000年版,第255—258页。

内容的表达,但不少研究显示,事实并非完全如此。由于电子媒介具有匿名性和远距离传输的特性,减少了对社会情感性内容的限制,弱化了"把关人"的管治,反而增强了情感性的表达(如谩骂、讥讽等发泄性的信息)。当然,这更多见诸微博、微信等社交媒体,而在组织内部使用的电子邮件中,仍以任务性、工具性信息为主。

值得一提的是,在当下中国,以微信为代表的社交媒体,因其具有突出的快捷、方便的优点,已被各种组织普遍用来作为沟通渠道,不仅适合传达任务性信息,也适合交流情感性信息,特别是表情包、红包等象征性符号,成为增进组织成员向心力的有力手段。

(2) 传播方式。关于媒介技术对传播方式的影响,迄今为止有以下一些研究发现。

第一,新技术的应用未必取代旧技术。新技术与旧技术的关系有可能是补充和加强,从而导致总传播量的增大。如视频会议方式,并未完全取代传统的面对面会议方式,当然,在全球爆发新冠疫情的特定情境下,线上方式一时占据了主导地位,但长远地看,人们终究还是离不开面对面的线下交流。

第二,信息量的增大带来传受者的焦虑。当人们被越来越多的海量、庞杂的信息淹没,焦虑情绪油然而生。仅以电子邮件为例,面对日益增多的垃圾邮件,如何提高从员工到管理者、从制度安排到电脑系统的处理技巧和工作效率,就成为一个需要思考、解决的课题。

第三,新技术的使用或可促进关系的平等化。有人发现,由于电子媒介在组织中的使用,自下而上的传播明显增加了;有人指出,新技术的引入,提高了相关专业技术人员的地位;还有人发现,团体中的互动也因此变得更加平等了。当然,对这样的结论需保持审慎态度,以免陷入技术决定论的误区。

(3) 组织结构。新技术的远距离、非同步之功能,改变了组织对工作时间和场所的安排。根据工作的时间和地点因素,可区分为四种工作方式。

一是集中办公,这是最为传统的方式,即所有员工在相同的时间、相同的地点工作;

二是远程办公,指员工在相同的时间、不同的地点工作,对比传统方式,变化出现了;

三是弹性办公,指员工在不同的时间、相同的地点工作,变化又进

了一步;

四是虚拟办公,即员工在不同的时间、不同的地点协同工作,这是变化最大的方式。

对此现象有两种意见,乐观派认为,这同时提高了组织的工作效率和员工的生活质量,由于电子技术分担了日常性的事务,员工被解放出来,就可以面向更具有挑战性的工作,长远地看,还能提供更多的就业机会;悲观派则认为,自动化技术导致失业、员工低能化(因降低了对员工技能的要求),并产生了各种生理、心理问题以及对工作环境管控加严等负面效应。

孰是孰非,难以一概而论。可以确定的是,技术与社会、传播与组织的互动研究,任重道远。

四、对外传播层面的研究

所谓对外传播,即组织外传播(也称外部传播),与组织内传播(也称内部传播)相对,指一个组织与其他组织乃至更大的社会环境之间的信息交流活动。

以下简述对外传播的特点,包括其环境、功能和组织边界沟通者。[①]

1. 对外传播的环境

一般认为,组织所处的环境,不外有经济环境、技术环境、政治环境、文化环境等,但这种分类失之宽泛,故美国传播学者格鲁尼格、亨特(Grunig & Hunt, 1984 年)提出了一种更加具体的分类,他们把组织环境的各种部门(部分)分为四类。

(1)授权型。负责组织的职权分配,并管理其运作,可谓"大权在握"者,如政府、管理机构、审查及颁发许可证件的机构。以一所学校为例,其授权型环境包括教育部、税务局、考试院等。

(2)功能型。这是数量最多的部分,包括所有与组织有输入、输出关系的个人和机构,如供应方、职业中介机构、顾客、雇员、财政机构。对学校而言,其功能型环境包括学生、教师、职员、餐饮公司、保洁公司、

---

① [美]凯瑟琳·米勒:《组织传播》(第二版),袁军、石丹、周积华、吴燕春译,华夏出版社 2000 年版,第 230—246 页。

教具厂家等。

（3）规范型。指同业、同行团体，即为组织确立规范，并代表与组织相似利益的公众，如贸易协会、行业组织、竞争方。对学校而言，其规范型环境包括教育工会、教师协会、学术团体、其他学校等。

（4）普通型。指除以上部门外有可能与组织发生联系的部分，如社区、媒介机构、一般公众。如学校所在的当地社区，就属于普通型环境。

一旦确定了外部环境的各个部分，就可对其作出描述。例如，就总体状况而言，是和谐平稳还是动荡不安？就各自属性而言，是支持性的力量还是敌对性的力量？一个组织只有对环境的特点和趋势有了全面、深刻的认识和理解，才有可能制定相应的、正确的战略和策略。

2. 对外传播的功能

（1）协调组织之间的关系。不言而喻，任何组织要在错综复杂的环境中存续，都必须与其他组织建立联系，发展和维持相互之间的各种关系，针对这一课题，美国管理学者林和范·德·维恩（Ring & van de Ven，1994年）提出了一个组织合作关系模式（参见图8-9），认为组织

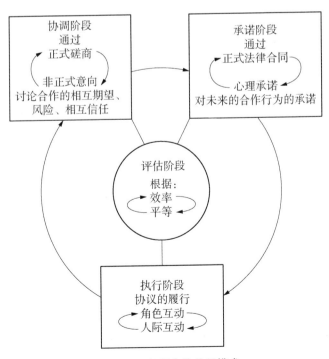

图8-9 组织合作关系模式

之间的合作有四个阶段。

一是协调阶段。在此阶段,各方形成对组织之间合作前景的期望,展开正式和非正式的协商、交流,试图敲定合作的可行性、各方的角色以及可信度等问题。

二是承诺阶段。各方对合作关系中的义务和规则达成一致,包括法律层面的合同文本,心理层面的认可、期待和承诺等。

三是执行阶段。各方履行协议约定的内容。

四是评估阶段。在整个过程中,合作关系的质量都可以从两个方面来加以评估:目标达成的工作效率如何?合作各方的地位平等与否?

(2) 创立和维护组织的形象。与个人一样,组织为了更好地生存和发展,也需要建立并积极维护自己的形象,以利于实现其短期与长期目标。一方面,良好的形象可以直接获得各种回报,如学校可望招到更多的优秀学生,聘来更多的杰出师资;另一方面,公众的青睐还有可能推动政府出台更加有利的行业政策。需要指出的是,公众形象的建构不完全取决于组织的"有意传播",在很大程度上,也取决于"无意传播",不可不察。

当危机发生之际,组织形象的维护工作变得更加至关重要,如果处理得好,组织不仅可安然过关,而且在认真汲取教训的基础上,还可获得更好的发展,如果处理得不好,组织就有可能从此走向衰落了。

(3) 为顾客/用户提供服务。由于服务型经济、服务型时代的到来,日趋激烈的市场竞争迫使越来越多的企业不再停留在只考虑如何生产商品的状态,而转向同时提供商品和服务的目标,这一道理也适用于政府、学校、医院等公共机构,如此一来,为顾客、用户提供优质服务,就成为对外传播的一大职责。

3. 对外传播中的边界沟通者

既然对外传播的对象是其他组织和更大的社会环境,则必然产生一个问题:谁来充当组织与外部的联系人呢?这就是美国管理学者亚当斯(Adams, 1976、1980年)所说的"边界沟通者"——与外部环境进行交流活动的组织成员。

虽然各种组织的任务、目标不同,对"边界沟通者"的要求也各异,但总的来说,这支队伍的人数可观,包括推销、采购、公共关系、市场营销和广告以及招聘、游说等人员,他们负责与外部环境互动,促进组织与外部环境之间的信息和资源交换。

（1）处理输入输出。这是一种基础性的边界沟通活动,即由环境中获取输入,经过组织处理后,再向外部环境输出。这里说的交流或交换,并不限于信息,还包括物质、能量以及人本身,如面包店要购买原材料(面粉、糖、烘烤器具),然后将其加工为面包,再销售给大众;同样,学校要准备师资和教学设施,招收学生,然后将其培养为专业人才,再提供给用人单位。在此过程中,作为边界沟通者的责任重大,其要充分了解组织和外部环境的需求,一旦这些需求之间发生冲突,边界沟通者就将面对更大的挑战和考验。

（2）过滤输入输出。这有点类似"把关人"的职责,但外延更大,从信息扩展到物质、能量和人。就输入而言,如面包店购买的原材料数量、质量是否合适?学校招收的学生基础是否扎实?品行是否优良?同理,出炉的面包、毕业的学生,也都必须经过检验即"过滤"环节。可见,边界沟通者在此的责任也是重大的。

在这一过程中,有两种常见的失误:一是错误的肯定,如购入了残次的原材料,或准许不合格的学生毕业;二是错误的否定,如不放行合格的面包,或不让优秀的学生毕业。

无疑,这两种失误都会给组织带来损害,因此,无论组织还是边界沟通者,对此都需要高度重视。

（3）查询和收集信息。为了存续,一切组织都需要充足的信息,对边界沟通者来说,有两大任务:一是提供日常运作信息,即对于组织日常决策不可或缺的数据和资料,如面包店顾客的反馈、同行的动向等;二是关注预警事件信息,即那些可能发生、且一旦发生就会对组织产生消极影响的突发事件之迹象,如师生的不满情绪、校舍的安全隐患问题等。

（4）代表组织。这与上述对外传播功能中的形象建立和维护相关,边界沟通者的重要职责之一就是,建构、维护组织的形象,典型如公共关系、广告和推销人员。不过,所有组织成员,从高层管理人员到每一位普通员工,都可以自觉或不自觉地、正面或负面地影响组织形象。

（5）保护组织。任何组织都需要一种保护机制,使其核心部分不受冲击,这一缓冲的功能,主要由边界沟通者来承担,如警卫、秘书、新闻发言人、公共关系人员等,尤其在组织遭遇危机时,这些人员就代表组织来承受外界的压力。

作为一门新兴学科的组织传播学,内容十分丰富,给我们以诸多启发,受到篇幅限制,还有一些内容,如同化(社会化)过程、行为控制、压力和社会支持、多元化管理等未能展开,但不管怎样,本章展示了一个主要的脉络和大体的框架,在此基础上,有兴趣者可进一步探索其中更多的奥秘和规律。

第九章

大众传播的理论和实践

第一节 大众传播概述

一、大众传播的特点

1. 何谓大众传播

大众传播的概念最早出现于19世纪30年代的美国,以纽约《太阳报》为标志的大众报纸的诞生,宣告人类进入了大众传播的时代。之后,随着广播、电视以及互联网等媒介的相继出现,大众传播成为了全球的普遍现象,不仅渗透到人们的日常生活中,而且推动了社会制度和文化环境的变迁。

何谓大众传播?传统的定义为:职业化的传播机构利用机械化、电子化的技术手段向不特定多数人传送信息的行为或过程。其中,传者、信息、媒介和受众这四个要素,与其他(人际、组织)传播现象都很不相同。

需要强调的是,随着互联网技术的发展,以上定义已不完全符合现实——生活在当代社会的任何个人,也可以通过互联网向不特定多数人传递信息了,如此,大众传播的内涵和外延就必须加以修正、补充和发展了。

为此,这里将大众传播分为传统的大众传播和网络的大众传播两种类型,分述如下。①

2. 传统大众传播的特点

美国社会学者赖特(Wright)1959 年曾考察大众传播的三个层面(也可理解为要素),即受众性质、传播实践性质、传者性质,由此将大众传播不同于其他传播的主要特征概括为三点。

(1) 受众的性质。为数众多、异质、匿名。

(2) 传播实践的性质。信息公开而迅速,不耐久,往往稍纵即逝。

(3) 传者的性质。一般是复杂的组织机构。

而大众传播的过程也有以下三个特征。

(1) 公共性。讯息并不传送给特定的某一个人。

(2) 迅捷性。讯息及时传播。

(3) 短暂性/瞬态性。讯息往往被立即消费,并不会一再重复出现(尽管可以把信息保存在录像磁带、图书馆或报纸资料中,以备日后之用)。

总之,传统大众传播的特点是十分鲜明的。其主要优点是:传播范围广、传播速度快、传播信息数量多、传播信息质量好;其主要缺点则是:反馈不及时、不直接、不充分,互动性弱,传受关系不平等。

3. 网络大众传播的特点

网络传播的出现和发展拓宽了传播的广度和深度,既可以是面对面传播,又可以是点对点传播。面对多个用户时,网络传播属于大众传播,而相对独立的用户之间的交流,又属于点对点的人际传播。换言之,网络传播融合了大众传播(单向)和人际传播(双向)的特点,形成了一种新的传播结构。与传统大众传播相比,网络大众传播有以下一些特点。②

(1) 受众选择的多样化。受众作为一个集合名词,在大众传播出现后,成为大众传播机构服务对象的总称。在传统的大众传播过程中,受众被动地接受信息,尽管也有反馈,但这种反馈和传者大规模发出的信息相比,微不足道。而且,在长期的单向传播模式下,受众习惯了沉默视听、被动接受。

在网络空间中,受众的个性化需求得到前所未有的释放和满足,在

---

① 张国良:《传播学概论》,外语与教学研究出版社 2003 年版,第 174—175 页。
② 参见匡文波:《网络传播学概论》,高等教育出版社 2009 年版。

接受信息的同时,也可以发表评论、发布信息。众多的网络站点为受众提供了空前丰富、多样的选择,其接受行为越来越分散,对媒体的使用越来越主动、成熟,于是,大众传播时代被视为整齐划一的受众分流到四通八达的网络空间,成为个性化的网民。

(2) 传者角色的多元化。传统意义上的大众传播的传者——媒介组织,体现为某个组织、机构或国家的代言人。由于技术、经济以及政治的原因,传统的大众媒介难以被个人拥有。然而,网络媒介一举打破了这一限制。无论是就理论还是实践而言,任何一台连网的终端,都可以成为信息的传者。随着新技术的发展,无数的个人网站、主页、微博、微信等都可以成为信息来源,从而使得传播主体呈现出多元化的特征。

(3) 传播手段的兼容化。传统的大众媒介传播手段单一、有限,如报纸通过纸质媒介利用文字和图片传递新闻,广播以声音发送信息,电视借助声像播放节目。而网络兼容了文字、图片、声音、动画、影像等多种传播手段,用以保存信息、表现信息、发送信息。网络传播的这一多媒体、全媒体特点,最大限度地实现了各种传播形式的"兼容并包",丰富了信息交流的手段。

(4) 传播速度的瞬时化。报纸通过纸质媒介传递信息,其速度受制于交通手段和零售环节;广播电视采用无线电磁信号技术,其传输受到信号覆盖范围的限制;而网络信息以光纤通讯线路为载体,其速度为每秒30万公里,瞬间可到达全球任何地方。与传统大众传播相比,网络大众传播的速度更快,在诸如伦敦地铁爆炸案、印度洋海啸、汶川地震等重大事件发生时,网络都成为了信息发布的第一渠道。

(5) 舆论影响的主流化。在中国当下,网络大众传播对社会生活的一个突出影响就是,网络舆论的冲击力日益彰显,在实施舆论监督、推动社会问题的解决以及促进中国政治民主化进程等方面,发挥了重要的作用。

与传统的大众传播舆论相比,网络舆论的覆盖面更广、速度更快,一个公共事件一经网络披露,公众即能对其做出快速反应。主流意见一旦形成,就呈现出不断强化之势,其价值导向往往影响更多的网民作出同样的价值判断,很难遏制和扭转,这是传统的大众传播舆论难以企及的。因此,网络的大众传播正在成为有效的舆论监督平台。

不过,网络大众传播在带来诸多正面影响的同时,也有一些负面问题,需要各界正视并合力加以解决。

第一,信息良莠不齐。网络的开放性,以及进入门槛较低、审查制度不严、监管机制缺失等因素,造成网络信息泛滥甚至成灾,内容良莠不齐、泥沙俱下。

第二,网络暴力肆虐。人们通过网络可以宣泄自己的压力和不满,同时也容易产生污蔑、辱骂、人身攻击等不良行径。相比现实的传播,网络空间的传播更容易激发、强化非理性的情绪。一旦这种情绪在网民中蔓延,就有可能升级成为网络暴力行为,从而危害社会。

第三,责任意识淡薄。在网络中,网民的身份和地位都是平等的,没有权威,没有主导,也不存在对人们言行具有普遍约束力的规范体系。这容易导致人们的道德意识减弱、责任意识淡薄。一旦这种意识和行为折射到现实社会生活中,将导致主流意识形态的消解和核心价值观念的弱化,不利于社会的发展和稳定。

二、大众传播研究的特点

传播学的诞生始于20世纪20年代兴起、40年代成形的大众传播学,至60年代又有人际传播学、组织传播学的加入,从而完成了传播学的整体版图。

本书的传播学之旅,从传播结构、学科沿革出发,到媒介技术、制度变迁,再到内容载体、交流主体,并分别考察了人际传播、组织传播之研究,至此接近尾声,也就是说,将以大众传播研究之勾勒,画上一个圆满的句号。

尽管前面的大多数内容都与大众传播有关,尤其是媒介技术、传播制度部分,大众传播的色彩更为浓厚,但仍有必要以一章的篇幅集中展示大众传播学界在传播效果研究领域的丰硕成果,唯有如此,才能完整地呈现其最为精彩的篇章。

这里,我们从研究角度,再次归纳一下大众传播学的特点。

1. 重视媒介与效果研究

不言而喻,大众传播现象纷繁复杂、领域众多,研究人员也兴趣广泛、各有偏好,但总的来说,媒介与效果是最受重视的两个环节,前者在第三章已有较多论述,后者将在本章展开。

2. 重视整合的效果研究

何谓整合?这里有两层意思:

第一,综合。由于大众传播是面向社会全体成员的信息交流活动,因此,在关注传播效果时,就没有理由特别偏向哪个或哪些环节、领域。一个方便的视角是,结合传播的四大功能来看,监测环境(报道)、协调关系(劝服)的效果固然重要,但传承文化(教育)、调节身心(娱乐)的效果也同样不能轻视。

大众传播的效果研究与人际传播、组织传播显著不同,人际传播偏重的是关系(以协调个人之间的关系为主)的效果,组织传播偏重的是运行(以协调个人与组织、组织与组织、组织与社会之间的关系为主)的效果,大众传播则兼容了各种效果,并探索它们之间的相互联系、相互影响,以及 1+1>2 的整体的效果。

第二,融合。由于大众传播是面向社会全体成员的信息交流活动,以综合保障、全面增强整个社会存续活力为目标,因此,其效果研究的题中应有之义就是促进社会各个成员之间的团结和融合,这可视为另一个意义上的整合效果。

就此而言,协调(社会全体成员之间的)关系也可以说是大众传播效果研究的一个特别重要的课题,但与人际传播、组织传播之效果研究不同的是,它并非被单独凸显出来,而是潜移默化地融入了其他(监测环境、传承文化、调节身心)效果之中,而它们之间又形成了一种融合。

以下,就让我们一起来了解大众传播学的重中之重——传播效果研究的历史沿革、发展脉络及其主要成果。①

第二节 从迷思到科学:早期研究

一、概念内涵与发展阶段

1. 概念内涵

何谓传播效果?一般指传者发出的讯息,通过一定的媒介到达受众之后,对受者的思想(包括认知、态度、情感等)与行为造成的影响。

---

① 张国良:《传播学概论》,外语与教学研究出版社 2003 年版,第 216—246 页。

需要指出,这一定义含有传者本位的意味,如果将之反转,以受者本位的目光看,则如前文(第六章)的"使用与满足"理论所表达,应理解为:受者通过一定的媒介收到传者的讯息之后,思想(包括认知、态度、情感等)与行为方面的需求得到的满足。对这两个定义,我们可采取兼容并包的态度。

英国传播学者麦奎尔认为,在讨论传播效果时,对这一概念的内涵,可从以下几个角度观察,有助于深化我们的认识和理解。[1]

首先,从外在形态看,有三个层次:一是媒介效果,指大众传播已产生的直接结果,而无论其是否符合传者的期望;二是媒介效能,指大众媒介达成有关预期目标的功能;三是媒介效力,指媒介在给定条件下可能发挥的潜在影响或可能产生的间接效应。

其次,从内在性质看,可区分为心理效果、文化效果、经济效果、政治效果等。

最后,从作用范围看,则包括对受众个体的影响、对群体(团体)及组织的影响、对社会机构的影响、对整个社会或整个文化的影响。

美国传播学者麦克劳(MacLeod,1991年)等人则对传播效果作了如下划分与评述。[2]

一是微观效果与宏观效果。在很长时间里,受众个体一直是效果研究最关注的对象。但近年来,传播学界也开始重视各种类型的社会系统(如家庭、社区、组织、社会乃至国际社会等)在宏观层面受到的媒介影响。同时,微观效果与宏观效果之间的跨层次研究也在探索之中。

二是改变效果与稳定效果。多数效果研究关注媒介对受众造成的变化,但实际上,效果研究当然也包括有关媒介强化受众固有立场或态度的研究。因此,传播学界既应当研究态度的变化,也应当研究态度的维持。

三是积累效果与非积累效果。积累性效果指多种讯息导致的长时间的积累性变化,非积累性效果则指接触单一讯息而产生的变化。

四是短期效果与长期效果。大多数实验性媒介效果研究针对的是受者接触了一种讯息后紧接的、即时的、相对短期的效果,另一些研究

---

[1] [英]麦奎尔:《大众传播理论》(第三版),潘邦顺译,台湾风云论坛出版社2000年版,第499页。

[2] 张国良:《20世纪传播学经典文本》,复旦大学出版社2003年版,第607—633页。

则考察受者接触媒介讯息后经过了一段时间而产生的效果,这种效果常常包含了其他因素(如人际讨论)的影响在内。

五是态度、认知与行为效果。传统的效果研究,主要围绕态度改变而展开,但近年来,认知与行为的效果研究也得到了加强。

2. 发展阶段

大众传播效果研究的发展过程可大致分为三个阶段。

(1) 强效果论(20世纪初至40年代)。早期的大众传播效果观来源于大众社会理论,认为大众传播媒介对每一个人都具有强大的效果,而且效果都是一样的。

(2) 弱效果论(20世纪40年代至60年代)。随着研究的积累,学界对此逐渐产生了疑问,提出了新的理论,认为大众传播媒介的效果是弱小的、有限的,受众是具有选择性的。

(3) 回归强效果论(20世纪60年代以来)。随着研究的进一步深入,过于偏重短期、直接效果的研究也遭到质疑,从而转向了对媒介间接、长期效果的研究。

在此过程中,大众传播效果理论的演变脉络为:枪弹(也称魔弹)论→有限效果论→多元效果论;或为:一致性效果论→选择性效果论→间接性效果论。

二、早期的思潮和研究

1. "枪弹论"思潮

早期的强效果论,或称"枪弹论""魔弹论""一致论"的思想基础,即前文(第六章)所述的"大众社会"理论。这一理论对所谓"大众社会"的描述是,由互相之间缺少联系的个体组成,多元分散、彼此疏离,人们的行为更多地依靠情感冲动而非理性,因而被美国社会学者理斯曼称为"孤独的人群"(1950年),被法国社会心理学者勒庞(Gustave Le Bon,1895年)称为"乌合之众"。

其与大众传播的联系在于,如果每个个体都具有相似的特征和情感,则大众媒介的效果必定强大,人们以相同的方式理解信息,并产生一致的反应。因此,由大众社会概念引出的大众传播效果,就是强大、直接而一致的。其要点可概括如下:

第一,媒介把信息传送给大众社会的成员,每一个成员感知的信息

几乎是一样的;

第二,这样的信息刺激,强烈地影响个体的情感和情绪;

第三,每个个体面对这种刺激,反应基本是一致的,也就是说,在思想和行动方面的反应都是一样的;

第四,每个个体都不再受社会控制,诸如共同的习俗和传统的约束,因而大众传播的效果是强大、有力、一致和直接的。

这就是被称为"枪弹论""魔弹论""一致论"的认识和思潮,在科学研究开始前一直是主导的效果观点。例如,在第一次世界大战期间,这一思潮盛行,报纸的报道极力使人们相信敌人是邪恶、残忍的,并确实引起了极大的恐惧。从方法角度看,"枪弹论"以思辨性的评论和讨论为主,几乎没有严格意义上的科学研究。

不过,在此期间,仍有两个重要的研究,对"枪弹论"形成了一定的挑战,即:"儿童与电影"研究、"火星人入侵的恐慌"研究。

2. "儿童与电影"研究

这一研究由美国的佩恩基金会资助,开始于20世纪20年代末,主要目标是研究电影对儿童的影响。其背景是,在20世纪20年代的短短10年里,电影作为一种新媒介席卷了美国社会,观看电影成为美国家庭最普遍的休闲活动。据统计,1929年的电影观众里,约有4 000万青少年,其中,14岁以下的儿童约有1 700万。而电影中充斥着大量的犯罪和性的内容,对传统观念造成了很大的冲击,尤其是家长十分担忧电影对儿童的影响。为此,人们纷纷指责电影的负面影响,报刊也发表相关文章,形成了批评电影的舆论。于是,社会科学界开始着手进行研究。

1928年,在佩恩基金会的支持下,一批心理学、社会学及教育学的专家,共同开展了13项专题研究,考察了电影对儿童各个方面的影响。从1929年到1932年,历时三年多,其研究成果最后集结为10册出版。这被认为是社会科学界第一次用科学的实证方法进行的大众传播效果研究。

这些研究大体可分为两类:一类分析电影的内容及观众的构成;一类研究电影的影响,包括生理、心理和情感方面的影响,并具体到观看电影对威权、婚姻、犯罪、健康、英雄崇拜、国际理解的影响,以及对这些影响的定性(正面、负面或中性)和归因(性别、年龄、智力以及个人气质等)的研究。

其中,一个重要的发现是,就电影的内容而言,这10年间1500部电影的主题,以表现犯罪、性、爱情为主,三者合计超过了总数的四分之三,也就是说,儿童处在这些"儿童不宜"内容的包围之中。

但有意思的是,另一个重要的发现则是,就媒介内容(在造成青少年犯罪、社会偏见、暴力和性刺激等方面)的消极影响而言,却难以证明其具有显著的效果,从而给"枪弹论"打上了一个很大的问号。

3. "火星人入侵"恐慌研究

1938年10月30日,美国哥伦比亚广播公司报道了一则惊人消息:有不明飞行物降临美国新泽西州,一群形象丑陋、手持喷火器和毒瓦斯的火星人正在展开对地球的攻击。这一消息立刻引起了整个美国的一片恐慌。

实际上,这只是该公司根据英国科幻小说《星球大战》改编的广播剧《火星人入侵地球》中的片段。但是,由于剧中使用了逼真的音响效果,使600万听众中的170万人信以为真,其中的120万人受到惊吓,祈祷、躲藏、哭喊、四处逃散。他们蜂拥到大街上逃生,有很多人用湿毛巾捂住口鼻,也有一些勇敢者拿起武器,准备抵抗入侵者。

尽管此广播剧的主播在播出前发布了一段声明"本剧改编自19世纪英国作家威尔斯的同名科幻小说"云云,但广播"转瞬即逝"的特点,使很多听众对此未加注意。推波助澜的是,主播为了加强广播剧的效果,引入了新闻报道的手法,如记者在事发现场向听众绘声绘色地大喊:"太可怕了,这是世界上最可怕的一场灾难,噢,天哪!"

美国普林斯顿大学广播研究中心在这次恐慌事件后,迅速成立了一个研究小组,心理学者坎特里尔(Cantril)等人,以问卷调查、个人访谈、对报纸报道进行内容分析等方法,写成了《火星人入侵》一书(1940年)。其研究目标是,探索是怎样的心理状况和社会形势导致了人们相信广播剧是真实的,并了解人们的感觉和反应。为此,提出了三个问题:这次恐慌的程度如何?为何偏偏是这次广播(而非以往的广播)惊吓了人们?为何有人害怕而有人相反?

他们得到了一些答案:其一,评判能力的不同,导致人们对广播的反应不同;其二,其他一些个人因素也有重要作用(如不安全感、恐惧倾向、缺乏自信以及宿命观);其三,社会群体归属的不同也是重要因素,如家庭、教育、社会关系都影响人们的理解、判断和应对行为。另外,当时正值整个人类笼罩在第二次世界大战的阴霾之中,这也是一个重要的时代背景。

总之,这一研究既发现了可以印证"枪弹论"的事实——多达百万之众陷入恐慌,又提出了足以挑战"枪弹论"的证据——个人差异、社会关系等因素导致了媒介影响不一的状况。在此,"选择论"已显端倪,从而为否定"一致论"、迎接有限效果论阶段的到来开辟了一条通路。

4. "选择论"的出现及其意义

20世纪50年代以来,一种新的受众研究视角即"选择性接受"理论逐步形成。从效果角度看,这同时构成了一种新的效果研究视角或知识框架,即"选择性影响"理论,简称"选择论"。它们好比一枚硬币的正反两面,相辅相成。

由于第六章对此已有较为详细的论述,故不再过多展开,这里仅将构成这一"选择论"框架的三个主要理论即"个人差异论""社会类型论""社会关系论"的基本观点概括如下。

(1) 个人差异论。主要观点有:媒介把信息传送给社会各个成员,人们有选择地接收、理解这些信息;这种选择性的基础,在于社会各个成员不同的认知结构;认知结构的不同,则源于每一个体通过社会学习之后,拥有了各自的信仰、态度、价值观;这种选择性的认知影响到选择性的理解、记忆和反应。因此,媒介效果既不是一致、强大的,也不是直接的,而是有选择性的,受制于个体心理反应的差异。

(2) 社会类型论。主要观点是:媒介把信息传送给社会各个成员,他们有选择地接收和理解这些信息;在分化的社会结构中,个人地位的不同是选择性产生的重要基础,社会结构由不同社会类型的人群组成,社会类型由诸如年龄、性别、收入、教育、职业发展等因素决定;同一类型的人对媒介信息的反应基本相似;因此,媒介效果既不是一致、强大的,也不是直接的,而是有选择性的,受制于社会类型的差异。

(3) 社会关系论。主要观点是:媒介把信息传递给社会各个成员,他们有选择地接收和理解这些信息;选择性的产生是由于个人受到与之有社会关系的人的影响;家庭、朋友、熟人及其他人,都会影响个人的大众媒介接触行为;选择性的注意和反应模式,反映了个体的社会关系状况;因此,媒介效果既不是一致、强大的,也不是直接的,而是在很大程度上受制于个人的社会关系。

以心理学、社会学的理论和方法对受众展开的一系列扎实的研究,得出了一批深具说服力的科学成果,有力地推动了效果研究由早期的

"枪弹论"阶段向"有限效果论"阶段过渡。

三、有限效果论的研究视角和主要成果

从20世纪40年代起,大众传播效果研究就进入了第二个阶段,即"有限效果论"时期,"枪弹论"悄然谢幕。构成"有限效果论"的代表性成果,除上述"儿童与电影"研究外,主要有"信息流程"研究、"创新与扩散"研究、"劝服"研究等。

1."信息流程"研究

所谓"流程",指信息从传到受的整个"流动"过程。其特点在于,不是停留在初步的分解,而是对整个传播过程(重点是信息的流动状态、方向、作用)展开细致、深入的分析。这一工作与"效果"(即传播的出发点和归宿)研究密不可分,因此历来受到重视。

"信息流程"研究大体经历了以下几个阶段,在曲折中前进,不断趋于完善。①

(1)"两级传播"模式的提出。早期的传播研究,对"过程""流程"的认识相当肤浅。当时的流行观点是以"枪弹论"模式把握信息的流程。即,媒介是直接与受众接触的,受众是被动、分散、无力的存在,而媒介好比是精准有力的枪弹,受众一击就中,应声而倒。

但是,传播学奠基人之一的拉扎斯菲尔德和贝雷尔森(Berelson)、高迪特(Gaudet)等人于1940年在美国俄亥俄州开展一项有关总统选举行为的调查时,发现了一个意想不到的事实。本来,他们的目的是了解大众传播的作用,结果却表明人际传播的作用更大。

从1940年5月至11月,即罗斯福(民主党)与米尔基(共和党)竞选总统期间,拉扎斯菲尔德等人就选民(受者)投票的动机、与宣传(报刊、广播、个人)的接触、投票动机的变化及其理由、个人的特性等,先后进行了七次调查。结果未能证实大众媒介有强大效果(参见图9-1),最终改变投票方向的人,连一成都不满。

主要原因有:第一,预存立场,即选民在接触宣传前就持有的态度,投票行动的方向一般不取决于政党的宣传,而取决于选民自己的"预存立场";第二,选择性接触,选民与媒介(信息)的接触具有明显的

---

① 张国良:《传播学原理》(第二版),复旦大学出版社2009年版,第233—241页。

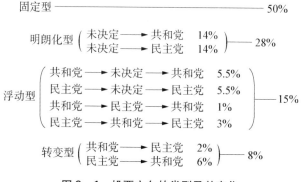

图9-1 投票方向的类型及其变化

选择性,即人们倾向于接近与自己的"预存立场"相容而不是相反的观点;第三,人际影响的优势,从"态度改变"的数据看,来自人际传播的影响大于来自媒介的影响;第四,意见领袖的作用,调查发现,在受众个人之间存在着一些较有影响力的人士,而他们与媒介的接触多于其他受者。

受众中有两种人:一种人频繁接触媒介,关心政治,还有一种人相反。于是,前一种人影响后一种人。前者称"意见领袖",后者称"追随者"。"意见领袖"也称"舆论领袖",就是积极、主动地向人们提供某一或某些方面的客观事实并加以主观判断的人。

"意见领袖"的特征有:第一,人数不多,只是全体公众中的一小部分成员;第二,只是某一(或为数不多的某些)领域的专家,而并非在所有方面都能担当引领舆论重任的人士;第三,必须上通媒介,下连公众。

总之,由于人际影响、"意见领袖"的存在,使媒介的影响不能直接到达一般受者,而造成"媒介→意见领袖→受者"(而非"媒介→受者")的格局。这就是著名的"两级传播"模式。在"两级传播"模式看来,信息流程的实际状况如图9-2、9-3所示,人际传播的效果优于大众传播,或者说,人际网络的影响大于媒介渠道。

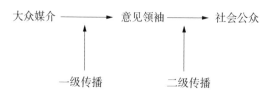

图9-2 两级传播模式的信息流程

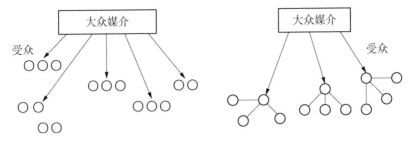

图9-3 "枪弹论"模式与"两级传播"模式之比较

（2）"两级传播"模式的验证。1940年的调查结果是始料未及的，未能具体描述意见领袖是怎样影响追随者的，而且局限于政治领域，因此它还是一个有待证实的假说。5年后的1945年，为进一步加以证实，拉扎斯菲尔德等人以日常生活领域为对象又进行了一次调查，得出了支持假说的结论。

该调查的内容包括日用品的购买、电影的选择、流行的变化等。以流行为例，他们选取了502个样本，用三种人际传播方式和一种大众传播方式，比较各自对流行（发型、化妆品和化妆法、服装等）变化的影响。结果显示，人际传播的影响明显大于大众传播。

表9-1 各种传播方式对流行变化的影响(%)

	有效果	有一定效果	小计
听别人说	7.8	18.1	25.9
看别人做	7.6	10.5	18.1
售货员	5.0	11.8	16.1
杂志	2.6	5.0	7.6

意见领袖的存在再一次得到证实，并且概括出意见领袖的三个特征。

第一，水平型。这是就意见领袖和追随者的关系而言。多数情况下，两者呈水平型。换言之，社会地位高低不同的人之间难以形成传受影响的关系。

第二，单数型。据调查，在购买、电影、流行、时事这几个领域，影响力跨四个领域的意见领袖根本没有，跨三个领域的仅有3.1%，跨两个领域的也只有10.3%,而仅仅在单一领域发挥影响力的最多,为27%(其追随者为59.2%)。由此可知,复数型的意见领袖是极其少见的。

第三,活跃型。他们不但积极接触大众传播,而且在人际传播中也十分活跃,即意见领袖往往是作为大众传播和人际传播的纽带发挥作用的。

另外,群体规范在传播过程中的作用也不可忽视,意见领袖有时就是作为规范的体现者出场的。

(3)对"两级传播"模式的疑问。20世纪50年代以来,人们对于已成为经典性、权威性成果的两级传播模式产生了疑问。因为有些研究得出了相反的结论:重大事件的消息,一经媒介发出,就立即被大众接受了,几乎不存在所谓的"意见领袖"。例如,美国传播学者多伊奇曼和达尼尔森(Deutschmann & Danilson)选择了三条重大事件报道,即"艾森豪威尔前总统心脏病发作"(1957年)、"人造地球卫星电讯1号上天"、"阿拉斯加州升格"(1958年)进行调查后发现,人们获知以上新闻的第一信息来源,媒介为88%,人际为12%。这完全不同于拉扎斯菲尔德等人的调查结果。换言之,媒介直接作用于受众的情况十分明显。这样一来,"两级传播"模式似乎就要被推翻、被否定了。

然而,实际情况并非如此。研究人员仔细考察后发现:先前研究的着眼点,无论是投票还是流行,都属于态度和行为的变化,而后续研究的着眼点却变更为新闻的流动,即一是影响,一是信息。此时,人们才意识到应当先区别"流"的种类,于是作出如下划分:信息流、影响流和感情流。可见,"两级传播"模式并非不适用了,只是过于简略,有必要进一步具体分析,"意见领袖"现象也并非虚构,而是多见于影响流的过程之中。

(4)对"两级传播"模式的补充。美国传播学者罗杰斯(Everett M. Rogers,1962年)等人开展的"创新扩散"研究,对"两级传播"模式构成了出色的补充。① 该研究别出心裁,将个人接受新事物(各种思想、技术等)的过程,看作是一个从认知到决定的过程,包括了以下五

---

① 罗杰斯的这一理论,同时也是发展传播研究(也称发展传播学)的主要成果之一。事实上,他是与拉纳、施拉姆等人一道大力推进发展传播研究的代表人物之一。施拉姆主要从宏观战略角度出发,强调发展中国家应充分重视大众传播的作用,加大力度,提高效率,以促进现代化。罗杰斯则偏重于考察微观、中观层次的信息流程,提出了"创新与扩散"理论,影响深远,不仅适用于发展中国家,也适用于发达国家。

个阶段：

一是获知阶段，个人已接触新事物，但知之甚少，尚未获得全部的有关信息；

二是关心阶段，个人对新事物产生了兴趣，意图获得更加详细的信息；

三是评价阶段，个人在头脑中构想新事物当下和未来的状况，联系自身需要，决定是否试用，即所谓的"假想试用"；

四是试用阶段，为了探究新事物的效果，先以小规模的方式应用之，即进行一种可行性的测试，或者说"预备演习"，观察其是否适合自己；

五是采用阶段，个人决定采用或拒绝新事物，以及在多大范围内实施。

从这些步骤与信息来源的关系看，在了解（获知、关心）阶段，大众传播的效用最大，而在劝服（评价、试用、采用）阶段，人际传播的作用最大。

当然，人们接受新事物的过程不一定都完全按照上述阶段的顺序，但可以确定的是，各种信息来源、影响来源和感情来源，在各个阶段的作用和重要性是不同的。通常，在个人的意向决定过程中，大众传播和人际传播显现出一种相互补充的关系。例如，最近电影院在放映什么影片？人们大多通过媒介获知，而哪些影片值得一看？则往往从家人、同事、朋友那里确认。又如，人们通过媒介广告得知各种新的商品、服务面市，但最终决定是否购买，多在征询了亲友的意见之后。

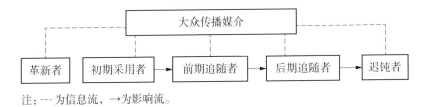

注：---为信息流，→为影响流。

图9-4 信息和影响的流程

罗杰斯还提出了一个新事物发展的S曲线理论。他认为，大部分的创新事物的扩散，其传播过程呈S形曲线：开始时人数很少，扩散进程很慢,当人数增加到群体的10%—25%时突然加快,曲线呈迅速上升趋势,在接近70%—80%的饱和点时速度再次放慢。

罗杰斯进一步把创新扩散过程中的采用者分为五类:革新者、前期采用者、前期追随者、后期跟随者和滞后者,并阐明了各类成员的作用。其中,特别重要的是前期采用者,他们是愿意率先采用新技术、新产品或新观念,并甘愿为之承担风险的那一部分人,不仅能接受新事物初期的局限性,还愿意通过人际传播,使他们所处群体的意见领袖们相信并采用新事物。随后,意见领袖们开始向其覆盖范围中的受众施加影响,让更多的人们接受新事物。如此,新事物就或快或慢地扩散开来。

罗杰斯认为,创新扩散总要借助一定的社会网络,在创新事物向社会扩散的过程中,传播媒介能有效地提供相关的信息和知识,但在说服人们接受和使用创新事物之际,人际交流往往显得更为直接、有效。

表9-2 采用者的类型及其特征

采用者类型	主要价值观	个人特性	传播行为	社会关系
革新者	投机:即使冒险也要采用	年纪最小;社会地位最高;经营规模最大、最专业化;富裕	频繁地接触科学的信息来源;与其他革新者相互作用;较大规模地使用媒介信息来源	在某种程度上的意见领袖;接触面非常广
前期采用者	尊敬:被社会体系中的多数人奉为角色行为的模范	社会地位高;经营规模大、专业化	十分频繁接触当地的革新者	在几乎任何社会体系中,意见领袖都是最多的;接触面限于当地
前期追随者	慎重:待伙伴们采用后,才开始考察新事物	社会地位在平均以上;经营规模中等	相当频繁地接触革新者和前期采用者	在某种程度上的意见领袖
后期追随者	怀疑:要使其采用,需伙伴们施加很大压力	社会地位在平均以下;经营规模小、专业化程度低;收入少	主要从伙伴中的前期追随者和后期追随者那里获得信息;不太利用媒介	缺少意见领袖
滞后者	传统:朝后看	社会地位最低;经营规模最小、专业化程度最低;收入最少;年纪最大	主要信息源为具有相同价值观的邻居、朋友、亲戚等	极其缺乏意见领袖;半孤立者

(5) 对"两级传播"模式的再补充。20世纪60年代以后,人们对信息流程的认识进一步深化。特别是1963年肯尼迪总统被暗杀之际,众多研究人员就传播与事件的关系开展了调查,得出了一些与前人不同且富有启发性的结论。主要的发现是:其一,即便在认知阶段,人际传播的作用有时(即发生特别重大的全国性、危机性事件时)也很显著,调查表明,受众获知肯尼迪被暗杀的第一次信息来源,竟然是媒介和人际各占一半,当然,在一般情况下,重大事件报道以媒介为主要渠道;①其二,意见领袖不仅频繁地输出信息和影响,同时也必须积极地输入信息,不能把意见领袖和追随者的关系绝对化,有时还会形成意见领袖集团;其三,实际传播活动中的流程往往不是一级、二级,而是多级、N级的。

另外,施拉姆认为,可将重大事件报道分为三个阶段:事实传播阶段、治疗阶段、解释和采用阶段。它们分别与信息流、感情流、影响流相对应。首先,肯尼迪死了,到底是怎么一回事?人们急于了解事实的真相(信息流);之后,人们感受到冲击、震惊、愤慨或悲伤,需要感情交流(感情流);最后,人们镇静下来,于是想知道,应当怎样行动?如捉拿凶手、寻找主谋、谴责暴力等(影响流)。

"两级传播"模式的提出,是大众传播效果研究史的一个转折点。其核心观点:"来自媒介的消息先传给意见领袖,然后由意见领袖传给与媒介接触不多的大众",看似简单,意义重大,因为一旦关注到信息的两次及以上的流动和人际关系的影响,大众传播研究的思路就发生了重大的变化——从此,传播学界不再局限在媒介刺激受众、受众产生反应这种单一的框架内思考大众传播的问题了。"媒介→受者"的模式,被修正为"媒介→人际关系→受众"的模式。如此,在效果研究第一阶段中占主导地位的"枪弹论",就作为一种肤浅的效果观,被有力地否定了。

2. "劝服性传播"研究

(1) 研究背景。所谓"劝服性传播",简称"劝服",意思与"宣传"

---

① 值得一提的是,1981年中国审判林彪、江青集团时,复旦大学新闻系77级部分学生做过一次初始的流程调查,也证实了这一"奔走相告,口耳相传"的规律。他们以复旦大学图书馆和上海市图书馆读者为对象,调查结果是:将媒介列为第一次信息来源者为95人,将人际传播列为第一次信息来源者为61人(复旦图书馆);媒介55人,人际35人(市图书馆)。参见《新闻大学》1981年总第2期。

相近,指有明确意图的传者向受者施加影响的传播行为。①

如前文所述,传播学的诞生与成长与两次世界大战相关。特别是第二次世界大战期间,美国军队招募了大量新兵入伍,需要激发斗志、鼓舞士气,于是大规模地使用了电影及其他大众传播形式进行宣传、说服和教育。为了评估这项工作的成效,霍夫兰等人开展了著名的"劝服性传播"效果研究。

从1943年至1945年,霍夫兰担任了美国陆军部心理实验室主任,采用控制实验方法研究电影对提高士气的作用和效果。研究步骤为:把被试分为看电影的"实验组"和不看电影的"控制组";实验组分别在看电影之前和之后填答问卷,称"前测-后测法";将实验组看电影之前和之后填答的问卷对比,并与控制组填答的问卷对比。

实验研究有如下发现:其一,电影在增进士兵了解有关战争的事实信息方面取得了明显效果,过了一星期后,大部分人仍记得电影的内容;其二,电影对士兵(与电影内容相关)的观点也产生了一些影响,但总的来说,改变不多,不如增进事实信息了解的效果大;其三,电影对那些与电影内容无关的一般观点的影响甚为微小;其四,电影对提高士兵的斗志和士气并无影响。

总之,电影能在很短的时间里有效地增加对事实的了解,观点或态度有所改变。然而,电影对提高士气却没有产生效果。换言之,电影的效果是有限的,这就否定了"枪弹论",走向了"有限效果论"。于是,一个新的研究阶段开始了——传播学界踏上了寻找开启劝服效果之门的"神奇钥匙"的旅程。

(2)研究发展。从1945年到1961年,霍夫兰继续深化战时的研究,主持了耶鲁大学"关于传播与态度改变"的研究项目,进一步完善了"劝服性传播"理论,揭示了传播效果形成的各种条件,如信源、方法和技巧、受者属性等。

首先,传者的信誉。在传播实践中有一种常见现象:同样的内容,由威望不同的人说来,效果全然不同。实际上,早在2000多年前,先哲亚里士多德就说过,传者的个人素质由于能使受者信赖而成为"最有

---

① 在西方社会,这两者的主要区别在于:"宣传"以达到传者的自身利益为目的,"劝服"则从受者利益出发。

效的说服手段"。①

为了探索其中规律,霍夫兰等人进行了"传者信誉"(也称可信度)的实验研究。他们选择了一些文章,主题为"抗组胺药(苯海拉明等)无医生处方能否出售""美国近期建造实战型核动力潜艇的可能性如何""钢铁供应不足的责任在谁""电视普及会不会导致电影院减少",分别提供给互不接触的两组被试阅读,内容相同,但标明信誉高低不同的出处,如"关于抗组胺药"一文,一说来自权威的医学杂志,一说为大众杂志刊载。结果如表9-3所示,除"电影的未来"一文外,其他数据都表明,高信誉的传者效果较好。据此,霍夫兰等人得出结论:一般来说,传者或信源的信誉(可信度)越高,劝服效果越大,信誉越低,则劝服效果越小。

表9-3 "传者信誉"实验的结果

内容	高信誉信源%	低信誉信源%
关于抗组胺药	医学杂志 22.6	大众杂志 13.3
关于核潜艇状况	奥本海默 36.0	《真理报》 0.0
关于钢铁产量	政府公报 22.9	右翼评论家 -3.8
关于电影的未来	《幸福》杂志 12.9	通俗杂志 16.7

(说明:%=接触信息后改变了原先观点的人数比例)

有趣的是,四周之后,霍夫兰等人再次测验被试时,惊奇地发现:高信誉传者的优势消失了。这被称作"假寐效果"或"休眠效果"。即,人们一开始比较重视信誉的"光环",但经过一定的时间后,注意力就转而集中于内容本身了。这或可说是理性的觉醒,信源、传者的权威性、可信度固然重要,但不能过分依赖乃至陷入迷信,归根结底,信誉取决于信息内容的质量。日常生活中,我们也不乏类似的体验——"有这样一句话……多么富于哲理性啊……但不记得是谁说的了。"再者,传者信誉越高,受者期望值也越高,更需要"爱惜羽毛",慎重应对。

其次,内容的构成。同一内容由于构成方法不同而导致效果各异,这也是屡见不鲜的现象。这主要涉及传播的技巧,霍夫兰等人就此进

---

① 龚文庠:《说服学》,北京大学出版社1994年版,第20页。

行了细密的研究,主要发现如下。

一是"一面型"和"两面型"。所谓"一面型"劝服,即只说有利于自己的信息,"两面型"劝服则兼说正反两面信息。从受者的预存立场看,原本赞同传者意见的人,自然容易接受"一面型"劝服,并能由此而强化固有态度,但对持反对态度的人来说,"两面型"劝服更为有效;从学历看,"一面型"对低学历者较为有效,"两面型"对高学历者更加有效;[①]从效果的稳定性、持久性看,一旦接触相反信息,"一面型"致效的受者很容易"反水","两面型"致效者则坚定得多。这表明,"两面型"劝服有一种"种痘效果",即增强受者抵御相反意见的"免疫力"。[②]

二是理智型和情感型。通俗地说,即晓之以理和动之以情,哪一种方式更有效?不能一概而论。一般来说,以两者结合为佳。在此方面的研究中,"恐惧"实验颇有影响。其结论是:如果利害关系直接而重大,需要人们尽快改变态度和行为,且操作并不复杂,宜采取强烈的"恐吓"手段,突出情感作用,如安全驾驶的宣传和教育等;如果与上述条件相反,则应施加中度或轻度的"威胁",主要诉诸理智,如劝导人们戒烟、加强体育锻炼等。

三是开头和结尾。多项研究表明,受者一般对信息的开头和结尾印象较深,因此,传者宜将要点放在最先或最后,这就是所谓的"首因效应"和"近因效因"。霍夫兰等人发现,前者容易引起受者的注意,后者容易被受者记忆。

四是明示和暗示。明示即直接告知结论,暗示指将结论隐含。实验的结论是,明示优于暗示。但不能一概而论,暗示在医学、教育、体育、商业和文艺等多个领域都有重要作用,需灵活对应。一般来说,在信息内容得到受者赞同或可能赞同以及不熟悉、较为复杂的情况下,以直截了当为好,反之,则以含蓄委婉为好。

[①] 这条规律在我国一些受众调查中亦得到证实。如《人民日报》读者中,要求报纸开展"争鸣"者,小学、中学、大专这三种学历分别占48%(小学)、59%(初中)、65%(高中)、75%(大学)。参见陈崇山等:《中国传播效果透视》,沈阳出版社1989年版。

[②] 后来,美国心理学者麦圭尔(McGuire,1961年)在此基础上,参照医学原理,发展出一种"防疫论"学说。他认为,要增加人对疾病的抵抗能力,不外乎采取"滋补"和"接种"这两种方法。这同样适用于劝服,要么提供大量有助于强化受者预存立场的正面信息的"营养",要么作为"疫苗",对其预存立场进行轻微、适度(注意不能过度)的攻击,以提高对方的识别、抵御能力。

最后，受者的特性。传播效果因受者而异，这不难理解。所谓"对牛弹琴"，就是形容不看对象的、盲目的传播行为。但这一常识又往往被人们忽视。

霍夫兰等人就受者的一个侧面——被劝服的难易度——进行了研究，发现了受者所属群体、团体（信仰、规范）的强大制约作用。实验是针对少年儿童的组织——童子军的成员——展开的，先是将批判童子军的材料给这些儿童看，然后测定他们的态度。结果是：归属意识低的小孩，容易受劝服的影响，而归属意识高的儿童，不但不容易受影响，而且有"逆反"表现。这也是一个预存立场坚定与否的问题。研究还发现，相对来说，性格内向、自我评价高、信息感受性差、进攻性强的人，不容易被说服。

综上，"劝服性传播"研究的出发点，与"信息流程"研究相似，原先也是为了验证大众传播的威力，认为只要改进传播技巧，就能提高传播效率。可是，随着研究的深入，越来越多的事实表明，技巧固然重要，但仅此远远不足以致效，还必须考虑传者（可信性）、受者（教育程度、个性、归属意识）、环境（团体规范）等各种因素、条件。

这样一来，它的价值就不局限于在应用层面上对传播技巧的探讨，而是与"信息流程"研究殊途同归，在理论层面上也为否定"枪弹论"、构建"有限效果论"贡献了重要的依据和洞见。

3. "有限效果论"阶段的总结和终结

1960年，美国传播学者克拉伯（Klapper）在《大众传播的效果》一书中对"有限效果论"进行了系统总结，提出了关于大众传播效果的五项"一般化定理"：

第一，对传播效果来说，大众媒介并不是必要和充分的因素，它只是在各种中介因素（变项）及其影响力的"连锁"中有所作为；

第二，由于中介因素的存在，媒介无法成为效果发生的唯一因素，充其量是因素之一，它最容易发挥的作用，不是"改变"，而是"加强"（即强化受者的固有态度或预存立场）；

第三，大众媒介欲促成变化，必须具备以下条件之一：各中介因素皆不再起作用，使媒介能直接致效，或通常起"加强"作用的中介因素本身，转而起"改变"作用；

第四，大众媒介的任何直接或间接效果，无不受到媒介和信息自身以及传播状况的各个方面（信源、内容、环境等）的影响；

第五,也可以看到这样一种状况:媒介能直接致效,但原因不明。

其主要观点,归纳起来无非两条:首先,大众传播不是产生效果的唯一和充分的条件,它只能在各种中间环节的连锁关系中,并通过这种关系才能发挥作用;其次,大众传播最明显的作用,不是引起受众态度的改变,而是对他们既有态度的强化,即使在这种强化过程中,大众传播也不是作为唯一的因素而发挥作用。

克拉伯强调了大众传播影响的无力性和效果的有限性,因而被认为是"有限效果论"的经典表述。其核心论点就是:媒介并非万能,而是在多种制约因素的互动关系中,产生相当有限的效果。①

如图9-5所示,这里的所谓"中介变项",包括受者的"选择性接受"、团体规范、意见领袖的影响等等。那么,大众传播媒介究竟能取得哪些效果呢? 克拉伯概括为五种:创造、加强、微变、改变、无效。

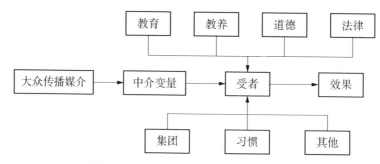

图9-5 克拉伯的传播效果"一般化"模式

克拉伯的总结性研究全面、系统地梳理、归纳了前人的成果,确实有启发性。但是,他未指出"有限效果论"的不足之处。概括地说,"有限效果论"的主要缺点如下:

第一,就效果层次而言,只注意态度、行为的变化,而忽略信息的功用,即大众传播在人们的环境认知过程中的作用;

第二,就研究范围而言,主要考察传播活动的微观、短期效果,而忽略更为广阔的社会和体制层面的宏观、长期及潜移默化的效果;

第三,就研究角度而言,大多关注传者的意图,而无视受者的需求;

第四,就研究方法而言,过分重视定量方法,而轻视定性方法;

---

① 张国良:《20世纪传播学经典文本》,复旦大学出版社2003年,第324—333页。

第五,就实际影响而言,过分强调大众传播效果的有限性,有可能给传播实践带来一些消极影响,如降低传播从业人员的社会责任感,为低俗有害的传播内容之泛滥提供"口实"等。

用一句话概括,"有限效果论"过于低估了大众媒介的影响力。举例来说,怎样看待电视的暴力节目?"有限效果论"的回答是:由于看暴力节目而犯罪的人是不存在的。人之所以犯罪,只因为他心中早有了犯罪的念头(即预存立场)。这样的结论显然绝对了,特别是对青少年而言。且不说媒介的诱发作用,仅就人们的预存立场而言,不也必然地包含着来自媒介的日积月累的影响?

如此看来,由克拉伯总结的"有限效果论"或"中介因素论",主要适用于态度变化、短期效果的层面,其适用性、有效性并不是"放之四海而皆准"的。在此意义上,可以说克拉伯不自觉地为第二个阶段的研究画上了一个句号。不久,就孕育出第三个阶段的研究思路,即被称作"多元效果论"的一系列充满创新活力的理论和学说。

第三节 从单一到多元:近期研究

一、多元效果论产生的社会背景

20世纪50年代末至60年代初,堪称是大众传播研究史上最为消沉的一段时期,因为一系列的研究证实了媒介效果十分有限,引发了悲观情绪的弥漫。然而,随着研究的进一步深入,传播学界认识到,原来问题的根源在于自身思路的局限性。实际上,媒介不仅可以有短期、直接以及影响态度和行为的效果,更可以产生长期、间接以及促成认知变化的效果。正所谓"山重水复疑无路,柳暗花明又一村",60年代末70年代初,传播效果研究跨入了大有作为的第三个阶段——"多元效果论"阶段。

这一变迁的发生,与当时的社会背景也大有关系,诸如——

第一,媒介环境的变动,大众传播信息来源的中心由报纸转向电视,加深了人们对传统的传播效果观的疑问;

第二，社会信息量的剧增，整个社会急速"信息化"的趋势，使人们的注意力更多地从"态度/行为"层次转向了"信息/认知"层次；

第三，政治意识的淡化和多样化，在发达国家中，不关心政治或不固定支持某一政党的个人越来越多，这就使以往的"预存立场"等观点失去了充分的根据；

第四，美国以外各国研究的勃兴，特别是以西欧为主的批判学派的崛起，给日显停滞的大众传播效果研究带来了新的生机和活力；

第五，相关学科的启示，政治学、社会学、心理学等持续地与传播学积极互动，其中，20世纪50年代兴起的认知心理学对传播学的启迪意义尤为显著。它的出现意味着，美国心理学界从以往对人的行为的关注转向对人的内部心理的探索。① 其主旨是，理解人们如何接受、处理和存储各种不同形式的信息，认为人是积极、能动的，他们身处海量信息的包围之中，可以而且必须主动地加工信息、获取知识，并以此指导实践；

第六，媒介从业人员的影响，1960年代以来，越来越多的媒介专业人员"转型"，加入传播学界，为效果研究注入了新的力量。由于自身的职业经历，他们更倾向于将媒介角色定位为"告知"而非"劝服"，有助于将效果研究的注意力从劝服效果转向认知效果。②

总之，在以上各种因素的综合作用下，多元效果论自20世纪70年代以来登台亮相，面貌一新，激活了李普曼关于"两个环境"的思想，引申出"媒介议程设置""涵化""知识沟""第三人效果"等一系列富有洞见的创新理论，让人们重新发现了大众传播媒介的强大效果。

当然，此强效果论并非彼强效果论——"枪弹论"的简单回归，而是传播效果研究的又一次革命性转折。具体而言，主要的变化为：不再仅仅测量直接、显在、短期、微观层次、态度和行为的效果，而更多地关注间接、潜在、长期、宏观层次、认知和情感的影响；不再仅仅从传者角度考察媒介效果，而同时强调从受众角度出发探索媒介的社会作用和影响。

---

① 董璐：《传播学核心理论与概念》，北京大学出版社2008年版，第162页。
② [美]巴兰等：《大众传播理论：基础、争鸣与未来》，曹书乐译，清华大学出版社2004年版，第276页。

二、"议程设置功能"理论

1. 理论概要

在纷繁复杂的社会生活中,每天都有数不清的事情发生。因此,每一个人都不可避免地要回答以下问题:当下最重要的事情是什么?怎样认识、排列各种事情的轻重缓急?人们一般意识不到的是,大众媒介对此发挥着十分重要的作用。它通过反复报道某些新闻,持续不断地强化某些话题在受众心目中的重要程度。这就是"议程设置功能"理论的中心观点。[①]

这一理论的基本思想资源,来自前文述及的李普曼。他在《舆论学》(1922年)一书中提出"新闻媒介影响我们头脑中的图像",意指大众媒介创造了我们关于世界的图像。而与"议程设置功能"研究最有直接关系的观点,来自美国政治学者科恩(Cohen,1963年)在《报纸与外交政策》一书中的一段话:"通常,报界在告诉人们怎么想时可能并不成功,但它在告诉读者应该想什么时,却是惊人的成功。"这句话,成为"议程设置功能"思想的经典表述。

1968年,正值美国总统大选期间,传播学者麦考姆斯和肖(McCombs & Shaw)在北卡罗来纳州的查佩尔希尔地区,对"议程设置功能"假说首次进行了实证检验。该研究分为两部分,一是对媒介(五家报纸、两家新闻杂志、两家电视台)的新闻进行内容分析,另一是对当地未决定投票意向的100名选民开展调查,询问他们心目中最重视的社会问题,然后对比内容分析与受众调查的结果后发现,媒介议题与选民议题高度相关,媒介在"选民对于竞选中的重要议题的判断方面产生了很大的影响",由此初步证实了大众媒介的议程设置功能。1972年,他们发表了题为《大众媒介的议程设置功能》的论文,将这一研究成果公布于世。[②]

"议程设置功能"理论的模式表现如下(参见图9-6)。[③]

[①] 张国良:《传播学原理》(第二版),复旦大学出版社2009年版,第246—250页。
[②] 参见张国良:《20世纪传播学经典文本》,复旦大学出版社2003年版,第409—420页。
[③] [英]丹尼斯·麦奎尔等:《大众传播模式论》,祝建华译,上海译文出版社2008年版,第93页。

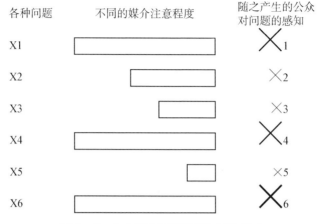

图 9-6 大众媒介"议程设置功能"模式

（1）注重认知效果。在信息层次上的注意、认知→态度层次上的变化→行为层次上的反应的连续阶段中，最为重视第一阶段。换言之，其重点不是引导人们"怎样思考"，而是告知人们"思考什么"。这种效果虽然发生于最初的信息阶段，却有可能将影响延伸至后续的态度和行为阶段，并造成累积的、长期的影响。

（2）强调建构功能。媒介的功能并非像"镜子"一样被动地反映现实，而是像"探照灯"一样，以特定的视角和手段，有选择地将现实"再建构"之后积极地提供给受众。在麦考姆斯和肖看来，这是一种"看不见的环境建构"功能。换言之，凡是被媒介强调的观点、事件、人物等，就构成了环境的主体。可见，这一思想与前文所述的"两个环境""赋予地位""把关人"等理论一脉相承，可对照、参考。

2. 发展历程

自麦考姆斯和肖于 1972 年正式提出"议程设置功能"理论以来，基于其显著的科学性、实用性和普遍适用性，逐步发展成为传播学的一个重要理论，甚至可以说是效果研究第三个阶段最具代表性的理论。这一理论及其后续发展大体经历了四个阶段。①

首先，对基本假设的验证。追随最初的研究，进一步检验其基本假设：新闻报道的方式影响公众对当时重要议题的感觉。

---

① 参见麦考姆斯、贝尔：《大众传播的议程设置功能》，郭镇之译，《新闻大学》1999年夏、秋季号。

其次，为议程设置效果寻求解释。把效果研究与"使用与满足"研究结合起来，将研究的问题由"媒介议程对公众议程有什么效果"变成"为什么有些受者比其他受者更乐于接触特定大众传播媒介的信息"？这就是所谓的"导向需求"研究（麦考姆斯等，1985年），主要结论为：人们对议题的了解越少，对议程设置的需求越高，或者说，议程设置的效果越佳。这里，有两个关键变量：相关性和不确定性，两者都高，议程设置效果就强，反之，效果就弱。

在此基础上，又催生了"议程融合"研究（肖等，1999年），其概略为：人们多倾向于归属某些群体或团体，因此需要寻找与此相关的议题或议程，此时就不限于大众媒介，而是可以通过各种渠道收集信息，加以整合，并融入自己的议程，尤其在新媒体时代，个人的作为可以更大。换言之，"议程设置"研究关注的是个人如何从大众媒介议程中获得信息，"议程融合"研究则着眼于个人如何通过各种渠道收集信息以融合自身议程与社区议程，在此意义上，后者可视为前者的一种反向效果。①

再次，对议程设置研究的扩展。近半个世纪来，诸多后续研究早就超越了以事件性议题为主要研究对象的传统，而扩展到其他各种因素和条件，如传者形象、媒介特性、受者兴趣等，以及政治以外的各个领域如经济、文化、体育等。

最后，对议程设置主体的考察。将媒介议程由自变量转为因变量，研究问题则由"谁设置了公众议程"转为"谁设置了媒介议程"。这一维度的考察，也称"议程建构"研究，其结论为，主要有三个主体——政府、媒介和公众，它们之间进行着频繁、错综复杂的互动。

3. 主要成果

迄今为止，"议程设置功能"研究取得了丰硕的成果，择要简述如下。

就媒介而言，其设置议程的方式和功能，有以下三个层次或模式：认知模式——媒介对某一问题的强调，使受众无可回避地"认知"其存在；凸现模式——媒介对某一问题的反复强调，使受众不但认知而且"认同"其重要性；序列模式——媒介提示复数问题时，使受众根据媒

---

① 魏然、周树华、罗文辉：《媒介效果与社会变迁》，中国人民大学出版社2016年版，第48—50页。

介强调程度的不同,形成对这些问题的重要性"序列"(先后次序)的认识。

就受众而言,议题的内容和性质,可分为三种类型:个人议题——被受者个人重视;人际议题——在小范围的人际关系中受到重视;公共议题——在整个社区或社会中受到重视。

就媒介和议题的关系而言,有如下特点:一是议题相关性,现代社会中,各种媒介(报纸、电视、杂志、网络等)议题之间的相关性很高,由此经常造成"立体化"效果。一般来说,主流媒介、全国性媒介的议程设置功能强于非主流媒介、地方性媒介;二是功能差异性,相对来说,报纸的"序列"功能较强,对受众的"个人议题"影响较大,电视的"凸现"功能较强,对受众的"人际议题"影响较大。

就制约议程设置效果的中介变项而言,主要为:一是议题的类型,有强制性议题,指受众个人能直接体验的问题,如就业、住房、购物等;也有非强制性议题,指个人无法直接体验的问题,如政治内幕、国际形势、外交政策等。一般来说,后者的场合,议程设置效果较为明显。

二是受众的特性,包括:媒介接触量,接触量越大,则议程设置效果越强;人际传播频率,有两个方向,增强或减弱议程设置效果;信息需求量,即个人关心度×状况不确定性,需求值越高,则议程设置效果越强;人口统计学因素如性别、年龄、教育程度等,学历、社会地位越高,则议程设置效果越弱。

目前,这一研究除了继续深化传统的取向——媒介议程与公众议程的关系,也称"议程设置的第一层级"之外,已积极展开对事件属性、报道手法和受众归因等多个维度的探索,也称"议程设置的第二层级",即媒介不单影响受众对事件的客观认知,还影响其对事件的价值判断。有学者提出,或可用"框架"概念来区分这一取向与传统取向(详见"框架"理论)。不仅如此,为了应对互联网时代的变化,麦考姆斯等学者又发展出了可称为"议程设置的第三层级"的网络议程设置研究取向,其主要观点为:影响公众的不是单个的议题或属性,而是一系列议题组成的认知网络;媒介不仅告诉人们"想什么"或"怎么想",同时还决定了人们如何将不同的信息碎片联系起来,从而建构出对社会现实的认知和判断。

"议程设置功能"理论是20世纪70年代以来大众传播研究的主要成就之一。其重大贡献可概括如下:一是为研究传播效果开辟了新的路径,与"有限效果论"不同,它率先从认知角度出发,证实了媒介对社会的冲击可能是巨大的,从而宣告了效果研究第二个阶段的终结、第三个阶段的开启,这对整个大众传播研究的复兴都起到了关键作用。二是为认识媒介功能提供了新的视角,它表明,媒介促成了人们对何谓社会重大问题的认识,而实际上,媒介强调的这些问题有可能并不是真正的主要问题。如上文所述,在许多情况下,媒介并非是单纯的"镜子",即真实地反映社会状况,而是作为"探照灯"——"照到哪里哪里亮",其中就不乏被利益集团引导而制造出来的"虚拟事件",或被媒介传统、习惯和规则左右而过分强调的非重要、次重要事件。因此,该理论对提升社会各界的媒介素养都大有裨益,对媒介工作者来说,则凸显了履行社会责任的重要性。

中国传播学界依据"议程设置功能"理论的首次实证研究,由张国良、李本乾等人于2001年在上海、云南开展,他们同样使用抽样调查和内容分析方法,但结合国情,适当地调整了研究设计,得出的结论为:"议程设置功能"理论大体适用于中国媒介,媒介议程和受众议程之间的关系呈现为中度相关。

换言之,"议程设置功能"理论的基本假设:公众议程受媒介议程的影响,宏观地看,基本得到证实,而中观、微观地看,其具体化含义——即媒介安排公众议程的先后次序、规定人们议题的轻重缓急——获得部分支持。对媒介来说,理想的目标当然是达到高度相关,这其实从一个侧面反映出,中国媒介的公信力和社会影响力尚不如人意,有待进一步加强。为此,这一研究不仅受到学界重视,还引起了传播业界的关注。[①]

三、"涵化"理论

所谓"涵化"理论,也称"培养""教化"理论,指的是受众在媒介长期影响下形成的社会认知模式。"涵化"这一概念,出自格伯纳发表于1969年的《转向文化指标:大众媒介信息体系的分析》一文,他在该文中指出了研究媒介长期效果的重要性。自"涵化"理论提出以来,它主

[①] 详见张国良:《社会转型与媒介生态实证研究》,上海交通大学出版社2007年版,第326—332页。

导了大众传播效果研究的一个重要方面,即媒介(主要是电视)是如何影响受众有关社会现实之观念的。[①]

1. 研究概要

这一研究的逻辑前提也源于李普曼的"两个环境"思想,即人类生活在两个环境里,一为现实环境,一为虚拟环境。在当今社会,人们对现实环境的了解在很大程度上依赖大众媒介建构的虚拟环境,即所谓的"媒介环境"。为此,效果研究中的很多论述或多或少都围绕这三种环境或"现实"——客观存在的社会现实、大众媒介反映的"符号现实",以及受众主观理解和阐释的"观念现实"——之间的复杂关系而展开。

"涵化"理论的中心内容如下:

第一,电视观众有关社会现实的观念,更接近于电视所表述的符号现实,而并非客观现实;

第二,电视反映了占主导地位的文化和社会价值观念;

第三,这一倾向,在看电视时间较多的人(可称重度收视者)中,比在看电视时间较少的人(可称轻度收视者)中,更为明显,即人们看电视的时间越多,对社会现实的观念就越反映他们收看的电视内容。

"涵化"理论有两个主要假设。其一,观众的电视收视状态,相对来说是无选择性的。也就是说,大多数观众是依据固定时间而不是节目内容来看电视的,同时,即便是看似五花八门的电视节目,其包装和内容或多或少都有相似之处。其二,大多数的重度收视者对各类电视节目都看得多。

"涵化"理论的基本框架可由以下模式表示(参见图9-7)。

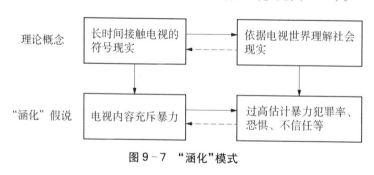

图9-7 "涵化"模式

---

① 张国良:《传播学原理》(第二版),复旦大学出版社2009年版,第250—254页。另参见张国良:《传播学概论》,外语与教学研究出版社2003年版,第240—243页。

格伯纳等人从 1969 年开始,实施了一项名为"文化指标"的大型研究项目。他们认为,社会生活和社会结构的现状及其变化,可通过一组具体指标精确并系统地反映出来,由此开展了三个方面的研究:引导媒介的传播政策的形成过程(制度分析);电视剧的主题和情节(信息内容分析);长期看电视对受众产生的影响(涵化效果分析)。

这一研究的背景是美国社会正处在暴力和犯罪问题严重的年代,电视节目中充满了暴力内容。许多学者把电视的暴力内容与真实世界中不断增多的暴力行为联系起来,试图探寻暴力电视节目对观众的影响。格伯纳等人的初衷也在于此。结果是,他们并未发现两者之间存在必然联系,却发现了电视节目中充斥的暴力内容增大了人们对现实社会环境危险程度(遭遇犯罪和暴力侵害的概率)——又称"卑鄙世界"——的判断,并且,个人的电视媒介接触量越大,这种社会不安全感越强。

格伯纳等人统计分析了美国三大电视网(ABC、NBC、CBS)12 年间(1967—1978)播出的 1 548 部电视剧。结果显示,80%的节目含有暴力场面。尽管一般公民在日常生活中被卷入暴力的可能性实际不到 1%,可调查发现,人们通过电视感受到的危险性远远超过了现实,超过半数的人认为自己"被卷入暴力的可能性约占 10%"。而且,越是重度收视者越明显,而这与性别、学历、年龄等无关(参见表 9-4)。

表 9-4 电视接触与暴力认知的关系

	重度收视者中认为自己"被卷入暴力的可能性约占 10%"的比例(%)	轻度收视者中认为自己"被卷入暴力的可能性约占 10%"的比例(%)
样本总体	52	39
大学学历	44	34
非大学学历	56	44
30 岁以上	50	36
30 岁以下	60	39
男性	52	33
女性	51	44

当然,电视的影响并不限于暴力,还涉及其他方方面面。格伯纳等人就电视剧中人物的年龄、性别、种族等差异进行统计分析后发现,年龄为25—45岁的中青年的比例远高于实际比例。其原因之一是,从企业的利益角度看,这一年龄群体是最主要的消费者阶层。

此外,更严重的差别体现为对人物的不同处理。如老年人不但正面形象少于中青年,且大多性格古怪、不受尊敬(男性约70%,女性约80%)。在同时调查了受众的"老年人观"之后,格伯纳等人再次为电视的消极作用而感到震惊,因为数据表明:越是长时间接触电视的人,越倾向于对老年人持否定的评价。格伯纳等人还发现,实际生活中比例不到1%的律师、法官和警察,在电视剧中约占20%;企业、交通事故造成的死亡很少得到反映。凡此种种,无不悄悄地影响着受众对现实的认识和理解。

由此可见,作为娱乐提供给受众的电视剧等媒介内容,有力地影响着人们对现实的认知和态度。

2. 理论发展

20世纪80年代以来,格伯纳等人根据各方的批评意见,修正了"培养"理论,增加了两个有关"涵化"效果产生过程的概念。

(1) 主流化过程。尽管电视的重度收视者彼此的人口学统计指标(如年龄、性别和教育程度等)不尽相同,但通常有可能共享某些观念。例如,多看电视的经历使他们对"真实"世界的认识趋于一致。他们更多地接触主流、同一、标准化的意识形态及世界观,因此,他们之间的相似性理应大于那些电视的轻度收视者。在此情况下,其他社会因素造成的人际差异,在电视的重度收视者中被大大减弱,甚至不复存在。

(2) 共振化(一译共鸣化)过程。当人们在电视节目中看到的情景与其日常生活的所见所闻(或其对现实的信念)不谋而合时,两者叠加可加倍强化电视信息的作用,并显著提升"涵化"效果。也就是说,电视中的世界与真实世界的重合,引发了"共振"并大大增强了"涵化"的影响。

这一理论与"议程设置功能"理论类似,也聚焦于认知层次,为突破有限效果论的束缚而作出了重要贡献,不同的是,它关注长期、累积、整体的"潜移默化"的传播效果,强调了受众的无选择性,从而凸显了大众媒介的强大影响。自"涵化"理论提出以来,它已从最初局限于电视暴力效果的检验转向了更加复杂、精细的方向,针对丰富多样的媒介

(不再限于电视)、文本和主题,在世界多个国家和地区得到检验和发展。

就中国的状况而言,龙耘于 2001 年首次开展了以"涵化"理论为参照的实证研究,其成果于 2005 年出版。① 主要发现为:中国电视节目中的暴力内容也相当普遍,且暴力程度很高;电视内容对受众认知有一些"涵化"效果,但不明显,尤其是收视时间多的人和少的人之间差异很小。作者认为,这可能反映了中国受众收看电视的历史尚短,人均每天收视时间还不到美国受众的一半(约为三小时和七小时之比),但同时也可能折射出中国媒介及社会环境与美国有不同之处,有待深入研究。

四、"知识沟"理论

1. 研究背景

长久以来,人们想当然地认为,既然媒介如此有力地扩大了公共信息的传播,必有助于改变由教育和社会地位造成的知识差距。然而,20 世纪 70 年代初,美国传播学者蒂契纳等人从宏观社会结构层面审视大众传播过程中的不同经济社会地位群体在知识获取方面的差异性,提出了"知识沟"(也称"知沟")理论,从而颠覆了上述常识,为传播效果研究开辟了一条新的路径。②

20 世纪 60 年代,为适应社会发展和科技革命的要求,美国政府通过一系列法案,旨在"改变一个技术高度发达的社会中的贫困和不平等状况",为此开展了一系列配套的宣传活动。后来在"知识沟"研究中被作为典型案例的著名儿童节目《芝麻街》,就是当时为实现教育机会平等而特别开设的。它试图通过电视,用信息和娱乐内容吸引众多儿童观众,尤其是贫困家庭的学龄前儿童。但相关调查却显示,原本有着良好意愿的宣传活动,在社会地位低下的群体中收效甚微,而社会地位较高的群体却获益甚多,原有的社会不平等反而加剧了!

这一意外现象引起了三位学者蒂契纳、多诺霍和奥里恩

---

① 龙耘:《电视与暴力——中国媒介涵化效果的实证研究》,中国广播电视出版社 2005 年版。
② 张国良:《传播学原理》(第二版),复旦大学出版社 2009 年版,第 254—258 页。

(Tichenor, Donohue & Olien)的研究兴趣。

2. 理论概要

1970年,他们在一系列实证研究的基础上,发表了题为《大众传播的流动和知识差别的增长》的论文,首次建构了"知识沟"理论的基本假说,即:当大众媒介信息在一个社会系统中的流通不断增加时,社会经济地位高的人将比社会经济地位低的人以更快的速度获取信息,这两类人之间的"知沟"将呈扩大而非缩小之势。其模式如图9-8所示。

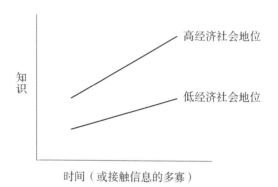

图9-8 "知识沟"理论的模式

无疑,"知识沟"理论并不否认,随着大众媒介信息量的增加,社会各阶层的知识水平都相应得到了提升,因此,社会地位相对较低的群体并非在绝对意义上处于"信息贫困"或"日益贫困"状态。它强调的是,随着信息流通的增加而产生的相对的知识差异,即社会经济地位高的群体获取知识的速度较快,由此形成了两极分化。关于"知沟"产生的原因,蒂契纳等人列举了以下五点。

(1)传播技能的差异。社会经济地位高低不同的人之间获取信息和知识必需的阅读和理解能力存在差异。

(2)信息储备的差异。知识储备的多少,影响对新信息和新知识的理解、掌握速度。

(3)社会交往的差异。社会经济地位高的人可能有更多的社会联系,并与他人就新信息与新知识展开讨论。

(4)信息的选择性接触。社会经济地位低的人可能找不到与其价值观和态度一致的公共事务或新科技的信息,由此导致了他们对媒介信息的兴趣索然。

（5）大众媒介的特性。传播公共事务和新科技信息的主要渠道为印刷媒介,总是迎合中产阶级的口味和取向,以有利于社会精英阶层对其权力与地位的维护。

其实,有关信息流通与知识分配不均衡现象的研究早已有之,而"知识沟"理论的创新性、开拓性在于对大众传播的功能与效果进行了深刻的反思。它指出,现代化传播工具在信息大众化、均衡化的过程中,产生了一种信息、知识趋于平等分配的假象,从而揭示了社会分层形成的区隔为媒介知识的平等分配制造了障碍。

由此看来,媒介并未缩小而是加大了社会不平等关系,而且传播格局中的这种不平等现象还有可能加剧社会冲突与社会矛盾。因此,"知识沟"研究就不仅仅关注微观层次或个体层次,研究个人怎样获取知识,而是扩展到宏观层次或社会层次,研究信息控制及其与社会结构、权力等级的关系。当然,两者不可偏废,今后的趋势是,全面、系统地建立个人层次和社会层次各个变量之间的联系,展开跨层次、跨领域、跨学科的研究,以进一步完善"知识沟"理论。

3. 理论发展

该理论一经提出,立刻引起了学界与社会各界的普遍重视。20世纪70年代以来,相关的实证研究对大众传播中的知识鸿沟现象多有考察,但也有学者发现,"知识沟"并不是一种恒态,有的调查并未发现因受众社会地位差异而出现了"知识沟",有个别研究甚至发现了"反知识沟"现象,即社会经济地位低的群体获取的知识反而多于社会经济地位高的群体。不过,总的来说,后续研究并未否定"知识沟"理论,而是有所修正、拓展。其中,较有代表性的观点如下。

（1）"上限效果"假说。1977年,美国传播学者艾特玛和克莱因(Ettema & Kline)对"知识沟"理论提出质疑。他们认为,应从个人的情境需求和动机因素的角度,重新审视大众传播中的知识差异现象,并提出了"上限效果"或"天花板效应"假说。

其中心意思是,个人对特定知识的追求并非无止境,一旦达到某一"上限"(饱和点),知识量的增加就可能减速甚至停止。社会经济地位高的人获得知识的速度快,其"上限"到得也早,社会经济地位低的人知识增加的速度慢,但随着时间推移,最终也能到达"上限"而赶上前者。换言之,由于大众媒介的信息传播活动持续进行着,尽管"知识沟"一开始呈现扩大趋势,但终将缩小,其原因是受到了三个"上限"的制约。

一是信息来源的"上限"。大众媒介传播的知识只是某一范围、领域及某种程度上的"一般"知识,而非"高、精、尖"知识,因而无论处于何种社会经济地位的受者,都不可能从大众媒介中获得超过其范围、领域和程度的知识。

二是受者自身的"上限"。在大众媒介的受众中,那些社会经济地位高的人一旦感觉自己的某种知识已经充足,自然不再继续追求。

三是现有知识的"上限"。如果受者个人现有知识程度已高于大众传播的内容,则也不再求助于大众传播。

艾特玛等人特别强调了动机在此过程中的重要作用,他们修正后的"知识沟"假设为:当社会系统中的大众媒介信息流通日益增加时,有动机获取信息和(或)认为信息对他们有用的那部分人,相比那些没有动机和(或)认为信息对他们无用的那部分人,将以更快的速度获取这些信息,这两部分人的知识差距因此呈扩大而非缩小趋势。

"上限效果"假说提出后,受到普遍关注,也有学者提出了不同意见。一种观点认为,受者个人的一生都在获取知识,从这个角度看,"上限"是否存在,还需要进一步考察。即,虽然个人在一定范围、领域内寻求某一特定知识的过程中可能出现"饱和",但此时他们就将开始寻求又一个新范围、新领域内的知识,这必将增加其知识总量。还有观点认为,知识是不断更新的,那些社会经济地位低的人在寻求知识的过程中,即使在后来某个时候到达了社会经济地位高的人的"上限",也可能由于时过境迁,使他们获得的知识的实际价值大打折扣。因此,认为通过大众传播的"知识平均化"可消除社会"知识沟"、实现普遍社会平等的观点,未必正确。

此后的"知识沟"研究,又对个体层面的一系列变量进行了考察,如个人对媒介议题的关注度、信息需求、对议题的兴趣、与议题有关的人口统计学特征(如年龄、性别)、种族特征、个性因素以及与议题有关的行为的介入。所有这些变量,都与个人在寻求信息过程中的动机有关。

(2)"信息沟"理论。1974年,美国传播学者卡茨曼(Katzman)从新传播技术发展的角度出发,提出"信息沟"理论,其主要观点有:新传播技术的应用必然使整个社会的信息流量和信息接触量都有所增大,但这并不意味着每个社会成员都能均等地获得新技术应用带来的利益;现有的信息富裕阶层通过及早采用和熟练使用先进的信息处理技术,能拥有相对于其他人而言的信息优势;在社会信息化过程中,新的媒介技术不断出现,并以逐步加快的速度更新,因此"信息沟"的发展趋势,可能是"老沟"未平、"新沟"又起。

概言之,由于新技术普及需要经济、技术、知识等多种资源,有的代价相当昂贵,因而以互联网为代表的新媒介技术扩散过程中带来的"知识沟""信息沟"问题,已成为严峻事实。社会作为一个整体,如何采取得力措施,确保全体社会成员都能均衡地获取信息,业已构成"知识沟"研究中的又一个重要课题。

"知识沟"研究经历了近半个世纪的发展,卓有成效地深化了人们对大众传播与社会结构、个人因素的互动关系及其正面和负面功能、影响的认识与理解。与"议程设置功能"和"涵化"理论不同,"知识沟"理论的研究重点不是大众媒介的内容,而是大众媒介这样一种形式(机制、技术)给社会和个人带来了哪些和怎样的变化,从而以其突出的学术价值和实际意义,为传播效果研究的第三个阶段——多元效果论阶段——的兴起和繁荣,作出了重要贡献。

在中国传播学界,张国良和丁未于2001年首次参考"知识沟"假设,在上海、北京和兰州三地开展了实证研究。他们使用抽样调查和比较方法,得出如下结论。

第一,经过20多年的改革开放,至少就大城市而言,中国东西部在传播媒介设施方面的差距明显缩小,趋于消解。

第二,"知识沟"广泛存在于各城市内部的社会经济地位不同的群体之间。即使在上海或北京,其"知识沟"存在的严重程度,也不亚于兰州。

第三,究其缘由,首要因素是教育程度,其次是收入,再次是媒介接触,即越是文化程度高、收入多、接触媒介(尤其是网络)多的人,越是不存在"知识沟"问题。[1]

---

[1] 张国良:《社会转型与媒介生态实证研究》,上海交通大学出版社2007年版,第315—377页。

五、"沉默的螺旋"理论

1. 理论缘起

1973年,德国传播学者纽曼(也译诺曼、内曼,Elisabeth Noelle Neumann)发表《回归大众传播强大效果观》一文,提出了"沉默的螺旋"理论,宣称大众传播媒介在影响大众意见方面仍能产生强大的效果。1984年,她又出版了《沉默的螺旋:舆论——我们社会的皮肤》一书,深入、系统地阐述了这一理论。①

该理论的提出,最初是为了解释德国政治生态中一些令人困惑的现象。在一次议会选举中,民意调查结果与最后实际结果产生了巨大差异。纽曼认为,正是由于大众媒介提供的对民意的看法,误导了投票者,使他们对周围"舆论氛围"(也称"舆论气候")的判断发生了偏差,从而导致了投票结果的变化。

2. 理论概要

纽曼发现,大多数人在表明态度或作出选择时有一种趋同心态。当个人的意见与所属群体或周围环境的观念发生背离时,个人会产生孤独和恐惧感。因此,对具有争议性的议题,人们总要对舆论(或称民意、多数意见、优势意见)的状况形成判断或印象,以确定自己的意见是否与大多数人保持一致,以及(如果不一致)舆论是否将朝自己的意见方向改变。如果他们觉得自己的意见与舆论一致,就毫无顾忌地大声发言,如果觉得不一致(处于少数),就倾向于保持沉默;如果他们觉得舆论将离他们的意见越来越远,也倾向于保持沉默,乃至最后转变方向,与优势群体、优势意见保持一致。而他们越沉默,周围的人就越觉得他们的看法不具有代表性(属于"异常意见"),就越倾向于继续保持沉默。结果,在这一过程中,某种优势意见不断得到强化、抬高,被确立为主要意见,而与之相对的"少数意见"地盘越来越小,形成了一种螺旋式的状态(参见图9-9)。②

纽曼提出的"沉默的螺旋"理论,有以下五个假设:社会使背离社

---

① 张国良:《传播学原理》(第二版),复旦大学出版社2009年版,第258—261页。另参见张国良:《传播学概论》,外语与教学研究出版社2003年版,第233—234页。

② [英]丹尼斯·麦奎尔等:《大众传播模式论》,祝建华译,上海译文出版社2008年版,第103页。

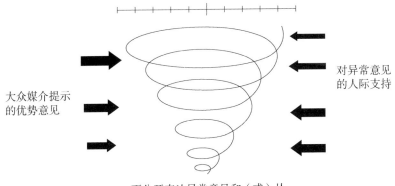

图9-9 "沉默的螺旋"模式

会的个人产生孤独感;个人经常恐惧孤独;对孤独的恐惧使个人不停地估计社会接受的观点是什么;估计的结果影响个人在公开场合的行为,特别是公开表达观点还是隐藏自己的观点;依托于上述四个假设可推出第五个假设,即这四个假设形成、巩固和改变了公众观念。

需要指出的是,这里的所谓"舆论",与传统的舆论概念不同,与其说是"公共意见"或"公众意见",不如说是"公开的意见"。"沉默的螺旋"理论强调的是舆论的社会控制功能。对此,纽曼本人有明确的解说。她认为,舆论在双重意义上是"我们社会的皮肤":它是个人感知社会"意见气候"变化、调整自己的环境适应行为的"皮肤",同时又在维持社会整合方面发挥重要作用,就像作为"容器"的皮肤一样,防止由于意见过度分裂而引起社会解体。

关于媒介的作用,纽曼指出,大众媒介有三个特质:累积性(不断重复)、普及性(无远弗届,影响广泛)和共鸣性(报道的同一性)。这三个特质结合在一起,就能对舆论产生巨大的影响。尤其是共鸣性,即大众媒介常常对某个事件或议题有一致的反映,足以克服受众的"选择性接触"而使其不得不接触同一信息,并形成一种"大部分人看待该事件或议题的方式与媒介表现的方式一致"的印象。

纽曼还由此归纳出大众媒介影响"沉默的螺旋"的三种方式为:对何为主导意见形成印象;对何种意见正在增强形成印象;对何种意见可以公开发表而不会遭受孤立形成印象。

以"沉默的螺旋"假设为核心,纽曼形成了一整套关于舆论的学说,主要有以下三点。

第一,个人意见的表达是一个社会心理的过程。个人总是力图从周围环境中寻求支持,避免陷入孤立状态,因此,个人在表达自己的观点时,总要对周围的意见环境进行观察以判断处于多数还是少数,再倾向于发声或沉默。

第二,意见的表明和"沉默"的扩散是一个螺旋式的社会传播过程。即,一方的"沉默"造成"多数意见"的强势,"多数意见"的强势又迫使越来越多的"异常意见"者"沉默",如此循环往复,形成螺旋式的过程。正是在此意义上,纽曼为舆论下了一个定义:所谓舆论,即"那些能在公开场合发表出来且不会受到孤立的、对有争议问题的意见",以及"为使自己不陷于孤立而必须公开表明的意见",前者一般就时事性争议问题而言,后者则以社会传统、道德、行为规范等问题为主。

第三,大众传播通过营造"意见环境"来影响和制约舆论。在纽曼看来,舆论的形成不是社会公众"理性讨论"的结果,而是"意见环境"的压力作用于人们惧怕孤立的心理,强制人们对"多数意见"采取趋同态度过程的产物。而对于"意见环境"的形成和感知,大众媒介的影响巨大。人们判断周围意见分布情况时,除了可直接感知的部分(所属社会群体与人际接触)之外,在很大程度上依赖于大众媒介。

可见,"沉默的螺旋"理论涉及四种因素——大众媒介、人际传播和社会交往、个人的意见表达、个人对自身社会环境中"舆论氛围"的感知——之间的关系和相互影响。它融合了诸如大众社会论、社会关系论等受众研究的成果,包括了认知、判断(意见)乃至行为的全过程,与前文所述的"议程设置""涵化"等理论相比,它提示的大众传播效果更为强大。

3. 理论评价

正如纽曼自己所宣称,她的目标是"回归大众传播强大效果观"。不过,"沉默的螺旋"作为新的"强效果观",与第一个阶段的"强效果论"有本质的不同。一方面,它仅仅指出了"舆论一律"现象产生的可能性依然存在,即媒介要产生强大效果是有条件的;另一方面,它细致地分析了各种条件,如言论的垄断化、从众心理的形成机制等,由于它建立在一系列实证研究的基础上,因此更趋于精细与深入。

自"沉默的螺旋"理论提出以来,世界各国学者进行了许多后续研究,有不少研究结论证实了这一效果,但也有一些学者质疑它的普遍适用性。

质疑的意见主要包括:"对社会孤立的恐惧"和对"多数意见"的趋同心理,究竟是绝对、无条件的,还是相对、有条件的;"少数派"是否必然不公开表达自己的意见,如何解释不肯随波逐流的"硬骨头";在各国不同的文化传统下,"多数意见"的社会压力之强弱是否一致;大众媒介的"累积性"和"共鸣性"是否得到了内容分析的检验;新传播技术的发展,尤其是互联网的出现,对该理论提出了挑战,互联网的平等性、匿名性和不受地域限制的特性,是否增大了施加群体压力的难度,等等。

尽管如此,由于"沉默的螺旋"理论对舆论形成机制的深入分析以及对大众媒介营造"意见环境"的巨大能力的详细考察,已使它在效果研究史上占据一席之地,成为一个不可忽略的重要理论。

六、"第三人效果"理论

1. 研究背景

第二次世界大战期间,美国有一支军队驻守在一个日本小岛上,由白人军官和黑人士兵组成。当时,为了迫使美军离开小岛,日军采用了一种心理战术,对小岛空投了大量传单,宣称这场战争是一场针对白人的战争,日本人和有色人种并无过节,呼吁黑人不要为了白人而冒生命危险,应选择逃亡乃至投降。从表面看,日军投放传单的目的是说服黑人士兵退出战役,但真正受到影响的却是白人军官而非黑人士兵,白人军官因害怕黑人士兵受到影响而主动选择撤退。

这一有趣现象引起了美国社会学者兼传播学者戴维森(Davison)的注意,从而开辟了一条新的研究路径,他致力于回答人们为何"认为自己不受影响,而他人却受影响"的问题,这就是著名的"第三人效果"研究。[①]

1983年,戴维森发表了《传播中的第三人效果》一文,正式提出了"第三人效果"的概念,并阐述了"第三人效果"研究的主要假设,即:人们倾向于高估大众传播对他人的态度和行为的影响。随后,这一理论引起了广泛兴趣,并得到了许多同行的肯定和证实。

---

① 张国良:《传播学概论》,外语教学与研究出版社 2013 年版,第 243—244 页。

戴维森指出,这一研究包括两个基本的假说:一是感觉层次的假说,即人们认为媒介内容对他人的影响大于对自己的影响;二是行为层次的假说,即在认识到"第三人效果"后,人们有可能采取某些相应的行动,以防止他人受媒介内容影响后的行为影响到自己,而且人们有可能支持对媒介内容有所限制,以防止媒介对他人的不良影响。

所谓"第三人",指的是对受到媒介内容影响的主体的认知,也就是说,受媒介影响最大的不是"你"和"我",而是"他/他们",即"第三人"。

戴维森举例说明,《纽约时报》1975年9月刊登的一则消息称,烟雾喷洒器有可能对大气产生有害效果,制造商的反应非常快,立刻改用了液体喷洒器。一个可能的解释就是,制造商预计这一报道将导致人们拒绝使用烟雾喷洒器,如果不迅速采取行动,将损害自己的利益,也就是说,制造商对"第三人效果"的认知促成了其行动。因而,从"第三人效果"理论的视角看,这种传播效果与其说归因于信息的直接受众的反应,不如说来自那些预期或自认为观察到他人反应的受众的行为。

在中国社会,这种现象其实也不少见。例如,2011年日本发生地震时在中国有些地区出现的"抢盐"风潮,就折射出人们对"第三人效果"的认知和行为,即生怕别人把盐统统抢光后使自己受损;又如,对电视或网络中的暴力内容,一种普遍的心理是,人们总认为这些内容对其他观众的负面影响较大,而对自己的消极影响不大甚至没有。

2. 发展历程

一般认为,"第三人效果"研究经历了三个发展阶段。[①]

第一阶段:自20世纪80年代至90年代初,主要论证假设是否成立。结果,在30多个国家和地区开展的同类研究,绝大多数证实了其正确性与适用性。

第二阶段:自20世纪90年代初至2000年前后,重点研究"第三人效果"的影响因素、内部机理等。

第三阶段:自2000年前后至今,"第三人效果"研究进一步深化,尤其重视"第三人效果"认知与行为之间的关系,以及行为层次的运行

---

① 张国良:《传播学原理》(第二版),复旦大学出版社2009年版,第262—264页。另参见禹卫华:《中国大众媒介信息流程中的第三人效果研究》,复旦大学博士学位论文2007年。

机理等。

以下概述"第三人效果"研究的若干主要发现。

(1) 关于"第三人效果"的影响因素。主要包括三个方面。

第一,受众对信息来源特征的认识。信息来源对信息主题有负面偏见时,"第三人效果"认知较强,受者察觉信息来源有说服动机时,也有较强的"第三人效果"认知。

第二,受众对信息内容特性的认知。人们认为接受信息对自己有利时,"第三人效果"认知强度减弱,反之,人们认为接受信息对自己有害时,认知强度增强;信息被认为缺乏说服力时,人们认为它对别人的影响大于自己,反之,信息被认为有说服力时,人们认为它对别人与自己的影响相当,甚至对自己的影响更大(此为"第一人效果")。

第三,受众个人特质的变量。包括:心理特质,如个人对信息的涉入感、自认为对信息的了解程度等;生理和社会特征,如年龄、教育程度等。通常,个人对信息持有强烈的预存立场(即认同信息内容)时,比较倾向于承认自己比他人更容易受到信息的影响,从而产生"第一人效果",反之,则容易产生"第三人效果"。受者年龄越大,意味着阅历与经验的增长,自然倾向于认为自己比别人更不容易受到媒介的影响,"第三人效果"认知也就越强。受者文化层次较高,其"第三人效果"认知较强。另外,在强调个人主义的社会里,人们的自我心态较强,也较容易产生"第三人效果"认知,在强调集体主义的社会里,人们的自我心态较弱,则"第三人效果"认知强度也就较弱。

(2) 关于"第三人效果"的起因或生成机制。在戴维森看来,出现"第三人效果"的原因是,人们认为媒介有偏见、负面报道太多,容易影响他人,并高估自己、低估别人。另有学者认为,人们之所以高估大众传播讯息对他人的影响,可归因于"对媒介效果的认知基模"。即,在个人的知识结构中,存有关于媒介与受众关系的若干理念,其中或许包括认为大众媒介内容能对一般受众产生强大影响的信念,特别是那些生动活泼、让人留下深刻印象的鲜明讯息。同时,人们也许认为,一般受众并非很有主见,故容易被媒介说服,因而高估了媒介对别人的影响。

还有一些学者认为,人们之所以低估媒介内容对自己的影响程度,可能有认知和动机的因素。从认知方面看,一般受众接触各类媒介内容后,未必能正确地知道自己对这些信息的认知过程,也不能确定自己的意见或行为与媒介内容是否有明确的因果关系,因此也就难以确认媒介内容是否对自己产生了显著的影响。同时,人们接触媒介内容时,经常可以看到被采访的受众对重大事件报道的反应,日积月累,人们也就倾向于认为他人在态度或行为方面容易受到媒介内容的影响了。

从动机方面看,主要涉及因自私自利的偏差而形成的"基本归因谬误"。人们在为自己或他人行为分析原因时,通常把行为原因分为个人因素和环境因素,并倾向于认为自己的行为是对环境因素的反应,而他人主要是其个人因素使然。人们之所以低估媒介内容对自己的影响,或许是因为他们相信,自己比他人更能辨别可能影响个人行为的环境因素。媒介的内容,特别是有说服意图或可能对自己有害的负面信息,自然也是这些环境因素中的一环。

另外,人们低估媒介对自己的影响,也可能只是想强调自己是有独立思考能力、不轻易受外界因素影响的人,以此维持自尊。

(3) 关于"第三人效果"的行为层次。以往的"第三人效果"研究大都关心第一层次,即感受、认知方面的问题,并在大量的研究实践中加以验证和发展。近年来,研究人员的注意力越来越多地转向第二层次,即行为方面的问题。其中,一个受到重点关注的课题是,作为"第三人效果"认知的结果,人们是否倾向于支持信息限制,如对色情与暴力信息进行审查。换言之,审查者认为自身不会受到这类信息的有害影响,而他人(一般公众,尤其是青少年或那些思想可塑性强的人群)却容易受其影响,因此必须由他们对有关媒介的内容进行审查。

其实,在人类的认识史和行为史上,"高估自己,低估别人"的现象由来已久,但以此来解释媒介发生作用的心理机制,在传播效果研究史上还是颇具新意的。该理论提示的是一种间接的强大媒介效果,有助于我们理解、解释许多传播现象。

如上文所述,在当今互联网时代,阻止或限制暴力和色情内容的呼声从未停止,提议者和审查者显然都认为自己不受影响,但"第三人效果"理论促使我们思考:究竟有何证据可以证明,审查者比其他人更不容易受到有害信息的影响? 又如,它可以帮助传者更有效地进行传播,尤其是说服、宣传活动,更要避免直接针对目标对象可能带来的逆反心理,为此,该理论已被广泛运用到商业、军事、政治等传播活动中。

展望未来,有关"第三人效果"认知和行为两个层次的关系、受众的心理作用机制以及不同文化传统和情境中的比较等方面的研究,仍可进一步细化和深化。

七、"框架"理论

1. 理论概要

"框架"这一概念,源于社会学和心理学,最早由英国人类学者贝特森(Bateson,1955年)提出,后由戈夫曼引入社会学(1974年),再被引入大众传播研究中。自20世纪80年代兴起以来,"框架"理论成为传播效果研究领域中的一个重要理论,主要倡导者有美国传播学者加姆桑(Gamson)、恩特曼(Entman)、艾英戈(Iyengar)、吉特林(Gitlin)、斯契夫勒(Scheufele)等。①

加姆桑指出,"框架"的定义可分为两类,一类指"界限"(如同摄像机的镜头),即取舍的标准,人们借此观察客观世界,凡纳入框架的实景都成为人们认知世界的一部分;另一类指用以诠释社会现象的"架构",人们以此解释、转述或评议外在世界的活动。

据此,可以把"框架"概念理解为一个名词和动词的复合体:作为动词,是界定外部事实,并通过心理活动再造真实的建构=框架过程;而作为名词,就是形成了的框架。

总之,"框架"一方面具有建构客观现实的意义,是一种"再现"的过程;另一方面,它也是人们思考的"依据",借以联系外在世界。这种框架既有协助人们思考、整理信息的正面意义,又有可能产生刻板印象、"框限"或制约人们更全面地认知世界。

这一理论因其具有的深刻性和普遍性而被多个学科参考、应用,其中也包括传播学。就传播学领域的状况而言,它对所谓"媒介框架"或"新闻框架"研究的主要启示,可概括为:传播效果的产生不仅在于信息的不同内容,还在于信息的不同呈现方式。具体地看,有以下一些观点。

(1)框架研究的内容。根据斯契夫勒的观点,完整的传播效果意义上的"框架"研究,至少应包括四个方面:"框架"的建构(即研究媒介框架的影响因素);"框架"的设定(即研究媒介框架对受众框架的影

---

① 张国良:《传播学概论》,外语与教学研究出版社2003年版,第245—247页。另参见张国良:《传播学原理》(第二版),复旦大学出版社2009年版,第265—268页。

响);个人层面的"框架"效果(即研究受众框架对受众认知、态度、行为等的影响);新闻记者的"框架"效果(即研究受众框架对媒介框架的反作用)。

(2)媒介框架的作用。恩特曼认为,框架的作用包括选择和凸显,就是把传者认为需要的部分挑选出来,在报道中特别处理,以体现问题界定、意义解释、归因推论、道德评估及处理方式的建议。在传播过程中,框架至少有四个方面的内容:传者、文本、受者和文化。吉特林把框架定义为持续不断的选择、强调和排除,框架能使记者迅速而常规地处理大量的信息,并将其包装到新闻报道里,从而把有效的信息传递给受众。伍(Woo)等人则认为,框架是新闻工作人员、消息来源、受众、社会情境之间互动的结果。

(3)媒介框架与受众框架的关系。当然,"框架"理论并不认为媒介框架与受众框架之间的关系是完全对应的,在传播过程中,由于媒介和受众都有自己的"框架",受众也有可能以自身过去的经验为基础,经过选择组合出各种不同的主观现实。

换言之,两者之间存在着一个互动的过程,从结果看,可能达成一致,也可能只有部分认同,甚至完全对立(可参照第六章之霍尔的"编码/译码"理论)。需要指出的是,当受众面对个人经验较为间接或较为复杂的事件,尤其是在缺少对照性信源的情况下,则媒介框架的效果就较为显著。

由此不难发现"框架"理论与"议程设置功能"理论的联系,它们都关注媒介信息与受众认知之间的相互影响。在麦考姆斯等人看来,前者可视为后者的一种延伸和拓展,可加以整合。不过,也有学者认为,两者的理论前提不同,不能简单地认为它们之间存在着天然的"延展"关系。

如斯契夫勒指出,"议程设置"理论的前提是态度接近性与基于记忆的信息处理模式,即媒介之所以能影响受众对特定议题显著性的判断,是由于这些议题与受众记忆的联系最为紧密,而"框架"理论的前提是认知"基模"与期望理论,即媒介对事件的叙述方式(遣词造句)的微妙差异能影响受众对事件的解释。

不管怎样,"框架"理论和"议程设置功能"理论至少可以互相补充、启发,则是没有疑义的。作为重要的传播效果理论,它们都有助于我们更深入地认识和理解客观现实、媒介现实和受众现实三者之间的复杂关系。

2. 研究案例

迄今为止,依据"框架"理论而取得的实证研究成果十分丰硕,这里仅举两例。

(1)"获救框架"与"致死框架"的对比研究。美国心理学者卡尼曼和特沃斯基(Kahneman & Tversky,1984年)开展过一项有趣的实验研究。他们询问实验对象:假定美国面对一场可能使600人死亡的疾病,有A、B两套方案可供选择,采用A方案将使200人获救,采用B方案将有1/3的可能性使600人获救,同时有2/3的可能性导致无一人获救,在此情况下,赞同哪个方案?结果,72%的人选择A方案,28%的人选择B方案。

然后,研究者将以上的"获救框架"更换为"致死框架"。假设条件不变,再次询问:有C、D两套方案,采用C方案,将有400人致死,采用D方案,将有1/3的机会无一人致死,有2/3的机会让600人致死,赞同哪个方案?结果,选择C方案(实际内容与A相同)的人仅为22%,而选择D方案(实际内容与B相同)的人高达78%。[1]

这清楚地表明,信息"框架"对某一角度的凸显以及对其他角度的忽略,确实能产生"框架"效果,即影响受众看待和评价事物的角度。实际上,古人对此早有感悟,如"朝三暮四"这样一句中国成语,说的就是这个道理。

(2)日本报道和韩国报道的对比研究。中国传播学者张晨阳等人于2011年实施的一项内容分析,也颇能印证"框架"理论。[2] 他们通过分析《人民日报》《文汇报》自1996年至2010年15年间有关日本和韩国报道的内容后发现,它们报道日本和韩国的框架有很大区别。

两报对日本的报道,采取时强时弱的"对立者""可疑者"框架,尤其是对日本侵华历史的认识问题及其遗留问题,采取较为强硬的立场和措辞,将日本视为一个"不负责任""篡改历史""言而无信""不思悔改"的国家。为此,尽管它们对中日经济、科技及民间交流方面的报道采取了较为积极的框架,但在政治报道的反感框架的影响下收效甚微。

与此对照,两报对韩国的报道框架中则未见对立的成分。由于同

---

[1] 张国良:《传播学原理》(第二版),复旦大学出版社2009年版,第267页。
[2] 参见张晨阳等:《中国大众媒介建构的日本与韩国》,《现代传播》2012年第1期。

属日本侵略战争的受害国,又是当前"朝核"问题的利益相关者,总的来说,两报对其态度积极友好。即使对中韩文化遗产之争、韩国媒介在奥运会报道中对中国留学生的偏见等备受争议的负面话题,也罕见报道与批评,而呈现出较为单一的"合作者"框架。

固然,大众传播媒介不是左右民众认识的唯一因素,但人们的媒介接触无疑在很大程度上影响着其对各种事物,特别是对自己不能亲身接触的事物的判断,如大部分中国人并未到过日本、韩国,也不大可能有机会深入接触日本和韩国的各界人士。在此情况下,媒介向他们传递的有关两国的各种信息就能发挥一定的"框架"作用。

八、"敌意媒介"理论

1. 理论概要

"敌意媒介"理论由美国传播学者瓦伦、罗斯、勒普(Vallone, Ross & Lepper)等人于1985年提出,与以往研究大多聚焦于媒介内容或形式对个人的影响不同,而是反过来,它着眼于个人对媒介的认知及其引发的后果,因其独辟蹊径,别具一格,富有创新性和实用性,故受到广泛的关注和认同。[1]

其主要观点为,所谓"媒介偏见",不仅存在于媒介的立场和信息内容之中,同时也存在于受者对媒介的认知、态度和行为之中。长期以来,人们只注意前一种现象,并展开了大量的相关研究,却忽略了后一种情况,这不能不说是一种偏颇。事实上,人们无论是在个体层面还是群体层面,都远非客观理智,在对待媒介方面同样如此。

具体而言,"敌意媒介"理论的假设是,对某一事件或议题持不同意见的对立双方,都认为平衡的媒介报道是不利于自身的,对己方带有敌意。举例来说,瓦伦等人将一条有关1982年贝鲁特大屠杀[2]的客观、均衡的电视报道播放给受众看,结果,亲阿拉伯和亲以色列的两组被试看了同样的报道之后,都认为该报道对己方抱有敌意的偏见。

---

[1] 魏然、周树华、罗文辉:《媒介效果与社会变迁》,中国人民大学出版社2016年版,第141—158页。

[2] 该事件发生于1982年9月16日至9月18日,地点是贝鲁特萨布拉街区和邻近的夏蒂拉难民营,凶手是黎巴嫩的基督教民兵组织,遇难人数大约在800人至3 000人之间,绝大部分是巴勒斯坦人和黎巴嫩的什叶派穆斯林。

2. 理论发展

"敌意媒介"理论的发展主要有两个阶段。

(1)"敌意媒介理论"的提出和确立。这一阶段大约持续至20世纪末,经过多项研究的重复检验,理论得以确立。其三个核心要素——受众属性(即观点对立的社会公众)、媒介报道(即客观、均衡的媒介报道)、媒介效果(即双方都认为媒介对己方带有偏见)——及其相互之间的关系都得到了较为详尽的考察。

(2)"相对敌意媒介"理论的探索。大约从2000年起,该理论有一个新的突破,即不再局限于原来假设中的两个前提:均衡的媒介和对立的受众。因为,事实上,不那么均衡的媒介和不那么对立的受众也是常见的,理应将它们也纳入研究的视野内。于是,研究人员提出这样的问题:对本身带有立场的媒介和并非彼此绝对对立的公众来说,敌意媒介效果是否依然存在?答案是肯定的。

多项研究结果表明,无论媒介内容是否中立,对立(并不激烈)的双方对之总是有不同的感受。例如,有一项关于是否支持使用灵长类(即猿猴)作为实验品的研究,让意见对立的双方阅读同样一则均衡报道之后,都认为媒介对此持反对态度,但支持者认为媒介属于强烈反对——对己方的敌意明显(即媒介不应反对),而反对者却认为媒介只是略加反对——对己方的敌意轻微(即媒介理应强烈反对)。

这一有趣的发现被命名为"相对敌意媒介"理论,适用于持各种立场的媒介和争议不大的论题。如此,就大大扩展了"敌意媒介"理论的应用范围。

3. 主要成果

(1)影响要素。对"敌意媒介"效果来说,比较重要的影响要素有两类。

一是受者的涉入度。即个人对事件或议题的意见、立场之强度,或个人归属的派系属性之强度,被列为首要影响因素。一般来说,受者的涉入度越高,敌意媒介效果越强,也就是说,越认为媒介报道反对己方而支持对方。这里的派系属性,意味着个人对自己群体的身份认同程度,包括政党身份、宗教身份、职业身份、组织身份、粉丝身份等,也指对特定公共事件或议题持相同意见的一方,如转基因食品的支持者或反对者,他们组成了一种类似派系的松散群体。

受者的涉入度还可分为两种:价值相关性涉入度、结果相关性涉入度。前者指与个人的价值观密切相关的事项,典型如宗教信仰的事件或议题,往往造成十分强烈的敌意媒介效果,而后者指某一具体事件或议题的结果对个人有所影响的情况,如交通管制之类,一般仅有轻微的敌意媒介效果。

二是受者的媒介偏见。即受者对媒介的"先入之见",也就是人们对媒介内容之外的其他媒介要素的认知,主要有媒介立场、信息来源和媒介到达度。

媒介立场,指对媒介立场的"刻板印象",直接影响人们对媒介敌意程度的评估。以美国为例,ABC、CBS、NBC、CNN 这四家媒介在共和党人眼中的敌意程度远远大于民主党人,而 Fox News 相反。可见,对媒介立场的"先入之见",充当了人们对媒介内容作出判断的快捷依据。

信息来源,指一种"内外有别"的现象。有一项实验,将同样内容的一则新闻给两组被试阅读,一组被告知新闻来自组织内部,另一组被告知新闻来自组织外部,结果不出所料,人们认为,来自"内部"的新闻对己方十分友好,而来自"外部"的新闻对己方十分偏颇。也就是说,人们总是倾向于选择对己方有利的信息,而回避对己方不利的信息。

媒介到达度,指媒介敌意的强弱与信息到达度的高低,即传受范围的大小有关,可谓"大小有异"。例如,有一项实验,让两组被试阅读同一篇文章,一组被告知文章来自报纸,另一组被告知文章为学生论文,结果,报纸引发的敌意效果远远大于学生论文。也就是说,信息到达度越高、传受范围越大,则人们感受到的媒介敌意越强。显然,人们认为,大范围扩散的报纸将影响众多的受者,因而必须充分估计其敌意效果,小范围流传的论文则不足为虑。

(2)形成机制。在"敌意媒介"效果的形成机制方面,也有不少成果。由于该效果并非来自媒介内容,而来自受者对媒介的主观感知,这就意味着,其形成机制在于受者本身。迄今为止,有以下三种理论阐释得到了广泛认可。

一是"选择性接受"理论。如前文所述,在信息处理过程中,受者具有选择性接受的特点,因此研究人员推论,其中的选择性记忆对"敌意媒介"效果的形成是否有所影响,即面对同一信息,人们倾向于有选择性地记忆对己方不利的内容,而遗忘对对方不利的内容。这一假设虽符合逻辑,但尚未获得证实。另一种推论认为,可能是选择性归类起了作用,即按照"社会身份"理论(详述于后),人们通常将自我归类于各种不同的群体,并据此对他人和外界信息迅速作出内外有别的归类。这一心理机制或可解释敌意媒介效果何以形成,该推论获得了证实。

例如,有一项实验,让转基因食品的支持者和反对者同时阅读相同的一段文字之后,请他们回忆其中印象最深的五点内容,并对这些内容的性质(对己方有利与否)加以分类。结果显示,尽管对立双方的记忆(信息的数量、准确性)并无差异,但派系属性较强的成员将更多的信息归类于对另一方有利,从而证实了选择性归类的存在。

二是"铺垫"理论。所谓"铺垫",指的是一种"触发"效果,该理论认为,人们对信息的处理不总是深入、全面的,相反,在很多情况下,人们处理当下信息的依据是最常使用和最近使用的信息。其原理为,信息一般以节点的形式被存储于记忆之中,并与其他节点相连,当一个节点被激发时,与它相连的节点和信息就会优先进入脑海。换言之,当新的信息输入之际,最常使用的信息以其显著性,而最近使用的信息以其接近性,构成最活跃的节点,它们往往被最先触发,成为人们解读新的信息时的优先参考框架。

正因如此,前述人们对媒介的偏见或"刻板印象"在此就有了用武之地。在人们脑海里,"刻板印象"无疑是一种最常使用的信息,因而优先成为受者解读、认知后续相关信息的依据,由此"铺垫"了人们对后续信息的判断。例如,Fox News 是美国公众认知中的一个典型的保守主义媒介,当受者接触其信息时,媒介形象先于媒介内容而进入信息处理系统,受者此前积累的刻板印象被激发,于是将新的信息与"保守主义立场""反民主党"等信息节点相连,从而唤起人们的敌意感知,也就难以对信息作出客观、全面的判断了。

不过,目前对有关接近性,即最近使用的信息与"敌意媒介"效果的关系,尚未见有说服力的相关研究。

三是"社会身份"理论。这一理论从宏观层面分析了敌意媒介效果发生的深层机制,或者说,从源头上解释了人们何以产生媒介偏见。其前提假设为,"自我"是一个半独立的概念,必须依赖其他要素而存在,其中特别重要的组成部分就是"社会身份",如性别、年龄、职业、党派等。为此,人们自然倾向于积极保护自我和自我所在群体的正当性和优越性。之所以公平、客观的报道被认为是有敌意、有偏见的,主要原因就在于,该报道未迎合群体成员的上述需求,换言之,人们对自我所在群体的主观期待本来就与实际不符,则任何均衡的报道也就难以被他们认同了。

当然,自我是归属于多种、多个群体的,不同的群体属性在自我概念中的比重并不相同,有些属性较为基本、固定,如种族、宗教、民族身份,有些属性则较为暂时、可变,如地域、职业、粉丝。基本属性往往与"价值相关性涉入"有关,高度敏感、不可妥协,因此"敌意媒介"效果较强,通常伴以捍卫己方、抗击对方的行动;而非基本属性往往与"结果相关性涉入"对应,大多可以通过协商来解决问题或达成共识,"敌意媒介"效果也相对较弱。

自"敌意媒介"理论诞生以来,受到普遍关注,已成长为传播效果研究领域的一个重要理论,衍生了许多后续研究,拓展了人们的思路和视野,尤其是互联网时代,出现了"后真相"、网络暴力、舆论极化等值得高度重视的动向,亟需深入研究、恰当应对,而"敌意媒介"为此提供了一个富有解释力的视角。

综上,从迷思到科学,从单一到多元,20世纪60年代末70年代初以来兴起的一系列大众传播效果研究,由偏重验证个人对媒介内容的接触状况和个人态度、意见、行为等层面的变化,转向更加全面、综合地考察媒介长期、潜在和间接、宏观的效果,以及信息认知、社会环境、舆论气候、信仰结构、文化模式乃至社会制度等维度和因素的作用。展望其在互联网时代进一步创新和突破的前景,大有可为。

主要参考文献

第一章

[美]斯蒂文·小约翰:《传播理论》,陈德民、叶晓辉译,中国社会科学出版社1999年

[英]丹尼斯·麦奎尔、[瑞典]斯文·温德尔:《大众传播模式论》(第二版),祝建华译,上海译文出版社2008年

[日]竹内郁郎:《大众传播社会学》,张国良译,复旦大学出版社1989年

张国良:《20世纪传播学经典文本》,复旦大学出版社2003年

张国良:《传播学原理》(第二版),复旦大学出版社,2009年

[美]威尔伯·施拉姆等:《传播学概论》,陈亮等译,新华出版社1984年

张秉真:《西方文艺理论史》,中国人民大学出版社1994年

[美]伊莱休·卡茨等:《媒介研究经典文本解读》,常江译,北京大学出版社2011年

[美]李普曼:《舆论学》,林珊译,华夏出版社1989年

第二章

[美]E.G.波林:《实验心理学史》(上册),商务印书馆1982年

[美]埃德温·埃默里、迈克尔·埃默里:《美国新闻史》,苏金琥等译,新华出版社1982年

王怡红等:《中国传播学30年》,中国大百科全书出版社2010年

[美]阿尔文·托夫勒:《第三次浪潮》,黄明坚译,中信出版社2006年

张国良等:《传播学在中国30年》,《华人传播想像》,香港中文大学亚太研究所2012年

第三章

余志和等:《漫话信息技术》,世界知识出版社 1993 年

[德]马克思、恩格斯:《马克思恩格斯全集》第 3 卷,人民出版社 1960 年

张春兴:《现代心理学》,上海人民出版社 1994 年

[加]哈罗德·伊尼斯:《传播的偏向》,何道宽译,中国人民大学出版社 2003 年

[日]竹内郁郎:《大众传播社会学》,张国良译,复旦大学出版社 1989 年

[英]培根:《新工具》,许宝骙译,商务印书馆 1984 年

[美]勒芬·斯塔夫里阿诺斯:《全球通史》,吴象婴等译,上海社会科学出版社 1988 年

[英]汤姆·斯丹迪奇:《从莎草纸到互联网:社交媒体简史》,林华译,中信出版社 2019 年

余也鲁:《门内·门外》,海天书楼 1986 年

张国良:《现代大众传播学》,四川人民出版社 1998 年

郭庆光:《传播学教程》(第二版),中国人民大学出版社 2011 年

卢泰玄:《信息文化导论》,吉林教育出版社 1990 年

[美]比尔·盖茨:《未来之路》,辜正坤等译,北京大学出版社 1996 年

孔晓宁:《信息高速公路》,人民日报出版社 1995 年

[美]奈斯比特:《大趋势》,孙道章译,新华出版社 1984 年

[日]有吉广介等:《传播与社会》,日本芦书房 1990 年

[美]尼葛洛庞帝:《数字化生存》,胡泳等译,海南出版社 1996 年

[加]马歇尔·麦克卢汉:《理解媒介》,何道宽译,译林出版社 2019 年

孔庆茂:《钱钟书传》,江苏文艺出版社 1992 年版

张咏华:《媒介分析:传播技术神话的解读》,复旦大学出版社 2002 年

张国良:《20 世纪传播学经典文本》,复旦大学出版社 2003 年

[美]保罗·莱文森:《新新媒介》(第二版),何道宽译,复旦大学出版社 2014 年

[法]丹尼尔·戴扬、[美]伊莱休·卡茨:《媒介事件》,麻争旗译,

北京广播学院出版社 2000 年

[美]尼尔·波兹曼:《娱乐至死》,章艳译,中信出版集团 2015 年

[美]桑斯坦:《信息乌托邦》,毕竞悦译,法律出版社 2008 年

第四章

张国良:《20 世纪传播学经典文本》,复旦大学出版社 2003 年

[英]丹尼斯·麦奎尔等:《大众传播模式论》(第二版),祝建华译,上海译文出版社 2008 年

张国良:《传播学原理》(第二版),复旦大学出版社 2009 年

[英]丹尼斯·麦奎尔等:《大众传播模式论》,祝建华等译,上海译文出版社 1987 年

[美]弗雷德里克·S·西伯特等:《传媒的四种理论》,戴鑫译,展江校,中国人民大学出版社 2008 年

陶涵:《比较新闻学》,文津出版社 1994 年

甘惜芬:《新闻学大辞典》,河南人民出版社 1993 年

[英]弥尔顿:《论出版自由》,吴之椿译,商务印书馆 1958 年

[英]密尔:《论自由》,程崇华译,商务印书馆 1959 年

[法]罗伯斯庇尔:《革命法制和审判》,赵涵舆译,商务印书馆 1965 年

[美]莫特:《美国新闻事业史》,台北世界书局 1975 年

[美]埃德温·埃默里、迈克尔·埃默里:《美国新闻史》,苏金琥等译,新华出版社 1982 年

[美]新闻自由委员会:《一个自由而负责的新闻界》,展江等译,中国人民大学出版社 2004 年

[英]丹尼斯·麦奎尔:《麦奎尔大众传播理论》(第四版),崔保国、李琨译,清华大学出版社 2006 年

郭庆光:《传播学教程》(第二版),中国人民大学出版社 2011 年

[日]竹内郁郎:《大众传播社会学》,张国良译,复旦大学出版社 1989 年

[英]丹尼斯·麦奎尔:《大众传播理论》,潘邦顺译,台湾风云论坛出版社 1996 年

魏永征:《新闻传播法教程》(第二版),中国人民大学出版社 2006 年

［美］杰伊·布莱克等、［中］张咏华：《大众传播通论》，复旦大学出版社2009年

张隆栋、傅显明：《外国新闻事业史简编》，中国人民大学出版社1988年

魏永征等：《西方传媒的法制、管理和自律》，中国人民大学出版社2003年

黄瑚：《新闻法规与职业道德教程》，复旦大学出版社2003年

第五章

［美］沃纳·赛佛林、小詹姆斯·坦卡德：《传播理论：起源、方法与应用》（第四版），郭镇之等译，华夏出版社2000年

韩毓海：《卡尔·马克思》，人民出版社2018年

［美］乔治·H.米德：《心灵、自我与社会》，赵月瑟译，上海译文出版社2008年

［美］埃姆·格里芬：《初识传播学》，展江译，北京联合出版公司2016年

［美］欧文·戈夫曼：《日常生活中的自我呈现》，冯钢译，北京大学出版社2008年

毛茂臣：《语义学：跨学科的学问》，学林出版社1988年

张国良：《现代大众传播学》，四川人民出版社1998年

［美］鲁道夫·F.韦尔德伯尔、凯瑟琳·S.韦尔德伯尔、迪安娜·D.塞尔诺：《传播学》，周黎明译，中国人民大学出版社2013年

张秀蓉：《口语传播概论》，台北正中书局1998年

第六章

张国良：《传播学概论》，外语与教学研究出版社2003年

张国良：《传播学原理》（第二版），复旦大学出版社2009年

鲁曙明、洪浚浩：《传播学》，中国人民大学出版社2007年

张思齐：《中国接受美学导论》，巴蜀书社1989年

［美］梅尔文·德弗勒、桑德拉·鲍尔-洛基奇：《大众传播学诸论》，杜力平译，新华出版社1990年

［英］丹尼斯·麦奎尔、［瑞典］斯文·温德尔：《大众传播模式论》（第二版），祝建华译，上海译文出版社2008年

时蓉华:《现代社会心理学》,华东师范大学出版社 1989 年

张国良:《现代大众传播学》,四川人民出版社 1998 年

于建嵘:《抗争性政治:中国政治社会学基本问题》,人民出版社 2010 年

第七章

张国良:《传播学概论》,外语与教学研究出版社 2003 年

张秀蓉:《口语传播概论》,台北正中书局 1998 年

[美]马克·L. 耐普、约翰·A. 戴利:《人际传播手册》(第四版),胡春阳、黄红宇译,复旦大学出版社 2015 年

[美]莱斯莉·A. 巴克斯特、唐·O. 戴布雷思韦特:《人际传播:多元视角之下》,殷晓蓉、赵高辉、刘蒙之译,上海译文出版社 2010 年

王怡红等:《中国传播学 30 年》,中国大百科全书出版社 2010 年

张国良等:《传播学在中国 30 年:以专业期刊论文为研究视角》,《华人传播想像》,香港中文大学出版社 2012 年

[美]理查德·韦斯特、林恩·H. 特纳:《传播理论导引:分析与应用》(第二版),刘海龙译,中国人民大学出版社 2007 年

[美]埃姆·格里芬:《初识传播学》,展江译,北京联合出版公司 2016 年

[美]斯蒂文·小约翰:《传播理论》,陈德民、叶晓辉译,中国社会科学出版社 1999 年

第八章

《中国大百科全书》社会学卷"社会组织"词条,中国大百科全书出版社(光盘 1.1 版)2000 年

张国良:《传播学概论》,外语教学与研究出版社 2013 年

苏东水:《管理心理学》,复旦大学出版社 1998 年

胡河宁:《组织传播学:结构与关系的象征性互动》,北京大学出版社 2010 年

王怡红等:《中国传播学 30 年》,中国大百科全书出版社 2010 年

张国良等:《传播学在中国 30 年:以专业期刊论文为研究视角》,《华人传播想像》,香港中文大学出版社 2012 年

教军章、刘双:《组织传播:洞悉管理的全新视野》,黑龙江人民出

版社 2000 年

[美]凯瑟琳·米勒:《组织传播》(第二版),袁军、石丹、周积华、吴燕春译,华夏出版社 2000 年

[美]斯蒂文·小约翰:《传播理论》,陈德民、叶晓辉译,中国社会科学出版社 1999 年

[美]埃姆·格里芬:《初识传播学》,展江译,北京联合出版公司 2016 年

[美]理查德·韦斯特、林恩·H.特纳:《传播理论导引:分析与应用》(第二版),刘海龙译,中国人民大学出版社 2007 年

第九章

张国良:《传播学概论》,外语与教学研究出版社 2003 年

匡文波:《网络传播学概论》,高等教育出版社 2009 年

[英]麦奎尔:《大众传播理论》(第三版),潘邦顺译,台湾风云论坛出版社 2000 年

张国良:《20 世纪传播学经典文本》,复旦大学出版社 2003 年

张国良:《传播学原理》(第二版),复旦大学出版社 2009 年

龚文庠:《说服学》,北京大学出版社 1994 年

陈崇山等:《中国传播效果透视》,沈阳出版社 1989 年

[美]巴兰等:《大众传播理论:基础、争鸣与未来》,曹书乐译,清华大学出版社 2004 年

魏然、周树华、罗文辉:《媒介效果与社会变迁》,中国人民大学出版社 2016 年

董璐:《传播学核心理论与概念》,北京大学出版社 2008 年

[英]丹尼斯·麦奎尔等:《大众传播模式论》(第二版),祝建华译,上海译文出版社 2008 年

张国良:《社会转型与媒介生态实证研究》,上海交通大学出版社 2007 年

龙耘:《电视与暴力——中国媒介涵化效果的实证研究》,中国广播电视出版社 2005 年

后 记

　　本书自去岁 8 月开始构思、动笔,至今年 6 月完稿,历时近 10 个月,由暑入寒,再由冬至夏,时快时慢,间有中断,实际投入写作的光阴约为半年。

　　这样一段时日说短不短,全书 26 万余字分配给约 180 天,平均每天约 1500 字,工作量堪称饱满,但也不算很大;说长也不长,此书初版于 1995 年,迄今已有 26 年,再版于 2009 年,迄今也有 12 年了,就是说,我在第三版中的改动和增补,看似完成于半年之内,其实反映了我在这长达 12 年乃至 26 年间的积累和思考。

　　与 26 年、12 年前相比,我对传播学的理解和感悟自然加深了许多,这是一个持续地与众多先哲、同侪、后辈以及自身对话、交流的过程,古典和新知互动,思辨与实证相长,让我获益良多。

　　在前两版的基础上,本版实现了较为显著的突破和创新,主要贡献如下。

　　其一,反思学科定位。深入审视、反思传播学的学科定位,将其置于整个人文社会科学的视野内,从人类特性和社会结构这两个维度出发,阐述了学科的位置和特性,重新界定了研究对象,明确了重点研究领域,厘清了三大分支学科之间的联系以及与相关学科的关系,并系统总结了中国传播学发展的历史经验,展望了前行的目标和方向。

　　其二,重构学科框架。重新建构、完善了传播学的学科框架,也是教学框架,最重要的变化包括:一方面,将传者与受者合并在传播主体中,这既是回应信息化社会、互联网时代的冲击,也是回归人,尤其是芸芸众生在传播活动中本来应有的主体地位,因而,既有理论意义,又有实际价值;另一方面,对人际传播学、组织传播学与大众传播学一视同仁,并初步比较、探究了三者的个性和共性,这不仅是为了恢复传播学科原有的总体面貌,也是为了培育传播学子应有的完整知识,同时还希望以此促进三大分支学科之间的融合,从而提升传播学的自洽性、整体性、科学性。

  其三,充实教学内容。如自序所言,教材必须与时俱进,且不说 26 年来,仅 12 年来,无论媒介还是社会,都发生了巨大的变化,为了适应信息化、数字化、网络化的时代潮流,本版增添了许多新的观点和资料,涉及学科、历史、媒介、制度、主体、内容、效果等各个领域,而人际传播、组织传播两章则是全新的内容。

  当然,以上尝试和努力,究竟是否成功?这有待广大同人、学子以及各界人士评说。我的愿望则是,在虚心听取各方高见的基础上,在不太久的未来,推出下一个更加完备的版本,以不辜负诸位读者一直以来的厚爱。

张国良

写于沪上明珠苑

2021 年 6 月 6 日

图书在版编目(CIP)数据

传播学原理/张国良著. —3 版. —上海：复旦大学出版社，2021.9(2024.11 重印)
新闻与传播学系列教材：新世纪版/李良荣总主编
ISBN 978-7-309-15802-1

Ⅰ.①传… Ⅱ.①张… Ⅲ.①传播学-高等学校-教材 Ⅳ.①G206

中国版本图书馆 CIP 数据核字(2021)第 128862 号

传播学原理(第三版)
张国良 著
责任编辑/章永宏

复旦大学出版社有限公司出版发行
上海市国权路 579 号　邮编：200433
网址：fupnet@fudanpress.com　http://www.fudanpress.com
门市零售：86-21-65102580　团体订购：86-21-65104505
出版部电话：86-21-65642845
常熟市华顺印刷有限公司

开本 787 毫米×960 毫米　1/16　印张 22.5　字数 356 千字
2024 年 11 月第 3 版第 7 次印刷

ISBN 978-7-309-15802-1/G·2267
定价：48.00 元

如有印装质量问题,请向复旦大学出版社有限公司出版部调换。
版权所有　　侵权必究